Heiner Newe
Heiderose Thomsen-Newe

MIT DEM WOHNMOBIL NACH OSTFRIESLAND BREMEN UND UMZU

Die Anleitung für einen Erlebnisurlaub

DER WOHNMOBIL-VERLAG
D-36452 Kaltennordheim
OT Mittelsdorf

Die Deutsche Bibliothek – CIP-Einheitsaufnahme

Bibliografische Information der Deutschen Bibliothek

Die Deutsche Bibliothek verzeichnet diese Publikation in der Deutschen Nationalbibliografie.
Detaillierte bibliografische Daten sind im Internet über <http://dnb.ddb.de> abrufbar.

Titelbild: Pilsumer Leuchtturm, Tour 3
Bild in vorderer Klappe: Im Hafen von Neuharlingersiel, Tour 4

Karten: Heiner Newe, Stadtpläne unter Verwendung der Daten von © OpenStreetMap contributors
Fotos: Bildnachweis Seite 380

3. komplett neu bearbeitete Auflage - 2022

Druck:
Louis Hofmann
Druck- und Verlagshaus, 96242 Sonnefeld

Vertrieb:
GeoCenter GmbH, 70794 Filderstadt

Herausgeber:
WOMO-Verlag, OT Mittelsdorf, 36452 Kaltennordheim
GPS: N 50°36'38.2" E 10°07'55.6"

Fon: 0049 (0) 36946-20691
Fax: 0049 (0) 36946-20692
eMail: verlag@womo.de
Internet: www.womo.de

Autoren-eMail: newe@womo.de

ISBN 978-3-86903-703-5

Jede Tour und jeder Stellplatz sind von uns meist mehrfach überprüft worden, wir können jedoch inhaltliche Fehler nie ganz ausschließen. Bitte achten Sie selbst auf Hochwasser, Brandgefahr, Steinschlag und Erdrutsch!

Verlag und Autoren übernehmen keine Verantwortung für die Legalität der veröffentlichten Stellplätze und allen anderen Angaben. Unsere Haftung ist, soweit ein Schaden nicht an Leben, Körper oder Gesundheit eingetreten ist, ausgeschlossen, es sei denn, unsere Verantwortung beruht auf Vorsatz oder grober Fahrlässigkeit.

EINLADUNG

Liebe Leser,

wir laden Sie ein zu einer bunten Mischung aus Windmühlen, Moorlandschaften, Stränden, pittoresken Städtchen, tollen Museen, fotogenen Kutterhäfen, abertausenden Kilometer Radwege, malerischen Kanälen, ruhigen Seen, fischreicher Kost, bodenständig-bäuerlicher Kultur, Wattwanderungen, windumtosten Küsten, frühgeschichtlichen Zeugnissen, ruhigen Inseln, schönen Burgen, dicken Pötten, schönen Teezeremonien, fantastisch angelegten Schlossgärten, antiken Schlachten, außergewöhnlichen Schiffen, traurigen Blicken in die Geschichte, blühenden Gärten, künstlerischer Vielfalt, hanseatischer Tradition, gescheiterter Verkehrstechniken und wunderbaren Wanderwegen.
So kunterbunt, unvollständig und unsortiert die Aufzählung ist, so kunterbunt ist auch die sehr große Region, die wir mit diesem Buch vorstellen und die Sie erleben können. Es ist ein riesiges Gebiet, in dem überall "Plattdüütsch" gesprochen wird, aber in jeder Ecke immer ein wenig anders. In jeder Teilregion gibt es auch unterschiedliche Schwerpunkte. Sie werden es bei der Lektüre dieses Buches merken. Aber alle Ecken dieser Region haben spannende und erlebnisreiche Momente.
Für jede Tour haben wir eine ganz individuelle und breit gefächerte Komposition gewählt, von der wir annehmen, dass Sie Ihnen als Leserinnen und Lesern gefällt. Wie immer, so versuchen wir auch in diesem Buch den Urlaub sowohl aus dem Blick der Familie mit Kindern wie aus der Sicht des Individualreisenden zu betrachten. Für jeden gibt es Tipps und Hinweise, die mit den modernen Medien zu schnellen vertiefenden Informationen führen, ohne dass Sie lange suchen müssen. Wir gehen dabei davon aus, dass heute kaum noch jemand ohne Smartphone oder Tablet mit dem Wohnmobil unterwegs ist.
Das Wesentliche aber ist, dass Sie mit einem Lächeln empfangen werden, wenn Sie eine Frage haben. Das "Eala frya Fresena" – seid gegrüßt, freie Friesen! schlägt immer noch durch. Ein Freiheitswille, der auch dem Wohnmobilisten zu eigen ist, weshalb ihm Tür und Tor geöffnet und er von einem herzlichen "Moin" begrüßt wird.
Wir wünschen Ihnen eine gute Reise und schöne Erlebnisse in dieser wunderbaren Nordwestecke Deutschlands.

Heiner Newe und Heiderose Thomsen-Newe.

Unsere Top Ten

Emsland Moormuseum

Mit riesigen Maschinen wurden abgetorfte Moorflächen umgebrochen, um sie für die Landwirtschaft nutzbar zu machen. Die ganze Geschichte dazu wird in diesem Museum erzählt. Ab Seite 39.

Bunder Windmühle

Nirgendwo sonst haben wir die Funktionsweise einer Windmühle besser erklärt bekommen als durch den leidenschaftlichen Müller in dieser Mühle. Lesen Sie mehr darüber ab Seite 61.

Norderney

Schon die Überfahrt mit der Fähre ist ein besonderes Erlebnis. Folgen Sie mit uns dem Kreischen der Möwen auf einem der Campingplätze dieser Insel mit den langen Badestränden ab Seite 91.

Großes Meer

Ein wunderbarer Radweg, den Sie nur mit von Hand betriebenen Fähren meistern können, zeichnet die Landschaft um das Große Meer aus. Lernen Sie die Funktionsweise der Pünten ab Seite 147 kennen.

Cloppenburg

Ein Museumsdorf, das die Kulturgeschichte des Oldenburger Münsterlandes und angrenzender Gebiete in hervorragender Weise widerspiegelt, erwartet Sie in diesem Ort ab der Seite 163.

Park der Gärten

Es ist eine einzigartige Komposition aus Blumenwiesen, Stauden, blühenden Sträuchern, Teichen und Wasserläufen, die Sie in dieser Gartenlandschaft am Zwischenahner Meer ab Seite 198 erwartet.

Tuchmachermuseum

Wer sich einmal mit der Kunst der Textilfabrikation beschäftigt hat, wird von diesem lebendigen Museum, in dem noch gewebt wird, begeistert sein. Ab Seite 264 finden Sie es beschrieben.

Wildeshauser Geest

Mehrfach suchen wir Großsteingräber in diesem Buch auf. Aber an keiner anderen Stelle sind die Zeugnisse der Frühgeschichte so zahlreich vertreten wie hier. Ab Seite 292 gehen wir darauf ein.

Havenwelten

Es ist in der Tat eine Welt für sich. Schiffe, U-Boote, maritimes Leben, Zoo, Umwelt, Geschichte. Es ist eine außerordentliche Vielfalt, die Ihnen ab der Seite 324 geboten wird.

Otterndorf

Mit herausgeputzten Fachwerkhäusern und einer großen Freizeitanlage glänzt dieser Ort, in dem Sie ab der Seite 356 die Wahl haben, ob Sie in der Nordsee oder in dem Nordsee baden möchten.

Inhaltsverzeichnis

Gebrauchsanweisung

Reisegebiet

Wir bereisen in diesem Buch den Nordwesten Niedersachsens. Da ein Buchttitel Nordwestniedersachsen nicht so gut klingt, haben wir es bei dem bereits eingeführten Titel "Ostfriesland und umzu" belassen und nur noch Bremen im Titel hinzugefügt.

Was ist nun unter dem "umzu" zu verstehen. Umzu steht als Redewendung im Norddeutschen für Umgebung oder erweiterte Umgebung. Diese Umgebung stellt in unserem Fall die Grafschaft Bentheim, das Emsland, das Ammerland, das Oldenburger Münsterland, das Osnabrücker Land, die Halbinsel Butjadingen, die Wesermarsch, Teile der Mittelweser, das Land Hadeln und den nördlichen Bereich von Kehdingen dar. Das sind Landschaftsnamen, die nicht jedem geläufig sind, was aber auch nicht weiter tragisch ist. Mit diesem Buch werden Sie diese Landschaften ein wenig kennenlernen. Das Buch reicht von der Grenze zu den Niederlanden bis an die Unterelbe und von der Nordseeküste bis zur Landesgrenze nach Nordrhein-Westfalen.

Was dürfen Sie in diesem Buch erwarten?

Als Einstieg wollen wir Ihnen eine kleine Orientierung geben, wohin die einzelnen Touren führen und wie dieses Buch aufgebaut ist.

Die **Tour 1** führt durch die Grafschaft Bentheim. Es ist die südwestlichste Ecke Niedersachsens. Hier werden wir uns hauptsächlich mit Moor- und Heidelandschaften, einer fantastischen Burg und mit einer ehemaligen Textilstadt beschäftigen.

Tour 2 führt uns durch das Emsland nach Ostfriesland. Hier bekommen die Moorlandschaften eine sehr viel größere Bedeutung. Wir beschäftigen uns mit der Fehnkolonisation, die wir zu einem Teil über die Radwege der Deutschen Fehnroute betrachten. Ein besonderer Punkt dieser Tour ist die Bunder Windmühle. Nirgendwo sonst haben wir die Funktionsweise einer Windmühle besser erklärt bekommen als dort. Schließlich beschäftigen wir uns in dieser Tour auch noch mit dem ostfriesischen Nationalgetränk, dem Tee.

Mit der **Tour 3** kommen wir in den Norden Ostfrieslands. Hier beschäftigen wir uns kurz mit den Sturmfluten, die in der Geschichte zu einschneidenden Küstenveränderungen geführt haben, besuchen den malerischen Hafen Greetsiel, den Leuchtturm, der das Cover dieses Buches ziert und wir besuchen die Nordseeinseln Borkum und Norderney.

Entlang der Küste geht es in der **Tour 4** von Norden bis an den Jadebusen. Hier lassen wir keinen Küstenort mit Badestränden aus. In Wilhelmshaven besuchen wir das Deutsche Marinemuseum.

Vom Jadebusen führt uns die **Tour 5** quer durch Ostfriesland zurück nach Leer. In Wiesmoor suchen wir das Torf- und Siedlungsmuseum auf und rund um das Große Meer machen wir eine sehr interessante Radtour, die uns mit der Funktionsweise von "Pünten" beschäftigen lässt.

Die bislang genannten Touren folgen alle aufeinander. Mit dem Beginn der **Tour 6** machen wir einen Sprung zurück zum Ende der Tour 1. In diesem Kapitel geht es durch den Hümmling nach Cloppenburg im Oldenburger Münsterland. Wir werden uns erstmals in diesem Buch mit der Megalithkultur beschäftigen. Einige Großsteingräber aus der Vor- und Frühgeschichte werden wir aufsuchen, aber auch ein wunderbares Barockschloss, einen Moor- und Erlebnispfad und zum guten Schluss ein Museumsdorf, in dem die Kulturgeschichte des Oldenburger Münsterlandes besonders gut dargestellt wird.

Mit der **Tour 7** geht es diagonal durch das Oldenburger Münsterland zurück nach Leer in Ostfriesland. Eine Talsperre, ein Tier- und Freizeitpark und ein Moorerlebnispfad sind die Highlights dieser Tour. Mit dem Besuch der KZ Gedenkstätte Esterwegen werfen wir einen Blick zurück in die deutsche Geschichte.

Tour 8 führt uns durch das Ammerland. Ein Blumen- und Blütenparadies erwartet uns rund um das Zwischenahner Meer mit Bad Zwischenahn als Hauptort. Beendet wird die Tour in der Universitätsstadt Oldenburg, der Hauptstadt des ehemaligen Herzogtums.

Von der Stadt starten wir eine Reise in der **Tour 9** an den Jadebusen, fahren zur Halbinsel Butjadingen und anschließend durch die Wesermarsch nach Hude. Wir suchen auf dieser Reise ein schwimmendes Moor auf und werden uns mit dem UNESCO-Weltnaturerbe Wattenmeer beschäftigen. Im Langwarder Groden bekommen wir dazu einen kleinen begehbaren Einblick.

Die **Tour 10** startet auch in Oldenburg. Es ist ein kurzer Weg, der uns über Delmenhorst nach Bremen führt. In der Freien Hansestadt machen wir einen längeren Stadtbummel, der uns zu den Bremer Stadtmusikanten, zum Rathaus, zum Roland und durch das Schnoorviertel führt.

Mit dem Beginn der **Tour 11** machen wir wieder einen Sprung zurück zum Ende der Tour 1. Diesmal beginnen wir damit den südlichen Bereich unseres Reisegebietes zu erkunden. Diese Reise beginnt mit einer Tour durch das Artland.

Mit der **Tour 12** setzen wir die Reise durch das Osnabrücker Land fort. Hier stehen unter anderem ein außerordentliches Tuchmachermuseum, ein außergewöhnliches Automuseum und der Besuch der Stadt Osnabrück auf dem Programm.

Tour 13 führt uns durch die Wildeshauser Geest. Hier steht wieder die Megalithkultur im Vordergrund. Beendet wird diese Tour in Bremen.

Um auch den Reisenden aus dem Südosten Deutschlands einen interessanten Zugang zu unserem Reisegebiet zu bieten, haben wir die **Tour 14** von Nienburg an der Weser nach Bremen konzipiert.

Durch das Teufelsmoor und nach Bremerhaven führt uns schließlich die **Tour 15**, die in Bremen startet. Das Künstlerdorf Worpswede und die Havenwelten in Bremerhaven sind die Highlights dieser Reise.

Mit der **Tour 16** enden die Reisebeschreibungen. Sie lenkt uns durch das nördliche Elbe-Weser-Dreieck und schließt an der Elbfähre, die nach Glückstadt führt, ab. Zahlreiche Badestrände, schöne Heidelandschaften und attraktive Küstenorte stehen in dieser Reise auf dem Programm.

Zum Aufbau des Buches

Kommen wir nun zum Aufbau des Buches. Jedes Kapitel jeder Tour beginnt mit einer Karte auf der linken Seite. In diesen Karten ist der Verlauf der Route mit einer roten Linie gekennzeichnet. Rote Pfeile geben die Fahrtrichtungen an. Neben diesen roten Linien sind in den Karten natürlich die Ortsnamen, Sehenswürdigkeiten und Symbole enthalten, die in der Zeichenerklärung auf der hinteren Umschlagklappe erläutert werden. In einem leichteren Rot sind auch die benachbarten Touren auf den Karten zu sehen. Das soll Ihnen die individuelle Reiseplanung erleichtern. Tipp: Machen Sie sich vertraut mit den Symbolen und den Farben der Stellplätze, das erleichtert die Orientierung in den Karten erheblich.

Die Stell- und Campingplätze sind in den Karten durchnummeriert. Die Beschreibungen der Stell- und Campingplätze im Text nehmen diese Nummern wieder auf.

WOMO-Stellplätze

Die Stellplatzkästen sind orange-gelblich eingefärbt. Wir unterscheiden dabei zwischen den offiziellen und den nicht offiziellen Plätzen. Offiziell ist ein Stellplatz immer dann, wenn ein WOMO-Schild am Parkplatz zu sehen ist. Er muss keinerlei wohnmobilspezifische Einrichtungen haben. Die anderen, nicht offiziellen Stellplätze sind in der Regel Parkplatzareale, auf denen wir mit einem Wohnmobil stehen bleiben können.

Das sind die Parkplätze, die einfach nur mit einem weißen P auf blauen Grund markiert sind.

Die Stellplatzbeschreibungen erfolgen immer nach demselben Schema. Zunächst werden die GPS-Koordinaten genannt, dann folgt die Adresse. Da nicht jeder Stellplatz eine genaue Postadresse hat, müssen Sie damit rechnen, wenn Sie in ihr Navi die Adresse eingegeben haben, dass Sie nur näherungsweise zu dem Platz geführt werden. Eine zielgenaue Führung erreichen Sie nur mit den geografischen Koordinaten. Aber auch diese kann problematisch sein, wenn Sie kein spezielles für Wohnmobile eingerichtetes Navigationsgerät benutzen. Deshalb achten Sie bitte auch auf die Beschreibung der Zufahrt, die am Ende einer Stellplatzbeschreibung aufgeführt ist. Diese berücksichtigen Straßenbreiten, Durchfahrtshöhen und Gewichtsbeschränkungen, auf die ihr Navi unter Umständen keine Rücksicht nimmt. Nicht immer ist der kürzeste Weg auch der beste. **Tipp:** Über die Homepage des Verlages können Sie die GPS-Koordinaten dieses Buches als GPX-Datei herunterladen und anschließend auf Ihr Navi kopieren. Damit ersparen Sie sich das lästige Abtippen der Koordinaten oder der Adresse.

Wichtig: Allein die durchnummerierten Stellplätze eignen sich für Übernachtungen. Alle anderen Koordinatenangaben weisen nur auf Besucherparkplätze hin. Eine Übernachtung ist dort nicht möglich oder gar untersagt.

Zurück zu den Stellplatzkästen. Nach den GPS-Koordinaten und der Adresse folgt die Angabe, wie viele Wohnmobile maximal auf dem Stellplatz geparkt werden können. Wir geben ebenfalls an, wie lang das Fahrzeug maximal sein kann. Bei dieser Angabe ist nicht davon auszugehen, dass alle Stellflächen des Platzes die maximale Länge zulassen. Soweit wir es in Erfahrung bringen konnten, haben wir auch vermerkt, wie lange Sie auf diesen Stellplätzen verweilen dürfen.

In den Beschreibungen führen wir auch auf, welche Ausstattungsmerkmale die Anlagen haben. Wir beschreiben, wie der Untergrund des Stellplatzes beschaffen ist, sagen, ob Sie Keile benötigen, um ihr Fahrzeug waagerecht zu stellen, führen auf, ob Sie Wasser tanken können, ob Sie entsorgen können und ob eine Stromversorgung möglich ist. Wenn es sich um einen hochmodernen neuzeitlichen Stellplatz handelt, der in Servicegebäuden Waschmaschine, Wäschetrockner oder einige andere Serviceeinrichtungen anbietet, so führen wir diese ebenfalls auf. Wir gehen auch auf die Umgebungsgeräusche der Stellplätze ein. Wir sagen Ihnen, ob Sie in der Nacht mit Ruhe rechnen können oder ob es wahrscheinlich laut sein wird. Natürlich haben wir nicht auf allen Stellplätzen übernachtet, die wir beschrieben haben. Wir trauen uns aber aufgrund unserer langjährigen Erfahrung zu, die Lage einigermaßen richtig einschätzen zu können. Natürlich sagen wir Ihnen auch, ob der Stellplatz schattig ist oder nicht. Ist er schattig, so müssen Sie mit eingeschränktem Satellitenempfang rechnen. Die Entfernung von den Stellplätzen zu den jeweiligen Sehenswürdigkeiten der Stadt oder der Region ist in der Regel immer angegeben.

Wir nennen Ihnen alle Preise, die auf den Stellplätzen für die angebotenen Leistungen bezahlt werden müssen. In Deutschland ist es allgemein sehr sinnvoll, eine größere Menge an Münzen, insbesondere 50-Cent und 1-Euro-Münzen mitzuführen. Kartenzahlung für die Stellplatzgebühr, für die Wasserentnahme oder für die Entsorgung ist immer noch die Ausnahme. Wir haben die Preise so angegeben, wie wir sie im Jahre 2021 vor Ort vorgefunden haben.

Gern wird immer wieder in den Verkaufsprospekten von Wohnmobilen das Fahrzeug am Meeresstrand oder am Seeufer mit freundlich und glücklich dreinblickenden Menschen gezeigt. Auch im Verlag galt und gilt immer noch das "freie Stehen" als das Nonplusultra des Wohnmobilurlaubs. Das ist im küstenfernen Binnenland auch kein Problem. Sie werden an vielerlei Orten Wanderparkplätze finden, die dies möglich machen. Nur sind nicht alle optimal geeignet, was an einer vorbeiführenden verkehrsreichen und damit lauten Straße oder einer Hanglage liegen kann. Respektieren Sie bitte, dass eine Übernachtung in den Grenzen der Naturschutzgebiete untersagt ist.

WOMO-Badeplätze

Die WOMO-Badeplätze erscheinen in blauer Farbe. Auch hier unterscheiden wir zwischen offiziellen und inoffiziellen Plätzen. Stellplätze an Thermen oder Freibädern werden von uns nicht als Badeplätze definiert. In blauer Farbe erscheinen nur die Stellplätze an den Nordseestränden, Badeseen und Flussbadestränden. Die Beschreibungen folgen dem Schema der gelb-orangenen Kästen.

WOMO-Wander- und Picknickplätze

Dies trifft auch für die Wanderparkplätze zu, die in grüner Farbe erscheinen und für die Picknickplätze, die violett dargestellt sind. Hier ist zumeist davon auszugehen, dass eine Infrastruktur für Wohnmobile nicht vorhanden ist. Meistens sind es aber gute und vor allem kostenlose Übernachtungsplätze abseits der Durchgangsstraßen, wenn die Einsamkeit nicht stört.

WOMO-Campingplätze

Campingplätze, die in einem hellen Grün erscheinen, nehmen in diesem Buch einen breiten Raum ein. Die Ausstattungsmerkmale dieser Plätze sind in den Beschreibungen aufgeführt. Dies soll Ihnen die Wahl erleichtern, den für Sie passenden Ort zu finden. Wir haben aus Platzgründen nicht alle Campingplätze aufnehmen können. Aufgenommen haben wir nur die, die wir uns auch angeschaut haben. Nicht von allen zeigen wir ein Foto. Hier sind wir etwas zurückhaltender, weil wir nicht Personen ungefragt in diesem Buch abbilden möchten. Dort, wo ein aussagekräftiges Bild aus größerer Distanz möglich war, haben wir es berücksichtigt. Um Ihnen den Buchungsvorgang zu erleichtern, sind sowohl die Homepage als auch die Telefonnummer und E-Mail-Adresse des jeweiligen Campingplatzes aufgeführt.

WOMO-Gasthöfe/Bauernhöfe

Bleiben zum Schluss noch die Gasthöfe, die eine Übernachtung auf ihren Gästeparkplätzen zulassen. Fast immer werden diese Plätze kostenlos angeboten und es versteht sich eigentlich von selbst, dass dies mit der Einkehr in den jeweiligen Gasthof verbunden ist. Eine sehr gute Gelegenheit, die regionale Küche und die regionalen Biere kennenzulernen.

Sehenswürdigkeiten

Nicht alle Sehenswürdigkeiten haben wir ausführlich beschrieben. Vielfach haben wir es dabei belassen, sie nur stichwortartig aufzuführen. Wenn wir uns aber einer Sehenswürdigkeit ausführlicher gewidmet haben, so haben wir die Webseiten mit in den Text integriert. Wir gehen davon aus, dass heute jeder mit einem Smartphone unterwegs ist und sich deshalb schnell über die aktuellen Öffnungszeiten und Eintrittspreise informieren kann. Die ausführlichen Beschreibungen erscheinen in einem hellgelben Kasten.

Wanderungen und Radtouren

Etwas ausführlicher dargestellte Wanderungen und Radtouren erscheinen in einem grünen Kasten. Nicht immer verweisen wir dabei auf eine Wanderkarte. Häufig ist die Beschilderung vor Ort so gut, dass man auch ohne eine Wanderkarte zurechtkommt. Für die Orientierung vor Ort nutzen wir unser Smartphone und Google Maps. Damit kommt man in der Regel sehr gut aus. Wir verweisen vielfach auf Internetadressen, von denen Sie gpx-Daten für Ihr Wandernavigerät herunterladen können. Oft helfen auch schon die ebenfalls im Downloadbereich angebotenen Karten und Beschreibungen, die Ihnen eine Orientierung auf Ihren Wanderungen erleichtern.

Restaurants

Einen Gourmetführer haben wir nicht geschrieben. Eine Übersicht zu den Restaurantqualitäten unseres Reisegebietes können wir nicht liefern, dafür haben wir zu wenige aufgesucht. Wir erwähnen nur die Restaurants, die wir in guter Erinnerung haben und in denen wir auch selbst zugegen gewesen sind. Negative Restaurantkritiken werden Sie in diesem Buch nicht finden, das überlassen wir anderen. Für die Auswahl eines Restaurants gibt es mittlerweile sehr viele Tools und Bewertungsportale, die Sie online abrufen können.

Radarkontrollen

In unserem Buch über Baden-Württemberg haben wir vor der höchsten Blitzerdichte in Deutschland gewarnt. Mit der Intensität wie in Baden-Württemberg wird in Niedersachsen und Bremen nicht kontrolliert. Gleichwohl gibt es auch hier eine große Zahl fest installierter Radarstationen, vorzugsweise an Ortsein- und ausgängen.

Landkarten und Navigation

Wir gehen davon aus, dass heute kaum mehr ein Wohnmobilfahrer ohne Navigationssystem unterwegs ist. Mit den GPS-Angaben und den Beschreibungen sowie den Tourenkarten in diesem Buch könnten Sie die Reise direkt starten. Auf die zeichnerische Qualität und Lagegenauigkeit der Tourenkarten in diesem Buch legen wir besonders großen Wert. Ich habe fast mein gesamtes Berufsleben damit verbracht, Autoreisebücher und Atlanten zu erstellen.

Alle Karten sind genordet, wo dies nicht der Fall ist, zeigt ein Nordpfeil die Himmelsrichtung an. Die Kilometerleiste dient der Abschätzung der zu fahrenden Distanzen. Alle 16 Übersichtskarten haben denselben Maßstab. Für die optimale Orientierung in den Städten haben wir Stadtpläne eingefügt, um die Beschreibungen in den Texten besser nachvollziehen zu können.

Es fehlt allerdings der Überblick über das gesamte Reisegebiet, deshalb halten wir es für sinnvoll, eine Reisekarte mitzuführen. Im Shop des Verlages finden Sie eine Auswahl an Landkarten. Sie erscheinen uns nach wie vor notwendig, insbesondere dann, wenn Vollsperrungen dazu führen, dass ein anderer Weg gewählt werden muss. Natürlich berücksichtigen die neuen Navigationssysteme auch Vollsperrungen auf

Bundes- und Landesstraßen sowie Autobahnen und schwenken automatisch auf neue Routen um. Dies funktioniert jedoch nicht immer, besonders dann nicht, wenn es sich um kurzfristige Sperrungen handelt oder die Straßen zur untersten Kategorie gehören.

Dieselfahrverbote

Über den Sinn oder Unsinn der Fahrverbote lässt sich trefflich streiten, nur werden wir das in diesem Buch nicht tun. Dafür gibt es genug Foren, in denen ein reger Austausch stattfindet. Dort, wo wir in der Wahl des Weges durch die Fahrverbote auf einzelnen Straßen oder gar flächenhaft eingeschränkt werden, weisen wir in den Stadtplänen oder Karten darauf hin und zeigen Alternativen auf. Ohne grüne Plakette dürfen Sie vielfach in keinen Ort mehr hinein.

Aktualität und Resonanz der Leser

Ein gedrucktes Buch verliert im Laufe der Zeit seine Aktualität. Stellplätze kommen hinzu oder werden geschlossen, die Preise und Öffnungszeiten verändern sich, Straßen werden verlegt oder in Ihrer Nummerierung geändert. Sobald wir von wesentlichen Veränderungen in unserem Reisegebiet erfahren, teilen wir dies in dem Forum des WOMO-Verlages mit. Schauen Sie hier www.forum.womoverlag.de nach, bevor Sie sich mit diesem Buch auf die Reise begeben, ob es zwischenzeitlich Veränderungen oder Aktualisierungen zu diesem Buch gegeben hat.

Sollten Ihnen bei der Nutzung dieses Buches Fehler auffallen oder sollten Sie feststellen, dass getroffene Aussagen in diesem Buch nicht mehr aktuell sind, so teilen Sie uns das bitte mit. Am liebsten ist uns eine E-Mail, die Sie an diese Adresse senden können: newe@womo.de.

Erstaunlicherweise bekommen wir von unseren Lesern recht wenig Resonanz. Nicht gemeckert ist gelobt genug, sagt der Schwabe. Ob diese Sichtweise so zutrifft, wissen wir nicht. Hinweise auf Fehler in unseren Büchern sind sehr selten. Das ist natürlich schön, noch schöner ist es, wenn ein positives Feedback kommt, so wie sie bei unserem Buch über die französischen Alpen in den Amazon-Rezensionen zu lesen sind.

Wie auch immer, trauen Sie sich uns eine kurze Notiz zu schreiben, und teilen Sie uns mit, wie Sie mit diesem Buch zurechtgekommen sind, ob Veränderungen vorgenommen werden sollten oder was Sie besser machen würden. Wir werden es für die nächste Auflage berücksichtigen.

Für Ihre Mühe danken wir, wollen es nun mit dieser Gebrauchsanweisung belassen und endlich die Reise starten.

NIEDERLANDE
Emmen
Barger-Compascuum
Fehndorf
Tour 2
Funpark Meppen
Klazienaveen
Zwartemeer
Schöninghsdorf
Nieuw-Amsterdam
Band 71: Mit dem Wohnmobil in die Niederlande
Naturpark Moor-Veenland
Aussichtsturm
Süd-Nord-Kanal
Meppen
Schoonebeek
Nieuw-Schoonebeek
Twist
Twist-Bült
Emsland Moormuseum
Neugnadenfeld
Coevorden-Piccardie-Kanal
Emlichheim
Groß Hesepe
Geeste
Dortmund-Ems-Kanal
Ems
Hoogstede
Vechte
Georgsdorf
Speicherbecken Geeste
Wilsum
Veldhausen
Mühlenmuseum
Wietmarschen
Lohne
Lingen
Bronzezeithof
Uelsen
Neuenhaus
Tour 11
Hanekenfähr
Wassermühle
Lage
Getelo
Aussichtsturm Lönsberg
Hügelgräberheide
Kloster Frenswegen
Klausheide
Elbergen
Nordhorn
Ems-Vechte-Kanal
Ootmarsum
Tillenberge
Emsbüren
Brandlecht
Nordhorn-Almelo-Kanal
Denekamp
Weerselo
Isterberg
Schüttorf
Oldenzaal
De Lutte
WC
Bad Bentheim
Burg
Gildehaus
Kloster Bardel
Losser
Gildehauser Venn
Dreiländersee
Enschede
Gronau
Ochtrup
Glanerbrug
5 km
N

TOUR 1 (ca. 150 km)

Gronau – Gildehaus – Bad Bentheim – Isterberg – Nordhorn – Lage – Getelo – Uelsen – Emlichheim – Hoogstede – Twist – Meppen

Stellplätze:	Gronau, Gildehaus, Bad Bentheim, Isterberg, Tillenberge, Nordhorn, Lage, Getelo, Uelsen, Emlichheim, Hoogstede, Twist, Moormuseum, Meppen.
Campingplätze:	Uelsen, Hoogstede, Meppen.
Ver-/Entsorgung:	Gronau, Gildehaus, Bad Bentheim, Isterberg, Nordhorn, Uelsen, Emlichheim, Hoogstede, Twist, Meppen.
Besichtigungen:	Gildehaus (Mühlen), Bad Bentheim (Burg, Altstadt), Nordhorn (Textilmuseen, Povelturm, Alte Kornmühle, Kloster Frenswegen), Lage (Wassermühle), Getelo (De Cirkels van Mander), Geeste (Moormuseum), Meppen (Altstadtbummel).
Wandern/Radtour:	Radtour durch das Gildehauser Venn, Wandern auf dem Isterberg und in Tillenberge.
Baden/Wellness:	Dreiländersee (Naturbad), Uelsen (Freibad), Twist (Freibad), Meppen (Freizeit- und Wellnesseinrichtung Emsbad).

Wir starten die Reise nach Ostfriesland in der Grafschaft Bentheim. Ruhig und beschaulich ist die Landschaft der Ober- und Niedergrafschaft rund um Nordhorn, der größten Stadt dieses Landkreises. Moor-, Heidelandschaften und Kanäle fordern zu "Fietsentouren" geradezu heraus. Die Fietse, wie das Fahrrad hier genannt wird, ist das Fortbewegungsmittel schlechthin in dieser Region. Für die Besucher gibt es dazu mit dem "Fietsenbus" und dem Fahrradtransport der wieder aktivierten Regionalbahn angenehme Erleichterungen, die längere Radtouren bequem möglich machen.

Erste Station unserer Tour ist die Camping- und Freizeitanlage **Dreiländersee**. Dreiländersee (oder ortstypisch Drilandsee) deshalb, weil hier die Niederlande, Nordrhein-Westfalen und Niedersachsen aneinandergrenzen. Gronau wie das gesamte Münsterland finden Sie in dem Band 58 der WOMO-Reihe beschrieben, den wir Ihnen ans Herz legen, wenn Sie das Land der Wasserschlösser in Ihre Reiseplanung miteinbeziehen wollen. Der Dreiländersee ist ein Eldorado für Wassersportler wie Windsurfer, Kanuten, SUP-Paddler und eine beliebte überdimensionale Badewanne. Bade- und Wassersportbereich sind räumlich voneinander getrennt.

(001) Offizieller WOMO-Badeplatz: Gronau – Camping- & Freizeitanlage Dreiländersee

GPS: N52°14'13.9" E7°04'49.1"; Brechter Weg 19, 48599 Gronau (Westfalen).

Max. WOMOs: 200, maximale Länge 12 m.
Ausstattung: Drei Varianten werden angeboten. 1. Komfortcamping, 2. Alleecamping, 3. Naturcamping. Die Ausstattungsmerkmale sind in den drei Kategorien höchst unterschiedlich. Die Ver- und Entsorgungsanlage für Wohnmobile ist von allen drei Plätzen erreichbar. Es gibt vor Ort einen Brötchenverkauf, einen Fahrradverleih und eine Minigolfanlage. Der See ist unterteilt in einen Wassersport- und einen Badebereich. Die Anlage ist ganzjährig geöffnet.
Beschreibung: Komfortcamping: Kurzer Weg zum See, Stromversorgung, Zugang zu den sanitären Anlagen, Bistro, Minigolfanlage, WLAN. Alleecamping: Teilweise schattige Stellflächen mit Stromanschlüssen. Naturcamping: Schattenlose Stellflächen auf einer Wiese, die bei Regen matschig werden kann. Das Foto zeigt die Fläche des Naturcampings, im Hintergrund links oben ist das Alleecampingareal zu sehen.
Preise: 10,00 € für ein Fahrzeug mit 2 Personen für Allee- und Naturcamping, Strom (nur Alleecamping) 1,00 € für 2 kWh, Frischwasser 0,50 €, die Entsorgung ist kostenlos. Komfortcamping: 20,00 € pro Tag für ein Fahrzeug mit 2 Personen inkl. Strom, Dusche 1,50 €, Waschmaschine und Trockner jeweils 2,00 €.
Zufahrt: In Gronau in Richtung Gildehaus fahren und vor der Grenze zu Niedersachsen rechts abbiegen. Die Anlage ist gut ausgeschildert.
Reservierung/Kontakt: Für Allee- und Naturcamping ist eine Reservierung nicht notwendig. Hier herrscht freie Platzwahl. Für den Komfortplatz ist jedoch eine Reservierung geboten.
Tel.: 0151 15220033, E-Mail: info@campingplatz-gronau.com,
Web: www.campingplatz-gronau.com.

Mit dem **Gildehauser Venn**, das sich zwischen dem Ort Gildehaus und der Campinganlage befindet, haben wir gleich die erste Tour vor uns, die Sie mit dem Fahrrad oder auch zu Fuß unternehmen können. Als Wanderung ist als Standort die Camping- und Freizeitanlage optimal, denn der Wanderweg führt direkt am Drilandsee vorbei. Mit dem Fahrrad können Sie die Tour auch von dem Stellplatz in Gildehaus starten. Von dort ist der Weg allerdings deutlich länger.

Gildehauser Venn

Es ist 650 Hektar groß und wird als eines der bedeutendsten Feuchtgebiete in Niedersachsen betrachtet. Es ist ein Naturschutzgebiet, dessen innere Zone nicht betreten werden kann. Wander- und Radwege führen um diese Zone herum. Die Radwege verlaufen zumeist auf asphaltierten Feldwegen. Ein sandiger Wanderweg führt am Rand des Kernbereichs entlang. An dessen Endpunkten lassen sich die Wasser- und Heideflächen aus leicht erhöhter Position von hölzernen Aussichtsplattformen betrachten. Um diesen Wanderweg betreten zu können, müssen Sie das Fahrrad allerdings an einem der Eingangstore abstellen.

Nur wenige Personen sind uns während unserer Rad- und Wandertour begegnet. Ideale Voraussetzungen, um diese Naturlandschaft in aller Ruhe genießen zu können. Flach ist es hier aber nicht topfeben. Lang gestreckte Dünenrücken bilden leichte Erhebungen, auf denen Sandheiden wachsen.

Zahlreiche Moorweiher sind in diesem Gebiet zu verzeichnen. An dessen Ufer sind Schilf und Bruchwälder zu sehen, soweit es von dem Weg und von den Aussichtsplattformen sichtbar ist. Schlanke Birken, krumm und schief gewachsene Kiefern stehen an den Rändern und geben der gesamten Veenlandschaft einen Charakter, der an eine Savannenlandschaft erinnert.

Das Venn ist Rückzugsort seltener Vogelarten. Sumpfohreule und Pirol sollen in diesem Gebiet heimisch sein. Auch Neuntöter, Kiebitz, Großer Brachvogel und Bekassine wurden gesehen. Wir müssen gestehen, dass uns diese Vögel nicht aufgefallen sind. Es wird Ihnen vermutlich genauso gehen. Große Vogelkolonien werden Sie hier nicht vorfinden. Es ist eine sehr ruhige und beschauliche Landschaft, die für den botanisch Sachkundigen von großem Interesse sein dürfte, der sich an dem Anblick von Sumpfjohanniskraut, Ruhrkraut, Igelschlauch, Zwerglein, Froschkraut und mit Glück auch dem fleischfressenden Sonnentau erfreuen kann.

Wanderweg im Gildehauser Venn.

Umgeben ist das Venn von Wäldern und brachliegenden ehemaligen landwirtschaftli-

Weiher am nördlichen Ende des Wanderweges im Gildehauser Venn.

chen Nutzflächen, die zum Schutz des Naturschutzgebietes beitragen und es unter anderem vor Austrocknung und Nährstoffeintrag durch Düngung der Felder in den vielen Landwirtschaftsbetrieben der Umgebung schützen.

Nach diesem Naturerlebnis in der äußersten Südwestecke Niedersachsens bewegen wir nun das WOMO über die Landesgrenze, fahren damit nach Gildehaus und machen Station auf diesem Stellplatz.

(002) Offizieller WOMO-Stellplatz: Gildehaus

GPS: N52°17'35.4" E7°06'04.8"; Mühlenberg 6, 48455 Bad Bentheim.
Max. WOMOs: 15, maximale Länge 12 m.
Ausstattung: Frischwasserversorgung, Abwasserentsorgung mit Bodeneinlass, Kassettenentleerung, Stromanschlüsse, Behälter für die Müllentsorgung, ganzjährig geöffnet.

Beschreibung: Große sonnige, teilweise auch schattige Stellflächen auf Pflastersteinen in unmittelbarer Nähe der Ostmühle nur 300 Meter von der Ortsmitte mit Restaurants und Einkaufsmöglichkeiten entfernt.
Preise: 8,00 € für ein Fahrzeug, Frischwasser 0,50 € und Strom 0,50 € pro kWh. Es kann nur mit 1 oder 2 Euro-Münzen gezahlt werden. Abwasserentsorgung und Entleerung der Bordtoilette ist kostenfrei.
Zufahrt: In Richtung Autobahn (A30) fahren, in Bardel nach rechts in Richtung Gildehaus abbiegen und dann der Beschilderung zum Stellplatz folgen.

Wir stehen hier in unmittelbarer Nähe der **Ostmühle**. Es handelt sich bei diesem Bauwerk um eine holländische Turmwindmühle, die Mitte des 18. Jahrhunderts aus Bentheimer Sandstein erbaut wurde, einem Baustoff, der in der Grafschaft vielfach Verwendung fand.

Schwere Zeiten hat sie überstanden und stand schon kurz vor der totalen Zerstörung, was aber verhindert werden konnte. In mühsamer Arbeit wurde sie wieder instandgesetzt und ist voll funktionsfähig. Wenn die Witterung günstig ist, wird die Mühle in Betrieb genommen, Korn gemahlen und das Mehl gleich nebenan im Backhaus zu knusperigem und wohlschmeckendem Brot verarbeitet. Das ist jedes Mal ein kleines Fest, für das es allerdings keine festen Zeiten gibt. Wie dichtete Wilhelm Busch schon so treffend:

Ärgerlich

Aus der Mühle schaut der Müller,
Der so gerne mahlen will.
Stiller wird der Wind und stiller,
Und die Mühle stehet still.

So gehts immer, wie ich finde,
Rief der Müller voller Zorn.
Hat man Korn, so fehlts am Winde,
Hat man Wind, so fehlt das Korn.

Es gibt aber geregelte Öffnungszeiten für den Besuch der Innenräume der Mühle. Sie können diese auf der Hinweistafel vor der Mühle lesen.

Die Ostmühle in Gildehaus.

Wenn Sie diese Mühle nicht von innen anschauen konnten, so werden Sie an anderer Stelle noch Gelegenheit dazu haben. Es ist nicht die einzige Mühle, die in diesem Buch erscheint.

Mit dem Rad nach Bad Bentheim zu fahren ist kein Problem, die kurze Strecke ist schnell zu schaffen. Wir nehmen aber das WOMO und fahren diesen Stellplatz am Fuße der Burg an.

(003) Offizieller WOMO-Stellplatz: Bad Bentheim – Schlosspark

GPS: N52°18'13.3" E7°09'16.8"; Funkenstiege 7, 48455 Bad Bentheim.
Max. WOMOs: 45, maximale Länge 12 m, max. Aufenthalt 4 Tage.
Ausstattung: Frischwasserversorgung, Abwasserentsorgung mit Bodeneinlass, Kassettenentleerung, Stromanschlüsse, Behälter für die Müllentsorgung, WLAN, WC, Dusche, ganzjährig geöffnet.

Beschreibung: Große sonnige und einige schattige Stellflächen auf Betonpflastersteinen am Fuße der Burg. Recht ruhig in der Nacht, kurze Wege in die Innenstadt, zu den Einkaufsmöglichkeiten und Restaurants.
Preise: 9,00 € für ein Fahrzeug, Frischwasser 1,00 € und Strom 0,50 € pro kWh. Abwasserentsorgung und Entleerung der Bordtoilette ist kostenfrei. Dusche 1,00 € (15 Min.). Einen Parkschein gibt es am Kassenautomaten mit Münzen oder EC-Karte.
Zufahrt: Der Parkplatz der Burg ist gut ausgeschildert, leicht anzufahren und nicht zu verfehlen.

Innenhof mit der Kronenburg als Hauptgebäude.

Es ist nur ein kurzer Weg, der zu Fuß zur Burg zurückzulegen ist. Sie steht auf einem Höhenzug oberhalb der Stadt. Dieser ist geologisch betrachtet der letzte Ausläufer des Teutoburger Waldes. Die Ursprünge der Anlage geht auf das 12. Jahrhundert zurück. Sie hat einige Zerstörungen erlebt, deren Daten und die zugrunde liegenden Kriegsereignisse wir nicht alle aufzählen wollen. Sie gingen auch gleichzeitig mit Wechseln der Herrschaftsverhältnisse einher. Wir wollen uns auf einige wesentliche Daten beschränken.

Bismarckdenkmal am Fuße der Burg Bentheim.

Ihr neogotisches Aussehen erhielt die Burg nach den letzten Auseinandersetzungen in den Napoleonischen Kriegen. Weil es an Mitteln fehlte, auch nicht sofort, sondern erst ab Mitte des 19. Jahrhunderts, insbesondere in der Zeit nach 1871, als in Deutschland einige Herrscherhäuser im Stile des sogenannten Historismus gebaut oder wiederaufgebaut wurden. Es war eben der Stil der Zeit. Was zu dieser Zeit passt, ist das Bismarck-Denkmal am Fuße der Burg. Es ist recht zugewachsen.

Wesentlich ist auch, dass die Fürsten von Bentheim und Steinfurt ihr Herrschaftsgebiet zurückbekamen und von dieser Stelle die Geschicke der Grafschaft bestimmten. Der Einfluss des Fürstenhauses auf die Grafschaft zeigte sich auch schon in früheren Zeiten. So traten die Grafen von Bentheim nach der Reformation zum lutherischen Glauben über und nach dem Prinzip **"Cuius regio, eius religio"**, eine lateinische Redewendung des Augsburger Religionsfriedens die besagt, das der Fürst oder Graf den Glauben seiner Untertanen bestimmen darf, wurde die Grafschaft eine Insel des lutherischen Glaubens. Alle Nachbarregionen im Süden wie im Osten dieser kleinen Region blieben katholisch. Ein Umstand, der auch heute noch deutlich bemerkbar ist.

Alchimistisches Laboratorium.

Kommen wir zurück zur Burg. Sehenswert sind die einzelnen Gebäude wie Marstall, Galerie, Batterieturm, Kronenburg und Katherinenkirche, die sie alle auf eigene Faust, ohne an einer Führung teilnehmen zu müssen, besuchen können. Die Räumlichkeiten sind unterschiedlich gestaltet und ausgestattet. Die Prunkräume befinden sich in der Kronenburg, Kutschen im Marstall und im Batterieturm ist die Nachbildung eines alchimistischen Laboratoriums zu sehen.

Der Herrgott von Bentheim.

Bedeutendstes Kunstwerk in der Burganlage ist der **Herrgott von Bentheim** aus dem 11. Jahrhundert. Diese Skulptur, die aus einem Sandsteinblock geschlagen wurde, zeigt einen segnenden Jesus und zählt zu den frühesten Christusdarstellungen in Mitteleuropa. Sie finden dieses Kunstwerk in der Katharinenkirche.

Die Öffnungszeiten der Burg, die Eintrittspreise sowie verschiedene Veranstaltungsangebote finden Sie auf dieser Seite www.burg-bentheim.de.

Nach dem Besuch der Burg können Sie in den Cafés und Restaurants unterhalb der Burg eine Stärkung zu sich nehmen und danach einen kleinen Spaziergang durch die schöne Parkanlage neben dem Stellplatz unternehmen.

Wenn Sie etwas für Ihre Gesundheit und Ihr Wohlbefinden tun wollen, so können Sie den Besuch in der **Bentheimer**

Mineraltherme in Betracht ziehen. Salziges und heißes Wasser von mindestens 29° Celsius haben eine wohltuende Wirkung. Dazu noch eine Massage oder einen Saunagang und dann zurück ins WOMO, das Sie auf dem großen kostenlosen Parkplatz abstellen können und mit diesen Koordinaten [GPS: N52°19'07.8" E7°09'40.0"] finden. Das gesamte Angebot sowie Öffnungszeiten und Preise finden Sie hier www.bentheimer-mineraltherme.de.

Wir bleiben in Bewegung. Zunächst mit dem WOMO auf den Isterberg und dann mit einer Wanderung durch diese kleine, aber feine urwüchsige Landschaft.

Der Reihe nach. Wir stellen unser Fahrzeug auf diesem Stellplatz ab.

(004) WOMO-Wanderparkplatz: Isterberg – Am Waldhaus

GPS: N52°21'07.5" E7°08'50.7"; Lehmstraße, 48465 Isterberg.
Max. WOMOs: 30, maximale Länge 12 m.

Ausstattung: Frischwasserversorgung, Abwasserentsorgung mit Bodeneinlass, Kassettenentleerung, Stromanschlüsse, Behälter für die Müllentsorgung, ganzjährig geöffnet.
Beschreibung: Große geschotterte, leicht geneigte unparzellierte Fläche neben einem Restaurant, das in den Wintermonaten geschlossen ist. Der Aussichtsturm steht nur wenige Meter entfernt. Die Klippen lassen sich auf einem zwei Kilometer langen Rundweg durch den Wald bequem erreichen. Der Verkehr auf der B403 ist hörbar.
Preise: 7,00 € für ein Fahrzeug, Frischwasser 2,00 € und Strom 1,00 € für 3 Stunden. Abwasserentsorgung und Entleerung der Bordtoilette ist kostenfrei.
Zufahrt: Von der B403 in Richtung Nordhorn am Anstieg auf den Isterberg rechts abbiegen, Kurs auf den Recyclinghof halten, dann gleich links auf den Parkplatz fahren.

Wann das Gasthaus geöffnet ist und welche Qualität es bietet, wissen wir nicht. Die Öffnungszeiten dieses Hauses konnten wir nicht in Erfahrung bringen.

Der Stellplatz ist ideal für alle, die mit einem Hund unterwegs sind. Hier haben Sie schnell und unkompliziert Auslauf und können sich dabei auf die Suche nach den im Wald versteckt liegenden Klippen machen. Sie werden "Siebenschläfer", "Slopsteen" und "Teufelsfelsen" genannt und liegen verstreut auf eine Höhe von rund 68 Metern über dem Meeresspiegel. Wer schon einmal in Gebirgsregionen war oder gar in einer wohnt wird ein wenig schmunzeln, wenn in den Werbebroschüren von Kletterfelsen gesprochen wird. Für einen schattigen Waldspaziergang sind sie ein schönes Ziel. Die Wege dorthin gehen teilweise über Stock und Stein und die Vierbeiner haben ordentlich zu schnüffeln.

Klippen auf dem Isterberg.

Zum Schluss geht es am Stellplatz auf den Aussichtsturm, den wir in gleicher Form und Ausstattung noch an anderer Stelle in der Grafschaft sehen werden. Der Ausblick von diesem Turm ist nun nicht umwerfend, aber madig machen wollen wir Ihnen den Weg hinauf auch nicht. Wir geben an dieser Stelle unumwunden zu, dass wir mit unseren Büchern über Allgäu, Jura, französische Alpen und andere bergige Regionen auch etwas verwöhnt sind.

Unser nächstes Ziel sind die **Tillenberge**, ein Gebiet, das nicht mit besonders großen Höhen aufwarten kann, wie der Name vielleicht suggeriert. Es ist eine flach hügelige Landschaft, die ein wenig an die Lüneburger Heide erinnert. Den Wanderparkplatz erreichen Sie mit diesen Koordinaten [GPS: N52°24'14.7" E7°07'56.6"], es herrscht ein Übernachtungsverbot an dieser Stelle.

Wandergebiet Tillenberge.

Durch das Naturschutzgebiet führen drei Rundwanderwege, die durch eine wacholderreiche Heidelandschaft, durch Wald und an die Vechte führen. Eine große Tafel im Infopavillon am Rande des Parkplatzes weist auf die Rundwege hin. Sie sind zwischen einem und drei Kilometer lang und leicht zu gehen.

Ein beliebter Stellplatz für Durchreisende Wohnmobilisten, die vom Ruhrgebiet an die Nordsee wollen, ist die folgende Anlage, die nur sechs Kilometer von der soeben aufgesuchten Heidelandschaft entfernt ist.

(005) Offizieller WOMO-Stellplatz: Nordhorn – Vechtesee

GPS: N52°26'12.3" E7°04'54.0"; Heseper Weg, 48529 Nordhorn.
Max. WOMOs: 40, maximale Länge 12 m, max. Aufenthalt 3 Tage.

Ausstattung: Frischwasserversorgung, Abwasserentsorgung mit Bodeneinlass, Kassettenentleerung, Stromanschlüsse, Behälter für die Müllentsorgung, WLAN, Brötchenservice, ganzjährig geöffnet.
Beschreibung: Ausreichend große, zumeist schattenlose ebene Stellflächen auf Betonpflastersteinen. Nur wenige Gehminuten vom Vechtesee, von den Kanälen mit vielen Rad- und Fußwegen und von der Stadtmitte entfernt. Ein gutes Restaurant mit Strandbar am See ist ebenfalls vorhanden. Der Tierpark ist nah. Insgesamt betrachtet ein guter Standort für ausgedehnte Radtouren durch die Grafschaft und in die angrenzenden Niederlande.
Preise: 5,00 € für ein Fahrzeug, Frischwasser 1,00 € und Strom 0,50 € pro kWh. Abwasserentsorgung und Entleerung der Bordtoilette ist kostenfrei.
Zufahrt: Auf der Umgehungsstraße in Richtung Lingen fahren und den Hinweisen zum Vechtesee und dem Stellplatz folgen.

Strandbar am Vechtesee in unmittelbarer Nähe des Stellplatzes.

Textilstadt im Grünen war über Jahrzehnte der Werbespruch der mehr als 50000 Einwohner zählenden Stadt Nordhorn. Drei große Firmen (NINO, Povel und Rawe) boten in den Spitzenzeiten rund 11.500 industrielle Arbeitsplätze in Spinner- und Webereien sowie in den vor- und nachgelagerten Bereichen der Textilindustrie bis hin zur Veredelung der Stoffe. Als Autor dieser Zeilen liegt mir der feine Staub beim Aufspringen der frisch angelieferten Baumwollballen noch in der Nase und die Geräuschkulisse der laut klappernden Webstühle bleibt unvergessen. Mit Ab-

NINO-Spinnereihochbau.

schluss der Weberlehre habe ich es dann aber doch vorgezogen, noch mal die Schulbank zu drücken, das Abitur zu machen, dieser Stadt den Rücken zu kehren, um Geowissenschaften zu studieren.

Povelturm.

Das diese Industrie sich nicht halten können würde zeichnete sich in den siebziger Jahren ab. Billigimporte und Managementfehler führten zu einem raschen Niedergang. Von den drei großen Firmen hat keine überlebt. Ende 1999 war Nordhorn als Textilstadt Geschichte.

Die allermeisten Fabrikgebäude wurden abgerissen. Auf dem ehemaligen Firmengelände der Fa. Povel entstand ein neues Stadtviertel. Nur der Turm blieb erhalten. In ihm wird in der obersten Etage ein kleines Café betrieben. Der Spinnereihochbau wurde aufwendig saniert und ein Kompetenzzentrum Wirtschaft darin etabliert. Auch ein Museum, das die Textilgeschichte dieser Stadt zeigt, ist hier untergebracht. Einige noch gut erhaltene Verwaltungsgebäude wurden anderen Funktionen zugeführt. Heute ist die Stadt von einer großen Zahl mittelständischer Betriebe geprägt, die rund um die Stadt angesiedelt sind. Als **"Wasserstadt"** präsentieren jetzt die Werbestrategen diesen Ort und stellen damit die Lage auf der Vechteinsel, den Vechtesee und die vielen Kanäle rund um Nordhorn in den Vordergrund. Radtouren sind entlang der ehemaligen Wasserstraßen von besonderem Reiz. Sie sind in alle Himmelsrichtungen auch in die Niederlande möglich. Mit dem **Fietsenbus** oder der Bahn geht es dann zurück. Auf dieser Seite finden Sie dazu umfangreiche Informationen www.grafschaft-bentheim-tourismus.de.

In der Innenstadt von Nordhorn.

Unter einen Mangel an Straßencafés und Restaurants leidet der Ort nicht. Sie finden am Vechtesee, in der Innenstadt, im lauschigen Stadtpark und im sehenswerten Tierpark ausreichend Gelegenheit Grafschafter Hochzeitssuppe, eine Haxe vom Bentheimer Landschaf oder anderes zu probieren.

Kloster Frenswegen.

Wenn Sie in der Adventszeit unterwegs sind, sollten Sie einmal am Nikolaustag in Nordhorn vorbeischauen, dann findet in der Innenstadt der traditionelle **Knobelabend** statt. Mit kleinem Einsatz und etwas Glück können Sie zwischen Torten und Schokolade und Stofftieren die unterschiedlichsten Dinge erknobeln, je nachdem, was die örtlichen Händler im Angebot haben.

Nächstes Ziel ist das **Kloster Frenswegen**. Auch diesen Ort können Sie bequem mit dem Fahrrad erreichen. Vom Stellplatz hierher sind es nur fünf Kilometer, die Sie überwiegend entlang der Vechte flussabwärts radeln können.

Das Kloster dient als Bildungsstätte und hat ein umfangreiches Veranstaltungsprogramm, das Sie auf dieser Seite www.kloster-frenswegen.de nachlesen können. Darüber hinaus ist es mit seinem Café ein beliebtes Ausflugsziel, das mit dem Rad gern angesteuert wird und auch eine Station der **Skulpturenroute "kunstwegen"** ist. Sie beginnt in **Ohne**, im äußersten Südosten der Grafschaft und endet in **Zwolle** unweit des IJsselmeeres in den Niederlanden. Über 80 Skulpturen lassen sich entlang des Weges entdecken und bewundern. Mit dem WOMO erreichen Sie das Kloster mit diesen Angaben [GPS: N52°27'21.2" E7°02'18.9"]. Übernachten dürfen Sie auf diesem ruhigen Parkplatz nicht.

Auch das nächste Ziel, der **Mühlenhof** in **Veldhausen** ließe sich gut mit dem Fahrrad von Nordhorn her anfahren. Wir nehmen aber das WOMO und stellen es auf dem Parkplatz am Mühlenpark ab [GPS: N52°31'03.8" E6°59'40.1"].

Das kleine Freilichtmuseum besteht aus einer Windmühle, einem Müller- und einem Backhaus, einem Bijhuus, einer Wagenremise sowie einer Göpelanlage. Es ist eine gepflegte Anlage, die durch ehrenamtliche Tätigkeiten des Mühlen und Brauchtumsvereins Veldhausen betrieben wird.

Im Mühlenhof Veldhausen.

Die Windmühle ist ein "Galerieholländer" der mit Bentheimer Sandsteinquadern 1789 erbaut wurde. Das Müllerhaus ist etwas älter, es stammt aus dem Jahr 1769. Das Bijhuus ist ein für die Region typisches Scheunengebäude und stammt ebenfalls aus dem 18. Jahrhundert. Das Backhaus ist ein neu errichtetes Gebäude, das sich in der Architektur an historischen Vorbildern orientiert. Das Außengelände ist frei zugänglich, die Türen der Gebäude sind allerdings unter der Woche verschlossen.

Nur an den Wochenenden und zu besonderen Veranstaltungen werden Sie von den Mitarbeitern des Vereins geöffnet. Die genauen Zeiten und die angebotenen Veranstaltungen finden Sie auf dieser Seite www.muehlenhof-veldhausen.eu.

Über Neuenhaus fahren wir mit dem WOMO weiter nach **Lage**. Diesmal steht eine Wassermühle auf dem Besuchsprogramm. Den Parkplatz, der auch mit Tischen und Bänken ausgestattet ist, erreichen Sie mit diesen Koordinaten [**006:** N52°28'01.5" E6°57'47.6"].

Den Ort nur Lage zu nennen ist ungenau. **Herrlichkeit Lage** wird es gern genannt, das kleine Dorf, das eine besondere Geschichte hat. Von 1642 bis 1806 war es ein eigenständiger Ministaat. Er gehörte weder zur Grafschaft Bentheim noch zu den Niederlanden. Einst stand hier auch noch eine mächtige Burg, die jedoch Ende des 16. Jahrhunderts,

Wassermühle in der Herrlichkeit Lage.

als sich die Niederlande ihre Unabhängigkeit von Spanien erkämpft hatten, gesprengt wurde. Heute sind noch Ruinen sichtbar und im ehemaligen Burggraben, der von der Dinkel durchflossen wird, tummeln sich die Enten. Die Wassermühle wurde 1677 errichtet und war bis 1918 in Betrieb. Daneben befindet sich das im klassischen holländischen Stil errichtete Herrenhaus, das für die Öffentlichkeit nicht zugänglich ist. Schön ist ein Spaziergang durch die Eichenallee und ein Besuch des Teehauses, wenn denn ein neuer Pächter dieses Kleinods gefunden wird.

Ein gut geführtes Gasthaus mit einem schönen Biergarten und ausgezeichneter regionaler Küche befindet sich auf dem **Lönsberg**. Hier steht ein baugleicher Aussichtsturm, wie wir ihn schon auf dem Isterberg gesehen haben. Mit diesen Koordinaten [GPS: N52°27'23.9" E6°52'45.6"] werden Sie direkt auf den Parkplatz vor dem Gasthaus geleitet.

In der Hügelgräberheide von Halle-Hesingen.

Vom Lönsberg ist es nicht weit in die **Hügelgräberheide** von **Halle-Hesingen**. Es ist eine weitläufige Heidelandschaft, die über die Grenze in die Niederlande in das Naturschutzgebiet Het Springendal reicht und begangen werden kann. Ein weitverzweigtes Wander- und Radwegenetz durchzieht dieses rund 22 Hektar große Gebiet, in der es mehrere Hügelgräber aus der Jungstein- und Bronzezeit gibt. Es ist ein Stauchmoränengelände, das seinem Ursprung nach eine Hinterlassenschaft der Saalekaltzeit ist, die vor rund 130.000 Jahren zu Ende ging. Die Gletschervorstöße der letzten Eiszeit, die vor etwa 10.000 Jahren endete, erreichten diesen Raum nicht mehr. In dieser flachwelligen Landschaft sind selten gewordene trockene Sandheiden und Stieleichen-Birkenwälder vorzufinden, die unter Naturschutz stehen. Über die Lebensweise in der Bronzezeit erfahren wir mehr in **Uelsen**, unserem nächsten Ziel, wo wir mit dem WOMO diesen Platz am Waldbad ansteuern.

(007) Offizieller WOMO-Stellplatz: Uelsen – Am Waldbad

GPS: N52°29'12.9" E6°53'04.2"; Zum Waldbad 6, 49843 Uelsen.
Max. WOMOs: 13, maximale Länge 12 m, max. Aufenthalt 5 Tage.
Ausstattung: Frischwasserversorgung, Abwasserentsorgung mit Bodeneinlass, Kassettenentleerung, Stromanschlüsse, Behälter für die Müllentsorgung, WLAN, ganzjährig geöffnet.

Beschreibung: Große sechs Meter breite sonnige Stellflächen auf Rasengittersteinen mit Grünstreifen am Waldrand in unmittelbarer Nähe des Frei- und des Hallenbades. Ein gutes Restaurant mit Außenterrasse ist nur wenige Meter entfernt. Entfernung zum Bronzezeithof 700 Meter, bis zur Ortsmitte sind es rund 1,2 Kilometer.
Preise: 7,00 € für ein Fahrzeug, über Münzautomaten gibt es Frischwasser für 1,00 €, Strom für 0,50 € pro kWh, die Entsorgung kostet 1,00 €, WLAN ist kostenlos.
Zufahrt: Der Beschilderung zum Waldbad folgen.

Das Wohnstallhaus im Bronzezeithof Uelsen.

Bis zum **Bronzezeithof** ist es von diesem Stellplatz nicht weit, er ist gut zu Fuß zu erreichen. Das große reetgedeckte Gebäude ist die Nachbildung eines bronzezeitlichen Wohn-/ Stallgebäudes, wie es in ähnlicher Form in dieser Region gegeben hat. Archäologische Funde in der Region belegen dies. Umgeben ist das Gebäude von einer Metall- und einer Keramikwerkstatt, einem Back- und einem Getreidehaus sowie Plätzen, auf denen Holz und Steine bearbeitet werden. Darüber hinaus gibt es einen kleinen Acker, eine Bogenschießbahn und einen Platz für Spiele.

Im Inneren des Wohnstallhauses.

Bronzezeitlich gewandet sind die Mitarbeiter dieser Anlage, die Auskunft geben über die Lebensweise, den Tagesablauf und die Rituale unserer Vorfahren in dieser Region.

Wie Bronze gegossen, Pfeilspitzen gefertigt, Keramik getöpfert, Korn zu Mehl gemahlen und anschließend zu Brot gebacken wird, können Sie live auf den Uelsener Bronzezeittagen erleben und in begrenzter Auswahl an jedem Sonntag. Die Öffnungszeiten und Eintrittspreise entnehmen Sie bitte dieser Webseite https://bronzezeithof.de.

Neben diesem Archäologischen Museum gibt es in Uelsen noch eine Windmühle zu besichtigen, eine Wassermühle nebst einer weiteren im Ortsteil Schonefeld. In Itterbeck ist mit dem Heimathof ein weiteres kleines Freilichtmuseum vorhanden.

Neben dem Bronzehof befindet sich Blekker's Hofcafé, wo Sie eine kleine Stärkung zu sich nehmen können.

Wir fahren jetzt weiter in die **Wilsumer Berge**. Die Berge sind eine hügelige Endmoränenlandschaft, die mit Kiefern und Birken bewachsen ist und landwirtschaftlich kaum genutzt wird. Sie ist ideal für den Ruhe suchenden Urlauber, der auf diesem rund um einen Badesee großzügig angelegten Campingplatz sicher ein Plätzchen finden wird.

(008) WOMO-Campingplatz: Wilsumer Berge

GPS: N52°30'49.5" E6°51'40.0"; Zum Feriengebiet 1, 49849 Wilsum.
Max. WOMOs: >20, maximale Länge 12 m.
Ausstattung: Frischwasserversorgung, Abwasserentsorgung mit Bodeneinlass, Kassettenentleerung, Stromanschlüsse, Behälter für die Müllentsorgung, WLAN, Brötchenservice, Restaurants, Badesee mit Sandstrand. Im Servicegebäude gibt es Duschen, WCs, Waschmaschinen und Trockner. Der Platz ist ganzjährig geöffnet.
Beschreibung: Große sonnige Rasenplätze mit Buschreihen voneinander abgegrenzt. Es gibt mehrere Kategorien in unterschiedlichen Lagen und mit unterschiedlichen Ausstattungsmerkmalen.
Preise: Zwischen 33,00 € und 38,00 € für ein Fahrzeug mit maximal 6 Personen und max. 2 Hunden inkl. Strom, Wasser und Entsorgung.
Zufahrt: Von Uelsen auf der B403 in Richtung Wilsum fahren und auf dem Weg dorthin hinter einem Betonsteinwerk rechts abbiegen.
Reservierung/Kontakt: Tel.: 05945/995580
E-Mail: info@wilsumerberge.de, Web: www.wilsumerberge.de.

Auch die nächsten Standorte auf unserer Reise strahlen vor allem eines aus: Ruhe! Auch in der Innenstadt von Emlichheim.

(009) Offizieller WOMO-Stellplatz: Emlichheim – Am Haus Ringerbrüggen

GPS: N52°36'23.9" E6°50'58.8"; Dorfstraße 14, 49824 Emlichheim.
Max. WOMOs: 5, maximale Länge 12 m, max. Aufenthalt 7 Tage.

Ausstattung: Frischwasserversorgung, Abwasserentsorgung ohne Bodeneinlass, Kassettenentleerung, Stromanschlüsse, Behälter für die Müllentsorgung, WC, ganzjährig geöffnet.
Beschreibung: Eng beieinanderliegende Stellflächen auf Betonpflastersteinen in zentraler Lage des Ortes. Restaurants und Einkaufsmöglichkeiten zu Fuß sehr gut erreichbar. Guter Standort für Radtouren in die Umgebung.
Preise: 5,00 € für ein Fahrzeug, Frischwasser 1,00 € und Strom 0,50 € pro kWh. Abwasserentsorgung und Entleerung der Bordtoilette ist kostenfrei.
Zufahrt: 500 Meter hinter der Vechtebrücke rechts abbiegen, dann in einen Kreisverkehr fahren, dort die dritte Ausfahrt wählen, in einer leichten Rechtskurve am REWE-Markt vorbeifahren und danach links abbiegen.

(010) Offizieller WOMO-Bauernhofstellplatz: Emlichheim – De Slaaphoeve

GPS: N52°37'24.6" E6°52'42.5"; Kanalstraße 7, 49824 Emlichheim.
Max. WOMOs: 6, maximale Länge 9,5 m, max. Aufenthalt 7 Tage.
Ausstattung: Frischwasserversorgung, Abwasserentsorgung mit Bodeneinlass, Kassettenentleerung, Stromanschlüsse, WC, Dusche, Behälter für die Müllentsorgung, WLAN, Wäscheservice.
Beschreibung: Es ist ein ehemaliger Bauernhof, der große sonnige Stellflächen auf einem Rasengelände und Ferienwohnungen anbietet.
Preise: 9,50 € für ein Fahrzeug mit 2 Personen. Jede weitere Person 3,50 €. Ver- und Entsorgung kostenlos, WC-Entleerung 2,00 €, Strom 2,50 € pro Tag.
Zufahrt: In Emlichheim zunächst Richtung Schoonebeek fahren. Nach der Überquerung des Coevorden-Piccardie-Kanals rechts abbiegen in Richtung Georgsdorf. Nach 1,4 Kilometern ist der Hof erreicht.
Reservierung/Kontakt: Tel.: 05943/4248
E-Mail: info@slaaphoeve.de, Web: www.slaaphoeve.de.

Es sind ideale Standorte, um die Seele baumeln zu lassen, ein Buch zu lesen oder wie schon so häufig erwähnt Radtouren zu unternehmen. Diesmal bieten die Wege entlang des **Coevorden-Piccardie-Kanals** gut ausgebaute Strecken für eine längere Tour. Er ist 27 Kilometer lang und verbindet den Süd-Nord-Kanal bei Georgsdorf mit dem niederländischen Stieltjeskanaal bei Coevorden. Er wurde zwischen 1870 und 1904 gebaut und ab 1965 schrittweise wegen des geringen Verkehrsaufkommens stillgelegt. Heute können auf dem Kanal allein schon wegen der viel zu niedrigen Brücken keine

Der Coevorden-Piccardie-Kanal bei Hoogstede.

Schiffe oder Freizeitkapitäne mehr fahren. Er dient nur noch der Entwässerung und als Fischgewässer. Das Radwegenetz ist sehr gut eingerichtet. Auch die Vechtetalroute mit dem "kunstwegen" lässt sich von dieser Stelle aus weiter in die eine oder andere Richtung abradeln. Wenn das noch nicht genug ist, können Sie auch in das Moor-Veenland hineinfahren. Das sind nur rund 18 Kilometer. Bei den topfebenen Radwegen keine besondere körperliche Herausforderung. Auf diese unter Naturschutz stehende Moorlandschaft beidseits der deutsch-niederländischen Grenze werden wir uns auf den folgenden Seiten noch näher befassen.

Die genannten Radfahrtipps treffen auch für den nächsten sehr ruhigen Stellplatz zu, den wir Ihnen nun kurz präsentieren wollen.

(011) WOMO-Campingplatz: Hoogstede – Weustehof Camping & Pension

GPS: N52°34'25.1" E6°56'46.4"; Bahnhofstraße 27, 49846 Hoogstede.
Max. WOMOs: 10, maximale Länge 12 m.

Ausstattung: Frischwasserversorgung, Abwasserentsorgung mit Bodeneinlass, Kassettenentleerung, Stromanschlüsse, Behälter für die Müllentsorgung. Im Servicegebäude gibt es Duschen, WCs, Waschmaschinen und Trockner. Der Platz ist ganzjährig geöffnet.
Beschreibung: Große sonnige, teilweise auch schattige Rasenplätze auf einem nicht mehr voll bewirtschafteten Bauernhof direkt an der Vechte. Einige Ponys, ein kinderlieber Hund, Ziegen und Kaninchen zum Streicheln, Enten sowie Hühner, die täglich für frische Eier sorgen, vermitteln ursprüngliches Landleben. Grillplatz, Liege- und Spielwiese sind vorhanden, Kanutouren auf der Vechte sind möglich. Sehr guter Standort für "Fietsentouren" in die Umgebung.
Preise: 20,00 € für ein Fahrzeug mit 2 Personen, Strom 0,50 pro kWh. Frischwasser, Entsorgung sowie die Nutzung der Sanitärräume ist kostenlos.
Zufahrt: In Hoogstede in Richtung Neuenhaus fahren, 150 Meter hinter dem Combi-Verbrauchermarkt rechts abbiegen und der Bahnhofstraße bis zum Weustehof folgen, dort angekommen links am ersten Stallgebäude vorbeifahren.
Reservierung/Kontakt: Tel.: 05944/361
E-Mail: info@weustehof.de, Web: www.weustehof.de.

Bauernhaus des Weustehofes in Hoogstede.

Auf der weiteren Fahrt in Richtung Meppen werden Ihnen die vielen sogenannten **Kopfnicker** oder auch als **Pferdekopf-Pumpen** bezeichneten Maschinen auffallen, die Sie im Vorbeifahren abseits der Straßen zwischen den Feldern sehen können. Nicht alle sind in Funktion, aber einige senken und heben ihren "Kopf" unablässig und pumpen damit Erdöl an die Erdoberfläche.

Pferdekopf-Pumpe zwischen Hoogstede und Twist.

In der Region rund um Twist befindet sich das größte Erdölfördergebiet Deutschlands. Über die Geschichte der Erschließung dieser Erdölfelder, die Fördertechniken und die Entstehung von Erdgas- und Erdölfeldern informiert das **Erdöl-Erdgas-Museum Twist** auf umfassende Weise. Es bietet auch geführte Radtouren durch die Fördergebiete an. Die Termine dazu sowie die Öffnungszeiten, Eintrittspreise und weitere Informationen des Museums finden Sie auf dieser Seite https://erdoel-erdgas-museum-twist.de.

Das Erdöl-Erdgas-Museum Twist.

Um das Museum besuchen zu können, empfiehlt es sich, diesen Stellplatz aufzusuchen. Er ist nur 700 Meter entfernt.

(012) Offizieller WOMO-Stellplatz: Twist – Am Hallenbad

GPS: N52°38'47.2" E7°05'21.3"; Am Hallenbad 3, 49767 Twist.
Max. WOMOs: 6, maximale Länge 10 m.

Ausstattung: Frischwasserversorgung, Abwasserentsorgung mit beweglichem Abwasserschlauch, Kassettenentleerung, Stromanschlüsse, Behälter für die Müllentsorgung, ganzjährig geöffnet.

Beschreibung: Sonnige, mit Hecken parzellierte Stellflächen auf Pflastersteinen neben dem Hallenbad.

Preise: Kostenlos, Frischwasser für 1,00 €, Strom für 1,00 € für 1,5 kWh.

Zufahrt: In Twist Richtung Meppen orientieren. Nach der Überquerung des Süd-Nord-Kanals rechts abbiegen und bei der nächsten Gelegenheit erneut rechts abzweigen und auf dem Schwarzen Weg bis zum Hallenbad fahren.

Der Schulsee in Twist.

Zwischen dem Stellplatz und dem Museum befindet sich der bei Sportfischern sehr beliebte Schulsee. Mehrheitlich werden Karpfen aus diesem Gewässer gefischt. Der See ist mit einem Rundweg erschlossen, ideal für einen kleinen Abendspaziergang.

Wenn Sie noch einmal auf die Tourkarte am Anfang dieses Kapitels auf der Seite 16 schauen, werden Sie sehen, das wir nunmehr auch mitten im **Naturpark Moor-Veenland** angekommen sind. Es beinhaltet ein großes Naturschutzgebiet und liegt mittendrin in einer Erdölförderzone. Auf den ersten Blick scheint das nicht miteinander zu harmonieren, funktioniert aber. Davon können Sie sich selbst überzeugen.

Naturpark Moor-Veenland

Es ist ein Zusammenschluss des Bourtanger Moores auf der emsländischen Seite und des Natuurparks Bargerveen der Provinz Drenthe auf der niederländischen Seite. Wenn Sie im Netz auf der Suche nach diesem Moor gehen, werden Sie immer wieder auf die "alten" Namen stoßen. Vor Ort finden Sie den Begriff, wie er in dieser Überschrift geschrieben steht.

Es ist das größte zusammenhängende Hochmoorgebiet Mitteleuropas, das Sie zu einer Entdeckungstour einlädt. Beiderseits der Grenze wurden weite Gebiete des Hochmoores abgetorft. Seit Längerem hat sich die Erkenntnis durchgesetzt, dass die Moore eine besondere ökologische Funktion haben, die es zu schützen gilt. So wurden

Wiedervernässte Flächen im Naturpark auf niederländischer Seite.

hier wie an anderen Stellen, die wir im Laufe unserer Reise durch den Nordwesten Deutschlands aufsuchen werden, die Abtorfung gestoppt und eine Renaturierung dieser amphibischen Landschaften veranlasst. Im Naturpark Moor-Veenland ist die Renaturierung und Wiedervernässung vor allem auf der niederländischen Seite bereits weit fortgeschritten. Sie können dies von einem Aussichtspunkt an der Grenze schön beobachten. Dort ist das Foto entstanden, das Sie auf dieser Seite sehen.

Sie können von dieser Position unzählige Vögel beobachten. Bei unserem Besuch war es eine Kolonie von Saatgänsen, die sich gerade niedergelassen hatten. Sie werden je nach Jahreszeit auch Graugänse, verschiedene Entenarten, Schwäne und Reiher vorfinden. Da es an dieser Stelle leicht ist, Beute zu machen, werden Sie auch den einen oder anderen Raubvogel am Himmel kreisen sehen, die hier einen reich gedeckten Tisch vorfinden, denn im Umland der vernässten Zonen hoppeln die Hasen und wühlen sich Mäuse durch die Wiesen und Weiden. Es ist ein echtes und sehr lebendiges Naturidyll, das Sie mit dem Fahrrad oder zu Fuß durchstreifen können. Es ist sehr weitläufig, umfassend und grenzüberschreitend. Manchmal werden Sie gar nicht merken, in welchem Land Sie sich befinden. Die Hinweistafeln sind ohnehin alle in niederländischer und deutscher Sprache gehalten. Acht sogenannte Moorpforten in den Niederlanden und in Deutschland bereichern das Angebot. Dazu gehören verschiedene Museen wie das Erdöl-Erdgas-Museum und das Emsland Moormuseum, das wir auch noch besuchen werden.

Das grenzüberschreitende Knotenpunktsystem macht eine Radtour in dieser Region sehr einfach. Da das genial gestrickt ist und uns das System in Nordwestdeutschland immer wieder begegnen wird, erläutern wir es an dieser Stelle.

Radfahren mit dem Knotenpunktsystem

Stellen Sie sich ein weitverzweigtes polygonales Netz vor, das viele sich kreuzende Linien hat. Herkömmlich sind immer die Orte auf den Tafeln angegeben, die notiert oder im Gedächtnis behalten werden müssen, damit das gewünschte Ziel erreicht wird. Mit dem Knotenpunktsystem ist das einfacher gelöst. Jeder Netzknoten, jede Kreuzung bekommt eine Nummer. An dem jeweiligen Knotenpunkt finden Sie eine Übersichtskarte, mit der Sie Ihren Standort leicht finden können. Jetzt müssen Sie sich nur noch die Nummer Ihres nächsten Zieles merken und müssen dann nur der Beschilderung mit den Nummern folgen. Genial einfach!

Netzknotenfahrtrichtungshinweise und Netzknotenkarte.

Am Stellplatz führt ein Radweg vorbei. Von dort fahren Sie zunächst den Netzknoten 68 an, von dort weiter zur Position 13 und dann zum Netzknoten 63. Auf den Karten finden Sie Kilometerangaben zwischen den Netzknoten. In diesem Fall sind es addiert rund 5,5 Kilometer. Sie finden dieses Netzknotensystem in Ostfriesland praktisch überall und auch jenseits der Weser wird es mehr und mehr eingeführt, wie wir beobachtet haben.

Wir verlassen Twist und fahren weiter zum **Emsland Moormuseum**, dessen Parkplatz wir mit diesen Koordinaten **[013:** N52°37'22.7" E7°11'05.5"] erreichen. Es ist ein wohnmobilfreundlicher Parkplatz, der noch mit einer Stromversorgung ausgestattet werden soll. Da wir uns nah an der Autobahn befinden, ist er allerdings nicht so geräuscharm wie die vorangegangenen himmlisch ruhigen Plätze, das ist einschränkend zu sagen.

Ottomeyer-Tiefpflug "Mammut".

Emsland Moormuseum

Es sind gleich mehrere Superlative, die dieses Museum so bedeutend machen. Es ist das größte Moormuseum in Europa, eine sehr bedeutende Station auf der Europäischen Route der Industriekultur, eine der Moorpforten im Naturpark Moor-Veenland, ein Ort der Forschung und Bildung und ein gern besuchter Ort für all diejenigen, die sich über das Leben im Moor interessieren.

Das Museum besteht aus zwei Ausstellungshallen, einem Außengelände und einer Außenstelle im Naturpark. In der Summe werden Sie nach einem Besuch verstanden haben, wie ein Moor entsteht, wie es lange Zeit für den Torfstich genutzt wurde und über Jahrzehnte nur als ungenutztes Land betrachtet wurde, das unbedingt urbar gemacht werden sollte, um auf den neu gewonnen Flächen Landwirtschaft zu betreiben.

Ottomeyer Lokomobil.

Abenteuerliche Maschinen wurden dafür von der Fa. Ottomeyer entwickelt, die mit zwei Lokomobilen einen Tiefpflug durch das Moor zogen, um landwirtschaftliche Nutzflächen zu gewinnen. Diese beeindruckenden Maschinen sehen Sie auf den Fotos abgebildet. Noch beeindruckender ist es, wenn Sie direkt davor stehen.

Neben den Maschinen sind aber auch die Ton- und Bildschauen als zeitgeschichtliche Dokumente von großem Interesse. Sie geben Einblick in die Denkweisen früherer Jahre und zeigen, was die Menschen bewegte, um Arbeitsplätze zu schaffen und eine Lebensmittelversorgung sicher zu stellen. Es ist ein spannendes Stück Zeitgeschichte, was Ihnen in diesem Museum präsentiert wird.

Das Außengelände ist durch Rasen- und Bohlenwege sowie durch eine drei Kilometer lange Feldbahn erschlossen. Die Schmalspurbahn rumpelt mit ihren fünf Waggons, in denen maximal 45 Personen Platz finden, durch das 30 Hektar große Gelände und benötigt für den Rundkurs etwa eine halbe Stunde. Bei dieser Fahrt durchquert sie Bereiche, die durch Fußwege nicht erschlossen sind.

Wenn Sie zu Fuß unterwegs sind, bekommen Sie umfassende Informationen über die Flora und Fauna der Moore, die Renaturierung und die Bedeutung dieser Landschaften für das Klima. Eine Diskussion, die ja heute in aller Munde ist.

Es wird auch gezeigt, wie die Häuser der Moorkolonisten typischerweise ausgesehen haben und im Siedlerhof in unmittelbarer Nähe der Ausstellungshalle werden bedrohte alte Nutztierrassen wie das Bentheimer Landschaf, das Bunte Bentheimer Schwein, Westfälische Totlegerhühner und Diepholzer Gänse gezüchtet.

Zum guten Schluss ist dann noch ein Besuch im Museumscafé dran, wo es leckeren Buchweizenpfannkuchen mit oder ohne Speck, Schinken, Würste und Bratwurst vom Bunten Bentheimer Schwein zu essen gibt.

Das ganze Programmangebot des Museums mit Öffnungszeiten und Eintrittspreisen finden Sie auf dieser Seite https://moormuseum.de.

Vom Moormuseum geht es nun nach **Meppen** weiter, wo wir diese Tour beenden. Für einen längeren Aufenthalt bietet sich der Campingpark an der Ems an, für eine kurze Stippvisite der Stellplatz am Emsbad, der sich in der Nähe des Campingplatzes befindet.

(014) WOMO-Campingplatz: Meppen – Knaus Campingpark

GPS: N52°41'35.8" E7°17'20.5"; An der Bleiche 1a, 49716 Meppen.
Max. WOMOs: >20, maximale Länge 10 m.
Ausstattung: Frischwasserversorgung, Abwasserentsorgung mit Bodeneinlass, Kassettenentleerung, Stromanschlüsse, Behälter für die Müllentsorgung, WLAN, Brötchenservice, Kiosk, Spielplatz, Skatepark, Kanu- u. Kajakverleih (auf Anfrage), Angelmöglichkeit. Im Servicegebäude gibt es Duschen, WCs, Waschmaschinen und Trockner. Der Platz ist von Anfang März bis Anfang November geöffnet.
Beschreibung: Große sonnige Stellflächen direkt an der Ems. Das Emsbad befindet sich in unmittelbarer Nähe.
Preise: Je nach Saison und Lage zwischen 18,60 € und 26,40 € für ein Fahrzeug und 10,30 € für einen Erwachsenen, Strom 0,80 pro kWh.
Zufahrt: In Meppen angekommen die Umgehungsstraße unterqueren, die Ems überqueren, direkt danach rechts abfahren und wenige Meter weiter rechts zum Campingpark abbiegen.
Reservierung/Kontakt: Tel.: 05931/8811848
E-Mail: meppen@knauscamp.de, Web: www.knauscamp.de/meppen.html.

(015) Offizieller WOMO-Stellplatz: Meppen – Emsbad

GPS: N52°41'27.7" E7°17'02.1"; Nagelshof 60, 49716 Meppen.
Max. WOMOs: 9, maximale Länge 8 m, max. Aufenthalt 2 Tage.
Ausstattung: Frischwasserversorgung, Abwasserentsorgung mit Bodeneinlass, Kassettenentleerung, Stromanschlüsse, Behälter für die Müllentsorgung, ganzjährig geöffnet.
Beschreibung: Schattige Stellflächen auf Betonpflastersteinen direkt neben dem Emsbad, einer Kombination aus Hallen- und Freibad. Parzellen durch Hecken voneinander getrennt. Ausweichmöglichkeit auf den PKW-Parkplatz bei voller Belegung. Innenstadt 500 Meter entfernt.
Preise: Kostenlos, Entsorgung kostenlos, über Münzautomaten gibt es Frischwasser für 2,00 €, Strom kostet 2,00 € für 24 h.
Zufahrt: In Meppen angekommen die Umgehungsstraße unterqueren, die Ems überqueren, direkt danach rechts abbiegen und den Hinweisen zum Emsbad folgen.

Die rund 35.000 Einwohner zählende Stadt liegt an der Mündung der Hase in die Ems. Sie hat einige bedeutende Baudenkmäler aufzuweisen. Von der ehemaligen Festungsanlage ist nur die sogenannte Contrescarpe erhalten geblieben. Es ist die äußere Böschung, die heute die Stadt noch fast vollständig umschließt mit Bäumen bewachsen ist und als Grünanlage dient. Der Hauptgraben ist auch heute noch mit Wasser gefüllt.

Fassade der Gymnasialkirche.

Sehenswert ist der **Marktplatz** mit seinem Gebäudeensemble aus dem die Fassaden des **Alten Rathauses** und der **Gymnasialkirche** im Hintergrund hervorstechen. Die Kirche ist eine spätbarocke Saalkirche aus dem 18. Jahrhundert.

Giebel des Alten Rathauses.

Wenn Sie mit Mühlenbesuchen nach dieser ersten Tour noch nicht gesättigt sind, so haben Sie hier die Möglichkeit zwei weitere zu besuchen. Zum einen ist es die **Herrenmühle**, eine umfassend renovierte Wassermühle, die Sie außerhalb der Stadt an der Nordradde finden und die **Höltingmühle**, eine Windmühle, die an der Mündung der Hase in den Dortmund-Ems-Kanal steht. Eigentlich ein wunderbarer Standort für ein Restaurant oder Café. Bislang hat kein Pächter den Betrieb dauerhaft führen können, das war schon vor Corona so. Wir standen vor verschlossenen Türen. Sie finden die Windmühle am Nordrand der Innenstadt. Allerdings müssen Sie die Kanalseite über eine der Brücken wechseln. Meppen hat natürlich noch sehr viel mehr zu bieten, als wir in unserer kurzen Beschreibung aufführen konnten. Wir wollten nur ein wenig den Appetit anregen diese Stadt zu besuchen. Sie finden sehr viel mehr auf dieser Seite www.meppen.de/kultur-freizeit.

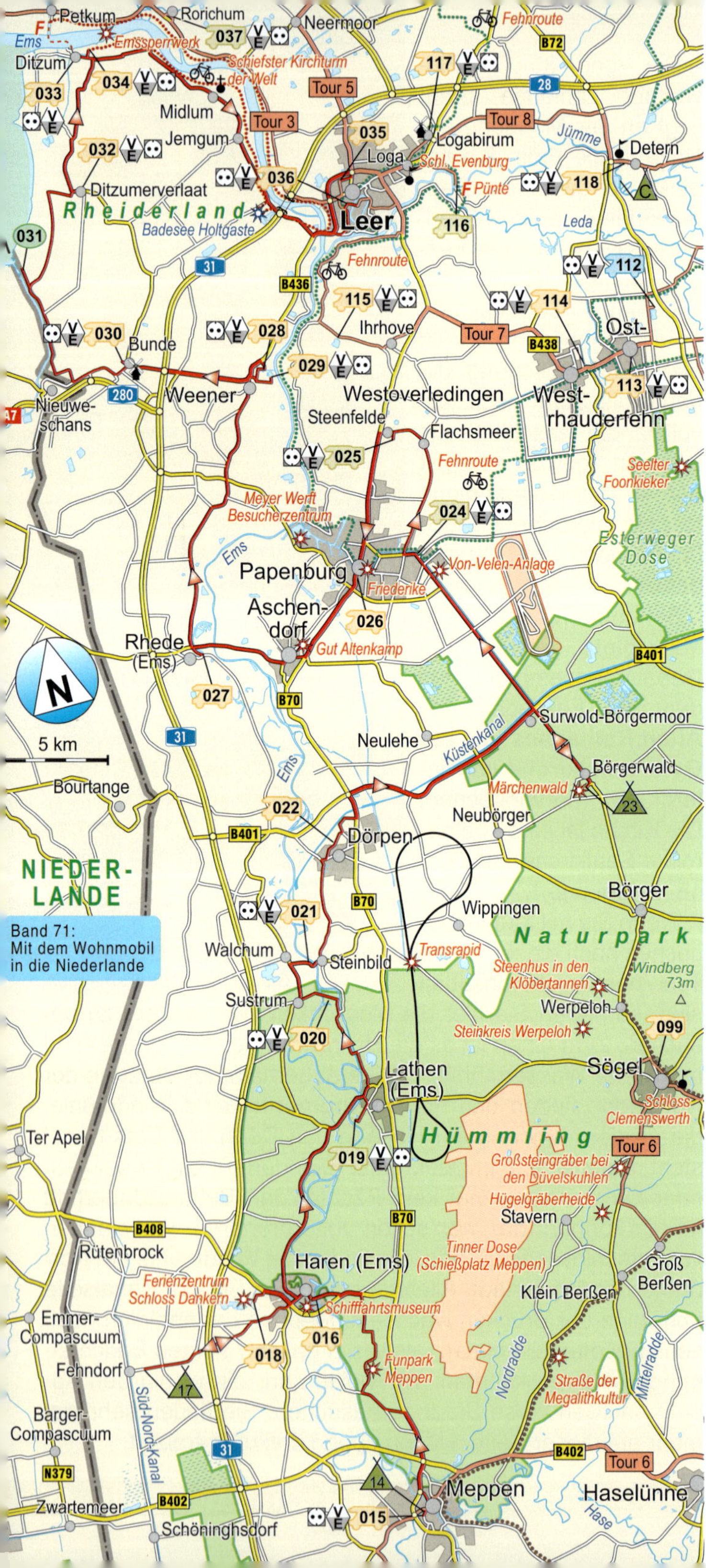
Petkum
Rorichum
Neermoor
Fehnroute
Ems
Emssperrwerk
Ditzum
Schiefster Kirchturm der Welt
Midlum
Tour 3
Tour 5
Tour 8
Jemgum
Logabirum
Loga
Schl. Evenburg
Jümme
Detern
Ditzumerverlaat
Pünte
Rheiderland
Badesee Holtgaste
Leer
Leda
Fehnroute
Ihrhove
Tour 7
Bunde
Weener
Nieuweschans
Ost-
West-
rhauderfehn
Westoverledingen
Steenfelde
Flachsmeer
Fehnroute
Seelter Foonkieker
Meyer Werft Besucherzentrum
Esterweger Dose
Papenburg
Von-Velen-Anlage
Friederike
Aschendorf
Gut Altenkamp
Rhede (Ems)
5 km
Surwold-Börgermoor
Neulehe
Küstenkanal
Börgerwald
Märchenwald
Bourtange
Neubörger
Dörpen
NIEDERLANDE
Band 71: Mit dem Wohnmobil in die Niederlande
Wippingen
Börger
Naturpark
Walchum
Steinbild
Transrapid
Steenhus in den Klöbertannen
Windberg 73m
Sustrum
Werpeloh
Steinkreis Werpeloh
Lathen (Ems)
Sögel
Schloss Clemenswerth
Hümmling
Ter Apel
Tour 6
Großsteingräber bei den Düvelskuhlen
Hügelgräberheide
Stavern
Rütenbrock
Tinner Dose (Schießplatz Meppen)
Haren (Ems)
Groß Berßen
Klein Berßen
Ferienzentrum Schloss Dankern
Schifffahrtsmuseum
Emmer-Compascuum
Fehndorf
Funpark Meppen
Nordradde
Straße der Megalithkultur
Mittelradde
Süd-Nord-Kanal
Barger-Compascuum
Tour 6
Meppen
Haselünne
Hase
Zwartemeer
Schöninghsdorf

TOUR 2 (ca. 210 km)

Haren – Lathen – Sustrum – Walchum – Dörpen – Surwold – Papenburg – Rhede (Ems) – Weener – Bunde – Ditzumerverlaat – Ditzum – Leer

Stellplätze:	Haren, Lathen, Sustrum, Walchum, Dörpen, Papenburg, Aschendorf, Rhede, Weener, Bunde, Ditzumerverlaat, Ditzum, Leer.
Campingplätze:	Fehndorf, Surwold.
Ver-/Entsorgung:	Lathen, Sustrum, Walchum, Papenburg, Weener, Bunde, Ditzumerverlaat, Ditzum, Leer.
Besichtigungen:	Haren (Schifffahrtsmuseum, Ferienzentrum Schloss Dankern), Dörpen (Transrapidruine), Surwold-Börgerwald (Märchenwald), Papenburg (Meyer Werft, Museumsschiffe, Velen Anlage), Aschendorf (Gut Altenkamp), Weener (Hafen), Bunde (Windmühle), Ditzum (Emssperrwerk), Midlum (Kirche), Leer (Altstadt und Hafen).
Wandern/Radtour:	Aschendorf (Gut Altenkamp), Ditzumerverlaat (Kiekkaste am Dollart), Ditzum (Radtour entlang der Ems).
Baden/Wellness:	Leer (Plytie), Jemgum (Badesee Holtgaste).

Die Ems, der Fluss, der am Westhang des Teutoburger Waldes entspringt und bis zur Mündung in den Dollart 371 Kilometer zurücklegt, ist in ihrem Unterlauf von Meppen bis zur Mündung unsere ständige Begleiterin. Wir werden uns mal links und mal rechts von ihr auf verschlungenen Wegen nach Ostfriesland vorarbeiten.

Nach diesem Fluss ist die Region und der 1977 geschaffene Landkreis benannt. Sie hat als Wasserstraße eine große Bedeutung. Von ihr zweigen unter anderem der Küstenkanal und der Ems-Jade-Kanal ab, die für die Binnenschifffahrt immer noch einen hohen Stellenwert haben, in erster Linie aber der Entwässerung der Feuchtgebiete dienen.

Spektakulär sind immer wieder die Überführungen der großen Kreuzfahrtschiffe von der Meyer Werft in Papenburg, die ohne die Ems nicht möglich wäre. So einem Ereignis beizuwohnen ist entweder Glück oder bedarf einer größeren Planung. In jedem Falle werden Sie auf dieser Reise eine Fülle von alten Seglern, Lastkähnen auf der Ems, auf den Kanälen oder in den Häfen sehen, die wir auf dieser Reise anfahren werden. Wenn Sie Glück haben, stehen Sie mit Ihrem WOMO auch einmal genau neben einem dieser Binnenschiffe. Machen wir uns nun auf die Reise.

Kühlturm mit Weltkarte.

Erstes Ziel auf unserer Reise nach Leer ist der **Funpark Meppen**, ein Wallfahrtsort für alle Off-Road- und Kart-Spezialisten und solche, die es werden wollen. Diese Koordinaten führen Sie direkt dorthin [GPS: N52°45'14.7" E7°16'17.2"].

Neben den Motorsportangeboten gibt es noch einen Paintball-Parcour und ein umfangreiches Angebot für Firmenevents. Angelegt sind diese Attraktionen auf dem Gelände eines ehemaligen Gaskraftwerkes, das 1994 stillgelegt wurde. Von Weitem gibt sich der Funpark mit dem 132 Meter hohen Kühlturm zu erkennen, den eine überdimensionale Weltkarte schmückt, die es sogar ins Guinnessbuch der Rekorde geschafft hat. Über das gesamte Angebot und die Eintrittspreise informiert diese Seite https://funpark-meppen.de.

Stellplatz in Haren (Ems).

In dem malerischen Städtchen **Haren (Ems)** finden Sie einen kostenlosen Stellplatz in der Nähe des Jachthafens an der Schleusenstraße, den Sie mit diesen Koordinaten bequem erreichen können [**016:** N52°47'19.3" E7°14'49.3"].

Von diesem Ort haben Sie gleich mehrere attraktive Möglichkeiten der Freizeitgestaltung. Fangen wir mit dem **Schifffahrtsmuseum** an. Um dorthin zu kommen, müssen Sie nur den **Haren-Rütenbrock-Kanal** entlang gehen. Er beginnt dort, wo der Schleppdampfer "August" am Ausgang des Kanals in die Ems aufgebockt als Wegmarke liegt. Sie können ihn vom Stellplatz her sehen. Er ist bereits ein Ausstellungsstück des Museums. Die weiteren Schiffe befinden sich hin-

Kähne des Schifffahrtsmuseums.

ter der Schleuse und liegen fest vertäut im Kanal und sind begehbar. Über die Öffnungszeiten des Museums informiert diese Seite www.heimatverein-haren.de. Der im 19. Jahrhundert gebaute Haren-Rütenbrock-Kanal ist für die Sportschifffahrt noch in Betrieb. Er ist die einzige Verbindung Nordwestdeutschlands mit dem Wasserstraßennetz der Niederlande. Der Kanal wird gesäumt von Eichen-Alleen, die eine Radtour entlang der Wasserstraße attraktiv machen, auch weil es mit den Klapp- und Drehbrücken und Schleusen immer wieder interessant ist, den Freizeitkapitänen auf ihren Booten zuzuschauen.

Der Emslanddom in Haren (Ems).

Wenn Sie nicht nur Schiffe anschauen, sondern selbst eine Schifffahrt auf der Ems unternehmen möchten so können Sie einen Ausflug mit der **MS Amisia** buchen. Mehrere Optionen stehen zur Wahl. Eine Fahrt nach Meppen gehört dazu. Wenn Sie mögen, können Sie Ihr Fahrrad mit an Bord nehmen und von Meppen nach Haren zurückradeln. Damit fahren Sie dann auch gleich eine kleine Etappe auf der **Emslandroute**. Einem 395 Kilometer langen, speziell ausgeschilderten Radweg, der in einem Rundkurs durch das gesamte Emsland führt. Südlichster Punkt ist Emsbüren, der nördlichste ist Papenburg. Der Radweg führt direkt am Stellplatz vorbei.

Wenn Sie schon auf dem Rad sitzen, dann können Sie auch gleich im hiesigen **Mühlenmuseum** vorbeischauen, das Sie in der Landegger Straße im Norden der Stadt finden. Eine große Anlage ist es nicht. Wenn Sie schon in dem Mühlenhof in Veldhausen waren, den wir in der Tour 1 auf Seite 29 beschrieben haben, wird Ihnen das alles bekannt vorkommen. Hier steht auch nur eine Kappenwindmühle. Im Unterschied zu Veldhausen sind an dieser Stelle sehr viel Mühlenmodelle ausgestellt.

Die Innenstadt von Haren ist nicht stark von Besuchern frequentiert. Es gibt nur wenige Restaurants und Cafés und zum Flanieren lädt die Stadt nicht ein.

Sehenswert ist allerdings die Pfarrkirche Sankt Martinus, die im Volksmund aufgrund ihrer imposanten Architektur mit der hochaufragenden Kuppel auch **Emslanddom** genannt wird.

Wer sich Prospekte von Wohnmobilherstellern anschaut, wird die Fahrzeuge immer wieder an einsamen Seen in freier Natur oder allein in einer reizvollen Landschaft präsentiert finden. In **Fehndorf** ist das gänzlich anders. Hier wird das Wohnmobil, so könnte man meinen, praktisch als erweitertes Ferienhaus betrachtet. Es ist eine außerordentlich komfortabel ausgestattete Anlage, die zu unserem Erstaunen bei unserem Besuch nahezu vollständig ausgebucht war.

(017) WOMO-Campingplatz: Fehndorf – Emsland Camp

GPS: N52°46'43.0" E7°07'17.9"; Harener Str. 34, 49733 Haren (Ems).
Max. WOMOs: 20 vor der Schranke, weitere 169 hinter der Schranke, maximale Länge 12 m.
Ausstattung: Frischwasserversorgung, Abwasserentsorgung mit Bodeneinlass, Kassettenentleerung, Stromanschlüsse, Behälter für die Müllentsorgung, WLAN, Brötchenservice. Im Servicegebäude gibt es Duschen, WCs, Waschmaschinen und Trockner und als Besonderheit ein Restaurant, Spa&Massage sowie einen Friseur. Der Platz ist ganzjährig geöffnet.

Beschreibung: Große Stellflächen (120 m²) vor der Schranke. Hinter der Schranke gibt es Stellflächen mit Privatbädern und Abstellräumen, die Greencamping genannt werden, dann sehr komfortable Plätze mit angegliedertem Schwedenhaus und Stellflächen die als Sonnenterrassen bezeichnet werden und auch ein Privatbad haben. Neben den Stellflächen gibt es einen Badesee, Beachvolleyballfeld und einen Spielplatz mit Hüpfburg.
Preise: Platz vor der Schranke 15,00 €, Sonnenterrasse 35,00 €, Greencamping 40,00 €, Camping mit Schwedenhaus 79,00 €, für Hundebesitzer 89,00 €, mit Seeblick ohne Hund ebenfalls 89,00 €. Alle Ver- und Entsorgungsleistungen sind in den Preisen enthalten. Strom wird nach Verbrauch mit 0,60 €/kWh zusätzlich berechnet.
Zufahrt: Der Campingplatz befindet sich in Fehndorf am Ortsrand an der Straße, die von Haren in diesen Teilort der Stadt führt.
Reservierung/Kontakt: Tel.: 05935/8044
E-Mail: info@emsland-camping.de, Web: https://emsland-camping.de.

Mit diesen Komfortmerkmalen kann der Stellplatz am **Schloss Dankern**, den wir jetzt aufsuchen, nicht aufwarten.

(018) Offizieller WOMO-Stellplatz: Haren – Schloss Dankern

GPS: N52°47'51.4" E7°12'21.0"; Rentmeisterstraße, 49733 Haren (Ems).
Max. WOMOs: 22, maximale Länge 12 m.
Ausstattung: Frischwasserversorgung, Abwasserentsorgung mit Bodeneinlass, Kassettenentleerung, Stromanschlüsse, Behälter für die Müllentsorgung, ganzjährig geöffnet.
Beschreibung: Große, nicht parzellierte Stellflächen auf Schotterrasen am Ferienzentrum Schloss Dankern. Teilweise schattig.
Preise: 10,00 € für ein Fahrzeug, Strom 3,00 € pro Tag. Abwasserentsorgung und Entleerung der Bordtoilette ist kostenfrei.
Zufahrt: Schloss Dankern ist weiträumig ausgeschildert und nicht zu verfehlen.

Schloss Dankern ist ein großer Freizeitpark mit angeschlossenen Feriendörfern. Mit mehr als 700 Ferienhäusern ist es im Laufe der Jahre zu einer Kleinstadt angewachsen. Sie sind um einen See gruppiert, der mit einem langen Badestrand aufwarten kann. Die Anlage wurde für Familien mit Kindern konzipiert. "Urlaub mit den Kindern vom Kind", heißt das Motto auf Schloss Dankern, einem Barockschloss das inmitten dieses Freizeitkomplexes steht und von der Eigentümerfamilie bewohnt wird. Ein Konzept das offensichtlich funktioniert. Es dürfte der größte Spielplatz Deutschlands sein, auf dem die Eltern ihre Kinder auch einmal unbeobachtet spielen lassen können. Gelegenheit haben sie dazu mit den rund 160 Attraktionen, plus Badesee und Pool ja genug. Rund eine Million Gäste zählt die Anlage pro Jahr.

Turm der Achterbahn in Schloss Dankern.

Hier dürfen Sie also sehr viel Trubel erwarten. Ihre Kinder oder Enkelkinder aber wird es freuen, als Tagesgäste die Angebote dieser gigantischen Freizeitanlage auszuprobieren, von denen Sie sich auf dieser Seite https://schloss-dankern.de einen Überblick verschaffen können.

Das Gegenteil einer trubeligen Atmosphäre finden Sie in Lathen, noch genauer in der Lathener Marsch.

(019) Offizieller WOMO-Gasthof-Stellplatz: Lathen – Lathener Marsch

GPS: N52°51'28.6" E7°18'18.5"; Marschstraße 4, 49762 Lathen.
Max. WOMOs: 50, maximale Länge 12 m.
Ausstattung: Frischwasserversorgung, Abwasserentsorgung mit Bodeneinlass, Kassettenentleerung, Stromanschlüsse, Behälter für die Müllentsorgung, WLAN, Brötchenservice. Im Servicegebäude gibt es Dusche und WC. Der Platz ist ganzjährig geöffnet. Brötchen- und Frühstücksservice im Gasthof, Restaurant mit traditioneller emsländischer Küche.

Beschreibung: Sonnige, schattenlose Stellflächen auf Rasengittersteinen neben dem Gasthof Lathener Marsch. Direkt neben einem Angel- und einem Badesee nahe der Ems. 18-Loch-Minigolfanlage direkt am Platz.
Preise: 9,00 € für ein Fahrzeug mit 2 Personen. Ver- und Entsorgung jeweils 1,00 €, Strom 2,50 € pro Tag.
Zufahrt: Aus der Stadtmitte Lathens den Hinweisen zum Gasthof Lathener Marsch/Campingplatz folgen.

St. Vitus in Lathen.

Hier befinden Sie sich außerhalb des bebauten Gebietes der Gemeinde. Die Ems, die an dieser Stelle in einem eleganten Bogen die Talaue durchfließt, ist nur wenige Meter entfernt. Dort gibt es auch einen kleinen Hafen für die Freizeitkapitäne dieser Region. Der Platz ist ideal für Spaziergänge entlang des Flusses oder als Standort für längere Radtouren. Bis nach Papenburg sind es 35 Kilometer, bis zur Festung Bourtange kurz hinter der Landesgrenze nur 25 Kilometer. Länger ist auch die Distanz bis Meppen nicht. Ähnliches gilt für die beiden nächsten Stellplätze, die nur wenige Kilometer entfernt liegen.

(020) Offizieller WOMO-Stellplatz: Sustrum – Emstal-Camp

GPS: N52°54'39.8" E7°18'09.0"; Brinkstraße 14, 49762 Sustrum.
Max. WOMOs: 6, maximale Länge 8 m, max. Aufenthalt 3 Tage.

Ausstattung: Frischwasserversorgung, Abwasserentsorgung mit Bodeneinlass, Kassettenentleerung mit CamperClean Reinigungsautomat, Stromanschlüsse, Behälter für die Müllentsorgung, WLAN, Duschen, WCs, Waschmaschinen und Trockner, Brötchenservice. Der Platz ist von Anfang April bis in den Oktober hinein geöffnet.
Beschreibung: Große sonnige ca. 70 Quadratmeter große Rasenplätze vor der Schranke des Campingplatzes mit Zugang zu den Sanitäreinrichtungen. Für einen längeren Aufenthalt empfiehlt es sich, auf den Campingplatz zu fahren (80 Plätze). Hier gibt es auch einen Zugang zu einem Naturbadestrand an einem Altarm der Ems.
Preise: 9,50 € für ein Fahrzeug mit zwei Personen inkl. Ver- und Entsorgung. Strom 2,50 € für 24 h vor der Schranke. Hinter der Schranke 8,50 € für den Stellplatz plus 6,00 € für einen Erwachsenen, Kinder zwischen 3 und 15 Jahren 4,00 €, Hund 2,00 € (Reservierung erforderlich)
Zufahrt: Auf dem Weg nach Sustrum vor der Brücke über die Ems links abbiegen.
Reservierung/Kontakt: Tel.: 05939/9599860
E-Mail: info@campingplatz-emstal.de, Web: www.campingplatz-emstal.de.

(021) Offizieller WOMO-Stellplatz: Walchum – Marinapark Emstal

GPS: N52°55'33.6" E7°17'47.1"; Steinbilder Straße 80, 26907 Walchum.
Max. WOMOs: 6, maximale Länge 8 m, max. Aufenthalt 3 Tage.

Ausstattung: Frischwasserversorgung, Abwasserentsorgung mit Bodeneinlass, Kassettenentleerung, Stromanschlüsse, Müllentsorgung, WLAN, Brötchenservice. Im Servicegebäude gibt es Duschen, WCs, Waschmaschinen und Trockner. Der Platz ist ganzjährig geöffnet.
Beschreibung: Große sonnige Rasenplätze in unmittelbarer Nähe der Ems und des Jachthafens. Restaurant/Café mit emsländischen Spezialitäten am Platz. Anmeldung und Bezahlung erfolgt beim Hafenmeister.
Preise: 15,00 € für ein Fahrzeug inkl. Ver- und Entsorgung sowie Strom.
Zufahrt: In Walchum Richtung Sögel fahren. Der Marinapark befindet sich vor der Emsbrücke auf der linken Seite der Straße.
Reservierung/Kontakt: Tel.: 04963/9166644
E-Mail: info@marinapark.de, Web: www.marinapark.de.

Was von allen drei Stellplätzen gut erreicht werden kann, ist die ehemalige Versuchsstrecke des Transrapid.

Blick auf die Teststrecke des Transrapid.

Transrapid Versuchsstrecke

Es sollte eines der Vorzeigeobjekte deutscher Ingenieurskunst werden und die Emsländer waren mächtig stolz darauf, dass diese neue Verkehrstechnologie hier zwischen Lathen und Dörpen entwickelt werden sollte. Unvermittelt sah man sich als Motor des Fortschritts in einer Region, die von der Landwirtschaft geprägt ist.

In den frühen Siebzigerjahren begann die Entwicklung des Transrapid und die zugrunde liegende Magnetschwebetechnik wurde erstmals 1979 auf der Internationalen Verkehrsausstellung in Hamburg gezeigt. 1980 wurde mit dem Bau der Versuchsstrecke angefangen und bereits 1984 konnten die ersten Versuche auf dieser 32 Kilometer langen Teststrecke gefahren werden. In den Neunzigerjahren war die Entwicklung so weit, dass an eine größere Strecke gedacht werden konnte und ein Regelbetrieb möglich schien. Geplant war, Hamburg und Berlin mit diesem neuen Verkehrssystem zu verbinden. Mit mehr als 400 Kilometern Höchstgeschwindigkeit sollte die Fahrzeit zwischen diesen beiden Städten nicht mehr als eine Stunde betragen. Über die Kosten der Trasse konnten die beteiligten Unternehmen und die Deutsche Bahn als Träger kein Einvernehmen erzielen. Nach langem Hin- und Her wird die weitere Planung dieser Strecke eingestellt. Nun wurde eine Trasse von München zum Flughafen in Erding ins Spiel gebracht. Das einzige, was davon in Erinnerung ist, ist die legendäre Rede Stoibers zu diesem Vorhaben. Die können Sie sich als Schmankerl auf Youtube immer noch anhören.

Transrapid auf der Teststrecke im Emsland. Aufnahme aus dem Jahr 2009.

2001 erhält das deutsche Hersteller-Konsortium des Transrapid unter der Leitung von Thyssen von chinesischer Seite den Auftrag, eine 30 Kilometer lange Magnetschwebebahn-Strecke von Shanghai zum Flughafen Pudong zu bauen. 2002 geht die Strecke in Betrieb und verkehrt dort auch heute noch. 2006 ereignet sich durch menschliches Versagen ein tragisches Unglück auf der Versuchsstrecke hier im Emsland, bei der 23 Menschen starben. 2011 wird der Versuchsbetrieb endgültig eingestellt und die Strecke stillgelegt. Über die Verteilung der Kosten für den Abbruch der Anlage konnte bislang keine Einigung erzielt werden. Nun ist sie nur noch ein "Lost Place", ein verlassener Ort einer ehemals vielversprechenden technischen Entwicklung.

In China wurde die Technologie weiterentwickelt und eine neue Magnetschwebebahn getestet, die bis zu 600 km/h erreichen soll. Mit dem Bau der 2000 Kilometer langen Strecke von Beijing nach Guangzhou, das liegt nördlich von Hongkong, wurde begonnen eine zweite von Shanghai nach Guangzhou ist in Planung.

Da wir mit dem Rad vom Marinapark in Walchum gestartet sind, kehren wir nunmehr dahin zurück und lassen den Abend von der Terrasse des Hafencafés mit dem Betrachten der wenigen vorbeituckernden Boote ausklingen.

Motoryacht auf der Ems bei Walchum.

Am nächsten Tag führt uns der weitere Weg mit dem WOMO nach **Dörpen**, ein Ort mit rund 5000 Einwohnern, von dem Sie wieder in alle Himmelsrichtungen Radtouren in Angriff nehmen können. Am Schützenplatz hat die Gemeinde die Flächen für Wohnmobilisten zur Übernachtung freigegeben. Sie finden ihn mit diesen Angaben [**022:** N52°58'16.7" E7°20'03.9"].

Hier sind Sie immer noch dicht an der Ems und sehr nah am Küstenkanal, zu dem Sie von diesem Ort allerdings keinen direkten Zugang haben. Eine Ver- und Entsorgungseinrichtungen sowie eine Stromversorgung gibt es an dieser Stelle bislang nicht, sind aber geplant, wie wir erfahren haben. Die gesamte Rasenfläche kann genutzt werden. An dieser Stelle lohnt es sich, Tisch und Stühle hervorzuholen und den Grill auszupacken, denn auch das Grillen ist an dieser Stätte mit der gebotenen Sorgfalt erlaubt. Grillgut, Brot und anderes lässt sich bequem im Ort besorgen, Einkaufsmöglichkeiten gibt es genug.

Auf dem Stellplatz in Dörpen.

Von Dörpen fahren wir nun weiter. Zunächst orientieren wir uns Richtung Aschendorf/Papenburg. Dazu nutzen wir die B70. Nachdem wir den Küstenkanal überquert haben, schlagen wir die Richtung nach Friesoythe/Oldenburg ein und fahren auf der B401 bis nach Surwold-Börgermoor. Hier geht es an einer Ampelkreuzung rechts ab nach **Börgerwald**. Dort fahren wir diesen Campingplatz an.

(023) WOMO-Campingplatz: Surwold – "Blankes Glück"

GPS: N52°58'04.6" E7°31'01.7"; Waldstraße 26, 26903 Surwold.
Max. WOMOs: 20, maximale Länge 12 m.

Ausstattung: Frischwasserversorgung, Abwasserentsorgung mit Bodeneinlass, Kassettenentleerung, Stromanschlüsse, Behälter für die Müllentsorgung, WLAN, Kiosk mit einer kleinen Auswahl an Lebensmitteln. Im Servicegebäude gibt es Duschen, WCs, Waschmaschinen und Trockner. Der Platz ist ganzjährig geöffnet.
Beschreibung: Große sonnige und halbschattige Rasenplätze am Waldrand. Märchenwald und Freizeiteinrichtungen nur wenige Meter entfernt. Sehr hundefreundlicher Platz mit Hundespielwiese.
Preise: 17,00 € für ein Fahrzeug mit 2 Personen inkl. Ver- und Entsorgung, Strom 3,00 € für 24 h.
Zufahrt: Von Surwold-Börgermoor in Richtung Börger/Sögel fahren und hinter Börgerwald der Beschilderung zum Campingplatz/Märchenwald folgen.
Reservierung/Kontakt: Tel.: 04965/9083661
E-Mail: info@camping-surwold.de, Web: https://camping-surwold.de.

Das angrenzende Erholungsgebiet **Surwold's Wald** trägt wie die Gemeinde den Namen des **Königs Surwold**, der um 800 die Friesen in eine Schlacht gegen Karl den Großen führte und dabei sein Leben verlor. In diesem Waldgebiet fand er seine letzte Ruhestätte. In dem Areal finden Sie einige Freizeiteinrichtungen. Dazu gehören ein Autoscooter für Kleinkinder, ein Waldmuseum, eine Rodelbahn, ein Aussichtsturm, ein 3D-Bogenpark, ein Märchenwald, ein Kletterwald, eine Minigolfanlage und ein griechisches Restaurant, das sich im Waldhotel neben dem Märchenpark befindet.

Der Eingang zum Märchenwald.

Es ist eine Anlage, die ihr Angebot eher an Familien mit kleineren Kindern richtet.

Für die Erwachsenen gibt es noch ein weitverzweigtes Wanderwegenetz in dem hügeligen Waldgelände. Hügelig deshalb, weil wir uns am Nordrand des Hümmlings befinden. Er ist ein Relikt der Saaleeiszeit, die vor mehr als 200.000 Jahren für eine Vereisung dieses Gebietes sorgte und an dieser Stelle voluminöse Geröll- und Sandmassen aufschob und damit die hügelige Landschaft des Hümmlings schuf. Wir kommen darauf später noch einmal zurück.

Aussichtsturm in Surwold's Wald.

Nach dem Besuch in Surwold's Wald geht es nun weiter nach Papenburg. Schnell ist das hügelige Gelände wieder verlassen und die topfebene Landschaft erreicht. In Börgermoor überqueren wir den Küstenkanal und fahren dann entlang des schnurgeraden Splittingkanals nach Papenburg weiter. Damit durchfahren wir auch schon gleich ein schönes Beispiel für eine Fehnkolonisation, mit der wir uns noch näher beschäftigen werden.

(024) Offizieller WOMO-Gasthof-Stellplatz: Papenburg – Hotel-Restaurant Hilling

GPS: N53°04'43.0" E7°26'17.7"; Mittelkanal links 94, 26871 Papenburg.
Max. WOMOs: 22, maximale Länge 12 m.
Ausstattung: Frischwasserversorgung, Abwasserentsorgung mit Bodeneinlass, Kassettenentleerung, Stromanschlüsse, Behälter für die Müllentsorgung, WLAN. Im Servicegebäude gibt es Dusche und WC. Der Platz ist ganzjährig geöffnet. Brötchen- und Frühstücksservice im Gasthof, Restaurant mit regionaler Küche. Ganzjährig geöffnet.

Beschreibung: Große schattenlose Stellflächen auf Rasengittersteinen hinter der Hotelanlage. Bezahlung und Anmeldung an der Rezeption des Hotels.
Preise: 10,00 € für ein Fahrzeug mit 2 Personen. Ver- und Entsorgung jeweils 1,00 € (Sani-Station), Strom 0,50 € pro kWh über Münzautomaten.
Zufahrt: Aus Surwold kommend die schnurgerade Straße entlang des Kanals bis zum ersten Kreisverkehr fahren, dort die zweite Ausfahrt nehmen und danach die zweite Straße rechts abbiegen.
Reservierung/Kontakt: Tel.: 04961/97760
E-Mail: info@hotelhilling.de, Web: https://hotelhilling.de.

(025) Offizieller WOMO-Gasthof-Stellplatz: Westoverledingen – Gasthaus zur Mühle

GPS: N53°07'45.3" E7°26'25.7";
Mühlenstraße 214, 26810 Westoverledingen.

Max. WOMOs: 20, maximale Länge 12 m.
Ausstattung: Frischwasserversorgung, Abwasserentsorgung mit Bodeneinlass, Kassettenentleerung, Stromanschlüsse, Behälter für die Müllentsorgung, WLAN, ganzjährig geöffnet. Restaurant mit traditioneller norddeutscher Küche. Samstags und sonntags gibt es einen Frühstücksservice. Abholung im Gasthaus zwischen 8:00 und 10:00Uhr.
Beschreibung: Große schattenlose Stellflächen auf einem Rasengelände hinter dem Gasthof. Anmeldung und Bezahlung erfolgt im Gasthof.
Preise: 6,00 € für ein Fahrzeug mit 2 Personen. Ver- und Entsorgung sowie Strom kostenlos.
Zufahrt: Im Ortsteil Steenfelde von Westoverledingen. Der Gasthof befindet sich in einer Nebenstraße der Königstraße, der Hauptverbindungsstraße zwischen Flachsmeer und Steenfelde.
Reservierung/Kontakt: Tel.: 04955/7760
E-Mail: info@gasthaus-zurmuehle.de, Web: https://gasthaus-zurmuehle.de.

Nachdem wir nun gleich zwei Gasthöfe genannt haben, die hinter ihren Häusern relativ große Stellplätze anbieten, wollen wir auch noch auf das kostenlose Areal auf dem Marktplatz in Papenburg hinweisen. Gewöhnlich befindet sich der Marktplatz in der Mitte des Ortes. Das ist hier nicht so. Dieser Platz hat die Funktion einer Festwiese, liegt am Rande der Altstadt, ist von Bäumen umgeben und in der Nacht erstaunlich ruhig. Die Zufahrten sind mit Pflastersteinen befestigt, die Stellflächen liegen auf einem Rasengelände, das bei Nässe matschig werden kann. Ein idealer Platz für alle, die keinen längeren Aufenthalt planen. Sie erreichen ihn mit diesen Koordinaten [**026:** N53°04'35.9" E7°23'33.1"].

Der Marktplatz in Papenburg.

Von diesem Ort ist der Weg in das Zentrum kurz und es ist auch nicht weit bis zur Meyer Werft. In der Innenstadt lohnt vor allem ein Spaziergang entlang des **Hauptkanals**, den Sie vom Marktplatz schon nach rund 300 Metern erreichen. An dem Kanal liegt das Rathaus, gegenüber auf der anderen Kanalseite die große Antoniuskirche und mittendrin auf dem Kanal die **Friederike von Papenburg**. Sie ist das Wahrzeichen der Stadt. Es handelt sich dabei um einen originalgetreuen Nachbau eines Zweimasters, der in der Lehrwerkstatt der Meyer Werft gebaut wurde. Ganz gleich, in welche Richtung Sie am Hauptkanal weitergehen, werden Sie weitere Schiffe sehen. Insgesamt sind es sechs, alle sind originalgetreue Nachbauten, die alle in der Meyer Werft entstanden sind. Von diesen Schiffen ist nur die Friederike begehbar. Die Tourist-Info der Stadt ist in diesem Kahn stilvoll untergebracht.

Folgen Sie dem Hauptkanal nach Osten, so passieren Sie einmal die **Catharina von Papenburg**, ein Schiffstyp, der wegen seiner hohen Schnelligkeit vor allem für den Transport leicht verderblicher Ware eingesetzt wurde und wenige Meter später kommen Sie zu einer **Bockwindmühle**, die besichtigt werden kann. Sie ist die älteste Windmühle des Emslandes und stammt aus dem Jahr 1709. Im Gegensatz zu den bislang auf dieser Reise betrachteten Holländerwindmühlen dreht sich diese mit ihrem gesamten Mühlenkörper in den Wind.

Die Friederike ist das Wahrzeichen der Stadt Papenburg.

Bockwindmühle am Hauptkanal in Papenburg.

Die Von-Velen-Anlage in Papenburg.

Torftransport auf dem Hauptkanal.

Die Bockwindmühle und die **Von-Velen-Anlage** liegen entlang der Kanäle etwas mehr als drei Kilometer auseinander. Sie kommen auf dem Weg dorthin erneut in Obenende am Hotel-Restaurant Hilling mit seinem Wohnmobil-Stellplatz vorbei und treffen wenig später auf den **"Alten Turm"**. Es ist ein Nachbau des Leuchtturms von Riga. Sonntagnachmittags ist er für Besucher geöffnet und kann bestiegen werden. Er ist das verbliebene Bauwerk der 1784 erbauten und 1910 abgerissenen ersten katholischen Obenender St. Michael Kirche.

Die Von-Velen-Anlage trägt den Namen des Gründers der Stadt Papenburg **Dietrich von Velen**. In diesem Freilichtmuseum wird veranschaulicht, wie die Moorkolonisation im 17. Jahrhundert begann, wie Kanäle für die Entwässerung und für die Schifffahrt gegraben wurden. Weiterhin wird gezeigt, wie Torf gestochen, getrocknet und mit den Plattbodenschiffen transportiert wurde.

Das Kanalnetz wurde von den Kolonisten auf einer Länge von 43 Kilometern ausgedehnt und bot den Torfstechern Raum für Ihre Häuser, die entlang der Kanäle gebaut wurden. Hart und entbehrungsreich war diese Arbeit. Der Torf wurde unter anderem in die Städte Emden, Bremen und Hamburg verkauft. Der Transport erforderte neue Schiffe, was die Entstehung von Werften begünstigte und der wirtschaftliche Erfolg führte zu einer Erweiterung der Fehnkolonisation. Mit diesem historischen Hintergrund wird die Entwicklung der Region erst verständlich. Romantisierend werden heute kleine Bootstouren auf den Kanälen angeboten, die Sie in der Von-Velen-Anlage buchen können. Auch die vielen Klappbrücken an den Kanälen machen zuweilen einen malerischen Eindruck. Öffnungszeiten, Eintrittspreise und weiter Informationen finden Sie hier https://von-velen-anlage.de.

Dass der Schiffbau in Papenburg auf eine lange Tradition zurückblicken kann, wissen wir nun. Mit der **Meyer Werft** ist in dieser Stadt ein Unternehmen ansässig, das führend in der Entwicklung und dem Bau von Kreuzfahrtschiffen ist. Um die dicken Pötte auf die Weltmeere zu bekommen wurde sogar die Ems erweitert um nicht die Werft an die Küste verlagern zu müssen. Wenn Sie sich für den Schiffbau auf der Werft interessieren: Auf dieser Seite können Sie eine Führung buchen https://besucherzentrum-meyerwerft.de.

AIDAcosma vor der Meyer Werft in Papenburg.

Die AIDAcosma wurde 2021 in Papenburg fertiggestellt. Mit 337 Metern Länge, 42 Metern Breite, 20 Decks sowie 2.732 Kabinen und Suiten in 21 Kategorien zählt sie zu den ganz großen Kreuzfahrtschiffen.

Kommen wir nun zur Fehnkolonisation zurück, die wir in der Von-Velen-Anlage kennengelernt haben.

Deutsche Fehnroute

Was in der Von-Velen-Anlage klar zum Ausdruck kam, war der Beginn der Fehnkolonisation. Um die schönsten und interessantesten Kanäle anzusteuern, wurde die Fehnroute entwickelt. Sie ist insgesamt 173 Kilometer lang und verbindet die Orte Papenburg, Leer, Großefehn, Wiesmoor, Uplengen, Barßel und Rhauderfehn um nur

Zeichen für Radfahrer.

Zeichen für Auto- und Wohnmobilfahrer.

die wichtigsten Stationen zu nennen. Sie führt zu den für diese Region typischen Kanälen mit Schleusen und Klappbrücken sowie eine große Zahl von Windmühlen und Museen.

Sie können der Fehnroute mit dem Fahrrad oder mit dem Wohnmobil folgen. Die Routen weichen allerdings ein wenig voneinander ab. Für die Radfahrer wurden Strecken gewählt, die vom motorisierten Verkehr nicht so sehr oder gar nicht betroffen sind. Manchmal ist es nur die andere Seite des Kanals. Den Verlauf der Radroute haben wir in einer grün gepunkteten Linie auf den Tourenkarten, mit der jedes Kapitel dieses Buches beginnt, verzeichnet. Wir werden in weiteren Touren immer wieder auf sie stoßen und auch auf dieser Route radeln. An den Straßen sind die Routen mit den hier abgebildeten Zeichen ausgeschildert.

Eine genaue Beschreibung der einzelnen Etappen und Sehenswürdigkeiten entlang der Route finden Sie hier www.deutsche-fehnroute.de. Auch ein Herunterladen der GPX-Tracks für Ihr Navigationssystem ist von dieser Seite möglich. Damit können Sie Ihre Radausflüge auf der Route detailliert planen.

Von Papenburg fahren wir weiter zum **Gut Altenkamp** in **Aschendorf** [GPS: N53°03'07.1" E7°20'21.4"]. Es ist eine kleine Barockanlage aus dem 18. Jahrhundert. Es fungierte als Herrenhaus und ist ein Beispiel für die adelige Wohnkultur und Repräsentationslust des Amtsadels dieser Zeit. Nachdem es lange in Privatbesitz war, übernahm die Stadt das Anwesen und nutzt es heute für Ausstellungen. Der Barockgarten wurde in seinen Grundzügen wiederhergestellt. Auf Schautafeln wird erläutert, wie die Gartenanlage einmal ausgesehen hat.

Gut Altenkamp.

Imposante Backsteinkirche St. Nikolaus in Rhede (Ems).

Nächster Ort auf unserer Reise ist **Rhede (Ems)**. Wenn Sie auf der Suche nach einem kostenlosen und ruhigen Stellplatz sind, sind Sie hier richtig. Er ist einfach zu finden. Wenn

Sie in dem Ort angekommen sind, biegen Sie an der abgebildeten Kirche links ab und folgen den Hinweisen zu den Sportanlagen **[027:** N53°03'31.3" E7°16'32.2"]. Außer einem kleinen Landwirtschaftsmuseum und wenigen Gasthäusern, die vom Stellplatz nur wenige Meter entfernt sind, gibt es nichts, was einen längeren Aufenthalt sinnvoll erscheinen lässt. Deshalb fahren wir gleich emsabwärts weiter nach Weener.

(028) Offizieller WOMO-Stellplatz: Weener – Am Alten Hafen

GPS: N53°10'08.5" E7°21'42.0"; Pannenborgstraße, 26826 Weener.
Max. WOMOs: 50, maximale Länge 9 m, max. Aufenthalt 5 Tage.
Ausstattung: Frischwasserversorgung, Abwasserentsorgung mit Bodeneinlass, Kassettenentleerung, Stromanschlüsse, Behälter für die Müllentsorgung, WLAN. Im Servicegebäude gibt es Duschen, WCs, Waschmaschinen und Trockner. Der Platz ist ganzjährig geöffnet.

Beschreibung: Eng beieinanderliegende Stellflächen mit Blick auf den Hafen.
Preise: 8,00 € für ein Fahrzeug ohne Strom 11,00 € mit Strom, Frischwasser 1,00 € (nur mit 10-Cent-Münzen). Abwasserentsorgung und Entleerung der Bordtoilette ist kostenfrei. Die Gebühren werden von Bediensteten der Stadt zwischen 18:00 - 18:30 Uhr gegen Quittung kassiert. Waschmaschine, Trockner und Dusche funktionieren über Münzautomaten.
Zufahrt: Auf die B436 in Richtung Leer fahren und am Ende des Ortes rechts abbiegen und den Hinweisen zum Alten Hafen folgen.

(029) Offizieller WOMO-Stellplatz: Weener – Am Sportboothafen

GPS: N53°09'56.5" E7°21'52.2"; Am Marina-Park, 26826 Weener.
Max. WOMOs: 24, maximale Länge 8 m, max. Aufenthalt 5 Tage.
Ausstattung: Frischwasserversorgung, Abwasserentsorgung mit Bodeneinlass, Kassettenentleerung, Stromanschlüsse, Behälter für die Müllentsorgung, WLAN. Im Servicegebäude gibt es Duschen, WCs. Der Platz ist von 01.04. bis 30.09. geöffnet.

Beschreibung: Eng beieinanderliegende Stellflächen abseits des Hafens
Preise: 8,00 € für ein Fahrzeug ohne Strom 11,00 € mit Strom, Frischwasser 1,00 € (nur mit 10-Cent-Münzen). Abwasserentsorgung und Entleerung der Bordtoilette ist kostenfrei. Die Gebühren werden von Bediensteten der Stadt zwischen 18:00 - 18:30 Uhr gegen Quittung kassiert. Die Dusche funktioniert über einen Münzautomaten und kostet 2,00 €.
Zufahrt: Auf die B436 in Richtung Leer fahren und am Ende des Ortes rechts abbiegen und den Hinweisen zum Sportboothafen folgen.

Das älteste Haus in Weener.

Törfwieven am Rande des Hafenbeckens bei der Arbeit.

Mit der Fahrt hierher haben wir uns nun in das Rheiderland begeben, wie der Landstrich zwischen Weener, der Landesgrenze, dem Dollart und der Ems genannt wird.

Der Alte Hafen in Weener wirkt mit seinen Alten Kähnen, die hier vor Anker liegen wie ein Museumshafen. Auch wenn einige Schiffe schon etliche Jahrzehnte auf dem Buckel haben, so sind sie doch noch als Haus- oder Freizeitboot in Funktion. Der Hafen war ein bedeutender Umschlagplatz für den Torfhandel. Zwei bis drei Schiffe fuhren täglich ein, um ihre Fracht auf Pferdefuhrwerke umzuladen. Das war die Arbeit der hiesigen Frauen, die in Handarbeit die Torfstücke in Weidenkörbe füllten und verluden. An diese Zeit erinnern die **"Törfwieven"** zwei Torffrauen, denen Sie am Rande des Hafenbeckens bei der Arbeit zuschauen können.

Die Norderstraße führt vom Alten Hafen gen Süden zur Georgskirche. Es ist die Straße in Weener, die mit Ihren roten Backsteinhäusern das klassische Flair einer norddeutschen Kleinstadt zeigt. In dieser Straße ist auch das älteste Haus der Stadt zu sehen. Es stammt aus dem Jahr 1660, hat einen Renaissancegiebel und einen Dachstuhl aus Eichenhölzern.

Am Ende der Straße ist auf der rechten Seite der **Kaakebogen** zu sehen. Ein Torbogen aus rotem Backstein, der die Grenze zwischen dem weltlichen und dem kirchlichen Bereich markierte. Dahinter befindet sich die Georgskirche, die mit der **Arp Schnitger Orgel** ein besonderes Klangerlebnis bietet. Wann Sie die Orgel hören können, erfahren Sie auf dieser Seite www.weener.de/tourismus/stadtfuehrungen.

Nächster Ort auf unserer Reise ist Bunde unweit der Grenze zu den Niederlanden. Hier steuern wir diesen Stellplatz an.

(030) Offizieller WOMO-Stellplatz: Bunde

GPS: N53°11'06.3" E7°16'01.6"; Mühlenberg 6, Friedhofsweg, 26831 Bunde.
Max. WOMOs: 10, maximale Länge 10 m, max. Aufenthalt 3 Tage.
Ausstattung: Frischwasserversorgung, Abwasserentsorgung mit Bodeneinlass, Kassettenentleerung, Stromanschlüsse, Behälter für die Müllentsorgung, WLAN, ganzjährig geöffnet.

Beschreibung: Große überwiegend schattige Stellflächen auf Rasengittersteinen.
Preise: 3,00 € für ein Fahrzeug, Frischwasser 1,00 € und Strom 0,50 € pro kWh. Abwasserentsorgung und Entleerung der Bordtoilette ist kostenfrei.
Zufahrt: In das Zentrum des Ortes fahren und den Hinweisen zum Friedhof folgen.

Auf dem Weg zu dem Stellplatz kommen Sie an einem Galerieholländer vorbei. Sollten sich die Flügel drehen, fahren Sie gleich in den Innenhof [GPS: N53°10'55.3" E7°16'38.2"] und besuchen die Mühle. Es lohnt sich!

Bunder Windmühle

Die sich drehenden Flügel sind das weithin sichtbare Zeichen, dass die Windmühle für Besucher geöffnet ist. Hoch gebaut ist sie, vierstöckig der Unterbau aus rotem Backstein, üblich sind drei. Die Jalousieflügel mit einem Durchmesser von fast 23 Metern nutzen den Wind optimal aus. Die umlaufende Galerie befindet sich auf 14 Metern Höhe. Bis dahin schaffen es die meisten Besucher. Es geht aber auch noch höher. Wer mag, wird auf 26 Meter Höhe auf die Kappe der drehenden Mühle geleitet. Ein breites Treppenhaus gibt es nicht und einen Aufzug natürlich auch nicht. Gelenkigkeit und ein wenig Kletterkunst ist gefragt, um ganz nach oben zu kommen. Schwindelfrei sollten Sie natürlich auch noch sein. Belohnt werden Sie mit einem weiten Blick über das Rheiderland und

D. Hunken auf der Kappe seiner Mühle.

Getriebezahnräder aus Holz übertragen die Kraft des Windes auf die Mühlsteine.

Sie haben auf dem Weg zur Kappe das gesamte Innenleben der Mühle sehen können.

Möglich macht das Dieter Hunken, den Sie auf dem Foto auf der Kappe der Mühle abgebildet sehen. Ein Dipl.- Ing., der sich nach seiner Pensionierung zum Müller ausbilden ließ. Mit Leidenschaft führt er Sie durch den Betrieb und hat auf jede Frage eine Antwort. Er erklärt ihnen die Funktionsweise der Mühle in allen Einzelheiten und das auf eine sehr angenehme und charmante Art.

Neben dem Mühlenbetrieb ist er noch künstlerisch aktiv. Faszinierend sind seine Licht- und Feuertonnen mit den unterschiedlichsten Motiven, die er auf Kundenwunsch anfertigt. Dann ist er noch dabei in einem Nebengebäude eine Modellbahnanlage einzurichten. Größtes Ziel dabei ist die Nachbildung des Langen Heinrich, ein Zug der von Emden Eisenerz in das Ruhrgebiet transportierte. Zwei aneinandergekoppelte Dampfloks zogen dabei 50 Waggons mit 4000 Tonnen Material. Gern hat er uns seine Baustelle mit dem Langen Heinrich gezeigt und uns auch die eine und andere Funktion der Modellbahnanlage vorgeführt.

Auch seine Partnerin ist künstlerisch aktiv. Ihre Werke finden Sie ebenfalls in der Mühle ausgestellt. In der Summe: Eine außergewöhnliche Künstlermühle an der Sie nicht achtlos vorbeifahren sollten. Auf dieser Seite www.kunstundwind.de finden Sie sehr viele Fotos und Erläuterungen zu den Aktivitäten des Künstlerpaares.

Nächstes Ziel, ganz anderes Thema. Direkt an der niederländischen Grenze befindet sich dieser Wanderparkplatz [**031:** N53°13'57.0" E7°12'42.5"], von dem es nur ein kurzer Weg bis zu einem Guckkasten ist. Er führt über einen Bohlensteg, liegt in den Niederlanden und gewährt einen freien Blick auf den **Dollart**. **"Kiekkaaste"** wird diese Vogelbeobachtungsstation im Niederländischen genannt, zu dem Sie ihren Hund nicht mitnehmen dürfen, wenn Sie einen dabei haben sollten.

Der Kasten selbst ist mittlerweile zu einem großen Vogelhaus geworden, denn auf dem offenen Balkon haben sich an der Decke Schwalben häuslich eingerichtet. Um in die Beobachtungsstation hineinzugehen, müssen Sie erst einmal die Hinterlassenschaften der Vögel durchschreiten.

Die Kiekkaaste am Dollart.

Von oben lassen sich bei Ebbe Lachmöwen und Alpenstrandläufer bei der Suche nach Wattwürmern im Schlick beobachten. Wenn Sie Glück und Geduld haben bekommen Sie hier am Rande des Nationalparks Wattenmeer auch Seehunde zu Gesicht. Da die Beobachtungsstation vor dem Deich gebaut wurde, stehen Sie an dieser Stelle direkt am Übergang vom Wattenmeer zu den Salzwiesen und mannshohen Schilf.

Nach dem langen Blick auf die Wattlandschaft geht es nun weiter nach Ditzumerverlaat, einem Ortsteil der Gemeinde Bunde. Dort fahren wir diesen Stellplatz an.

(032) Offizieller WOMO-Stellplatz: Ditzumerverlaat

GPS: N53°15'37.9" E7°16'07.6"; Denkmalstraße 11, 26831 Bunde.
Max. WOMOs: 8, maximale Länge 8 m, max. Aufenthalt 3 Tage.
Ausstattung: Frischwasserversorgung, Abwasserentsorgung mit Bodeneinlass, Kassettenentleerung, Stromanschlüsse, Behälter für die Müllentsorgung. Der Platz ist ganzjährig geöffnet.
Beschreibung: Überwiegend schattenlose Rasenplätze am Ortsrand, sehr ruhig.
Preise: 3,00 € für ein Fahrzeug inkl. Ver- und Entsorgung sowie Strom. Der Betrag wird am Abend von einer Bediensteten der Gemeinde kassiert.

Zufahrt: In der Mitte des Ortes hinter dem kleinen Lebensmittelladen links abbiegen.

Der Ort mit wenigen Hundert Einwohnern liegt auf einem ehemaligen Deich. Auf der einen Seite befindet sich Marschland auf der anderen Seite des Ortes eine Polderlandschaft, die im 19. Jahrhundert der Nordsee durch Eindeichung abgerungen wurde. Ruhig ist es hier, sehr ruhig. Für Radtouren entlang des Dollart ein guter Standort. Das trifft auch für die nächsten beiden Stellplätze zu, die wir jetzt anfahren und damit an der Mündung der Ems in den Dollart sind.

(033) Offizieller WOMO-Stellplatz: Ditzum am Deich

GPS: N53°18'54.6" E7°17'08.4"; Molkereistraße 7, 26844 Jemgum.
Max. WOMOs: 54, maximale Länge 12 m.

Ausstattung: Frischwasserversorgung, Abwasserentsorgung mit Bodeneinlass, Kassettenentleerung, Stromanschlüsse, Behälter für die Müllentsorgung, WLAN, Brötchenservice, Gasflaschentausch. Der Platz ist ganzjährig geöffnet.
Beschreibung: Große (10 m x 6 m) überwiegend schattenlose Stellflächen auf einem befestigten ebenen Untergrund mit Zufahrten aus Asphalt und Betonpflastersteinen.
Preise: 10,00 € für ein Fahrzeug, Frischwasserversorgung in 0,10 €-Schritten möglich (10 Liter), Strom 0,50 € pro kWh. Abwasserentsorgung und Entleerung der Bordtoilette ist kostenfrei. Kurtaxe in der Hauptsaison 1,50 € pro erwachsene Person.
Zufahrt: Auf der Molkereistraße in Richtung Pogum fahren, am Ortseingang von Ditzum gleich rechts zum Stellplatz abbiegen.

(034) Offizieller WOMO-Stellplatz: Ditzum – Ankerplatz

GPS: N53°18'53.6" E7°16'34.4"; Molkereistraße, 26844 Jemgum.
Max. WOMOs: 15, maximale Länge 8 m.
Ausstattung: Frischwasserversorgung, Abwasserentsorgung mit Bodeneinlass, Kassettenentleerung, Stromanschlüsse, Behälter für die Müllentsorgung, WLAN. Im Servicegebäude gibt es Duschen, WCs und eine Infrarotkabine. Der Platz ist ganzjährig geöffnet.

Beschreibung: Eng beieinanderliegende Stellflächen neben einem Einkaufsmarkt und dem Buddelschiffmuseum. 500 Meter bis zum Hafen und der Personenfähre nach Petkum.
Preise: 10,00 € für ein Fahrzeug, Frischwasser 1,00 € und Strom 0,50 € pro kWh. Abwasserentsorgung, Entleerung der Bordtoilette und WLAN ist kostenfrei. Dusche 0,50 € für 2 Minuten, Infrarotkabine 4,00 € für 60 Minuten. Kurtaxe in der Hauptsaison 1,50 € pro erwachsene Person.
Zufahrt: Auf der Molkereistraße in Richtung Pogum fahren, den Stellplatz am Deich rechts liegen lassen und rund 600 Meter weiterfahren.

Im Hafen von Ditzum.

Ditzum ist ein kleiner Fischerort. Täglich fahren die Kutter hinaus und der frisch gefangene Fisch wird direkt vor Ort im Fischhaus am Hafen verarbeitet. Sie können ihn an der Ladentheke kaufen oder sich in das Restaurant mit Blick auf Hafen und Ems setzen und ihr Fischgericht mit einem Ostfriesen Bräu oder einem Jever genießen. Wenn Sie einen Blick in die Speisekarte werfen möchten, so können Sie das auf dieser Seite https://fischhaus-ditzum.de tun.

Bis zu den beiden Stellplätzen ist es nicht weit. Ganz gleich auf welchem Sie untergekommen sind, mehr als 500 Meter haben Sie nicht zu gehen.

Fußgängerbrücke Lüttje Brügg über das Sieltief. Im Hintergrund die Kirche von Ditzum.

Für den Radausflug des folgenden Tages können Sie auch die Fähre nach Petkum mit in Ihre Überlegung einbeziehen. Zwanzig Minuten dauert die Überfahrt. Setzen Sie damit über, sind noch acht Kilometer zu radeln und Sie stehen vor dem **"Otto Huus"** in Emden. Eine größere Runde führt mit der Fähre rüber nach Jemgum, dann entlang der Ems nach Leer und von dort über den Emsradweg zurück zum Stellplatz. Das

Der schiefste Glockenturm der Welt steht in Midlum.

sind aber gleich 40 Kilometer. Wenn Sie dabei unterwegs noch etwas anschauen wollen, wie das **Emssperrwerk**, das sich unweit von Ditzum befindet, die **Ziegelei** und die **Kirche** in **Midlum** mit dem schiefsten Glockenturm der Welt, dann haben Sie einen sehr erfüllten Tag vor sich. Über die Ziegelei finden Sie hier www.ziegelei-midlum.de alle notwendigen Informationen in Bezug auf Öffnungszeiten und Eintrittspreise. Den Glockenturm können Sie sich nur von außen anschauen. Wenn Sie Ihre Badeutensilien dabei haben, können Sie am **Badesee Holtgaste** einen erfrischenden Zwischenstopp einlegen. Hier bekommen Sie auch etwas zu essen und etwas Kühles zu trinken. Alle genannten Positionen finden Sie in der Karte auf Seite 42 verzeichnet und die rot gepunktete Linie vermittelt Ihnen eine Vorstellung von dem Routenverlauf.

Der Badesee Holtgaste.

Nach Abschluss der Radtour geht es weiter zum letzten Ziel auf dieser Tour. **Leer** in Ostfriesland ist die Endstation. Die Stadt zählt rund 35.000 Einwohner. Es ist ein Ort der mit seinen Hafenanlagen von der Seefahrt geprägt ist. Maritimes Flair umgibt die Stadt. Dies spüren Sie sofort, wenn Sie in den Ort hineinfahren. Erste Frage für uns: Wo stellen wir unser WOMO ab, um die Stadt näher zu erkunden. Es kommen nur der am Hallenbad **Plytje** [**035:** N53°14'20.5" E7°26'58.7"] und der große Parkplatz in der Innenstadt infrage.

(036) Offizieller WOMO-Stellplatz: Leer – P9 - Große Bleiche

GPS: N53°13'34.7" E7°26'48.0"; Große Bleiche 2, 26789 Leer (Ostfriesland).
Max. WOMOs: 5, maximale Länge 12 m, max. Aufenthalt 3 Tage.
Ausstattung: Frischwasserversorgung, Abwasserentsorgung mit Bodeneinlass, Kassettenentleerung, Stromanschlüsse, Behälter für die Müllentsorgung, WLAN, ganzjährig geöffnet.

Beschreibung: Schattenlose Stellflächen in der Innenstadt. Tagsüber sehr lebhaft. Ideale Lage um die Sehenswürigkeiten im Innenstadtbereich aufzusuchen.
Preise: Kostenlos, Frischwasser 1,00 €, Abwasserentsorgung und Entleerung WC 1,00 €, Strom 0,50 € pro kWh.
Zufahrt: In die Innenstadt von Leer fahren und den Hinweisen zum P9 folgen.

Der am Plytie verfügt weder über Stromanschlüsse noch über eine Ver- und Entsorgungseinrichtung. Fern der Innenstadt gibt es noch zwei weitere Möglichkeiten, eine an der Jümme Fähre (siehe Seite 187) und eine in Logabirum (siehe Seite 188), die wir in der Tour 8 beschrieben haben.

Die **Altstadt** liegt am Westrand des Hafenbeckens. Sie zählt wegen ihrer zahlreichen gut erhaltenen Bürgerhäuser zu den schönsten Altstadtensembles, das Ostfriesland zu bieten hat. Die Straßen aus Kopfsteinpflaster und roten Klinkersteinen unterstreichen das pittoreske Erscheinungsbild der Häuser, die mit ihren unterschiedlichsten Giebelformen um

Leer, Hafen an der Leda mit dem Rathaus im Hintergrund.

die Gunst des Betrachters zu buhlen scheinen. Eines der schönsten sehen Sie hier links abgebildet.

Handelshaus in der Altstadt von Leer.

Belebte Altstadt.

Straßencafés, Eisdielen, Teestuben, Restaurants. Eine große Auswahl wird Ihnen in den schmalen Straßen und Gassen der Altstadt rund um das mächtige Rathaus geboten, das Sie auch von innen im Rahmen einer Führung anschauen können. Prachtvolle Wandmalereien und einen prunkvollen Festsaal gibt es hier zu bewundern. Sie können sich nicht nur durch das Rathaus führen lassen, sondern auch durch die Stadt. Freunde des **Friesland-Krimis**, der in unregelmäßigen Abständen im ZDF läuft, können sich die Drehorte zeigen lassen oder auch auf eigene Faust erkunden. Auf dieser Seite www.touristik-leer.de finden Sie alle Führungszeiten und weitere Informationen.

Natürlich gibt es in der Stadt auch mehrere Museen. Wer sich für die Geschichte des Ortes interessiert geht in das **Heimatmuseum**, das sich in der Nähe des Rathauses befindet. Hier erfahren Sie alles über die ostfriesische Wohnkultur und die heimische Schifffahrt.

Das **Bünting Teemuseum** widmet sich nicht nur den Anbaugebieten und der Geschichte des Teeanbaus, sondern auch der Entwicklung der Teekultur, genauer, der **ostfriesischen Teekultur**. Das schauen wir uns näher an.

Die Ostfriesen und ihr Tee

Sie sind Weltmeister im Teekonsum. In keiner Region auf der Erde wird mehr Tee getrunken als in Ostfriesland, so heißt es immer wieder. Ob es stimmt? Wir wissen es nicht. Sicher ist, die Ostfriesen haben ihre eigene Mischung und ihr eigenes Ritual bei der Teezubereitung und beim Teegenuss. Einfach nur Wasser kochen, Teebeutel in die Tasse und aufgießen, das geht hier nicht.

Es beginnt mit der Mischung. Holländische Kaufleute brachten den Tee Anfang des 17. Jahrhunderts aus Südostasien nach Europa. Das Getränk wurde in Ostfriesland schnell angenommen. Johann Bünting kreierte zu Beginn des 19. Jahrhunderts aus verschiedenen Sorten seine erste Mischung und bot sie in seinem Kolonialwarenladen an. Damit legte er den Grundstein für ein Teeimperium, das bis heute besteht.

Teelke vor dem Bünting Teemuseum.

Die Zubereitung erfolgt in einer bauchigen, vorgewärmten Kanne, in der die gewünschte Menge Tee zunächst nur mit kochendem Wasser bedeckt wird. Nachdem er rund vier Minuten gezogen hat, wird die Kanne weiter aufgefüllt. Um ihn nicht bitter werden zu lassen, wird er dann in einer zweiten vorgewärmten Kanne abgeseiht und umgefüllt.

Ostfriesentee mit Wulkje.

Serviert wird der Tee vorzugsweise in einer dünnwandigen Porzellantasse, gern mit dem klassisch friesisch-blauen Dekor. Dazu gehören **"Kluntjes"**, Kandiszucker, der als Erstes in die Tasse kommt, dann folgt der heiße Tee, der den Zucker zum Knistern bringen muss. Geschieht dies nicht, ist der Tee nicht heiß genug. Zum Schluss wird mit einem speziellen Löffel ein Schuss Sahne in den Tee gegeben, der ein **"Wulkje"**, eine Wolke in dem heißen Getränk ausbildet. Anschließendes umrühren ist verpönt, es würde den Dreiklang des Geschmackes aus Sahne, Tee und Zucker zerstören.

So können Sie den Tee in den Teestuben am Hafen oder auch im Teemuseum genießen. In dem Museum in der Brunnenstraße erfahren Sie viele Details über den Tee in Ostfriesland und der Fa. Bünting. Hier können Sie auch an einem **Teeseminar** teilnehmen. Auf dieser Seite www.buenting-tee.de erfahren Sie mehr darüber.

Auf der gegenüberliegenden Seite der Altstadt befindet sich der Freizeithafen. Hier liegen Yachten vor Anker und in den modernen verglasten Gebäuden, deren Vorbauten über das Wasser ragen, haben sich die unterschiedlichsten Dienstleister niedergelassen.

Wenn Sie bei dieser Beschreibung der Stadt Schloss Evenburg vermisst haben, so möchten wir Sie auf Seite 186 verweisen. Dort ist es in der Tour 8, die uns von Leer nach Oldenburg führt, beschrieben.

Wenn Sie umblättern, geht es mit der Tour 3 weiter. Die Tour führt entlang der Westküste Ostfrieslands nach Norden und auf die Nordseeinsel Norderney.

NORDSEE
Norderney
Norderney
47
49
46
48
Baltrum
Baltrum
Juist
Juist
Nationalpark Niedersächsisches Wattenmeer
W
Neßmersiel
Dornumersiel
Wasserschloss
Dornum
Seehundstation
Norddeich
045
044
Norden
Hage
Berumbur
055
050
Schloss Lütetsburg
Tour 4
Großheide
054
Westerholt
Eversmeer
Paddeltour zum Leysiel
Bartlingsche Mühle
Berumerfehn
Osteel
Leezdorf
053
W
Schleuse Leysiel
Leybucht
Brookmerland
B72
051
Rechtsupweg
Ewiges Meer
NSG Leyhörn
Marienhafe
088
Birgits Tiergarten
Tannenhausen
Pilsumer Leuchtturm
Hafen
Upgant-Schott
052
043
Greetsiel
Südbrookmerland
Victorbur
Pilsum
Uthwerdum
Georgsheil
B72
Aurich
Moordorf
Krummhörn
089
Tour 5
086
Mühlenmuseum
Pünte
Groothusen
Pewsum
Püntentour um das Große Meer (15 km)
Wiegoldsbur
Upleward
Großes Meer
Ems-Jade-Kanal
Campener Leuchtturm
B210
Pünte
091
090
Ochtelbur
Ihlow
Campen
Riepe
Ihlowerfehn
Kloster Ihlow
040
Rysum
EMDEN
Naturstrand Knock
Simonswolde
31
42
038
Fehnroute
Wybelsum
VW-Werk
Petkum
Schöpfwerk Knock
Oldersum
nach Borkum
039
Ems
Rorichum
Ditzum
Emssperrwerk
037
Termunterzijl
033
Neermoor
Dollart
034
Tour 5
Band 71: Mit dem Wohnmobil in die Niederlande
N
Tour 2
Midlum
B70
032
Jemgum
5 km
Ditzumerverlaat
035
036
Kachelotplate
Rheiderland
Borkum
Badesee Holtgaste
41
31
Leer
030
B436
Fehnroute
Bunde
115
Borkum
028
280
Ihrhove
Weener
029
nach Emden oder Eemshaven (NL)

TOUR 3 (ca. 120 km)

Oldersum – Emden – Borkum – Pewsum – Greetsiel – Norden – Norderney

Stellplätze:	Oldersum, Emden, Pewsum, Greetsiel, Norden.
Campingplätze:	Emden, Borkum, Krummhörn, Norderney.
Ver-/Entsorgung:	Oldersum, Emden, Pewsum, Greetsiel, Norden.
Besichtigungen:	Emden (Altstadt, Otto-Huus), Krummhörn (Leuchtturm Campen), Pewsum (Mühlenmuseum, Maningaburg), Greetsiel (Hafen, Pilsumer Leuchtturm), Norden (Altstadt, Teemuseum), Norderney (Strandpromenade, Leuchtturm).
Wandern/Radtour:	Mit dem Rad entlang des NSGs Leyhörn und durch die Dünenlandschaft Norderneys.
Baden/Wellness:	Emden (Friesentherme), Borkum (Nordseestrand), Norden (Nordseestrand, Erlebnisbad Ocean Wave), Norderney (Nordseestrand).

Von Leer geht es entlang der Ems nach Emden. Dort werden wir uns hauptsächlich rund um den Ratsdelft die Museumsschiffe und das Otto-Huus anschauen. Mit den Festungswall und der einzigartigen Kesselschleuse begeben wir uns auf historisches Terrain. Nach dem Besuch dieser Stadt machen wir einen Ausflug nach Borkum. Wieder auf dem Festland geht es zu einem recht einsam liegenden Strand am Knock und danach in Campen auf den höchsten Leuchtturm Deutschlands. Ein kleines Mühlenmuseum in Pewsum schließt sich an. Danach steht mit Greetsiel eines der bekanntesten Fischerdörfer auf dem Programm und wir radeln zum Pilsumer Leuchtturm, den Sie auf dem Cover dieses Buches sehen. Nachdem wir den malerischen Kutterhafen in Greetsiel verlassen haben, geht es nach Norddeich und Norden weiter. Hier warten Strand, Seehundstation und die Altstadt von Norden auf unseren Besuch. Den Abschluss dieser Tour bildet die Insel Norderney. Es locken die Strände, die Strandpromenade, die Dünen, zahlreiche Fischlokale und natürlich die berühmte Milchbar.

Für die Fahrt nach Leer nehmen wir weder die Autobahn noch die Bundesstraße, sondern die relativ schmale Deichstraße. Von der Ems ist nichts zu sehen, der Deich ist zu hoch und wenn wir auf der anderen Seite aus dem Fenster schauen, registrieren wir nur weites flaches Marschland, das wir auch schon auf der Radtour im vorangegangenen Kapitel durchradelt hatten.

Erste Station ist ein Gasthof mit einem schönen Biergarten, auf dessen Stellplatz wir eine geruhsame Nacht verbringen, nachdem wir uns von der Qualität der Küche überzeugen konnten.

(037) Offizieller WOMO-Gasthof-Stellplatz: Rorichum – Bei Cassi

GPS: N53°19'11.8" E7°21'17.1"; Deichlandstraße 10, 26802 Moormerland.
Max. WOMOs: 10, maximale Länge 8 m.

Ausstattung: Frischwasserversorgung, Abwasserentsorgung mit Ablaufwanne, Kassettenentleerung, Stromanschlüsse, Behälter für die Müllentsorgung, WLAN, E-Bike Ladestation. Restaurant und Biergarten mit traditioneller norddeutscher Küche.
Beschreibung: Sonnige und halbschattige eng beieinanderliegende Stellflächen auf Betonpflastersteinen neben dem Biergarten. Geöffnet vom 1. April bis 31. Oktober.
Preise: 5,00 € für ein Fahrzeug mit 2 Personen bei Einkehr, 10,00 € ohne. Ver- und Entsorgung jeweils 1,00 €, Strom 2,50 €, Dusche 1,00 €. Das WC ist in den Sommermonaten für die Stellplatzbenutzer stets offen. Die Bezahlung erfolgt im Gasthof.
Zufahrt: Auf dem Weg nach Oldersum am Ortseingang von Rorichum in die erste Straße rechts abbiegen.
Reservierung/Kontakt: Tel.: 04924/2006
E-Mail: info@bei-cassi.de, Web: www.bei-cassi.de.

Von Rorichum geht es weiter Richtung Emden. Wir kommen dabei durch Petkum. An dieser Stelle sei für all diejenigen erwähnt, die Kapitel 2 nicht gelesen haben, das Sie hier mit der Fähre auf die andere Seite der Ems übersetzen können. Allerdings nicht mit dem WOMO, sondern nur mit dem Fahrrad. Wir haben die Nordspitze des Rheiderlands mit seiner Ruhe in angenehmer Erinnerung.

Aber nun geht es weiter nach **Emden**, einer Hafenstadt mit 50.000 Einwohnern, mit dem drittgrößten Autoverladehafen Europas und einem für die Stadt wie für die Region wichtigem und großflächigem VW-Werk in dem hauptsächlich der Passat zusammengeschraubt wird.

Für den Besuch der Stadt stellen wir Ihnen zunächst die Wohnmobilstellplätze vor.

(038) Offizieller WOMO-Stellplatz: Emden – Alter Binnenhafen

GPS: N53°21'48.5" E7°12'30.5"; Am Eisenbahndock 3, 26725 Emden.
Max. WOMOs: 35, maximale Länge 8 m.
Ausstattung: Frischwasserversorgung, Abwasserentsorgung mit Bodeneinlass, Kassettenentleerung, Stromanschlüsse, Behälter für die Müllentsorgung, WLAN, Brötchenservice, Fahrradverleih. Im Servicegebäude gibt es Duschen, WCs, Waschmaschinen und Trockner. Der Platz ist ganzjährig geöffnet.

Beschreibung: Sehr eng beieinanderliegende Stellflächen auf Betonpflastersteinen. Eine Reihe mit Sicht auf das Hafenbecken und ein Platz neben den Hafenbecken stehen zur Verfügung. Entfernung zum Marktplatz 750 Meter. Die Ver- und Entsorgungsstation befindet sich gleich rechts an der Einfahrt zum Stellplatz und kann auch angefahren und genutzt werden, ohne dort zu übernachten.
Preise: 12,00 € für ein Fahrzeug, Frischwasser 0,50 €, Strom 0,50 € pro kWh. Abwasserentsorgung kostenlos, Entleerung der Bordtoilette 0,50 €. Dusche 1,00 €, WC 0,50 €, Waschmaschine 3,00 €, Trockner 1,00 €, Leih-Fahrrad 8,00 € pro Tag.
Zufahrt: In Emden den Hinweisschildern zum Alten Binnenhafen folgen.

In Emden gibt es zwei weitere Stellplätze, allerdings ohne Ver- und Entsorgungseinrichtungen. Einer davon befindet sich am Yachthafen/Außenhafen. Ihn erreichen Sie mit diesen Koordinaten [**039:** N53°20'16.4" E7°11'02.0"]. Erschrecken Sie nicht, wenn Sie auf der Fahrt dorthin laute Warnsignale vernehmen. Sie kommen von der Stadtbahn, die parallel zur Straße verläuft. Die Strecke hat eine Vielzahl unbeschrankter Übergänge zum Hafengelände und deshalb gibt sie sehr oft ein unüberhörbares Hupsignal von sich. Der Stellplatz bietet Hafenatmosphäre mit allen üblichen Verlade- und Arbeitsgeräuschen. Die Parkgebühr beträgt pro Tag 5,00 €.

Stellplatz am Außenhafen in Emden.

Neben der **Friesentherme** in der Theaterstraße gibt es vier Stellplätze mit Stromanschlüssen (0,50 € pro kWh), die Sie kostenlos bis zu sieben Tage am Stück nutzen können. Es ist nicht immer leise. Sie stehen an dieser Stelle zwischen einem Berufsbildungszentrum und der Therme. Diese Koordinaten [**040:** N53°22'30.0" E7°12'04.4"] führen Sie genau dort hin.

Stellplatz an der Friesentherme Emden.

Die Stellflächen befinden sich am Rand eines großen Pkw-Parkplatzes, lassen sich sehr gut anfahren und sind ausreichend dimensioniert. Bis in die Innenstadt benötigen Sie zu Fuß rund 15 Minuten. Sie durchqueren dabei die Wallanlagen, die Teil der ehemaligen Stadtbefestigung Emdens waren.

Der **Ratsdelft** ist das Zentrum der Stadt. Es ist der Alte Hafen an dem auf der einen Seite das Rathaus steht und auf der gegenüberliegenden Seite "dat Otto Huus", um im Plattdeutschen zu bleiben. Dort, wo der Ratsdelft in den Alten Binnenhafen übergeht, befindet sich das **Hafentor**. Im Hafenbecken liegen das Museumsfeuerschiff Deutsche Bucht, der Seenotrettungskreuzer Georg Breusing und der Heringslogger AE7 Stadt Emden und einige weitere Schiffe. Es sind maritime Denkmale, die teilweise auch von innen angesehen werden können.

Das Hafentor in Emden.

Das **Museumsfeuerschiff Deutsche Bucht** liegt seit 1984 vor dem Rathaus. Die große Beschriftung an den beiden Bordwänden des Schiffes benennt den letzten Standort als aktives Feuerschiff, getauft wurde es auf den Namen **Amrumbank**. Es wurde 1915 auf der Meyer Werft in Papenburg gebaut. Das Schiff beherbergt unter anderem ein schifffahrtshistorisches Museum mit dem Schwerpunkt "Seezeichentechnik" und ein Schiffsrestaurant mit Kapitänssalon. Öffnungszeiten und Eintrittspreise finden Sie hier www.amrumbank.de.

Vor dem Feuerschiff liegt der **Seenotrettungskreuzer "Georg Breusing"**, der von 1963 bis 1988 auf der Insel Borkum

Emden, Ratsdelft mit Rathaus und Museumsschiffen.

seinen Standort hatte und in dieser Zeit mehr als 1600 Menschen in Seenot-Einsätzen das Leben rettete. An Bord werden Sie darüber informiert, wie die Technik funktioniert und wie die harten Einsätze ablaufen. Eintrittspreise und Öffnungszeiten finden Sie auf dieser Seite www.georg-breusing.de.

Hinter dem Feuerschiff befindet sich der **Heringslogger AE7 Stadt Emden**. Mit diesem Schiff wird die Geschichte der Heringsfischerei dokumentiert, die über Jahrhunderte hinweg von Emden aus betrieben wurde und 1976 ihr Ende fand. Der Innenausbau mit Kapitäns- und Mannschaftslogis entspricht den Originalausbauten des 19. Jahrhunderts. Eintrittspreise und Öffnungszeiten finden Sie hier www.heringslogger.de.

Dauergäste in der Ratsdelft sind drei ältere Herren, die ganz lässig am Geländer am Rande der Hafenpromenade stehen. Sie schauen gelassen dem munteren Treiben zu und es entsteht der Eindruck, sie würden sich bräsig und wortkarg über das Tagesgeschehen unterhalten, so wie es in längst vergangenen Zeiten die in Rente gegangenen Seeleute vielleicht getan haben. Natürlich mit Kautabak im Mund, dessen Priem so ab und an ausgespuckt werden musste. So tut es eine Bronzefigur der **Delftspucker** auch heute noch und die Fußgänger unterhalb der Figur bekommen eine leichte Dusche. Zu Ihrer Beruhigung: Es ist klares Wasser und es ist eigentlich auch nur ein Sprühnebel, der unten ankommt. Klatschnass werden

Die Delftspucker.

Sie nicht, wenn Sie etwas abbekommen sollten. Ja, die Emder haben den Schalk im Nacken! Wir drehen uns um und wollen an einer Ampel die Straße überqueren und müssen schmunzeln.

Otto als Ampelmännchen.

Erkennen Sie den, der als grünes Männchen den Übergang freimacht? Es ist die klassische Bewegungshaltung mit der er über Jahrzehnte sein Publikum begeisterte, wenn er von der einen Seite auf die andere in seiner unnachahmlichen Art über die Bühne hopste. Als Ampelmännchen macht er den Weg zu seinem **Otto Huus** frei.

Sie stehen Schlange und begehren Einlass, um sich die **Ottifanten** anzusehen und natürlich auch zu kaufen, bevor alle flüchten und dem Beispiel eines dieser Exemplare folgen, das die Außenmauern offensichtlich schon durchbrochen hat. Es ist einiges ausgestellt aus dem Leben des Komikers und es gibt viel anzuschauen. Das sind auch die Filme, die in dem kleinen Kino innerhalb des Hauses alle zu sehen sind. Von Otto der Film bis zum Kino-Knüller die "7 Zwerge" ist alles dabei. Hier haben Sie ein schönes Unterhaltungsprogramm für eine Regenwetterperiode, die es oben im Norden gelegentlich gibt.

Dat Otto Huus.

Wann Sie dort hinein können und was Sie für diesen Freizeitspaß zu zahlen haben, erfahren Sie auf dieser Seite www.datottohuus.de.

Wir wenden uns nun den **Wallanlagen** zu, die einmal mit elf fünfeckigen Bastionen ausgestattet war, die ringförmig um die Stadt angelegt der Verteidigung diente. Vor dem Wall wurde ein breiter Wassergraben angelegt, der Angreifern den Zugang zu der einst reichen Stadt verwehren sollte. In Kombination mit den Kanonen, die auf den Bastionen positioniert werden konnten, gelang es Emden als einzige Stadt in Ostfriesland während des Dreißigjährigen Krieges nicht von fremden Truppen eingenommen zu werden.

Die Vrouw-Johanna-Mühle auf dem Emder Stadtwall.

Heute dienen die Wallanlagen als Naherholungszone und werden gern für Spaziergänge genutzt. Entlang des Walls finden Sie eine Reihe von Hinweistafeln, die die Geschichte dieser Verteidigungsanlagen erläutern, auf der unter anderem in einer ehemaligen Bastion die restaurierte und voll funktionsfähige **Vrouw-Johanna-Mühle** steht, die gelegentlich noch in Betrieb genommen wird.

Von dieser Mühle ist es nicht weit bis zur **Kesselschleuse**, einem Vier-Kammer-Schleusen-Unikat, das es kein zweites Mal in Europa gibt. Sie verbindet den Ems-Jade-Kanal mit dem Fehntjer Tief und dem Kanalsystem der Emder Stadtgräben. Sie können diese außergewöhnliche Schleuse mit dem Rad bequem erreichen und vor Ort den Schleusenbetrieb beobachten, der heute nur noch für die Freizeitschifffahrt von Bedeutung ist. Sie können aber auch mit einem Ausflugsschiff, das in der Ratsdelft vor Anker liegt, diese Schleuse einmal durchfahren und den Schleusenbetrieb vom Schiff her während einer Grachtenfahrt erleben. In Emden werden auch

Die Kesselschleuse im Osten der Stadt Emden.

Hafenrundfahrten angeboten, die Sie wie die **Grachtenfahrten** unter dieser Telefonnummer 04921/97400 buchen können.

Da wir gerade bei der Schifffahrt sind, bleiben wir doch dabei, beenden den Besuch der Hafenstadt Emden und setzen nach **Borkum** über. Nun ist die Insel kein bevorzugtes Reiseziel für Wohnmobilisten, aber es geht. Übersetzen sollten Sie aber nur, wenn Sie auf diesem Campingplatz eine Reservierung vorgenommen haben.

(041) WOMO-Campingplatz: Insel-Camping-Borkum

GPS: N53°35'37.7" E6°40'32.6"; Hindenburgstraße 114, 26757 Borkum.
Max. WOMOs: >20, maximale Länge 12 m.

Ausstattung: Frischwasserversorgung, Abwasserentsorgung mit Bodeneinlass, Kassettenentleerung, Stromanschlüsse, Behälter für die Müllentsorgung, WLAN, Brötchenservice. Im Servicegebäude gibt es Duschen, WCs, Waschmaschinen und Trockner. Der Platz ist von Mitte März bis Ende Oktober geöffnet.
Beschreibung: Sonnige, teilweise auch halbschattige Rasenplätze, die mit Büschen voneinander abgegrenzt sind.
Preise: Erwachsene Personen und Kinder ab 14 saisonabhängig zwischen 4,90 € und 8,80 €, Kinder 3-13 Jahre zwischen 4,00 € und 6,50 €, Hund 3,90 €, Wohnmobil zwischen 8,40 € und 13,30 €, Strom 0,75 pro kWh, separate eigene Sanitärkabine zwischen 4,10 € und 6,90 €.
Zufahrt: Ab dem Hafen den Hinweisen zum Campingplatz folgen.
Reservierung/Kontakt: Tel.: 04922/1088
E-Mail: info@insel-camping-borkum.de, Web: www.insel-camping-borkum.de.

Den Fährhafen in Emden finden Sie mit dieser Adresse: "Zum Borkumanleger 6, 267223 Emden". Eine Buchung können Sie vorab über diese Seite www.ag-ems.de vornehmen. Die Fahrzeit beträgt etwas mehr als zwei Stunden. Schneller und auch billiger geht es von **Eemshaven** in den Niederlanden. Hier finden Sie die Fährzeiten und die Preise auf derselben, bereits genannten Seite.

Abendstimmung am Nordstrand.

Für einen kurzen Trip auf die Insel lohnt der Aufwand sicher nicht. Wer einen längeren Aufenthalt plant findet auf dieser Insel am West- und Nordrand einen sehr großen Strand, der durch die Gewalt der Nordsee ständigen Veränderungen unterworfen ist. Ob Kitesurfen, Windsurfen, Wattwandern oder einfach nur Badeurlaub. Hier haben Sie viele Möglichkeiten Ihre Zeit aktiv zu verwenden. Gepaart mit kleinen Radtouren auf der rund 36 Quadratkilometer großen Insel, einem langen Strandspaziergang und einem Besuch der Milchbars, Cafés oder Restaurants können Sie auf Borkum einen entspannten Urlaub verbringen.

Der Neue Leuchtturm auf Borkum.

Im Westen können Sie sich mit dem gebührenden Abstand der **Seehundsbank** nähern und mit einem Fernglas oder einem Teleobjektiv das Verhalten der Tiere beobachten. Tiefergehende Informationen über das Meeresleben liefert das **Nordsee Aquarium** und über die Geschichte der Insel informiert das **Heimatmuseum Dykhus**. Wenn Sie die Mühe nicht scheuen, 308 Stufen hochzusteigen, dann können Sie sich die Insel auch von dem 60 Meter hohen **Neuen Leuchtturm** aus betrachten. Von dieser Position haben Sie die Dünenlandschaft und das Strandleben im Blick. Ganz so neu ist der Turm allerdings nicht mehr, wie der Name vermuten lässt. Er wurde 1879 innerhalb von sechs Monaten gebaut und ersetzte den **Alten Leuchtturm**, den es auch noch gibt, den Sie aber nur von außen betrachten können. Ein dritter Turm steht rot-weiß gestreift in den Dünen und bietet ein weiteres perfektes Fotomotiv.

Blick vom Schöpfwerk Knock auf die Ems.

Wir kehren zurück auf das Festland und nehmen nun den weiteren Weg entlang der Küste in Angriff. Über **Wybelsum** geht es zum **Siel und Schöpfwerk Knock** am Knockster Tief. Über diese Anlage werden rund 35.000 Hektar Land entwässert, die mehr als einen Meter unter dem Meeresspiegel liegen und durch Deiche vor Überflutung durch die Nordsee geschützt werden. Über 43 Kilo-

Denkmal vom Großen Kurfürsten Friedrich Wilhelm am Schöpfwerk Knock.

meter Kanäle wird das Wasser zum Knockster Tief geleitet und in dem Schöpfwerk mit vier Hochleistungspumpen, die jeweils eine Leistung 15.000 Liter pro Sekunde haben in die Ems gepumpt.

Vom Schöpfwerk haben Sie zwischen den Denkmälern von **König Friedrich II. von Preußen**, der ein Förderer des Sielbaus war und dem **Großen Kurfürsten Friedrich Wilhelm** einen schönen Blick auf die Mündung der Ems mit den Industrie- und Windparkanlagen von **Delfzijl** am anderen Ufer in den Niederlanden.

Rund drei Kilometer von dem Schöpfwerk entfernt befindet sich (immer am Deich entlang weiterfahren) das **Restaurant Strandlust** mit einem kleinen Badestrand und noch einmal einen Kilometer weiter ein wenig frequentierter Naturstrand.

Auf dem Parkplatz [GPS: N53°21'16.8" E7°00'18.0"] am Restaurant ist die Übernachtung verboten. Wenn Sie an diesem sehr ruhigen Ort länger verweilen wollen, können Sie sich auf diesem Platz einquartieren.

(042) WOMO-Campingplatz: Knock

GPS: N53°20'51.3" E7°02'12.3"; Am Mahlbusen 1, 26723 Emden.
Max. WOMOs: >20, maximale Länge 10 m. Mindestaufenthalt 3 Tage.

Ausstattung: Frischwasserversorgung, Abwasserentsorgung mit Bodeneinlass, Kassettenentleerung, Stromanschlüsse, Behälter für die Müllentsorgung, Gasflaschentausch. Im Servicegebäude gibt es Duschen, WCs, Waschmaschinen und Trockner. Der Platz ist von Ostern bis Anfang Oktober geöffnet.
Beschreibung: Ruhige Anlage an der Nordsee. Große überwiegend sonnige Rasenstellflächen. Ideal zum Baden im Meer oder im Knockster Tief, Surfen oder Kiten, Radfahren, Wandern, Angeln. Wybelsum ist 9, Emden 15 Kilometer entfernt.
Preise: Erwachsene Person 5,00 €, Kinder 5-15 Jahre 3,00 €, Hund 1,50 €, Umweltbeitrag 2,00 €, Wohnmobil 10,00 €, Strom 1,00 pro kWh.
Zufahrt: Von Emden nach Wybelsum fahren und ab dort der Beschilderung zum Campingplatz folgen. Die Straße führt am Siel und Schöpfwerk vorbei. Die Straße aus Richtung Rysum ist sehr schmal und holperig.
Reservierung/Kontakt: Tel.: 04927/567
E-Mail: info@campingplatz-knock.de, Web: www.campingplatz-knock.de.

Wenige Kilometer weiter wartet der höchste Leuchtturm Deutschlands auf Besucher. Er misst 65,3 Meter und ist ein frei stehender Stahlfachwerkturm in dessen Mitte eine Wendeltreppe mit 320 Stufen nach oben führt. Von Mitte März bis Ende Oktober können Sie diese Stufen erklimmen. Es ist schon mühsam aber von oben haben Sie bei guter Sicht einen weiten Blick über die Emsmündung, hinüber nach Delfzijl und bis nach Emden. Der Leuchtturm ist seit 1891 in Betrieb. Sein Leuchtfeuer hat eine Reichweite von 55 Kilometern. Auf dem kostenlosen Besucherparkplatz [GPS: N53°24'16.5" E7°01'02.8"] dürfen Sie leider nicht über Nacht stehen bleiben. Der Standort ist ein netter Platz für Radtouren entlang der Deiche in die eine oder andere Richtung.

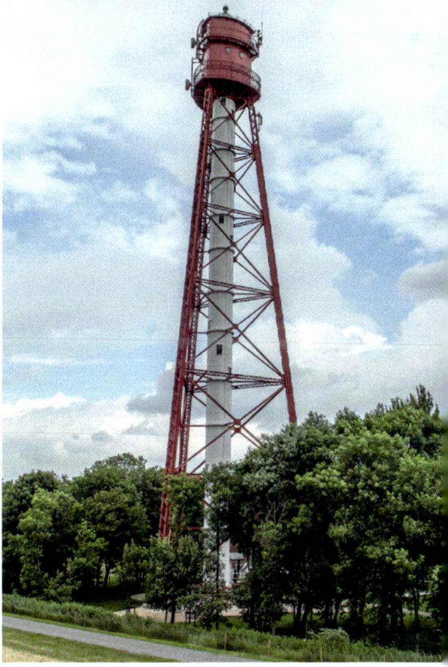

Leuchturm von Campen in Krummhörn.

Pewsum ist mit etwas mehr als 3000 Einwohnern die größte Siedlung der Gemeinde **Krummhörn**, die insgesamt aus 19 Ortsteilen besteht, die alle auf Warften stehen. Das sind Hügel, die zu Beginn der Siedlungsgeschichte dieser Region angelegt wurden, um die Ortschaften vor der Nordsee zu schützen, als es noch keine Deiche gab.

In Pewsum Ort steht ein **Mühlenmuseum** auf dem Besuchsprogramm. Die Windmühle ist ein dreistöckiger Gallerieholländer

Mühlenmuseum in Pewsum.

Die Manningaburg in Pewsum.

mit Gulfscheune, die nur samstags und sonntags nachmittags besucht werden kann. Dasselbe trifft für die **Manningaburg** zu, die wenige Meter von der Mühle entfernt ist. Die Burganlage war der Häuptlingssitz der ostfriesischen Familie Manninga, die diese aber in Geldnot geraten im 16. Jahrhundert veräußern musste. Eine wechselvolle Geschichte schließt sich an, die wir an dieser Stelle nicht wiedergeben wollen. In den Fünfzigerjahren des letzten Jahrhunderts erwarb der Heimatverein die Wasserburg und setzte sie in mühevoller Arbeit wieder instand. Heute ist hier ein **Museum über die Geschichte des Burgenbaus** in Ostfriesland untergebracht und die Räumlichkeiten der Burg werden für Ausstellungen genutzt. Das Veranstaltungsprogramm sowie die Eintrittspreise und aktuelle Öffnungszeiten der Burg und der Mühle finden Sie auf dieser Seite www.heimatverein-krummhoern.de. Wenn Ihr Fahrzeug nicht Omnibusgröße hat, können Sie hier parken [GPS: N53°26'09.2" E7°05'46.1"].

Diese beiden weniger bedeutenden Sehenswürdigkeiten haben wir besichtigen können, ohne von anderen Besuchern umringt zu sein. Das ist in **Greetsiel**, nur wenige Kilometer weiter vollkommen anders. Dort angekommen, stellen wir das WOMO an den Zwillingsmühlen ab.

(043) Offizieller WOMO-Stellplatz: Greetsiel – An den Zwillingsmühlen

GPS: N53°29'49.5" E7°06'06.4"; Mühlenstraße, 26736 Krummhörn.
Max. WOMOs: 55, maximale Länge 10 m.

Ausstattung: Frischwasserversorgung, Abwasserentsorgung mit Bodeneinlass, Kassettenentleerung, Stromanschlüsse, Behälter für die Müllentsorgung, ganzjährig geöffnet.
Beschreibung: Geräumige schattenlose Plätze überwiegend auf befestigtem geschotterten Untergrund. Nah an der Ortsmitte und dem malerischen Hafen.
Preise: 12,60 € für ein Fahrzeug, Frischwasser 2,00 €, Strom 1,00 € für 8 Stunden. Abwasserentsorgung und Entleerung der Bordtoilette ist kostenfrei. Einen Parkschein gibt es am Kassenautomaten.
Zufahrt: Einfach zu finden am Ortseingang von Greetsiel.

Von den Zwillingsmühlen hatte bei unserem Besuch nur noch eine ihre Flügel, die andere war in Reparatur und wird sie irgendwann wieder bekommen. In der Mühle, die Sie auf dem rechten Bild im Vordergrund sehen, sind eine Teestube, eine Bildergalerie und ein kleiner Laden untergebracht. Da die Mühle noch voll funktionsfähig ist und gelegentlich Korn gemahlen wird, können Sie dort, wenn Sie Glück haben, auch Mühlenbrot kaufen.

Die Zwillingsmühlen in Greetsiel.

Im Dorf gibt es keinen Autoverkehr. Die mit roten Klinkersteinen gepflasterten Straßen bleiben den Fußgängern vorbehalten. In den Sommermonaten sind die Straßen voller Menschen. Dort sitzen sie an Tischen vor Restaurants, dort stehen Sie für ein Eis an und zwischendurch schieben die Radler ihre Fietsen durch die Menge entweder um einen Platz für eine Rast zu finden oder den Weg zum Pilsumer Leuchtturm zu suchen.

In Greetsiel am Hafengelände.

Was alle Besucher machen ist **"Kutters un Schippe kieken"**, wie es auf ostfriesisch Platt heißt. Ich denke, das müssen wir nicht übersetzen. Im Sielhafen liegt die größte Krabbenkutterflotte Ostfrieslands, wenn sie denn nicht gerade in der Nordsee unterwegs sind. Fangfrischen Fisch zu bekommen ist hier kein Thema. Gefangen werden Nordseekrabben, die auch **"Granat"** genannt werden, Schollen, Scharben und Seezungen. Wie viele Kutter hier vor Anker liegen, darüber gibt es verschiedene Angaben. Die einen sprechen von 25, die anderen von 27. Wie viele es sind, ist letztlich auch einerlei, es liegen ohnehin nicht immer alle gleichzeitig im Hafen. Ganz sicher ist, dass sie zu den meist fotografierten und gefilmten

Im Hafen von Greetsiel.

Schiffen in Ostfriesland gehören. Pittoresk und romantisch wirkt der mehr als 600 Jahre alte Hafen und das Drücken auf den Auslöser der Kamera will einfach kein Ende nehmen.

Kirche und Glockenturm in Greetsiel.

Ende des 14. Anfang des 15. Jahrhunderts entstand die Greetsieler Kirche. Die Kirche trägt eine Schiffswetterfahne aus vergoldetem Kupfer, die der Form eines Dreimasters mit gesetzten Rahsegeln entspricht. Es soll die älteste Schiffswetterfahne in Niedersachsen sein. Der Glockenturm aus rotem Backstein steht neben der Kirche.

An dieser Kirche geht eine Straße vorbei, die zum Nationalparkhaus und zur Touristinformation führt. Wenn Sie der Straße dann noch weiter folgen gelangen Sie zum Naturschutzgebiet Leyhörn und sind damit auf dem Weg zum **Pilsumer Leuchtturm**. Das sind rund vier Kilometer, die Sie gehen können, die allermeisten Besucher aber mit dem Fahrrad bewältigen.

Dieser nur elf Meter hohe Leuchtturm gelangte durch den Film "Otto – Der Außerfriesische" zu außerordentlicher Berühmtheit und läuft in den Besucherzahlen dem höchsten Leuchtturm Deutschlands, der in Campen nur wenige Kilometer entfernt steht, ganz klar den Rang ab. Es liegt sicher nicht daran, dass in diesem Turm nur 28 Stufen hochzusteigen sind, sondern an dem Film. Steile Karriere für einen Turm, der längst abgerissen werden sollte. Feste Öffnungszeiten scheint es für dieses Leuchtfeuer, das schon 1921 außer Betrieb ging nicht zu geben. Wir haben ihn verschlossen vorgefunden. Eine außergewöhnliche Variante Ottos gute Stube von innen anzuschauen, bietet sich mit der Möglichkeit, Ihrem Liebsten oder Ihrer Liebsten das zweite Eheversprechen zu geben, wenn Sie bereits verheiratet sind. Wie das funktioniert, erfahren Sie auf dieser Seitewww.greetsiel.de/urlaubsthemen/zweites-eheversprechen. Der Turm scheint Glück zu bringen, wie die vielen "Liebesschlösser" an dem Metallgestell neben dem Turm sichtbar werden lassen.

Der Pilsumer Leuchtturm.

Wechseln wir das Thema, widmen wir uns dem Küstenschutz zu, der an dieser Stelle durch bauliche Maßnahmen besonders gut sichtbar wird. Wenn Sie einmal zurückblättern auf Seite 70, dann sehen Sie auf der Karte eine eigentümlich geformte, in das Wattenmeer hineinragende Nase, die die **Leybucht** begrenzt. Es ist eine Eindeichung, die in den Jahren von 1985 bis 1991 angelegt wurde und **Leyhörn** genannt wird. Ursprüngliche Pläne, die Leybucht vollständig einzudeichen, wurden wieder verworfen.

Die Leybucht entstand durch eine der vielen mittelalterlichen Sturmfluten, die an der norddeutschen Küste wüteten. Die erste Dionysiusflut von 1374

Deichpfleger bei der Arbeit.

Einlaufender Kutter vor der Schleuse Leysiel.

führte zu einer Ausdehnung der Leybucht um rund 13.000 Hektar. Das Wasser reichte bis an den Südrand der Stadt Norden. Dort, wo heute die Straßen die wir bald nach Norden fahren werden verlaufen, stand alles meterhoch unter Wasser. Es war ein Teil der Meeresbucht geworden. In den folgenden Jahrhunderten wurde durch Eindeichungen das Meer zurückgedrängt. Zug um Zug wurden Deiche aufgeschüttet, die Polder entwässert. So konnten rund 10.000 Hektar Land zurückgewonnen werden. Dass Sturmfluten die deutsche Nordseeküste immer wieder heimgesucht haben und zu verheerenden Schäden führten, zeigt diese kleine sehr unvollständige Übersicht.

Sturmfluten an der Nordsee

1164 Julianenflut:	Sie betrifft Ostfriesland und das Weser-Elbe-Gebiet. Nach Schätzungen verlieren 20.000 Menschen ihr Leben. Im Mündungsgebiet der Jade beginnt der Jadebusen zu entstehen.
1219 1. Marcellusflut	Sie verursacht in West-, Ost- und Nordfriesland, schwere Schäden sowie große Überschwemmungen im Elbegebiet. Die Todeszahlen werden mit 36.000 Menschen beziffert.
1287 Luciaflut	In Ostfriesland versinken 30 Dörfer, eine Vorstufe des Dollart entsteht, nach Schätzungen gab es 50.000 Tote.
1334 Clemensflut	Vergrößerung des Jadebusens, die Dörfer Arngast und Jadelee versinken, die Halbinsel Butjadingen wird eine Insel.
1362 2. Marcellusflut	Sie wird auch als Grote Mandränke bezeichnet. 100.000 Menschen verlieren ihr Leben und 100.000 Hektar Land gehen verloren, Rungholt geht unter.
1374 1.Dionysiusflut	Die Leybucht entsteht.
1509 Cosmas-und Damian-Flut	Der Dollart erreicht seine größte Ausdehnung und der Jadebusen wird stark vergrößert. Durch die Sturmflut verlagert sich die Mündung der Ems und

	Emden verliert dadurch den direkten Zugang zur Nordsee.
1717 Weihnachtsflut	Die gesamte Nordseeküste ist betroffen. Es gibt Inseldurchbrüche auf Juist, Baltrum, Langeoog und Spiekeoog, Dangast steht fünf Meter unter Wasser. Es gibt etwa 12.000 Tote.
1825 Halligflut	Krummhörn wird bis zum Geestrand überflutet. Durchbrüche auf Baltrum, Langeoog und Spiekeoog.

Das ist nur eine kleine Auswahl der gravierensten Sturmfluten der vergangenen Jahrhunderte in unserem Reisegebiet.

Kehren wir zurück zur Leybucht. Mit dem Rad können Sie auf der **Leyhörn** bis zur Schleuse Leysiel fahren. Eine Umrundung des Speicherbeckens ist nicht möglich. Die Brücke ist aus naturschutzrechtlichen Gründen gesperrt, der östliche Teil des Naturschutzgebietes darf nicht betreten werden. Also geht es auf demselben Weg wieder zurück, vorbei an den blökenden Deichpflegern und nach einem abschließenden Blick vom Deich auf die weite Ebene des Naturschutzgebietes sind wir schnell wieder am WOMO und setzen die Reise fort.

Blick vom Deich auf das Naturschutzgebiet Leyhörn.

Nächstes Ziel ist **Norden**, eine Stadt, die rund 25.000 Einwohner zählt. Die wesentlichen Freizeiteinrichtungen, die im Nordseeheilbad zu verzeichnen sind, befinden sich in Norddeich, einem Stadtteil von Norden. Hier ist das **Ocean Wave**, ein mit Meerwasser gefülltes Freizeitbad, das allen Komfort bietet und ein vielfältiges Angebot bereit hält ein gern besuchter Ort. Virtuell können Sie es mit dieser Seite www.ocean-wave.de besichtigen und sich dabei auch schon gleich über die Eintrittspreise und Öffnungszeiten informieren. Das angenehme daran ist, dass Sie Ihr WOMO praktisch vor der Tür dieses Freizeitbades parken können und nur wenige Meter zu gehen haben. Bevor wir das tun, schauen wir uns aber zunächst diesen Stellplatz an.

(044) Offizieller WOMO-Stellplatz: Norden – Womopark Norddeich

GPS: N53°36'07.2" E7°08'10.6"; Deichstraße 24a, 26506 Norden.
Max. WOMOs: 44 á 70 m² Fläche, maximale Länge 10 m.
Ausstattung: Frischwasserversorgung, Abwasserentsorgung mit Bodeneinlass, Kassettenentleerung, Stromanschlüsse, Behälter für die Müllentsorgung, WLAN, Brötchenservice, Frühstücksbuffet im Restaurant, Kiosk mit Lebensmitteln, Hygieneartikeln und Getränken, Gasflaschenservice. Im Servicegebäude gibt es Duschen, WCs, Waschmaschinen und Trockner. Der Platz ist von Ende Februar bis Anfang November sowie über die Weihnachtstage und dem Jahreswechsel geöffnet.

Beschreibung: Befestigte ebene Schotterflächen rund um den Gasthof Großer Krug, der mit einer ausgezeichneten regionalen Küche aufwarten kann. Speisekarte hier einsehbar https://gasthof-norddeich.de. Der Platz befindet sich direkt am Deich. Von der Deichkrone sind Juist und Norderney zu sehen. Bis zum Badestrand sind etwa 2 Kilometer zu gehen. Ein weiterer idealer Standort für Wanderungen oder Radtouren entlang der Deiche oder ins Binnenland.
Preise: 13,00 € für ein Fahrzeug mit 2 Personen, jede weitere Person 2,50 €, Hund 1,00 €, Dusche 1,00 €, Frischwasser 1,00 € und Strom 0,50 € pro kWh. Abwasserentsorgung und Entleerung der Bordtoilette ist kostenfrei. Waschmaschine 3,00 €, Trockner 1,50 €, Frühstück im Restaurant 12,50 € pro Person, WLAN kostenlos, Kurtaxe in der Hauptsaison 2,50 € pro Person.
Zufahrt: Vor Norden links in die Ziegeleistraße abbiegen und den Hinweisschildern zum Nordseecamp folgen.
Reservierung/Kontakt: Tel.: 04931/9186478
E-Mail: info@gasthof-norddeich.de, Web: https://womopark-norddeich.de.

(045) Offizieller WOMO-Badeplatz: Zentraler Wohnmobilstellplatz am Ocean Wave

GPS: N53°36'38.9" E7°09'22.8"; Dörper Weg 18A, 26506 Norden.
Max. WOMOs: 100, maximale Länge 15 m, max. Aufenthalt 3 Tage.

Ausstattung: Frischwasserversorgung, Abwasserentsorgung mit Bodeneinlass, Kassettenentleerung, Stromanschlüsse, Behälter für die Müllentsorgung, WLAN, ganzjährig geöffnet.
Beschreibung: Schattenlose ebene Stellflächen auf Betonpflastersteinen und Schotterrasen. 100 Meter vom Erlebnisbad Ocean Wave entfernt. Bis zum Nordseestrand sind es 800 Meter, bis zum Hafen rund 2

Kilometer. Die Ver- und Entsorgungsstation ist sehr gut anfahrbar.Sie befindet sich im Eingangsbereich und kann auch genutzt werden, ohne auf diesem Platz zu übernachten.
Preise: 11,00 € für ein Fahrzeug mit 2 Personen. Die Bezahlung erfolgt mit Münzgeld oder kontaktlos mit EC-Karte, Kreditkarte oder Smartphone, Strom kostet 0,50 € pro kWh, Frischwasser und Entsorgung ist gratis. Neben den Parkgebühren ist die Kurtaxe in Höhe von 2,50 € pro Person in der Hauptsaison zu entrichten. Dieser Beitrag kann über denselben Münzautomaten gezahlt werden. Die Belege sind gut sichtbar im Fahrzeug auszulegen.
Zufahrt: In Norden der Beschilderung zum Ocean Wave folgen.

Aussichtsturm am Ende der Blauen Brücke.

Vom Stellplatz am **Ocean Wave** ist es nicht weit bis zur Blauen Brücke mit dem Aussichtsturm, von dem Sie einen Blick auf das Strandleben in Norddeich werfen können. Links der Sandstrand, rechts die grüne Wiese, die am hinteren Ende auch noch einen Platz für die Hundehalter hat. Dahinter ist schon das Hafengelände mit Sportboothafen und der Anleger für die Fähren nach Norderney und Juist. Wenn Sie vom Strandbesuch über den Dörper Weg zum Wohnmobil zurückkehren und Lust auf ein leckeres Fischgericht haben, dann sollten Sie einmal beim Seestern direkt hinter dem Deich vorbeischauen. Hier gibt es immer frischen Fisch, den Sie klassischerweise mit Bratkartoffeln serviert bekommen. Es gibt aber auch anderes, schauen Sie doch mal in die Speisekarte www.seestern-norddeich.de.

Fisch mögen auch die kleinen Seehunde, die in der **Seehundstation** aufgepäppelt werden bis sie kräftig und gesund genug sind, um sich wieder mit ihren Artgenossen in der Nordsee tummeln zu können. Bis es so weit ist erfreuen und unterhalten sie die Besucher mit ihren putzigen Gesichtern und mit ihren Schwimmkünsten. So nebenbei erfahren Sie etwas über die Ökologie des Wattenmeeres, über den Sinn des Nationalparks und welchen Auswirkungen die Gezeiten auf das

Seehund in der Seehundstation.

Leben im Wattenmeer haben. Da die Einrichtung für ihre Arbeit auf Spenden und auf die Eintrittsgelder angewiesen ist, tun Sie auch gleich noch etwas Gutes für die Tiere und die Mitarbeiter die sie betreuen. Tiefergehende Informationen über die Ausstellungen und die Arbeit sowie Eintrittspreise und Öffnungszeiten finden Sie hier https://seehundstation-norddeich.de.

Schöninghsches Haus in Norden.

Um die Altstadt von Norden zu besuchen, treten Sie am besten wieder in die Pedale. Es gibt auch hier wieder einmal Windmühlen anzuschauen, die lassen wir aber jetzt mal in unserer Betrachtung aus. Sie finden die **Deichmühle** und die **Frisiamühle** dicht beieinanderliegend in der Nähe des Norder Bahnhofes im Süden der Stadt. Es sind vierstöckige Galerieholländer, die für Ausstellungen genutzt werden.

In der Altstadt werden sich die Freunde der Renaissancearchitektur an den Anblick einiger Gebäude besonders erfreuen können. Allen voran steht das **Schöninghsche Haus** in der Osterstraße in der Nähe des Marktplatzes. Erbauen ließ es ein Kaufmann 1576. Nach mehrmaligem Eigentümerwechsel sollte es wegen Baufälligkeit abgerissen werden. Das konnte durch den jetzigen Eigentümer verhindert werden, der es aufwendig restaurieren ließ. Heute kann es als das schönste Gebäude der Stadt angesehen werden. Aber auch am Marktplatz ist mit den **"Dree Süsters"**, drei giebelständigen Backsteinbauten reizvolle Renaissance-Architektur zu sehen. Sie werden deshalb "Geschwister" genannt, weil sie sich in ihrem Aussehen ähneln. Erbaut wurden sie Ende des 16. und Anfang des 17. Jahrhunderts.

Für Freunde der Orgelmusik sei noch auf die **Arp-Schnitger-Orgel** hingewiesen, die sich in der **Ludgeri-Kirche** am Marktplatz befindet. Sie wurde in den Jahren 1686/87 erbaut und 1691/92 erweitert. Mehr über diese Orgel (mit Hörbeispielen) erfahren Sie hier www.norden-ludgeri.de.

Das **Historische Rathaus** in Norden wurde zu einem **Teemuseum** umgebaut. Auch das finden Sie in der Nähe des Marktplatzes, schräg gegenüber der Ludgerikirche.

Hier ist es kein Handelshaus, das den Tee präsentiert, sondern der Heimatverein Norderland. Demzufolge gibt es keine firmenbezogene Werbung. Die Geschichte des Tees wird in allgemeiner Form dargestellt. Einer Teezeremonie können Sie aber auch hier beiwohnen. Die Daten dazu sowie die Eintrittspreise und Öffnungszeiten finden Sie auf https://teemuseum.de.

Wir kehren zurück nach Norddeich und werden uns nun der Nordseeinsel **Norderney** widmen. Sie ist neben Borkum die einzige ostfriesische Insel zu der Sie mit dem Wohnmobil übersetzen können. Im Gegensatz zu Borkum gibt es vier Campingplätze. Für einen müssen Sie sich entscheiden, denn auf Parkplätzen oder gar in den Dünen zu übernachten geht nicht.

Es ist auch sicher keine schlechte Idee, auf dem Festland noch die Lebensmittelvorräte aufzustocken, denn auf der Insel sind die Preise deutlich höher.

Das Teemuseum in Norden.

Fähre nach Norderney.

Möwen am Heck der Fähre auf der Jagd nach einem leckeren Happen.

Bevor Sie das Fährticket buchen, sollten Sie eine Reservierung auf einem der Campingplätze vornehmen, die wir hier vorstellen. Die größten Stellflächen bot der Campingplatz Um Ost, auf den anderen ging es doch sehr beengt zu.

Das Ticket für die Überfahrt können Sie direkt am Hafen lösen oder Sie buchen online über diese Seite https://buchung.reederei-frisia.de.

(046) WOMO-Campingplatz: Um Ost

GPS: N53°42'35.1" E7°12'21.0"; Am Golfplatz 3, 26548 Norderney.

Max. WOMOs: 20, maximale Länge 12 m.

Ausstattung: Frischwasserversorgung, Abwasserentsorgung mit Bodeneinlass, Kassettenentleerung, Stromanschlüsse, Behälter für die Müllentsorgung, WLAN, Brötchenservice. Im Servicegebäude gibt es Duschen, WCs, Waschmaschinen und Trockner. Der Platz ist von Mitte April bis Mitte Oktober geöffnet.

Beschreibung: Große sonnige Rasenstellflächen in der Nähe des Leuchtturmes, 5 Kilometer vom Hafen entfernt. Das Mitbringen von Hunden ist auf diesem Platz nicht gestattet.

Preise: Erwachsene Person 8,00 €, Kinder 2-14 Jahre 4,00 €, Wohnmobil 8,00 €, Strom 1,00 pro kWh, Dusche 1,00 €.

Zufahrt: Vom Hafen der Beschilderung zu den Campingplätzen folgen.

Reservierung/Kontakt: Tel.: 04932/618 oder 04932/710
E-Mail: info@campingplatz-umost.de, Web: www.campingplatz-umost.de.

(047) WOMO-Campingplatz: Spilak

GPS: N53°42'37.7" E7°14'02.1"; Am Leuchtturm 9, 26548 Norderney.
Max. WOMOs: 7, maximale Länge 8 m.

Ausstattung: Frischwasserversorgung, Abwasserentsorgung und Kassettenentleerung möglich, Stromanschlüsse, Behälter für die Müllentsorgung, WLAN, Brötchenservice. Im Servicegebäude gibt es Duschen, WCs, Waschmaschinen und Trockner. Der Platz ist ganzjährig geöffnet.

Beschreibung: Weitgehend naturbelassene befestigte Stellflächen in unmittelbarer Nähe des Leuchtturmes. Reiterfreundliche Anlage, hier können Sie auch Ihr Pferd mitbringen. Geräumige Boxen stehen im Stall für Gastpferde zur Verfügung.

Preise: Erwachsene Person 10,00 €, Kinder bis 12 Jahre 2,00 €, Hund 2,00 €, Wohnmobil bis 6 Meter 5,00 €, ab 6 Meter 7,00 €, Strom 1,50 €. Pferd 20,00 € pro Tag. Auf diesem Platz ist nur Barzahlung möglich.

Zufahrt: Vom Hafen der Beschilderung zu den Campingplätzen folgen.

Reservierung/Kontakt: Tel.: 04932/2174
E-Mail: info@neycamping.de, Web: www.neycamping.de.

(048) WOMO-Campingplatz: Eiland

GPS: N53°42'44.1" E7°14'40.9"; Am Leuchtturm 10, 26548 Norderney.
Max. WOMOs: 10, maximale Länge 8 m.
Ausstattung: Frischwasserversorgung, Abwasserentsorgung mit Bodeneinlass, Kassettenentleerung, Stromanschlüsse, Behälter für die Müllentsorgung, WLAN, Brötchenservice. Im Servicegebäude gibt es Duschen, WCs, Waschmaschinen und Trockner. Der Platz ist von Mitte April bis Mitte Oktober geöffnet.

Beschreibung: Große sonnige Rasenstellflächen, einen Kilometer vom Leuchtturm entfernt.
Preise: Erwachsene Person 8,00 €, Kinder bis 14 Jahre 5,00 €, Hund 3,00 €, Wohnmobil 10,00 €, Strom 1,00 pro kWh, Waschmaschine 4,00 €.
Zufahrt: Vom Hafen der Beschilderung zu den Campingplätzen folgen.
Reservierung/Kontakt: Tel.: 04932/2184
Fax: 04932/83588, Web: www.camping-eiland.de.

(049) WOMO-Campingplatz: Reiterhof Harms – Campingplatz Tünnbak

GPS: N53°42'44.2" E7°14'55.4"; Am Leuchtturm 11, 26548 Norderney.
Max. WOMOs: 5, maximale Länge 8 m.
Ausstattung: Frischwasserversorgung, Abwasserentsorgung mit Bodeneinlass, Kassettenentleerung, Stromanschlüsse, Behälter für die Müllentsorgung, Brötchen bei Monis Ostende in 300 Metern Entfernung. Im Servicegebäude gibt es Duschen, WCs, Waschmaschinen und Trockner. Der Platz ist von Ende März bis Ende Oktober geöffnet.

Beschreibung: Große sonnige Rasenstellflächen, einen Kilometer vom Leuchtturm entfernt. Reiterfreundliche Anlage, hier können Sie auch Ihr Pferd mitbringen. Geräumige Boxen stehen im Stall für Gastpferde zur Verfügung.
Preise: Erwachsene Person 8,00 €, Kinder bis 14 Jahre 6,00 €, Hund 2,50 €, Wohnmobil 8,00 €, Strom 1,00 pro kWh, Waschmaschine 3,50 €, Trockner 3,50 €.
Zufahrt: Vom Hafen der Beschilderung zu den Campingplätzen folgen.
Reservierung/Kontakt: Tel.: 04932/2108
E-Mail: gerwin.harms@ewetel.net, Web: www.reiterhof-harms.de.

Der Preis wird in Abhängigkeit von der Größe des Fahrzeugs berechnet. Unter 200,00 € werden Sie mit zwei Personen wohl kaum eine Hin- und Rückfahrt buchen können.

Die Überfahrt dauert fast eine Stunde, genügend Zeit, den immer wieder faszinierenden Möwen zuzuschauen wie sie am Heck des Schiffes im aufgewühlten Wasser auf Futtersuche gehen.

Strandpromenade auf Norderney.

Wenn Sie sich schon an das "Moin" in Ostfriesland gewöhnt haben, so können Sie Ihren Wortschatz um das Wörtchen "He" ergänzen, denn damit begrüßen sich die Insulaner, denen nachsagt wird, besonders wortkarg zu sein, was wir allerdings nicht feststellen konnten.

Norderney ist nach Borkum die zweitgrößte der Ostfriesischen Inseln. Sie ist rund 14 Kilometer lang und bis zu 2,5 Kilometer breit. Mit etwas über 6000 Insulanern ist sie die bevölkerungsreichste Insel dieser Gruppe. Die Bevölkerung konzentriert sich in der Stadt Norderney im Westen der Insel. Der Osten ist nicht besiedelt und gehört zum allergrößten Teil (85%) zum Nationalpark Niedersächsisches Wattenmeer. Die Campingplätze befinden sich in der Mitte der Insel, wo auch der Flugplatz und der Leuchtturm zu finden sind.

Die Milchbar ist der Treffpunkt in Norderney. Normalerweise berstend voll, hatte er im Sommer 2020 nur ein reduziertes Angebot und wenig Kundschaft.

Die Strände liegen an der Nord- und an der Westküste. Im Norden sind sie breit, im Westen schmal. Die Südseite der Insel ist sumpfig und nicht begehbar.

Die Stadt ist geprägt von vielen Hotelanlagen, die sich in einem Bogen entlang der Promenade an der Nordwestküste schmiegen. Fast vier Millionen Übernachtungen zählte die Insel in 2019, 2020 waren es eine Million weniger. Der Rückgang ist durch die Corona-Pandemie zu erklären. Mehr als die Hälfte der Besucher kommen aus Nordrhein-Westfalen, die über den "Friesenspieß", wie die A31 von ihnen genannt wird, in drei bis vier Stunden Norddeich-Mole erreichen können.

Als Badeort hat Norderney eine lange Tradition. Schon 1797 wurde es zur Königlich-Preußischen Seebadeanstalt ernannt. Seit dieser Zeit entwickelte es sich als Badeort stetig weiter. Viele Häuser im wilhelminischen Stil erinnern an die Gründerzeit. Auch das **Conversationshaus** gehört dazu, in dem heute die Touristinformation untergebracht ist und wo Ihnen als Gast gern die Vorzüge der NorderneyCard erklärt werden, mit der Sie unter anderem in diesem Haus kostenlos im Internet surfen können, Zeitung lesen, Bücher ausleihen und vieles andere mehr.

Der Leuchtturm von Norderney befindet sich in der Mitte der Insel.

Wer sich für die Geschichte des nach Heiligendamm zweiten Seebades in Deutschland interessiert, der geht in das **bade~museum**. Hier erfahren Sie alles über die Reise- und Badekultur vergangener Jahrhunderte. Obendrein können Sie die Entwicklung des Seebades nachvollziehen sowie etwas über die Geschichte der Insel erfahren.

Die Dünenlandschaft auf Norderney.

Markant im städtebaulichen Ensemble ist auch die Marienhöhe, eine 12 Meter hohe Düne, auf der ein Café betrieben wird, von dem Sie ihren Blick über die Nordsee schweifen lassen können.

Was auch auffällt, sind die vielen neuen Häuser auf der Insel und die vielen Baumaßnahmen. Vor der Pandemie gab es einen regelrechten Bauboom. Zahlreiche neue Hotelanlagen entstanden und Ferienwohnungen wurden errichtet, um den Ansturm der Feriengäste gerecht zu werden, die sich bei schlechtem Wetter im **bade:haus**, das mit Thalasso-Angeboten lockt aber auch gleichzeitig familienfreundlich ist, aufhalten können. Für die Kleinen gibt es in dieser Anlage die Wattwurm-Rutsche, Meerwasser-Brandungsbecken und einiges andere mehr. Das ganze Angebot können Sie hier www.norderney.de nachlesen.

Autoverkehr gibt es wenig auf der Insel. Mit dem Fahrrad lässt sich Norderney am allerbesten erkunden. Bis zum Parkplatz Ostheller in der Mitte der Insel gibt es ein Asphaltsträßchen, danach geht es nur noch über Sandwege gen Osten weiter. Für die Radler wurde ein weitgehend eigenständiges asphaltiertes oder mit Betonpflastersteinen angelegtes Wegenetz angelegt, das zudem gut ausgeschildert ist und es wurden Radfahrerparkplätze eingerichtet. Da wir uns im Os-

ten der Insel im Gebiet des Nationalparks befinden, versteht es sich von selbst auf den angelegten Wegen zu bleiben. Zwei weitere Plätze mit Strandzugängen gibt es. Der eine liegt nördlich vom Leuchtturm und heißt **"Oase-Strand"**, der andere befindet sich weiter in Richtung der Stadt und wird **"Weiße Düne"** genannt. In den Dünen vor den Stränden gibt es Restaurants in denen Sie sich nach einer Radtour durch die Dünenlandschaft oder nach dem Aufenthalt am Strand stärken können. Von den letzten drei Campingplätzen, die wir aufgeführt haben, lassen sich die Strände bequem zu Fuß erreichen. Das trifft auch für den Leuchtturm zu, der einen idealen Standort hat, um die Insel und das Wattenmeer zu überblicken. Der zwischen 1872 und 1874 gebaute Turm ist 53,60 Meter hoch. 252 Stufen führen zur Aussichtsplattform hinauf.

Als Wanderziel ist am Ostzipfel der Insel noch auf das Wrack des Muschelsaugers **"Capella"** hinzuweisen, das 1967 an dieser Stelle strandete und seit dieser Zeit vor sich hin rostet. Sie können es bequem über den Fußweg vom Parkplatz Ostheller erreichen, das sind hin und zurück rund zwölf Kilometer. Beschwerlicher ist der Weg entlang des Strandes. Wenn Sie dort angekommen sind, erscheint die Nachbarinsel Baltrum zum Greifen nah.

Oase-Strand auf Norderney.

NORDSEE
Norderney
Baltrum
Langeoog
Spiekeroog
Wangerooge
Minsener Oog
Mellum
Nationalpark Niedersächsisches Wattenmeer
5 km
N
Norddeich
Seehundstation
Norden
Paddeltour zum Leysiel
Hage
Schloss Lütetsburg
Berumbur
Großheide
Bartlingsche Mühle
Osteel
Leezdorf
Brookmerland
Marienhafe
Upgant-Schott
Rechtsupweg
Birgits Tiergarten
Südbrookmerland
Victorbur
Uthwerdum
Berumerfehn
Eversmeer
Ewiges Meer Radroute
Rundgang Ewiges Meer
Ewiges Meer
Tannenhausen
Westerholt
Utarp
Neßmersiel
Dornumersiel
Dornum
Wasserschloss
Bensersiel
Esens
Museum Leben am Meer
Holtgast
Blomberg
Neuharlingersiel
Werdum
Haustierpark
Stedesdorf
Burhafe
Spekendorf
Ardorf
Buttforde
Funnix
Carolinensiel
Harlesiel
Museumshafen
Wittmund
Leerhafe
Friederikensiel
Minsen
Schillig
Horumersiel
Wangermeer
Nordsee-Spielstadt
Wangerland-Hohenkirchen
Hooksiel
Jever
Rahrdum
Schortens
Ems-Jade-Kanal
WILHELMSHAVEN
Jade-Weser-Port
Kaiser-Wilhelm-Br.
Sande
Jadebusen
B72
B210
B461
29
Tour 5
044
045
046
047
048
049
050
051
052
053
054
055
056
057
058
059
060
061
062
063
064
065
066
067
068
069
070
071
072
073
074
075
076
077
078
079
081
082
083
087
088

TOUR 4 (ca. 180 km)

Berumbur – Marienhafe – Westerholt – Dornumersiel – Bensersiel – Esens – Neuharlingersiel – Werdum – Harlesiel – Carolinensiel – Wangerland – Schillig – Horumersiel – Hooksiel – Wilhelmshaven

Stellplätze:	Berumbur, Marienhafe, Berumerfehn, Großheide, Westerholt, Neßmersiel, Dornumersiel, Esens, Neuharlingersiel, Werdum, Funnix, Harlesiel, Carolinensiel, Wangerland, Schillig, Horumersiel, Hooksiel, Wilhelmshaven.
Campingplätze:	Dornumersiel, Bensersiel, Neuharlingersiel, Schillig.
Besichtigungen:	Norden (Schloss Lütetsburg), Marienhafe (Störtebeker-Denkmal), Rechtsupweg (Birgits Tiergarten), Berumerfehn (Wald- und Moormuseum), Dornum (Wasserschloss), Esens (Museum Leben am Meer), Werdum (Haustierpark), Carolinensiel (Nationalpark-Haus), Wangerland (Nordsee Spielstadt), Wilhelmshaven (Kaiser-Wilhelm-Brücke, Deutsches Marinemuseum, Aquarium und Urzeitmeer-Museum).
Wandern/Radtour:	Hage (Paddeltour), Wanderung am Ewigen Meer, Radtour rund um das Ewige Meer, Radtour um den Jadebusen.
Baden/Wellness:	Marienhafe (Naturbadesee), Badesee in Großheide, Neßmersiel (Nordseestrand), Dornumersiel (Nordseestrand), Harlesiel (Nordseestrand), Wangerland (Naturbad Wangermeer), Schillig (Nordseestrand), Hooksiel (Nordseestrand, Hookmeer), Wilhelmshaven (Südstrand, Freizeitbad Nautimo).

Ruhige und weniger stark frequentierte Orte mit kleinen Badeseen im Binnenland und sehr belebte Badeorte an der Küste wechseln sich in dieser Tour ab. Neben den Fährhäfen und den Sielen haben sich touristische Hochburgen entwickelt, die ein vielfältiges Angebot für die Campingfreunde bereithalten und um die Gunst der Camper buhlen. In der Hochsaison geht es an den Küstenorten recht lebhaft zu und es fällt manchmal schwer, einen freien Platz zu finden, wenn nicht schon im Vorfeld auf einem Campingplatz reserviert wurde. Im Hinterland, nur wenige Kilometer von der Küste entfernt, ist es dagegen unkompliziert, einen unbelegten Platz und auch schönen Ort anzutreffen, das zeigen wir Ihnen in diesem Kapitel. Starten wollen wir aber mit einem Spaziergang durch eine außerordentliche Parkanlage.

Schloss Lütetsburg mit dem wunderschönen und überraschenden Schlosspark ist der erste Programmpunkt auf unserem Weg nach Wilhelmshaven. Wir erreichen die Einfahrt zu dem großen Parkplatz in **Lütetsburg** mit diesen Koordinaten [GPS: N53°36'04.2" E7°15'46.3"]. Die Parkgebühr in Höhe von einem Euro wird beim Verlassen des mit Schranken versehenen Areals mit Münzen gezahlt. Eine Übernachtung auf diesem Platz ist nicht zulässig. Das Schloss kann nur von außen angeschaut werden, der Schlosspark ist dagegen für die Öffentlichkeit zugänglich. Der Eintritt kostet zwei Euro pro Person und wird an einem Münzautomaten gezahlt.

Schloss Lütetsburg und Schlosspark

Das Wasserschloss ist eine Vierflügelanlage, die von einem tiefen Wassergraben umgeben ist. Es ist ein malerisches Anwesen, das auch heute noch von der Grafenfamilie zu Inn- und Knyphausen bewohnt wird und deshalb von innen nicht besichtigt werden kann. Bis zu dem eisernen Tor können Sie gehen, dann müssen Sie wieder umkehren.

Schloss Lütetsburg.

Etwas abseits des Haupttores befindet sich der Eingang zu dem Schlosspark. Nachdem Sie das Eintrittsgeld eingeworfen haben, können Sie die 30 Hektar große Anlage betreten. Es ist der größte privat betriebene englische Landschaftsgarten in Norddeutschland. Wegweisungen in dem Park gibt es nicht. Sie erhalten am Eingang einen Flyer mit einem Übersichtsplan, mit dem Sie sich in der Anlage zurechtfinden müssen.

Nachdem Sie das Parkcafé am Eingang passiert haben, geht es durch einen Obstgarten auf die Insel der Seligen. Auf verschlungenen Wegen erreichen Sie den Freundschaftstempel und den Altar der Gesundheit. Von dort können Sie einen Blick auf die Schlossanlage werfen, bevor es entlang der Gräben und über malerisch angelegte Brücken weitergeht. Es ist eine Anlage, die zu langsamen Schritten führt. Hier entschleunigen Sie ganz automatisch. Mit jedem Meter verändert sich der Blick in dieser fantastischen Grünanlage, Sichtachsen werden frei, dort spiegeln sich die Äste der Bäume in einem Teich, dort die Brücke, die über einen Graben führt. Ein Schwan zieht gemächlich seine Runden, ein Pfau schlägt sein Rad und aus den Baumkronen hören Sie ein vielstimmiges Gezwitscher. Irgendwann haben Sie dann die **Nordische Kapelle**, den Unico-Hügel, die Caroline-insel oder auch die Bosse-Hütte erreicht.

Dabei spazieren Sie durch eine botanische Vielfalt, die in Norddeutschland ihresgleichen sucht. Rund 150 heimische und exotische Arten, die zum Teil aus Nordamerika und China kommen, sind hier anzutreffen.

Die zu entdecken ist nicht ganz so einfach. Wer es genau wissen möchte, der sollte an einer Führung durch den Park teilnehmen, in der die botanischen Besonderheiten erläutert werden.

Sehr angenehm abschließen lässt sich der Besuch im Parkcafé. Dort können Sie im Gewächshaus Platz nehmen und die regionale Küche ausprobieren und natürlich den typischen Ostfriesentee genießen.

Eine der vielen Brücken.

Die Nordische Kapelle.

Nach diesem längeren Spaziergang durch den Schlosspark setzen wir nun die Reise fort und fahren in den Luftkurort **Hage**. In dieser Gemeinde, die etwas mehr als 6.000 Einwohner zählt, steht die mit 30,30 Metern Kappenhöhe höchste Windmühle Ostfrieslands. Ungewöhnlich wuchtig ist der fünfstöckige Unterbau des 1871 erbauten Galerieholländers. Besichtigt werden kann sie aber nur von außen. Flügellos, wie sie zurzeit ist, ist das nicht sonderlich attraktiv. Auch die alte Burganlage an der Sie vorbeifahren, wenn Sie den Stellplatz in Berumbur anfahren, den wir auf der nächsten Seite vorstellen, ist kein lohnenswertes Ziel für einen Besuch.

Alle, die gern auf den Kanälen Ostfrieslands paddeln möchten, sollten sich diese Seite www.bootshafen-hage.de einmal näher anschauen.

Vom Stellplatz sind es nur vier Kilometer bis zu der Paddel- und Pedalstation in Hage, an der Sie von Ihrem Fahrrad ins Paddelboot umsteigen können und auf Wunsch die Räder zu einem vereinbarten Zielort transportieren lassen, um dann den Rückweg mit dem eigenen Drahtesel anzutreten. Bis zum Leybuchtsiel unweit von Greetsiel können Sie auf ganz andere Art die Landschaft durchstreifen, die Sie zuvor mit dem WOMO durchfahren haben.

(050) Offizieller WOMO-Stellplatz: Berumbur

GPS: N53°36'17.8" E7°19'10.3"; Wichter Weg 56, 26524 Hage.

Max. WOMOs: 12, maximale Länge 10 m, max. Aufenthalt 5 Tage.

Ausstattung: Frischwasserversorgung, Abwasserentsorgung mit Bodeneinlass, Kassettenentleerung, Stromanschlüsse, Behälter für die Müllentsorgung, WLAN, ganzjährig geöffnet.

Beschreibung: Teilschattige Stellflächen auf Rasengittersteinen. Nah an einem kleinen See und nah am Badesee Berumbur sowie dem Hallen- und Freibad.

Preise: 9,00 € für ein Fahrzeug, Frischwasser 0,50 € (ca. 80 Liter), Strom 0,50 € pro kWh. Abwasserentsorgung und Entleerung der Bordtoilette ist kostenfrei. Einen Parkschein gibt es am Kassenautomaten, Wasser- und Stromversorgung funktionieren über Münzautomaten. Der Gästebeitrag ist im Kurzentrum zu entrichten, das 400 Meter entfernt neben dem Freibad zu finden ist. Damit wird eine Gästekarte ausgehändigt, die zu verschiedenen Eintrittsermäßigungen führt, die in einem Aushang am Stellplatz einzeln aufgeführt sind.

Zufahrt: In Berumbur in Richtung Westerholt fahren und am Ortsende rechts in den Wichter Weg abbiegen. Die Ausschilderung dorthin ist gut.

Bis zum Nordufer des Badesees sind es nur 250 Meter. Der kleine Badestrand ist 500 Meter entfernt. Wer mit dem Hund unterwegs ist, wird sich darüber freuen, dass es an diesem rund acht Hektar großen Kiessee auch einen Hundestrand gibt, der rund 800 Meter vom Stellplatz entfernt ist. Längere Strecken zu gehen, sind Herrchen und Frauchen ja gewohnt und nach dem Rückweg ist die Schnüffelnase auch schon nicht mehr so nass.

Der nächste Kiessee wartet in **Marienhafe** auf Ihren Besuch. Hier stehen Sie fast direkt am Ufer. Den kleinen Badestrand wird nicht jeder schön finden, wenn die Wildgänse diesen naturbelassenen See und das Ufer nach den Resten von Brot und anderem Gebäck abgesucht haben. Denn Sie wissen schon ... müssen wir nicht näher erläutern, Sie wissen, was das bedeutet, wenn nicht, werden Sie es sehen.

Kiessee in Marienhafe.

Hier dürfen Sie auch mit Ihrem Hund herkommen, lassen Sie ihn aber besser angeleint, sonst fliegen die Federn. Neben dem kleinen Strand befindet sich ein Kinderspielplatz mit

(051) Offizieller WOMO-Badeplatz: Kiessee Marienhafe

GPS: N53°31'44.1" E7°16'54.3"; Tjücher Moortun 32, 26529 Marienhafe.
Max. WOMOs: 10, maximale Länge 8 m.
Ausstattung: Frischwasserversorgung, Abwasserentsorgung mit Bodeneinlass, Kassettenentleerung, 4 Stromanschlüsse, Behälter für die Müllentsorgung, WLAN, ganzjährig geöffnet.

Beschreibung: 5 Plätze am Seeufer mit Stromanschlüssen auf geschottertem ebenen Untergrund und 5 Plätze abseits des Sees ohne Stromanschlüsse. Einkaufsmöglichkeiten gibt es in etwa einem Kilometer Entfernung.
Preise: 8,00 € für ein Fahrzeug mit 2 Personen am See, 5,00 € abseits des Sees auf einem Wiesengelände neben der Ver- und Entsorgungsanlage. Die Parkgebühren werden von einem Mitarbeiter der Gemeinde vor Ort kassiert oder können in der Tourist Information im Rathaus gezahlt werden. Frischwasser kostet 1,00 € (ca. 100 Liter), Strom 1,00 € für 1,75 kWh.
Zufahrt: Die B72 gleich am Ortseingang von Marienhafe an der Ampelkreuzung verlassen, links abbiegen und der Straße zum Kiessee folgen.

einigen Spielgeräten und großer Buddelfläche. Auch nicht ideal nach einem Besuch der Wildgänse.

Dem Mann, der auf dem nebenstehenden Foto entschlossen, stolz und grimmig zugleich über Schiffsplanken gehend nach vorn schaut, ist in ganz andere Dinge hineingetreten. In Marienhafe wurde ihm ein Denkmal gesetzt.

Klaus Störtebeker

Wie er wirklich ausgesehen hat, weiß niemand. Das er in Marienhafe war und diesen Ort als Standort genutzt hat, gilt als sicher. Auf der Flucht vor der Hanse verlegte Klaus Störtebeker mit seinen Mannen seinen Standort von der Ost- an die Nordsee und suchte in Ostfriesland in Marienhafe Zuflucht. Doch die Hanse, deren Schiffe oft Ziele des Freibeuters waren, ließ nicht locker und jagte ihn weiter. Dabei wurden auch die ostfriesischen Stammeshäuptlinge nicht verschont und bestraft, wenn Sie diesem legendären Räuber Schutz boten. 1401 war es dann so weit, Störtebeker wurde vor Helgoland gefasst, nach Hamburg verbracht und am 20. Oktober desselben Jahres auf dem Grasbrock (heute Hafencity) vor den Toren Hamburgs geköpft.

Sein Name ist in Marienhafe und in der Samtgemeinde Brookmerland allgegenwärtig. Der Turm der Marienkirche neben dem Denkmal trägt seinen Namen und die Region wird von den Tourismusmanagern gern werbewirksam Störtebekerland genannt.

Wenn Sie sich fragen, wie Störtebeker mit einem Schiff nach Marienhafe kommen konnte, das doch mindestens zehn Kilometer von der Küste entfernt ist, so erinnern wir an die Sturmfluten (siehe Seite 86) und die Entstehung der Leybucht, die die Anlage eines kleinen Hafens in diesem Ort vorübergehend möglich machte.

Die **Marienkirche** mit dem Störtebekerturm wurde im 13. Jahrhundert im frühgotischen Stile errichtet und war in der Größe dem Osnabrücker Dom vergleichbar. Die Leybucht reichte zu dieser Zeit bis an die Kirche heran und die Spitze des Kirchturmes diente als Seezeichen. Im Laufe der Jahrhunderte verfiel die Kirche allerdings immer mehr und Gebäudeteile stürzten ein, sodass im 18. Jahrhundert ein Teilabriss erfolgte. Für die Instandhaltung oder einem Wiederaufbau fehlten die Mittel. Seit dieser Zeit ist der eingekürzte Turm nur noch mit einem kleinen Dach abgedeckt. Die ehemaligen Seitenschiffe der Kirche und das Querhaus wurden abgetragen.

Birgits Tiergarten ist unser nächstes Ziel. Wer mit Kindern unterwegs ist, dem wird dieser Streichelzoo gefallen. Sie können Ihr Fahrzeug in der Tannenstraße in **Rechtsupweg** abstellen. Sie erreichen den Parkplatz mit diesen Koordinaten [GPS: N53°31'38.0" E7°20'08.9"]. Parkgebühren sind nicht zu entrichten.

Lama in Birgits Tiergarten.

Auf einer Fläche von rund 28.000 Quadratmetern begegnen Ihnen Esel, Lamas, Kängurus, Ziegen, Schafe, Meerschweinchen und andere Tiere. Einige von ihnen sind frei in der Anlage unterwegs, trotzdem dürfen Sie Ihren wohlerzogenen Hund an der Leine mit in den Tiergarten nehmen. Etliche Tiere lassen sich streicheln. Für Kinder immer wieder ein Erlebnis, wenn sie sich trauen. Begleitet wird der Gang durch die Anlage durch ein vielstimmiges Vogelgezwitscher. Insgesamt warten rund 400 Tiere zwischen März und Oktober auf Ihren Besuch und das täglich zwischen 10:00 und 18:00 Uhr. Darüber hinaus gibt es einen Spielplatz für die Kleinen und ein Terrassencafé. Die Eintrittspreise können Sie auf dieser Seite finden www.birgits-tiergarten.de. Die Webseite hält auch viele weitere Informationen und Fotos für Sie bereit.

Auf diesem Platz **[052:** N53°31'35.4" E7°19'30.1"], der sich in Rechtsupweg neben dem örtlichen Fußballplatz befindet, können Sie kostenlos über Nacht stehen bleiben. Eine Stromsäule mit vier Steckdosen gibt es, sonst nichts. Der Platz ist nur 800 Meter von dem Tiergarten entfernt. An Sonntagen müssen Sie damit rechnen, das der Platz von Fußballbegeisterten zugeparkt wird, wenn auf dem Feld gekickt wird. Ansonsten ist es auf diesem topfebenen feingeschotterten Platz absolut ruhig.

Stellplatz in Rechtsupweg.

Auch in **Berumerfehn** gibt es einen kostenlosen offiziellen Stellplatz **[053:** N53°33'37.4" E7°20'50.3"], allerdings ohne Stromanschlüsse. Er befindet sich neben dem **Wald- und Moormuseum**, das wir nicht besichtigen konnten, weil es sich im Umbau befand. Ab dem Herbst 2022 soll es für Besucher wieder zugänglich sein.

Der Strand am Badesee in Großheide.

Einen weiteren sehr ruhig gelegenen Baggersee, in dem früher einmal Kies abgebaut wurde, finden Sie in **Großheide**. Palmwedel sollen ein wenig Karibikfeeling aufkommen lassen in der **Freizeitanlage Doornkaatsweg**. Nun, die Karibik ist weit weg, aber träumen ist ja erlaubt. Wenn Sie diesen kostenlosen Stellplatz **[054:** N53°35'14.6" E7°21'58.8"] einige Tage nutzen möchten, dann sollten Sie idealerweise vorher alle Ver- und Entsorgungsnotwendigkeiten erledigt haben, denn wohnmobilspezifische Einrichtungen gibt es an dieser Stelle nicht. Frische Brötchen und andere Lebensmittel lassen sich aber in Großheide holen. Die nächste Einkaufsgelegenheit ist nur zehn Minuten entfernt. Wer den Trubel nicht braucht, einen ruhigen Stellplatz bevorzugt und dabei auch noch einsam im See seine Runden schwimmen kann, der steht hier richtig. Der nächste See lädt dagegen nicht zum Baden ein.

Ewiges Meer, größter Hochmoorsee Deutschlands.

Bis zum **Ewigen Meer** sind mit dem WOMO etwas mehr als sieben Kilometer zurückzulegen. Mit rund 91 Hektar Wasserfläche ist er der größte Hochmoorsee Deutschlands. Sie erreichen den Wanderparkplatz nördlich des Sees in Eversmeer mit diesen Koordinaten [GPS: N53°33'17.4" E7°25'46.7"]. Eine Übernachtung auf diesem Platz, das sei vorab gesagt, ist nicht gestattet.

Bohlenweg zum Ewigen Meer.

Ein rund zwei Kilometer langer Bohlenweg führt in einem Rundkurs an dem See vorbei. Bei unserem letzten Besuch ging er aber nur bis zum Seeufer, der Rest war wegen Baufälligkeit gesperrt. Als Alternative wird auf einen 32 Kilometer langen beschilderten Rundkurs um das Ewige Meer hingewiesen, mit dem in etwa die ehemalige Fläche des Hochmoores umfahren werden kann. Von dieser Seite www.ewiges-meer-route.de können Sie sich die Routenkarte herunterladen. Diese Tour können Sie auch von dem Stellplatz in Berumerfehn starten, denn das Wald- und Moormuseum ist eine der zehn Stationen auf dieser Radrundreise die Sie mit dem Rad anfahren können. Auch von Tannenhausen mit seinem Badesee, ein Ort den wir in der Tour 5 (siehe Seite 145) aufsuchen, können Sie diesen Weg starten. Wenn Sie den Weg absolvieren und an allen Stationen die Informationstafeln studieren, sind Sie bestens im Bilde, wie diese Moorlandschaft entstanden ist, wie Sie genutzt wurde und welche Schutzmaßnahmen heute greifen. Wenn Ihnen unterwegs der Saft für Ihr E-Bike ausgeht, so finden Sie an den Stationen teilweise Steckdosen, um bei einer Kaffeepause Ihrem Rad neue Kraft zu geben. Hier in Eversmeer ist das zum Beispiel so. Das Café ist dienstags bis sonntags zwischen 12:00 und 18:00 Uhr geöffnet. Das öffentlich zugängliche WC täglich von 8:00 bis 19:00 Uhr. Für den Ladevorgang Ihres Rades benötigen Sie allerdings Ihr eigenes Ladegerät.

Vom Ewigen Meer bis zum nächsten Stellplatz ist es nicht weit.

Nenndorfer Mühle in Westerholt.

(055) Offizieller WOMO-Stellplatz: Westerholt – Schützenhaus

GPS: N53°35'22.4" E7°27'11.2"; Up De Gast 14, 26556 Westerholt.
Max. WOMOs: 6, maximale Länge 12 m, max. Aufenthalt 5 Tage.
Ausstattung: Frischwasserversorgung, Abwasserentsorgung mit Schlauch möglich, Kassettenentleerung, Stromanschlüsse, Behälter für die Müllentsorgung, WLAN, ganzjährig geöffnet.

Beschreibung: Schattenlose ebene Stellflächen auf Betonpflastersteinen neben dem Schützenhaus nur wenige Meter von der Ortsmitte mit zahlreichen Einkaufsmöglichkeiten entfernt. Trotz zentraler Lage sehr ruhig.
Preise: Kostenlos, Frischwasser 1,00 €, Strom 1,00 € pro kWh. Abwasserentsorgung und Entleerung der Bordtoilette jeweils 1,00 €.
Zufahrt: In Westerholt der Beschilderung zum Schützenhaus/Wohnmobilstellplatz folgen.

Bis zur **Nenndorfer Mühle** sind nur 500 Meter zu gehen. Es ist ein voll funktionsfähiger zweistöckiger Galleriehollän-der mit zwei Steinmahlgängen und einem Peldegang. Von außen ist sie zu jeder Zeit zu besichtigen. Um sie von innen anzuschauen, ist über diese Seite www.mühle-nenndorf.de ein Termin zu vereinbaren. Auf dieser Seite wird auch auf die

Veranstaltungen hingewiesen, die rund um die Mühle stattfinden und Sie können im Detail die Geschichte der Anlage nachlesen.

Schloss Norderburg in Dornum.

Wenn Kinder in einem Schloss zur Schule gehen, dann handelt es sich in der Regel um ein Internat, in dem gut betuchte Eltern ihren Nachwuchs gegeben haben. In **Dornum** ist das anders. Im hiesigen barocken **Wasserschloss Norderburg** ist eine Gesamtschule untergebracht, für die keine besonderen Eingangsvoraussetzungen gelten. Sie wurde im 14. Jahrhundert von Häuptling Hicko Kankena erbaut und im 17. Jahrhundert durch Haro Joachim von Closter zu einer Vierflügelanlage mit Vorburg ausgebaut.

Als Besucher können Sie das Schloss nur in der schulfreien Zeit besichtigen. Es befindet sich mitten im Ort. Auf dem Weg zu dem Eingang der Anlage kommen Sie im historischen Ortskern an einladenden Teestuben vorbei. Um Ihr Fahrzeug für den Besuch des Ortes abzustellen, empfehlen wir, den Schützenplatz [GPS: N53°38'53.6" E7°25'26.8"] in der Straße Hamwehr anzufahren. Er ist 400 Meter vom Eingang des Schlosses entfernt.

Den Hafen [GPS: N53°41'01.5" E7°21'34.8"] von **Neßmersiel** anzufahren lohnt sich unseres Erachtens nur dann, wenn Sie einen Ausflug oder Wattwanderung nach **Baltrum** planen. Der Fährverkehr ist abhängig von Ebbe und Flut, einen exakten Fahrplan gibt es deshalb nicht. Hier www.baltrum-linie.de können Sie weitere Informationen abrufen. Es gibt noch einen weiteren Grund hierher zu fahren und zwar dann, wenn Sie mit Hunden unterwegs sind und mit ihnen am Strand toben möchten. Das geht hier am eigens dafür eingerichteten Hundestrand. Über Nacht stehen bleiben dürfen Sie hier nicht, da fahren Sie besser nach Dornumersiel. Dort gibt es gleich mehrere Möglichkeiten, die wir jetzt vorstellen wollen.

(056) Offizieller WOMO-Badeplatz: Dornumersiel – Nordseeblick

GPS: N53°40'44.6" E7°28'38.0"; Am Nordseestrand 1, 26553 Dornum.
Max. WOMOs: 38, maximale Länge 10 m.
Ausstattung: Frischwasserversorgung, Abwasserentsorgung mit Bodeneinlass, Kassettenentleerung, Stromanschlüsse, Behälter für die Müllentsorgung, WLAN, Brötchenservice. Im 500 Meter entfernten Servicegebäude gibt es Duschen, WCs, Waschmaschinen und Trockner. Der Platz ist ganzjährig geöffnet, die Serviceleistungen stehen nur von April bis Oktober zur Verfügung.

Beschreibung: 27 schattenlose Stellflächen auf Rasengittersteinen mit 10 Metern Länge, 11 Stellflächen bis 7 Meter Länge. Sie sind mit Holzdalben begrenzt, die geschnitzte maritime Motive zeigen. Wälle schützen vor dem Nordseewind. Strand und Meerwasserfreibad sind nur wenige Meter entfernt. Eine Hundewiese und ein Hundewanderweg ergänzen die Anlage.
Preise: 20,00 € für ein Fahrzeug, Frischwasser 2,00 € (ca. 100 Liter), Strom 1,00 € pro kWh, Hundestrand 1,00 €, Dusche 0,25 € pro Minute, CamperClean WC-Kassettenreinigung 2,00 €, Waschmaschine 4,00 €, Trockner 3,50 €, Kurtaxe Erwachsener pro Tag 2,60 €, Kind 3-15 Jahre 1,50 €, WLAN 2,00 €. Grauwasserentsorgung kostenlos.
Zufahrt: In Dornumersiel den Hinweisen zum Hafen folgen.

(057) Offizieller WOMO-Stellplatz: Dornumersiel – Alter Hafen

GPS: N53°40'23.2" E7°28'50.2"; Schöpfwerkstraße 5, 26553 Dornum.
Max. WOMOs: 30, maximale Länge 10 m, max. Aufenthalt 5 Tage.
Ausstattung: Frischwasserversorgung (auch im Winter), Abwasserentsorgung mit Bodeneinlass, Kassettenentleerung, Stromanschlüsse, Behälter für die Müllentsorgung, WLAN, ganzjährig geöffnet.

Beschreibung: Windgeschützte schattenlose Stellflächen auf Pflastersteinen. Tische und Bänke am Platz. Nah an der Ortsmitte von Dornumersiel, nah am 2-Siele-Museum.
Preise: 15,00 € für ein Fahrzeug mit 2 Personen inkl. Kurtaxe, Strom 1,00 € pro kWh, WLAN 2,00 €. Smartphone mit Barcode-Scanner zur Bezahlung notwendig. Keine Barzahlung möglich! Wie der Bezahlvorgang genau funktioniert ist auf dieser Seite www.dornum.de/unterkuenfte-camping/wohnmobilstellplaetze/am-alten-hafen erklärt. Da werden sich viele Wohnmobilisten die guten alten Münzautomaten zurückwünschen.
Zufahrt: An der Ortsausfahrt in Richtung Bensersiel auf der linken Seite.

Neben den Wohnmobilstellplatz Nordseeblick gibt es in Dornumersiel noch einen großen Campingplatz. Auf dieser

Seite www.campingplatz-am-nordseestrand.de erfahren Sie alles, was Sie über die Ausstattungsmerkmale der Anlage wissen müssen und Sie können direkt Buchungen vornehmen.

Campingplatz Dornumersiel.

Neben dem Campingplatz befindet sich das Meerwasserfreibad mit einer Wasserfläche von 1.500 Quadratmetern, dass Sie nicht nur bei Ebbe nutzen können.

Dornumersiel, Strand in der Abendsonne.

Bei schönem sonnigem Wetter und Flut geht es natürlich an den Strand, den Sie vom Stellplatz oder Campingplatz nach wenigen Metern erreichen.

Wer mit Hunden unterwegs ist, hat auch hier das Glück einen Hundestrand vorzufinden. Mit dem **"Hellerpad"** wurde sogar ein fünf Kilometer langer Hunderundwanderweg ausgeschildert. Das ist eine sehr hundefreundliche Geste. Wenn Sie mögen, können Sie auch einen ganz langen Spaziergang entlang des Deiches nach Neßmersiel machen. Das sind hin und zurück gleich 20 Kilometer. Nur die Deiche selbst sind Tabuzonen für die Hunde.

Neben Baden, Spazieren gehen haben Sie auch hier wieder alle Möglichkeiten Radtouren zu unternehmen, die mit einem Knotenpunktsystem ausgeschildert sind. Wie das funktioniert hatten wir bereits auf der Seite 38 erläutert.

Ausgemustertes Seenotrettungsboot am Alten Hafen in Dornumersiel.

Unvermeidlich ist natürlich auch ein Besuch des Hafens, um die Fischkutter zu anzuschauen. Und da wir gerade im Hafen sind, können wir auch gleich darauf hinweisen, dass Tagesfahrten nach **Langeoog** und zwei bis dreistündige Fahrten zu den Seehundbänken als

Fischkutter im Hafen von Dornumersiel.

Ausflugsoptionen zur Verfügung stehen. Weitere Informationen und Buchungsmöglichkeiten finden Sie hier www.ms-freia.de.

Im nächsten Ort auf unserer Reise stehen Sie mit Ihrem Wohnmobil noch näher am Strand als in Dornumersiel. Nur neun Kilometer haben wir zu fahren, um hierher zu kommen.

(058) WOMO-Campingplatz: Bensersiel

GPS: N53°40'31.5" E7°34'17.9"; Am Strand 8, 26427 Esens.
Max. WOMOs: >100, maximale Länge 12 m.

Ausstattung: Fünf moderne Sanitär-Gebäude, mehrere Restaurants, Frischwasserversorgung, Abwasserentsorgung mit Bodeneinlass, Kassettenentleerung, Stromanschlüsse, Behälter für die Müllentsorgung, WLAN. Der Platz ist von Ende März bis Ende Oktober geöffnet.
Beschreibung: Komfortplatz, der keine Wünsche offenlässt. Schattenlose Stellflächen auf Dünensand und Rasen direkt neben dem Meerwasserfreibad und dem Nordseestrand. Das Mitbringen von Hunden ist auf diesem Platz nicht gestattet.
Preise Campingplatz: Erwachsene Person und Jugendliche zwischen 16 und 18 Jahren je nach Saison 4,10 € oder 5,30 €, Kinder 6-15 Jahre 1,70 € oder 2,20 €, Kinder bis zu 5 Jahren 1,70 € oder 2,20 €, Stellplatz 13.95 € oder 18,00 €, Stellplatz am Wasser 18,45 € oder 22,50 €, Strom 3,10 € pro Tag, Mietbadezimmer (mind. 3 Tage) 8,00 € oder 11,00 €.
Preise Wohnmobilstellplatz: 32 Stellplätze stehen zur Verfügung. Stellplatz mit Nutzung Sanitärhaus: 15,00 € pro Nacht. Kurtaxe Erwachsener 1,00 €, Kurtaxe Kind 6-17 Jahre, Strom 1,00 € pro kWh.
Zufahrt: In Bensersiel im ersten Kreisverkehr die zweite Ausfahrt wählen, dann nach 600 Metern vor dem Benser Tief durch das Deichtor fahren.
Reservierung/Kontakt: Tel.: 04971/917121
E-Mail: nordseeurlaub@bensersiel.de, Web: www.bensersiel.de.

Riesenrad am Campingplatz Bensersiel.

Wenn Sie allerdings mit einem Hund unterwegs sind, ist dieser Platz für Sie nicht geeignet.

Neben einem Bad in den Nordseewellen können Sie in dieser Anlage auch in das Erlebnisbad Nordseetherme gehen und dort an den weniger sonnigen oder gar regnerischen Tagen die Sauna aufsuchen, im 30° warmen Familienbecken schwimmen oder sich in den jeweils 32° warmen Relaxbecken mit Massagedüsen oder Solebecken aufhalten. Für die Kids gibt es Planschbecken und Wasserrutschen und wenn Sie wieder draußen sind, können Sie eine Runde Riesenrad fahren und sich die Strand-, Bade- und Campinglandschaft von oben anschauen.

Da auch in Bensersiel das Campinggelände direkt neben dem Hafen liegt, haben Sie es nicht weit, um einen Tagesausflug nach Langeoog zu machen oder an einer **"Erlebnisfahrt Weltnaturerbe"** teilzunehmen, auf der Sie alles Wissenswerte über das Wattenmeer vermittelt bekommen. Dies geschieht in Zusammenarbeit mit Mitarbeitern des **Nationalpark-Hauses Wattenhuus Bensersiel**. Darüber hinaus werden geführte Wattwanderungen angeboten, ornithologische Führungen und einiges andere mehr. Das ganze Angebot können Sie hier www.bensersiel.de nachlesen und auch gleich Buchungen vornehmen.

Eine kurze Zusammenfassung über das UNESCO-Weltnaturerbe Wattenmeer finden Sie auf der Seite 223. Dort stellen wir es im Zusammenhang mit einem Spaziergang durch den Langwarder Groden dar.

Zurück nach Bensersiel. Für den kulinarischen Genuss bieten links und rechts des Benser Tiefs rund um das Sielwerk einige Restaurants ihre Dienste an und bei der Größe des im Sommer in der Regel voll belegten Campingplatzes und der zahlreichen Ferienwohnungen ist alles stark frequentiert.

Sehr viel ruhiger geht es im Hauptort, in **Esens** zu, wo Sie auf diesem Platz bequem parken können.

(059) Offizieller WOMO-Stellplatz: Esens – Schützenplatz

GPS: N53°38'22.2" E7°36'33.1"; Schützenplatz, 26427 Esens.
Max. WOMOs: 20, maximale Länge 12 m, max. Aufenthalt 3 Tage.
Ausstattung: Frischwasserversorgung, Abwasserentsorgung mit Bodeneinlass, Kassettenentleerung, Stromanschlüsse, Behälter für die Müllentsorgung, WLAN, ganzjährig geöffnet.
Beschreibung: Schattenlose Stellflächen auf Betonpflastersteinen, 500 Meter vom Zentrum entfernt. Der Schützenplatz ist bei Festveranstaltungen für Wohnmobile gesperrt oder nur eingeschränkt zugänglich.

Preise: 4,40 € für ein Fahrzeug, Strom 1,00 € pro kWh. Abwasserentsorgung und Entleerung der Bordtoilette ist kostenfrei. Kurtaxe Erwachsener 2,80 €, Kurtaxe Kind 6-17 Jahre 1,10 €. Den Parkschein gibt es am Kassenautomaten, für die Stromversorgung werden Wertmarken benötigt, die bei der Touristinformation erworben werden können.
Zufahrt: In Esens in Richtung Aurich fahren und hinter dem Restaurant Plietsch rechts abbiegen und den Platz überqueren.

Von diesem Platz sind Sie zu Fuß in zehn Minuten in der Innenstadt. Esens ist ein charmantes Städtchen, das der Überlieferung nach im Mittelalter durch einen Tanzbär vor der Eroberung durch feindliche Truppen bewahrt wurde. Eine Bronzestatue am Marktplatz erinnert daran. Die Statue ist auch gleichzeitig eine Station auf dem **Skulpturenpfad** der Stadt, auf dem insgesamt zehn sehr unterschiedliche Kunstwerke zu sehen sind.

Der Esenser Bär.

Der nebenstehende Bär ist allerdings nicht der einzige Bär in diesem Ort. Er genießt die Gesellschaft von insgesamt 49 sogenannten Buddy-Bären, Plastikfiguren, die mit den unterschiedlichsten Motiven bemalt und im gesamten Stadtgebiet verteilt anzutreffen sind.

Die ganze Geschichte der Stadt und dieser Region wird in der restaurierten **Peldemühle** gezeigt. Öffnungszeiten und Eintrittspreise finden Sie hier www.leben-am-meer.de.

In der Innenstadt von Esens.

Die Fußgängerzone lädt zum Flanieren und shoppen ein. Hier finden Sie garantiert in einem der vielen Souvenirläden ein Mitbringsel mit Bezug zur Waterkant. Genug davon gibt es, wie an anderen Orten an der Küste auf jeden Fall.

Moin in Neuharlingersiel.

Das ist auch in dem nächsten Ort auf unserer Reise entlang der Küste so. Die Teepötte in einer Auslage in **Neuharlingersiel** zeigen den klassischen Gruß in dieser Region und weisen darauf hin, wer mehr als nur "Moin" sagt schon zu "sabbeln" anfängt. Die freundliche norddeutsche Umschreibung für zu viel "Quatschen" oder "Labern".

Was für die bislang aufgesuchten Hafenorte gilt, können wir für Neuharlingersiel wiederholen. Auch hier sind wir in einem kleinen charmanten Fischerort mit bunten Kuttern im Hafen, einem Stellplatz und einem riesigen Campingplatz. An Markttagen gibt es im Hafengelände alles zu kaufen, was in der Region angebaut und produziert wird. Fangfrischen Fisch und Krabben gibt es, für die Gourmets wird Feinkost angeboten und wer regional hergestelltes Hochprozentiges haben möchte, wird auch das finden. Das gehört in Ostfriesland einfach dazu. An Markttagen sind einige Besucher mehr im Hafengelände zu verzeichnen, das den Drehorgelspieler ermuntert auch zu erscheinen. Es ist ein munteres Treiben an diesen Tagen zu beobachten.

Im Hafen werden **Kutterfahrten** mit der "Gorch Fock" und der "Seestern" angeboten. Wieder geht es in den Nationalpark, wieder geht es zu den Seehundbänken und mit dem Fischkutter wird auf See demonstriert wie der Fischfang funk-

Im Hafen von Neuharlingersiel.

tioniert. Inselausflüge sind auch im Angebot, nur das es von diesem Hafen nur nach Spiekeroog geht. Besonders munter wird es im Hafen, wenn die **Kutterregatta** stattfindet. Wenn muss hier unterstrichen werden, denn in den letzten beiden Jahren (2020 und 2021) ist sie ausgefallen. Da gab es keine bunt geschmückten Schiffer, keinen Shantychor, der das Hafengelände mit Seemannsliedern durchdrang und die Fischbratbuden wurden erst gar nicht aufgestellt. Ob die Regatta in dem Jahr stattfindet, in dem sie dieses Buch in den Händen halten, erfahren Sie hier www.neuharlingersiel.de.

Drehorgelspieler im Hafen von Neuherlingersiel.

Klären wir noch, wo Sie mit dem WOMO bleiben können. Einschränkend sagen wir für die Hundebesitzer gleich dazu, dass es zwar möglich ist, mit Hunden hierher zu kommen, aber so hundefreundlich wie in Dornumersiel ist es hier nicht. Auf dem Campingplatz gibt es fünf Stellflächen, die mit einem Hund nutzbar sind. Für all diejenigen, die Hunde nicht mögen oder gar Angst davor haben ist das natürlich angenehm zu wissen.

Also, wo können Sie mit dem WOMO bleiben? Zwei Plätze stehen zur Wahl, die wir jetzt kurz vorstellen.

Wenn Sie von Esens in Neuharlingersiel hineinfahren, kommen Sie gleich am Ortseingang an der Einfahrt zu diesem Campingplatz vorbei.

(060) WOMO-Campingplatz: Nordsee-Camping Neuharlingersiel

GPS: N53°41'42.9" E7°41'23.5"; Alt Addenhausen 4, 26427 Neuharlingersiel.
Max. WOMOs: >100, maximale Länge 12 m.
Ausstattung: Frischwasserversorgung, Abwasserentsorgung mit Bodeneinlass, Kassettenentleerung, Stromanschlüsse, Behälter für die Müllentsorgung, WLAN, Brötchenservice, Fritz Berger Shop, Gasflaschen-Tausch. Mehrere Sanitärgebäude mit Duschen, WCs, Waschmaschinen und Trockner. Der Platz ist ganzjährig geöffnet.
Beschreibung: Sonnige Rasenplätze in Strandnähe mit unterschiedlichen Größen und Ausstattungsmerkmalen. Meerwasser-Hallenbad, Sauna-Landschaft, sowie Wellness- und Fitnessangebote gleich neben dem Platz. Nach eigenen Angaben gibt es in dieser Anlage 1100 Stellplätze, davon sind geschätzt die Hälfte mit Dauercampern belegt. In den Sommermonaten ist der Platz stets gut gefüllt.
Preise: Ab 18,50 € für ein Fahrzeug mit 2 Personen plus Nebenkosten. Die umfangreiche Staffelung der Preise nach Größe, Ausstattung und Saison entnehmen Sie bitte der Webseite.
Zufahrt: In Neuharlingersiel im ersten Kreisverkehr die dritte Ausfahrt nehmen. Vor der Einfahrt zum Campingplatz befindet sich die Ver- und Entsorgungsanlage für Wohnmobile und es gibt einige Parkplätze für Spätanreisende, die auf diesen Flächen übernachten können.
Reservierung/Kontakt: Tel.: 04974/188 900
E-Mail: camping@neuharlingersiel.de, Web: www.nordsee-camping.de.

(061) Offizieller WOMO-Stellplatz: Neuharlingersiel – Am Ostanleger

GPS: N53°42'04.7" E7°42'26.1"; Am Hafen Ost 20, 26427 Neuharlingersiel.
Max. WOMOs: 23, maximale Länge 10 m, max. Aufenthalt 3 Tage.

Ausstattung: Frischwasserversorgung, Abwasserentsorgung mit Schlauch möglich, Kassettenentleerung, Stromanschlüsse, Behälter für die Müllentsorgung, WLAN, Brötchenservice, WC, ganzjährig geöffnet.
Beschreibung: Ebene Stellflächen auf Betonpflastersteinen mit freiem Blick auf das Wattenmeer. Der Fähranleger nach Spiekeroog ist nur wenige Meter entfernt, der Badestrand befindet sich auf der anderen Seite des Hafenbeckens nördlich des Campingplatzes. Hunde sind auf diesem Stellplatz angeleint erlaubt.
Preise: 20,00 € für ein Fahrzeug, 3,00 € Kurtaxe ab 16 Jahre, 1,60 € für Kinder zwischen 6 und 15 Jahren. Frischwasser 1,00 € und Strom 0,50 € pro kWh. Abwasserentsorgung und Entleerung der Bordtoilette ist kostenfrei.
Zufahrt: In Neuharlingersiel den Hinweisen zum Hafen und den Tagesparkplätzen folgen. Die offiziellen Campingschilder führen zum Campingplatz

In Neuharlingersiel kann es schon sehr lebendig sein, vor allem auf dem großen Campingplatz, am Strand und am Hafen. Dagegen ist es nur wenige Kilometer weiter südlich im Landesinneren in **Werdum,** wo wir jetzt hinfahren richtig still und ruhig. Der Stellplatz des kleinen Ortes ist relativ einfach zu finden.

(062) Offizieller WOMO-Stellplatz: Werdum

GPS: N53°39'29.8" E7°42'54.5"; Raiffeisenplatz 1, 26427 Werdum.
Max. WOMOs: 8, maximale Länge 8 m, max. Aufenthalt 5 Tage.

Ausstattung: Frischwasserversorgung, Abwasserentsorgung mit Bodeneinlass, Kassettenentleerung, Stromanschlüsse, Behälter für die Müllentsorgung, WLAN, ganzjährig geöffnet.
Beschreibung: Befestigte Stellflächen und Rasenflächen in zentraler Lage des Ortes, trotzdem sehr ruhig. Bis zum Haustierpark sind es rund 500 Meter.
Preise: 10,00 € für ein Fahrzeug, Frischwasser 1,00 € für 40 Liter, Strom 1,00 € pro kWh, Kurtaxe 2,50 € pro erwachsene Person. Abwasserentsorgung, Entleerung und WLAN ist kostenfrei.
Zufahrt: In Werdum in Richtung Burhafe/Wittmund fahren und dem Hinweisschild zum Parkplatz der Raiffeisen-Volksbank folgen.

Der **Haustierpark** ist vor allem bei Kindern sehr beliebt. Der Eingang ist nur wenige Meter vom Stellplatz entfernt. Hier werden Schweine, Schafe, Esel, Ziegen, Hühner, Gänse, Kaninchen und weitere Kleintiere gehalten. Zu einem Teil sind es Haustierrassen, die vom Aussterben bedroht sind und wo dieser kleine Park durch Zucht einen Beitrag zur Erhaltung der Arten leistet. Über die Öffnungszeiten und Eintrittspreise informiert diese Seite www.haustierpark-werdum.de.

Ein weiterer Anziehungspunkt des Ortes ist die **Erdholländer-Windmühle** mit einem Backhaus und einer historischen Schmiede. Das Innenleben dieser sehr gepflegten und voll funktionsfähigen Mühle können Sie besichtigen. Sie ist täglich geöffnet. Im Untergeschoss ist eine kleine Sammlung von alten Haus-, Scheunen- und Ackergeräten zu sehen, im Obergeschoss die Mühlenmechanik.

Windmühle in Werdum.

Von Werdum fahren wir durch das platte Land weiter in Richtung Burhafe. Im Dorf Buttforde biegen wir nach Funnix ab, dort angekommen geht es auf die B461 in Richtung Carolinensiel und nach etwas mehr als einem Kilometer erreichen wir eine Wiese hinter einem alten Bauernhof, die als Stellplatz umfunktioniert wurde.

(063) Offizieller WOMO-Stellplatz: Reisemobilhafen Historischer Gulfhof 1841

GPS: N53°38'31.0" E7°47'09.6"; Funnixer Riege 11, 26409 Wittmund.

Max. WOMOs: 6, maximale Länge 12 m.
Ausstattung: Frischwasserversorgung, Abwasserentsorgung mit Einlaufwanne, Kassettenentleerung, Stromanschlüsse, Behälter für die Müllentsorgung, ganzjährig geöffnet.
Beschreibung: Halbschattige und schattenlose Stellflächen auf einem weitgehend naturbelassenen Wiesengelände. Absolut ruhig, abseits größerer Siedlungen.
Preise: 9,00 € für ein Fahrzeug inkl. aller Leistungen. Die Parkgebühr wird vom Betreiber des Platzes am Abend kassiert.
Zufahrt: Aus Richtung Wittmund kommend auf der B461 das Dorf Funnix passieren und nach etwas mehr als einem Kilometer links abbiegen.

Ein Platz zum durchschnaufen. Hier ist gar nichts los. Wenn Sie Glück haben, stehen Sie hier ganz allein und können die Landluft genießen.

Bis nach **Carolinensiel** mit dem Museumshafen sind es nur sechs Kilometer, bis nach **Harlesiel** mit einem großen Badestrand weitere drei Kilometer.

Mit der **Cliner Quelle** gibt es in Carolinensiel ein Sole- und Erlebnisbad mit Wellness- und Kosmetikzentrum sowie eine Saunalandschaft. Das gesamte Angebot finden Sie unter www.cliner-quelle.de. Am Wellnesstempel gibt es einen nur für Kastenwagen und kompakte WOMOs geeigneten Stellplatz.

(064) Offizieller WOMO-Stellplatz: Cliner Quelle

GPS: N53°41'47.1" E7°48'18.4"; Nordseestraße 1, 26409 Wittmund.
Max. WOMOs: 6, maximale Länge 7 m.
Ausstattung: Stromanschlüsse, WLAN, Dusche und WC in der Therme, ganzjährig geöffnet.
Beschreibung: Gepflasterte Stellflächen neben einem PKW-Parkplatz an der Therme.
Preise: 10,00 € für ein Fahrzeug. Kurtaxe 2,50 € für den Erwachsenen, 1,25 € pro Kind, Strom 6 Ampere 3,50 €. Rabatt in Höhe von 2,00 Euro pro Person auf den Eintrittspreis in die Bade- und Saunalandschaft.
Zufahrt: Von Carolinensiel in Richtung Harlesiel fahren, am Restaurant "Zur Brücke" links abbiegen, über die weiße Klappbrücke fahren und der Beschilderung zur Cliner Quelle folgen.

Schiffe im Sielhafenmuseum von Carolinensiel.

Deutsches Sielhafenmuseum in Carolinensiel

Seine große Zeit hatte der Sielhafen in der Mitte des 19. Jahrhunderts. In dieser Zeit gab es in diesem kleinen Ort 40 Kapitäne und bis zu 59 Schiffe. Es gab zwei Werften, etliche Seemannskneipen und vier Brauereien, die diese Lokale mit den durstigen Seeleuten versorgte.

Mit den Seglern wurden die landwirtschaftlichen Produkte der Region in die Hafenstädte an der norddeutschen Küste und bis in die Niederlande und zu den Britischen Inseln verfrachtet. Die Schiffe waren mit bis zu sechs Mann Besatzung unterwegs. Importiert wurde Holz aus Skandinavien, Kohle und Wolle aus Großbritannien sowie Kolonialwaren, darunter natürlich auch Tee.

Ausflugsschiff Concordia II.

Mit der Entwicklung der Dampfschifffahrt und der Eisenbahn ging die Bedeutung der Segler zurück. Mit den schnelleren Schiffen konnten Sie nicht mehr konkurrieren. Fischfang blieb ein bedeutender Zweig, wurde aber mehr und mehr vom Kutterhafen in Harlesiel betrieben. Dort begann sich ab Mitte des 20. Jahrhunderts der Badetourismus zu entwickeln. Der Sielhafen wurde kaum noch genutzt und verschlickte mehr und mehr. In den Sechzigerjahren des letzten Jahrhunderts wurde er dann bis auf eine Entwässerungsrinne zugeschüttet.

In den Achtzigerjahren besann man sich in Carolinensiel eines Besseren und baggerten den Sielhafen wieder frei und versetzte ihn in den ursprünglichen Zustand zurück.

Heute liegen hier wieder die zumeist im Privatbesitz befindlichen Segler fest vertäut im Hafen. In den Museumsgebäuden wird die Geschichte des Hafens und der Region in aller Tiefe erzählt. Mit dem kleinen "Raddampfer" **Concordia II** können Sie einen Ausflug nach Harlesiel machen und mit dem Traditionsschiff GEBRÜDER AZ:5 einen in das Wattenmeer.

Eine Übersicht zu dem Museumshafen finden Sie auf dieser Seite www.deutsches-sielhafenmuseum.de. Dort können Sie sich auch über die Fortschritte bei den Umbauten und Instandsetzungsmaßnahmen der Museumsgebäude informieren.

Rund um das Hafenbecken werden Sie mehrere Restaurants und Teestuben finden, das sei zum Abschluss noch gesagt.

In **Harlesiel** wiederholt sich, was wir in Neuharlingersiel, Bensersiel und Dornumersiel schon gesehen haben. Nur die Dimensionen sind etwas anders, aber im Prinzip ist es gleich. Wir haben einen großen Stellplatz und einen großen Campingplatz, auf dem für Wohnmobile ein eigenes Areal angelegt wurde und davor das Wattenmeer, ein Strand, ein Meerwasser-Freibad und einen Hafen. Die Insel, zu der es von diesem Hafen durch das Wattenmeer geht, ist **Wangerooge**.

(065) Offizieller WOMO-Badeplatz: Harlesiel – Wohnmobilhafen an der Mole

GPS: N53°42'33.8" E7°48'31.9"; Am Harlesiel 20, 26409 Wittmund.
Max. WOMOs: 56, maximale Länge 12 m.
Ausstattung: Frischwasserversorgung, Abwasserentsorgung mit Bodeneinlass, Kassettenentleerung, Stromanschlüsse, Behälter für die Müllentsorgung, WLAN, Brötchenservice, Restaurant Wattkieker, Badestrand, Hundestrand. Geöffnet von Mitte März bis Oktober.

Beschreibung: Asphaltierte Stellflächen zwischen Sandstrand und Hafeneinfahrt. Die erste Reihe bietet einen freien Blick auf das Wattenmeer.
Preise: 13,50 € für ein Fahrzeug, Kurtaxe 2,50 € für Erwachsene, 1,25 € pro Kind, Hund 2,50 €, Frischwasser 0,50 €, Strom 6 Ampere 3,50 € und 16 Ampere 4,50 € pro Tag.
Zufahrt: In Harlesiel der Beschilderung zum Campingplatz folgen, dort im Kreisverkehr die erste Ausfahrt wählen, wenig später den Deich hochfahren und zwischen dem Wattkieker und dem Hafenbecken zum Stellplatz fahren.

(066) Harlesiel – Campingplatz

GPS: N53°42'25.5" E7°48'17.5"; Schwerinsgroden 1, 26409 Wittmund.

Max. WOMOs: >50, maximale Länge 12 m.
Ausstattung: Wie an der Hafenmole.
Beschreibung: Für Wohnmobile angelegte gepflasterte Stellflächen am Rande des Campingplatzes ohne Blick auf das Wattenmeer.
Preise: Wie an der Hafenmole.
Zufahrt: In Harlesiel der Beschilderung zum Campingplatz folgen.

Das Watt vor Harlesiel.

Sie ist die letzte bewohnte Insel in der Kette vor der Ostfriesischen Küste. Danach kommen nur noch die unbewohnte Insel **Minsener Oog** sowie die noch sehr junge, ebenfalls unbewohnte Düneninsel **Mellum**.

Hundestrand in Harlesiel.

Was die Hundehalter unter Ihnen freuen dürfte, ist, dass es in Harlesiel direkt zwischen Badestrand und Mole einen abgegrenzten Bereich für die Vierbeiner gibt. So können Sie hier bequem im Strandkorb liegen und der treue Begleiter sich im Sand wälzen. In Harlesiel gibt es nicht sehr viele Restaurants. Wenn Sie eine größere Auswahl bevorzugen, müssen Sie das nah gelegene Carolinensiel mit in Betracht ziehen.

Wangermeer in Hohenkirchen.

Nach Harlesiel geht es weiter an das Wangermeer. Das ist 13 Kilometer entfernt und liegt in **Wangerland**. Das ist eine großflächige Gemeinde mit 16 Ortsteilen, die insgesamt rund 9.000 Einwohner zählt. Hauptort ist Hohenkirchen, dort ist das **Wangermeer** anzutreffen. Es ist eine junge Seenlandschaft, die durch den Abbau von Klei entstanden ist, der für den Deichbau an der Küste Verwendung gefunden hat. Den künstlichen See will die Gemeinde nun touristisch vermarkten. Dabei sind Infrastrukturmaßnahmen noch nicht abgeschlossen und die Suche nach Investoren offensichtlich auch nicht. Auf einer großen Insel im See sollte eine Campinganlage entstehen, das schein aber nicht zu klappen. Noch ist es sehr ruhig hier, am Südrand des Sees gibt es diesen Stellplatz.

(067) Offizieller WOMO-Stellplatz: Wangerland – Wangermeer

GPS: N53°39'52.0" E7°55'39.2"; Bismarckstraße 47, 26434 Wangerland.
Max. WOMOs: 10, maximale Länge 12 m, max. Aufenthalt 2 Tage.

Ausstattung: Frischwasserversorgung, Abwasserentsorgung mit Bodeneinlass, Kassettenentleerung, Stromanschlüsse, Behälter für die Müllentsorgung, ganzjährig geöffnet.
Beschreibung: Befestigte Stellflächen teilweise mit Blick auf das Wangermeer. Durch die viel befahrene Straße nach Hooksiel nicht sehr leise.
Preise: 5,00 € für ein Fahrzeug, Kurtaxe 1,50 € pro Person. Frischwasser 1,00 € und Strom 0,50 € pro kWh. Abwasserentsorgung und Entleerung der Bordtoilette ist kostenfrei. Der Betrag wird am Fahrzeug kassiert.
Zufahrt: An der Straße nach Hooksiel am Ortsausgang auf der linken Seite.

Einen zweiten kleinen Stellplatz für Wohnmobile gibt es an der Straße nach Friederikensiel, den Sie mit diesen Koordinaten **[068:** N53°40'11.5" E7°54'35.3"] erreichen können. Er hat den Vorteil, wesentlich ruhiger gelegen zu sein. Allerdings verfügt er über keinerlei Ver- und Entsorgungseinrichtungen. Dafür ist der Weg zu kleinen Badebuchten am Wangermeer nicht weit. Bis zur **Spielstadt** sind es rund 500 Meter. Auch für diesen Platz wird eine Parkgebühr in Höhe von 5,00 € pro Fahrzeug plus einem Kurbeitrag von 1,50 € pro Person erhoben.

Stellplatz am Westufer des Wangermeeres.

Mit der Spielstadt wird versucht die Attraktivität des Ortes für Familien zu erhöhen. Es ist im Wesentlichen ein Indoor-Spielplatz, also ideal bei "Schietwetter" zu nutzen. Mit Pferdekarussell, Kinder-Riesenrad, hüpfenden Autos, Kletterwand und einigem anderen mehr sind die Kleinen eine Weile beschäftigt. Das ganze Angebot der Spielstadt können Sie hier sehen www.dorf-wangerland.de.

Von diesem noch sehr beschaulichen Ort machen wir uns nun wieder auf den Weg an die Küste. Jetzt geht es nach Schillig, wo wir einen großen Stellplatz und einen Campingplatz in unmittelbarer Nähe antreffen.

(069) Offizieller WOMO-Badeplatz: Schillig

GPS: N53°41'59.3" E8°01'23.9"; Am Leuchtfeuer 1A, 26434 Wangerland.
Max. WOMOs: 80, maximale Länge 10 m, max. Aufenthalt 3 Tage, wer länger bleiben möchte, muss auf den benachbarten Campingplatz ausweichen.
Ausstattung: Frischwasserversorgung, Abwasserentsorgung mit Bodeneinlass, CamperClean WC-Kassettenautomat, Stromanschlüsse, Behälter für die Müllentsorgung, WLAN, Bäcker in der Nähe, geöffnet von Anfang April bis Ende Oktober.

Beschreibung: Große Stellflächen auf Wiesengelände, nah am breiten Badestrand und unweit des Hundestrandes.
Preise: 12,00 € für ein Fahrzeug, Erwachsene Person 5,00 €, Kind ab 4 Jahren 3,00 €, Hund 4,00 €. Entsorgung kostenlos, über Münzautomaten gibt es Frischwasser für 1,00 €, Strom für 0,50 € pro kWh.
Zufahrt: In Schillig der Beschilderung zum Campingplatz folgen und vor der Einfahrt in den Campingplatz links auf den Stellplatz abbiegen.

(070) WOMO-Campingplatz: Schillig

GPS: N53°41'55.9" E8°01'29.7"; Schilliger Düne, 26434 Wangerland.
Max. WOMOs: >100, maximale Länge 12 m.
Ausstattung: Frischwasserversorgung, Abwasserentsorgung mit Bodeneinlass, Kassettenentleerung, Stromanschlüsse, Behälter für die Müllentsorgung, WLAN, Brötchenservice, Restaurant. In den Sanitärgebäuden gibt es Duschen, WCs, Waschmaschinen und Trockner. Der Platz ist von Anfang April bis Ende Oktober geöffnet.

Beschreibung: Große sonnige Rasenplätze in Strandnähe.
Preise: Erwachsene Person 5,00 €, Kinder 6-17 Jahre 3,00 €, Hund 4,00 €, Kurtaxe Erwachsene 3,00 €, Jugendliche (13-17 Jahre) 2,30 €, Kinder (4-12 Jahre) 1,15 €; Wohnmobil 27,00 € inkl. Strom, Frisch- und Abwasser sowie WLAN. Waschmaschine und Trockner jeweils 3,00 €, CamperClean WC-Kassettenautomat 1,00 €.
Zufahrt: In Schillig der Beschilderung zum Campingplatz folgen, bei Ankunft am großen Strandparkplatz rechts abbiegen.
Reservierung/Kontakt: Tel.: 04426/9871700
E-Mail: camp-schillig@wangerland.de, Web: www.wangerland.de.

Strandkörbe in Schillig.

Kitesurfer im Sprung.

Neben den üblichen Strandvergnügen mit Baden, Sandburgen bauen, Drachen steigen lassen oder einfach nur faul im Strandkorb liegen und ein Buch lesen, ist Schillig ein beliebter Ort für Kitesurfer. Hier pfeift der Wind sozusagen um die Ecke in den Jadebusen hinein und sorgt für gute Voraussetzungen, diesen Sport auszuüben.

Zum Schutze der Natur im Nationalpark wurden entlang der Küste spezielle Kitezonen eingerichtet und Zeitfenster festgelegt. Außerhalb der festgelegten Zonen ist das Kitesurfen verboten. In der Kitezone in Schillig dürfen Sie drei Stunden vor und nach Hochwasser Ihre Künste auf dem Wasser unter Beweis stellen. Wenn Sie es noch nie probiert haben, so können Sie es hier erlernen. Wenn Sie auf diese Seite www.nordsee-surfschule.de schauen, erfahren Sie mehr.

(071) Offizieller WOMO-Stellplatz: Horumersiel – Am Yachthafen

GPS: N53°40'58.3" E8°01'15.7"; Zum Hafen, 26434 Wangerland.
Max. WOMOs: 47, maximale Länge 10 m, max. Aufenthalt 3 Tage.

Ausstattung: Frischwasserversorgung, Abwasserentsorgung mit Schlauch möglich, Kassettenentleerung, Stromanschlüsse, Behälter für die Müllentsorgung, WLAN, WC, Dusche, Restaurant, ganzjährig geöffnet.
Beschreibung: Große gepflasterte Stellflächen am Hafenbecken. In der ersten Reihe mit freiem Blick auf das Wattenmeer. Fußweg zur Friesland-Therme rund 250 Meter.
Preise: 12,00 € für ein Fahrzeug, Erwachsene Person 5,00 €, Kind ab 4 Jahren 3,00 €. Entsorgung kostenlos, Frischwasser kostet 1,00 €, Strom gibt es für 0,50 € pro kWh, Dusche und WC gratis.
Zufahrt: In Horumersiel der Beschilderung zum Hafen folgen.

Wir wechseln erneut den Standort und fahren weiter zum Hafen von Horumersiel, dort befindet sich der auf der gegenüberliegenden Seite beschriebene Stellplatz. Direkt daneben bietet **Käptn's Fischhus** Fischgerichte an, die sich auch bequem in das WOMO tragen lassen. So können Sie das Abend- oder Mittagessen in der gewohnten Umgebung genießen und haben dabei einen freien Blick auf das Wattenmeer.

Mit dem Fahrgastschiff "Jens Albrecht" können Sie von diesem Hafen in See stechen, einen großen Seetörn machen, Insel-Rundfahrten oder Wattenmeerrundfahrten zu den Seehundbänken absolvieren.

Mit demselben Schiff können Sie diese Fahrten auch vom Außenhafen in **Hooksiel** starten, denn der wird bei diesen Touren auch angelaufen. Hooksiel ist die nächste Station auf unserer Reise, bevor es nach Wilhelmshaven geht, wo die Tour endet. Der pittoreske Siel- und Fischerort mit seinem Binnenhafen im Hooksieler Tief ist ein beliebter Ferienort mit einer umfangreich ausgebauten touristischen Infrastruktur. Neben dem Campingplatz befindet sich in Strandnähe dieser Stellplatz, den wir als ersten anfahren und von dem wir die Erkundung des Ortes starten.

(072) Offizieller WOMO-Badeplatz: Hooksiel – Wohnmobilhafen an der Ostdüne

GPS: N53°38'29.1" E8°02'03.3"; Straat över´t Diek, 26434 Wangerland.
Max. WOMOs: 80, maximale Länge 12 m, max. Aufenthalt 3 Tage, wer länger bleiben möchte, muss auf den benachbarten Campingplatz ausweichen.

Ausstattung: Frischwasserversorgung, Abwasserentsorgung mit Bodeneinlass, Kassettenentleerung, Stromanschlüsse, Behälter für die Müllentsorgung, WLAN, Dusche, WC, ganzjährig geöffnet.
Beschreibung: Ebene schattenlose, geschotterte Stellflächen am Rande des Wattenmeeres. Bademöglichkeit bei Flut.
Preise: 12,00 € für ein Fahrzeug, Erwachsene Person 5,00 €, Kind ab 4 Jahren 3,00 €, Hund 4,00 €. Entsorgung, Frischwasser, Dusche und Strom kostenlos. CamperClean Kassettenreinigung 1,00 €.
Zufahrt: In Hooksiel auf der Bäderstraße in Richtung Außenhafen fahren und den Hinweisen zum Campingplatz folgen, mit dem dieser Stellplatz eine gemeinsame Zufahrt hat. Nach der Anmeldung an der Rezeption des Campingplatzes wird eine Stellfläche zugewiesen.

Vom Stellplatz geht es über den Deich an der Pferderennbahn vorbei zum Hooksieler Binnentief, in dem mehrere Bootshäfen angelegt sind. Nach rund zwei Kilometern Spazierweg sind wir auch schon im Alten Hafen mit den histo-

Hooksiel, Alter Hafen mit historischen Packhäusern.

Das Alte Rathaus in Hooksiel dient heute als Muschelmuseum.

rischen **Packhäusern** angekommen. Die 1821 erbauten Häuser aus roten Klinkersteinen dienten einst als Lagerhäuser. Heute ist in einem ein Hotel untergebracht, andere wurden zu Ferienwohnungen umgebaut. Das Hotel hat an der Hafenmauer Tische und Stühle herausgestellt. Eine gute Küche, ein schöner Blick auf das Hafenbecken und eine sehr ruhige Atmosphäre zeichnen diesen Platz aus.

Ein Wikingerschiff lädt zu Ausfahrten oder Pendeltouren ein. Es ist auf dem Foto oben am rechten Rand zu sehen. Wenn es Sie reizt, damit eine Fahrt zu unternehmen, erfahren Sie hier die Details dazu www.tyrkir.de.

Die Flaniermeile in Hooksiel ist die Lange Straße, die Sie erreichen wenn Sie links an den Packhäusern vorbeigehen. Hier reiht sich ein Souvenirladen an den anderen nur zwischendurch aufgelockert mit der einen oder anderen Boutique, Eiscafés und Ähnlichem.

Wer außergewöhnliche Muscheln (nicht nur aus der Nordsee) anschauen möchte, geht in das **Muschelmuseum**, das im Alten Rathaus zu finden ist. Auf dieser Seite www.hooksieler-muschelmuseum.de bekommen Sie einen Vorgeschmack und können sich über die Öffnungszeiten, die Eintrittspreise und Veranstaltungshinweise informieren.

Vom Stellplatz ist es nicht weit zum Strand, der sich über eine Länge von rund zwei Kilometern entlang des Hooksieler Wattes zieht und am Außenhafen endet. Hier findet jeder seinen Platz und auch an die Hundehalter ist dabei gedacht, für die ein Strandabschnitt reserviert ist.

Im Hooksieler Binnentief oder Hooksmeer, wie es auch genannt wird, haben die Wassersportler ihr Areal. In den Skiterrassen können Sie Wakeboarden, im Binnentief paddeln, im Aqua-Park Baden, eine Runde Tretboot fahren oder einfach nur entlang des Ufers spazieren gehen. Am Außenhafen wartet noch ein ausgezeichnetes Fischrestaurant auf Ihren Besuch https://bruecke-hooksiel.de und frisch gestärkt geht es dann weiter nach **Wilhelmshaven**, dessen Hafengelände, zumindest die Container-Brücken des Jade Weser Ports, schon vom Außenhafen in Hooksiel zu sehen sind.

Dort angekommen, steht Ihnen eine große Auswahl an Stellplätzen zur Verfügung, die wir jetzt nacheinander aufführen. Fangen wir gleich mit dem beliebtesten an.

(073) Offizieller WOMO-Stellplatz: Wilhelmshaven – Schleuseninsel

GPS: N53°30'57.0" E8°09'04.8"; Schleusenstraße 44, 26382 Wilhelmshaven.
Max. WOMOs: 30, maximale Länge 10 m.
Ausstattung: Frischwasserversorgung, Abwasserentsorgung mit Bodeneinlass, Kassettenentleerung, Stromanschlüsse, Behälter für die Müllentsorgung, WLAN. Im Servicegebäude gibt es Duschen und WCs. Der Platz ist ganzjährig geöffnet.
Beschreibung: Schattenlose Stellflächen an der ehemaligen 2. Schleuseneinfahrt. Das Marinemuseum ist etwa einen Kilometer entfernt, bis zum Küstenmuseum sind es etwas mehr als zwei Kilometer.
Preise: 10,00 € für ein Fahrzeug, Frischwasser 1,00 € und Strom 3,00 € pro Tag. Kassetten- und Grauwasserentleerung sind in der Platzgebühr enthalten.
Zufahrt: Über die Kaiser-Wilhelm-Brücke fahren, das Deutsche Marinemuseum passieren und bis zum Stellplatz vorfahren. Wessen Fahrzeug höher als 3,00 Meter ist, der muss den Weg über die Jade-Allee und Südstrand nehmen, um zum Stellplatz zu gelangen.

Einen zweiten reizvollen gebührenpflichtigen Stellplatz für Wohnmobile gibt es am Fliegerdeich, den Sie mit diesen Koordinaten [**074:** N53°30'36.6" E8°07'38.4"] erreichen können. Hier sind für 24 Stunden Aufenthalt 12,00 € Parkgebühren zu zahlen. Der Platz bietet eine freie Sicht auf den Jadebusen, hat aber keine Ver- und Entsorgungseinrichtung

Stellplatz auf dem Fliegerdeich.

und auch keine Stromanschlüsse. Dafür sind Sie immer noch sehr nah an den Hafenanlagen, der Kaiser-Wilhelmbrücke und dem Deutschen Marinemuseum.

Einen dritten gebührenpflichtigen Stellplatz mit Stromversorgung für Wohnmobile gibt es in der Bunsenstraße, den Sie mit diesen Koordinaten **[075:** N53°30'39.4" E8°05'20.4"] erreichen können. Für 24 Stunden Aufenthalt inkl. Stromversorgung sind 10,00 € Parkgebühren zu zahlen. Der Platz ist nicht attraktiv, er befindet sich im Industriegebiet mit Sicht auf den Ems-Jade-Kanal neben einer Autowaschanlage, auf der ein CamperClean WC-Kassettenautomat steht. Er ist sehr bequem anzufahren. Der vierte Platz befindet sich im Banter Weg, der fünfte am Nautimo, einem "Erlebnisbad" im Norden der Stadt.

(076) Offizieller WOMO-Stellplatz: Wilhelmshaven – Banter Weg

GPS: N53°30'54.8" E8°05'29.9"; Banter Weg, 26389 Wilhelmshaven.
Max. WOMOs: 10, maximale Länge 10 m.

Ausstattung: Frischwasserversorgung, Abwasserentsorgung mit Bodeneinlass, Kassettenentleerung, Stromanschlüsse, Behälter für die Müllentsorgung, ganzjährig geöffnet.
Beschreibung: Wenig attraktive Stellflächen hinter einer SB-Waschanlage. Für die Ver- und Entsorgung und eine Übernachtung OK.
Preise: 10,00€ für ein Fahrzeug, inkl. Frischwasser, Strom und Entsorgung.
Zufahrt: Im Industriegebiet der Südstadt, gegenüber der Reifenwerkstatt Kauffmann.

(077) Offizieller WOMO-Stellplatz: Wilhelmshaven – Nautimo Freizeitbad

GPS: N53°32'11.8" E8°06'01.8"; Sportforum 40, 26382 Wilhelmshaven.
Max. WOMOs: 26, maximale Länge 10 m, max. Aufenthalt 3 Tage.
Ausstattung: Frischwasserversorgung, Abwasserentsorgung mit Bodeneinlass, Kassettenentleerung, Stromanschlüsse, Behälter für die Müllentsorgung, WLAN, WC, Dusche, Brötchenservice, ganzjährig geöffnet.
Beschreibung: Große geschotterte ebene Stellflächen werden aufgelockert durch Rasenflächen für Tisch und Stühle. Sitzgruppen, Strandkörbe und

Bambusbepflanzungen runden die Gemütlichkeit ab. Für die Fahrt zur Kaiser-Wilhelm-Brücke bietet sich die Buslinie 6 an. Fahrpläne und Verzeichnis der Buslinien finden Sie am Stellplatz.

Preise: 10,00 € für ein Fahrzeug mit 2 Personen. Anmeldung und Bezahlung erfolgt an der Kasse der Therme. Entsorgung kostenlos, über Münzautomaten gibt es Frischwasser in 10 Cent-Schritten (10 Liter), Strom für 0,60 € pro kWh, WLAN kostenlos, Toiletten im Foyer des Freizeitbades sind ebenfalls kostenlos nutzbar, Dusche nur während der Öffnungszeiten des Freizeitbades 1,00 € für 30 Minuten.
Zufahrt: Vom Zentrum in Richtung Fedderwardergroden fahren und den Hinweisen zum Freizeitbad folgen.

Wilhelmshaven zählt rund 75.000 Einwohner und wurde nach der Gründung durch König Wilhelm I. von Preußen im Jahre 1869 zu einem Marinestützpunkt ausgebaut. Zu diesem Zeitpunkt existierte das Deutsche Reich noch nicht, es gab nur den Deutschen Bund auf den sich Preußen, das Kaiserreich Österreich und die vielen Herzogtümer im deutschsprachigen Raum nach dem Wiener Kongreß 1815 geeinigt hatten. Preußen hatte zu dieser Zeit keinen Zugang zur Nordsee, aber das Großherzogtum Oldenburg. Mit dem Jadevertrag von 1853 kaufte es dem Herzogtum ein 313 Hektar großes Areal am Jadebusen ab. Sogleich wurde damit begonnen, einen Marinehafen anzulegen und die Stadt zu planen.

Lenkwaffenzerstörer Mölders im Deutschen Marinemuseum.

Im Wesentlichen hat sich an den in dieser Zeit festgelegten Grundriss wenig geändert. Monumentalbauwerk im Hafengelände ist die **Kaiser-Wilhelm-Brücke**. Sie wurde zwischen 1905 und 1907 gebaut und ist die größte Drehbrücke Deutschlands. Es ist ein genietetes Stahlfachwerk, das auf einer Länge von 159 Metern über den Innenhafen führt. Sie steht unter Denkmalschutz und ist immer noch im Einbahnverkehr in Betrieb.

Von dieser Brücke können Sie schon einmal einen Blick auf die Schiffe des **Deutsche Marinemuseums** werfen, die nur wenige Meter von der Brücke entfernt vor Anker liegen.

Hier können Sie sich den Lenkwaffenzerstörer D 186 "Mölders", das Schnellboot "Gepard", ein Küsten-U-Boot und ein Minenjagdboot anschauen und sich über die Geschichte der Deutschen Marine informieren. Darüber hinaus bietet eine einstündige **Hafenrundfahrt** mit der Barkasse Friedrich A. Meyer weitere Einblicke in die Marinegeschichte des Hafens. Alle Details zum Angebot des Museums finden Sie hier www.marinemuseum.de.

Hafenrundfahrten sowie Schiffsausflüge in das Wattenmeer und in den Jadebusen bietet auch die Reederei Warrings an. Deren Schiff liegt am Wangeroogekai, das sich unweit des Museums am Jadebusen befindet. Diese Reederei bietet auch Fahrten nach Eckwarderhörne auf der gegenüberliegenden Seite des Jadebusens an. Das vollständige Angebot der Reederei Warrings finden Sie hier www.reederei-warrings.de.

Da Sie auf dieser Personenfähre auch Ihr Rad mitnehmen können, bietet sich eine schöne **Radtour rund um den Jadebusen** an, die nur rund 53 Kilometer lang ist. Damit können Sie schon vieles von dem, was wir in der Tour 9 beschrieben haben in Augenschein nehmen. Der Weg ist ganz sicher nicht langweilig, denn mit dem Skulpturenpfad rund um den Jadebusen können Sie 15 Kunstwerke betrachten. Unter **"Kunst am Deich"** auf dieser Seite https://akademie-dangast.de dürfen Sie schon einmal schnuppern.

Wenn Sie sich nicht nur auf und an der See aufhalten möchten, sondern auch einen Blick in die Unterwasserwelt riskieren wollen, dann bietet sich das **Aquarium und Urzeitmeer-Museum** an, dies zu tun. Es befindet sich zwischen dem Marinemuseum und dem Wangeroogekai. Trockenen Fußes gehen Sie durch die Aquarien und können Fische aus allen Meeren dieser Erde anschauen. Spannend sind die Fütterungen, von Pinguinen, Seehunden und Haien. Wann diese stattfinden, wann das Aquarium geöffnet hat und wie hoch der Eintritt ist, erfahren Sie hier https://aquarium-wilhelmshaven.de.

Neben diesen ganzen Attraktionen dürfen Sie auch noch einen Badestrand erwarten, wobei Strand einwenig übertrieben ist. Aber am Südstrand, direkt neben dem Aquarium können Sie immerhin ins Wasser gehen, sich einen Strandkorb mieten und auf den Jadebusen schauen oder in einem der Restaurants auf der Promenade etwas essen oder einen Tee trinken.

Kaiser-Wilhelm-Brücke.

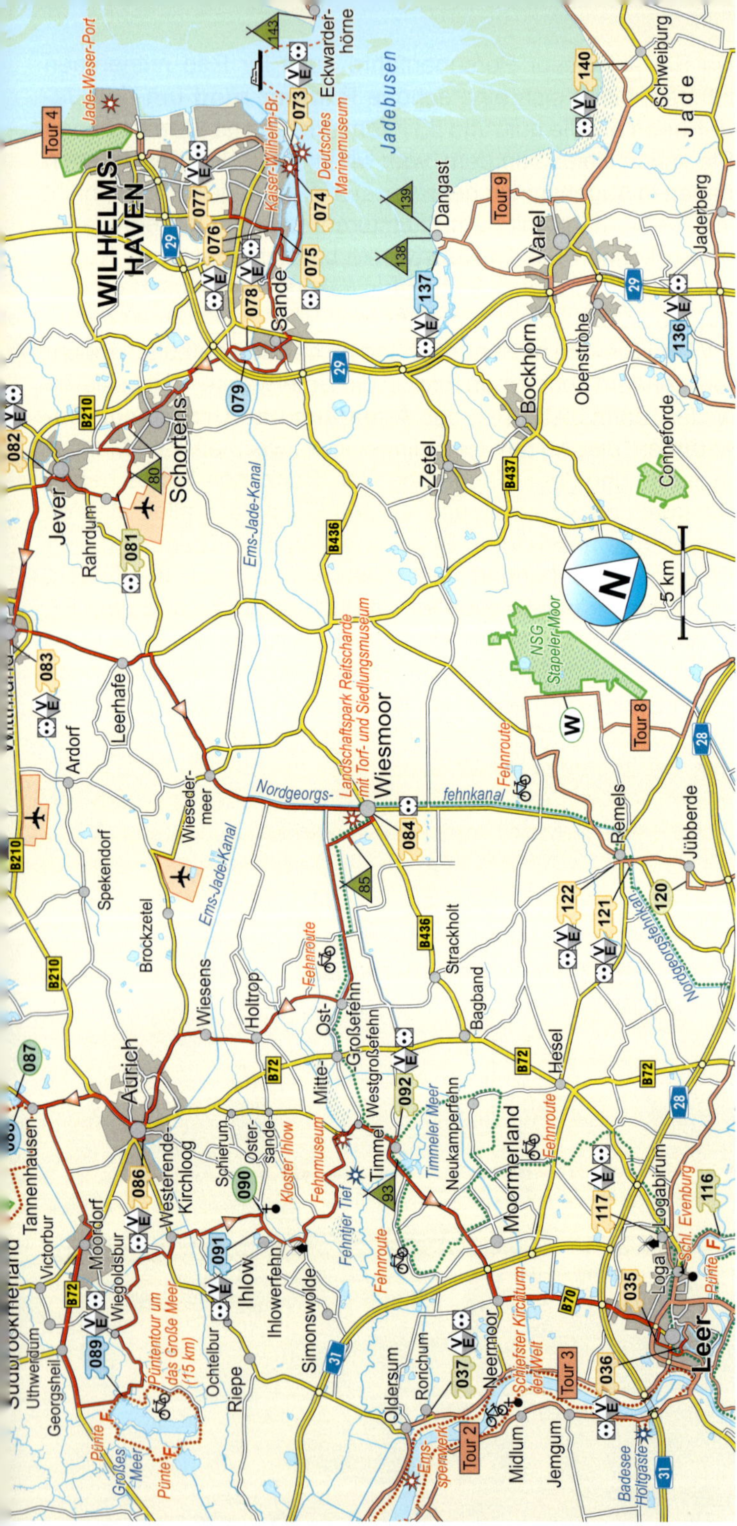

WILHELMS-HAVEN
Jade-Weser-Port
Tour 4
Kaiser-Wilhelm-Br.
Deutsches Marinemuseum
Eckwarder-hörne
Jadebusen
Dangast
Tour 9
Varel
Schweiburg
Jade
Jaderberg
Sande
Schortens
Jever
Rahrdum
Ems-Jade-Kanal
Zetel
Bockhorn
Obenstrohe
Conneforde
NSG Stapeler Moor
5 km
N
Tour 8
Fehnroute
Wiesmoor
Landschaftspark Reitscharde mit Torf- und Siedlungsmuseum
Nordgeorgs-
fehnkanal
Leerhafe
Ardorf
Wiesedermeer
Spekendorf
Brockzetel
Wiesens
Holtrop
Ost-Großefehn
Mitte-Großefehn
Westgroßefehn
Strackholt
Bagband
Remels
Jübberde
Nordgeorgsfehnkanal
Hesel
Aurich
Tannenhausen
Westerende-Kirchlog
Schierum
Ostersande
Kloster Ihlow
Fehnmuseum
Timmel
Timmeler Meer
Neukamperfehn
Moormerland
Logabirum
Schl. Evenburg
Pünte
Victorbur
Moordorf
Wiegoldsbur
Uthwerdum
Georgsheil
Püntentour um das Große Meer (15 km)
Großes Meer
Ochtelbur
Ihlow
Ihlowerfehn
Simonswolde
Riepe
Fehntjer Tief
Oldersum
Rorichum
Neermoor
Schiefster Kirchturm der Welt
Tour 3
Tour 2
Midlum
Jemgum
Ems-sperrwerk
Badesee Holtgaste
Loga
Leer
B210
B436
B437
B72
B70
29
28
31

TOUR 5 (ca. 170 km)

Sande – Schortens – Jever – Wittmund – Wiesmoor – Großefehn – Aurich – Südbrookmerland – Ihlowerfehn – Timmel – Leer

Stellplätze:	Sande, Jever, Wittmund, Wiesmoor, Aurich, Südbrookmerland, Ihlowerfehn, Timmel, Leer.
Campingplätze:	Schortens, Wiesmoor.
Ver-/Entsorgung:	Sande, Jever, Wittmund, Aurich, Großes Meer, Ihlowerfehn, Timmel, Leer.
Besichtigungen:	Jever (Schloss, Edo-Wiemken-Grabmal), Wiesmoor (Torf- und Siedlungsmuseum), Aurich (Innenstadt), Ihlow (Klosterkirche), Großefehn (Fehnmuseum Eiland).
Wandern/Radtour:	Entlang des Nordgeorgsfehnkanals. Püntentour rund ums Große Meer, Timmel (Paddeltour auf dem Fehntjer Tief).
Baden/Wellness:	Sande (Naturbadesee), Schortens (Naturbadesee), Jever (Freibad), Wiesmoor (Ottermeer), Aurich (Freibad, Naturbadesee Tannenhausen), Südbrookmerland (Großes Meer), Ihlow (Naturbadesee Ihler Meer), Timmel (Timmeler Meer).

In diesem Kapitel geht es zurück nach Leer, zu der Stadt, die wir am Ende der zweiten Tour schon besucht haben. Bis wir dort angelangt sind, werden wir einige spannende Radtouren absolvieren und an mehreren naturbelassenen Badeseen unsere Füße ins Wasser strecken.

Wir werden vor Ort das berühmteste ostfriesische Bier trinken und uns in einem sehr gepflegten Freilichtmuseum mit der Fehnkolonisation beschäftigen. Eine außergewöhnliche Klosterkirche erwartet uns in Ihlow und auf dem Fehntjer Tief lockt eine Paddeltour zu einem weiteren Fehnmuseum.

Beginnen werden wir diese Reise in Wilhelmshaven, wo wir die letzte Tour beendet haben. Erster Ort ist **Sande**, eine Gemeinde mit fast 9.000 Einwohnern, die an ihrem Ortsrand einen schönen Stellplatz anbietet den wir als erstes beschreiben.

Klassische Klappbrücke am Ems-Jade-Kanal in Sande.

(078) Offizieller WOMO-Stellplatz: Sande – Alt-Marienhausen

GPS: N53°30'41.9" E8°00'37.0"; Alt-Marienhausen 2, 26452 Sande.
Max. WOMOs: 20, maximale Länge 8 m, max. Aufenthalt 7 Tage.

Ausstattung: Frischwasserversorgung, Abwasserentsorgung mit Bodeneinlass, Kassettenentleerung, Stromanschlüsse, Behälter für die Müllentsorgung, ganzjährig geöffnet.
Beschreibung: Ebene geschotterte Stellflächen unweit des Sander Sees und des Ems-Jade-Kanals. Paddelstation in nächster Nähe, gute Radfahrgelegenheiten in die Umgebung. Vorbeiführende Bahnlinie stört ein wenig.
Preise: 8,00 € für ein Fahrzeug, Frischwasser 1,00 € und Strom 0,50 € pro kWh. Abwasserentsorgung und Entleerung der Bordtoilette ist kostenfrei. Einen Parkschein gibt es am Kassenautomaten der sowohl Münzen, als auch Scheine annimmt.
Zufahrt: Von Sande Richtung Schortens fahren und nach Überquerung des Ems-Jade-Kanals rechts auf den Stellplatz abbiegen.

Einen zweiten lütten und kostenlosen Stellplatz für Wohnmobile gibt es in unmittelbarer Nähe eines Badestrandes am **Sander See**. Er befindet sich am Sillandweg und ist mit diesen Koordinaten zu erreichen **[079:** N53°30'41.9" E8°00'02.7"]. Wer mit einem Hund unterwegs ist, kann diesen Platz allerdings nicht nutzen, denn hier herrscht ein Hundeverbot. Für all diejenigen, für die es nichts Schöneres gibt, als am frühen Morgen eine Runde durch einen naturbelassenen See zu schwimmen, ist es ein idealer Ort. Bei hohen Temperaturen in den Sommermonaten ist die Ruhe allerdings dahin. Dann tummeln sich zahlreiche Kinder an dem DLRG-überwachten Badestrand und auch der Kiosk ist geöffnet und bietet Eis und kühle Getränke an. Der Zugang zum See ist kostenlos.

Morgendliche Ruhe am Sander See.

Das ist auch am nächsten Badesee in **Schortens** nicht anders. Hier ist der Strand etwas breiter, der See dafür ein bisschen kleiner. Nur können Sie an dieser Stelle nicht kostenlos parken und über Nacht bleiben, sondern müssen, wenn Ihnen der See mit der ausgezeichneten Badegewässerqualität gefällt, den Campingplatz nutzen.

Naturbelassener Badesee in Schortens.

(080) WOMO-Campingplatz: Schortens – Friesland Camping

GPS: N53°33'02.8" E7°56'08.7"; Am Schwimmbad 2, 26419 Schortens.
Max. WOMOs: 79, maximale Länge 8 m.
Ausstattung: Frischwasserversorgung, Abwasserentsorgung mit Bodeneinlass, Kassettenentleerung, Stromanschlüsse, Behälter für die Müllentsorgung, WLAN, Brötchenservice. Im Servicegebäude gibt es Duschen, WCs, Waschmaschinen und Trockner. Der Platz ist ganzjährig geöffnet.
Beschreibung: Parkähnliche Anlage, asphaltierte Zufahrtswege, Stellflächen auf Rasen, ca. 100 m² groß. Badesee mit Sandstrand wenige Meter entfernt. Dort gibt es auch ein kleines Restaurant mit einer Außenterrasse.
Preise: Erwachsene Person 6,00 €, Kinder 6-14 Jahre 2,00 €, Jugendliche 15 - 17 Jahre 2,50 €, Hund 2,50 €, Wohnmobil 10,50 €, Strom 0,70 pro kWh.
Zufahrt: An der Straße von Schortens nach Jever hinter dem Ortsausgang auf der linken Seite.
Reservierung/Kontakt: Tel.: 04461/758727
E-Mail: info@friesland-camping.de, Web: www.friesland-camping.de.

Auf dem weiteren Weg nach Jever fahren wir an dem Restaurant **Waldschlösschen** im Stadtteil **Rahrdum** vorbei, der bereits zu **Jever** gehört. Wie der Name es vermuten lässt, befindet es sich in einem oder besser an einem Waldgebiet, das den Fliegerhorst von dem Stadtgebiet trennt. Sie erreichen den Parkplatz des Restaurants in der Addernhausener Str. 51, 26441 Jever mit diesen Koordinaten **[081: N53°32'47.1" E7°53'45.4"]**. Auf dieser Seite https://waldschloesschen-jever.de können Sie einen Blick in die Speisekarte werfen. Die Spezialität des Hauses ist Huhn mit holländischer Satesauce. Das ist mal etwas anderes, als immer nur Fisch und Krabben. Das Restaurant bietet seinen Gästen einen ruhigen Übernachtungsplatz mit einer Stromversorgung an. Sechs Anschlüsse stehen zur Verfügung, die mit 50 Cent oder Eineuromünzen gefüttert werden wollen, wenn Sie Strom beziehen möchten.

Von dem netten Gasthaus ist es nicht mehr weit in das Zentrum von Jever, wo wir diesen Stellplatz anfahren.

(082) Offizieller WOMO-Stellplatz: Jever – Sport- und Freizeitzentrum

GPS: N53°34'34.0" E7°53'24.8"; Jahnstraße, 26441 Jever.
Max. WOMOs: 20, maximale Länge 12 m.

Ausstattung: Frischwasserversorgung, Abwasserentsorgung mit Schlauch möglich, Kassettenentleerung, Stromanschlüsse, Behälter für die Müllentsorgung, ganzjährig geöffnet.
Beschreibung: Schattige Stellflächen auf Betonpflastersteinen. Das Freibad ist 250 Meter entfernt, die Altstadt 800 Meter.
Preise: 8,00 € für ein Fahrzeug. Anmeldung und Bezahlung erfolgt im MTV Fitnesspark in 200 Metern Entfernung. Die Öffnungszeiten entnehmen Sie bitte dem Aushang am Stellplatz. Frischwasser und Strom sind nur über den Einwurf von Jetons zu beziehen, die es dort zu einem Stückpreis von 2,00 € zu kaufen gibt. Mit der Zahlung der Parkgebühr ist ein Jeton enthalten.
Zufahrt: Von der Stadtmitte in Richtung Wittmund fahren und den Hinweisen zum Sport- und Freizeitzentrum folgen.

Schloss Jever.

Jever ist deutschlandweit bekannt durch das Bier mit dem herben Geschmack, das es wohl bundesweit in allen großen Super- und Getränkemärkten in der grünen Flasche zu kaufen gibt. In diesem Ort wird es gebraut. Wir hätten uns die Brauerei ja liebend gern einmal von innen angeschaut und hätten gern an einer Führung teilgenommen. Das ging leider aus bekannten Gründen nicht. Bleibt zu hoffen, dass, wenn Sie dieses Buch in Händen halten, die Maßnahmen gegen die Pandemie vorbei sind und Sie an einer Führung teilnehmen können, so Sie denn wollen. Die Informationen

Prächtiger Pfau im Schlosspark von Jever.

dazu gibt es auf dieser Seite www.jever.de. Dort finden Sie auch weitere Angebote der Brauerei und erfahren etwas über die Geschichte des 1848 gegründeten Brauhauses.

Neben der reizvollen Altstadt, durch die es sich zu bummeln lohnt, ist das **Schloss** und der **Schlosspark** von besonderem Interesse. Im Schloss befindet sich ein Museum das die Kulturgeschichte Jevers und des Umlandes über mehrere Etagen mit vielen Exponaten erläutert.

Der Wassergraben der Schlossanlage ist nicht mehr vollständig erhalten. Entlang dieses Grabens wurde der Schlossgarten im englischen Stil angelegt. Kein großflächiger Park wie der bei der Lütetsburg (siehe Seite 100), dafür aber sehr attraktiv. Er ist bevölkert mit frei laufenden Pfauen, Enten, Schwänen und Gänsen, die unter den mächtigen Rotbuchen, Eschen, Linden und Eichen gemächlich über die Wege schreiten oder im Wassergraben nach etwas fressbaren tauchen. Der Pfau zeigt gelegentlich mit einem Rad für wie bedeutend er sich wirklich hält.

Edo-Wiemken-Grabmal.

Im Café & Teepavillon, das im **Eulenturm** untergebracht ist, lässt sich stilvoll Tee und Kuchen genießen, bevor es zur Stadtkirche weiter geht, um das **Edo-Wiemken-Grabmal** anzuschauen. Edo Wiemken der Jüngere (*1416 – †1511) war der letzte Häuptling des Jeverlandes. 50 Jahre nach seinem Tode hat seine Tochter Maria von Jever dieses Denkmal erbauen lassen. Es gilt als ein bedeutendes Beispiel für die Kunst in der späten Niederländischen Renaissance. Das Grabmal befindet sich im historischen Chor der evangelisch-lutherischen Stadtkirche am Kirchplatz. Jeden ersten und dritten Donnerstag im Monat werden kostenlose Führungen durch das Gotteshaus und zum Edo-Wiemken-Denkmal angeboten. Treffpunkt ist vor der Kirche, Beginn 15:00 Uhr. In den Sommerferien Niedersachsens finden die Führungen wöchentlich statt.

Wir kehren zum WOMO zurück und starten zu unserem nächsten Ziel. Das heißt **Wittmund** und ist nur acht Kilometer entfernt. Hier steuern wir diesen Stellplatz an.

(083) Offizieller WOMO-Stellplatz: Wittmund – Schützenplatz

GPS: N53°34'24.7" E7°46'08.5"; Auricher Str. 49, 26409 Wittmund.
Max. WOMOs: 11, maximale Länge 10 m.

Ausstattung: Frischwasserversorgung, Abwasserentsorgung mit Bodeneinlass, Kassettenentleerung, Stromanschlüsse, Behälter für die Müllentsorgung, WLAN, ganzjährig geöffnet.
Beschreibung: Ebene, geschotterte schattenlose Stellflächen am Rande des Schützenplatzes, umgeben von Rasenflächen. Um in die Innenstadt mit dem Robert von Zeppelin- und Fliegermuseum zu gelangen, werden zu Fuß rund 10 Minuten benötigt.
Preise: Kostenlos, Frischwasser 1,00 € und Strom 0,50 € pro kWh. Abwasserentsorgung und Entleerung der Bordtoilette ist kostenfrei. WLAN ist kostenlos.
Zufahrt: In Wittmund in Richtung Aurich fahren und der Beschilderung zum Schützenplatz folgen.

F-4 Phantom-Denkmal.

Wittmund ist in erster Linie als Standort für das Taktische Luftwaffengeschwader 71 "Richthofen" bekannt. Das ist nun kein Ziel, was in der Freizeit aufgesucht wird. Kasernen nehmen große Teile des Stadtgebietes ein. Wenn Sie an dem F-4 Phantom-Denkmal vorbeifahren, passieren Sie diese. Der Stellplatz ist beliebt. Dass er kostenlos ist, ist sicher ein Grund, denn die Stadt hat soviel nicht zu bieten, aber das Umland. Carolinensiel ist nur 14 Kilometer entfernt. Dort sind

Sie schnell hingeradelt, nach Harlesiel nur wenige Kilometer weiter ebenfalls. Zu den Preisen, die Sie dort für den Stellplatz zu zahlen haben (siehe Seite 120), können Sie in dem deutsch-italienischen Restaurant Windmühle auf dem Wege vom Stellplatz in die Innenstadt in Wittmund zumindest für eine Person fürstlich speisen. Kommt eben darauf, welche Prioritäten Sie haben.

Die Innenstadt von Wittmund zeigt sich als eine klassische norddeutsche Kleinstadt. Außergewöhnliches suchen Sie hier vergeblich, außer vielleicht das kleine, aber feine **Robert von Zeppelin- und Fliegermuseum Wittmund**, das sich nach Kräften und mit sehr großem Engagement bemüht, den Besuchern die technische Entwicklung der vergangenen Jahrhunderte näher zu bringen. Öffnungszeiten, Eintrittspreise und einige Impressionen bekommen Sie hier www.zeppelin-und-fliegermuseum.de.

Nach einem kurzen Besuch von Wittmund geht es nun weiter nach **Wiesmoor**, das etwas mehr als 20 Kilometer entfernt liegt. Nachdem wir den Ems-Jade-Kanal überquert haben, kündigen mehrere Gartenbaubetriebe mit ihren Baumschulen einen wesentlichen Erwerbszweig dieser Region an. Außergewöhnliche Gewächse die zum Teil kunstvoll geschnitten und gezüchtet sind, werden angeboten.

Mit Wiesmoor haben wir wieder einen Ort der Fehnkolonisation erreicht und gleichzeitig eine Station auf der Deutschen Fehnroute, die wir auf der Seite 57 bereits in ihren Grundzügen vorgestellt hatten. Um den Ort zu besichtigen und ein Stück auf der Fehnroute mit dem Rad zu fahren, stellen wir das WOMO auf diesem Stellplatz ab.

(084) Offizieller WOMO-Stellplatz: Wiesmoor – Marktplatz

GPS: N53°24'45.0" E7°44'06.4"; Narzissenstraße, 26639 Wiesmoor.
Max. WOMOs: 5, maximale Länge 12 m, max. Aufenthalt 3 Tage.
Ausstattung: Stromanschlüsse, Behälter für die Müllentsorgung, WLAN, Kiosk, ganzjährig geöffnet.
Beschreibung: Eng beieinanderliegende ebene Stellflächen auf Betonpflastersteinen am Rande des Marktplatzes. Der Nordgeorgsfehnkanal führt direkt am Stellplatz vorbei.
Preise: 7,00 € für ein Fahrzeug inkl. Stromversorgung. Der Betrag ist am Kiosk am Marktplatz zu zahlen.

Zufahrt: In die Ortsmitte von Wiesmoor fahren, am Marktplatz vorbeifahren und dann den Stellplatz ansteuern. Gut ausgeschildert.

Klappbrücken wie hier in Wiesmoor sind das Markenzeichen der Fehnroute.

Auf dem Radweg entlang des **Nordgeorgsfehnkanals** sind es bis nach Remels 13 Kilometer. Diesen Ort suchen wir in der Tour 8 auf. Wenn Sie auf die Seite 192 vorblättern, finden Sie ihn beschrieben. Der Kanal ist insgesamt rund 31 Kilometer lang und verbindet den Ems-Jade-Kanal mit der Jümme, einem Nebenfluss der Leda, die bei Leer in die Ems fließt. Der Kanal hat heute für die Binnenschifffahrt keine Bedeutung mehr. Noch im vergangenen Jahrhundert diente er dem Transport von Holz und Torf, jetzt ist er eine Domäne der Freizeitkapitäne und Paddler.

Welche Bedeutung der Kanal hatte, wird unter anderem in dem **Torf- und Siedlungsmuseum**, das sich in dem **Landschaftspark Reitscharde** befindet, thematisiert. Das schauen wir uns jetzt an.

Torf- und Siedlungsmuseum Wiesmoor

Seit der Gründung des Museums 1988 wird in diesem Gelände gewerkelt und erweitert, um die Geschichte der Moorkolonisation, die ab 1780 in diesem Raum einsetzt, zu präsentieren. Die Urbarmachung des Wiesmoores ab 1906 bildet dabei ein Schwerpunkt. Betrieben wird dies durch den "Förderverein zur Erhaltung des moorkundlichen Heimatgutes".

Pütt met Holboom.

Im Kolonistenhaus werden die "Gute Stube" und die Schlafgemächer, wie sie um 1900 ausgesehen haben, gezeigt. Dazu gibt es im Wirtschaftsteil die Gebrauchsgegenstände dieser Zeit zu betrachten. Mit der Schmiede und dem Backhaus wird das Handwerk dieser Epoche präsentiert. Jeden ersten Samstag im Monat wird der Backofen in Betrieb genommen, dann gibt es **"Krintstuut"** (Rosinenbrot) mit Ostfriesentee. Für Veranstaltungen wird auch die Esse angefeuert und das Hämmern des Schmiedes ist zu hören, wie er vielleicht gerade ein Torfgräberwerkzeug herstellt, was neben vielen anderen Schmiedeerzeugnissen zu seinen Hauptaufgaben gehörte. Für den Nachwuchs gibt es eine Schule, in der nach den Regeln der "guten alten Zeit" unterrichtet wird. Eine echte Lehrstunde für die Kinder unserer Zeit.

Torfbagger im Freigelände.

Daneben sind noch einige andere Einrichtungen und Häuser zu betrachten, die wir jetzt nicht alle aufzählen wollen.

Ein wesentlicher Teil des Museums ist dem Torfabbau gewidmet, der mit einigen Großgeräten gezeigt wird, die im Freien stehen. Auf der Webseite des Museums sind sie einzeln aufgeführt. Die Funktionsweise wird auch auf Schautafeln, die an den Geräten stehen, beschrieben.

Torfschiffe in einer Wieke.

Um zu zeigen, wie der Torf abtransportiert wurde, sind zwei Plattbodenschiffe in einer eigens zu diesem Zweck angelegten Wieke zu sehen. Bei den Fehnkanälen wird zwischen dem Hauptkanal und den davon abzweigenden Seitenkanälen unterschieden, die Wieken genannt werden.

Zum Abschluss geht es in die Fehnkneipe, die selbstverständlich zu einem Dorf dazu gehört. Auf dieser Seite www.torf-und-siedlungs-museum.de finden Sie viele weitere Information über dieses erstklassige Museum und natürlich die Öffnungszeiten, die Eintrittspreise und den Veranstaltungskalender.

Nach dem Museumsbesuch haben Sie die Möglichkeit, sich mit der Lorenbahn zum **Blumenreich** bringen zu lassen. Dort erwartet Sie eine duftende und bunte Mischung aus blühenden Pflanzen, kleinen Gehölzen, plätschernden Brunnen und Bächen sowie zwitschernden Vögeln. Darüber hinaus gibt es mehrere Themengärten, ein Souvenirladen und ein Restaurant. Vor dem Blumenreich ist eine größere Minigolfanlage angelegt worden, darauf sei noch hingewiesen, bevor wir diese bunte Mischung in dem Landschaftspark, in dem Sie natürlich auch noch ganz gewöhnlich spazieren gehen können, wieder verlassen.

Wenn es Ihnen in Wiesmoor gut gefällt und Sie einen längeren Aufenthalt planen, so bietet sich dieser Campingplatz neben dem **Ottermeer** an.

(085) WOMO-Campingplatz: Wiesmoor – Camping- und Bungalowpark Ottermeer

GPS: N53°24'56.9" E7°42'36.3"; Am Ottermeer 52, 26639 Wiesmoor.
Max. WOMOs: 30, maximale Länge 12 m.

Ausstattung: Frischwasserversorgung, Abwasserentsorgung mit Bodeneinlass, Kassettenentleerung, Stromanschlüsse, Behälter für die Müllentsorgung, WLAN, Brötchenservice. Im Servicegebäude gibt es Duschen, WCs, Waschmaschinen und Trockner. Der Platz ist ganzjährig geöffnet.
Beschreibung: Ebene Stellflächen auf Rasen. Moorstrandbad und viele Wassersportmöglichkeiten in unmittelbarer Nähe.
Preise: Erwachsene Person 6,00 €, Kinder 6-14 Jahre 2,00 €, Jugendliche 15 - 17 Jahre 2,50 €, Hund 2,50 €, Kurtaxe (nur Erwachsene) 2,00 €, Wohnmobil 10,50 €, Strom 0,70 pro kWh.
Zufahrt: Vom Zentrum in Wiesmoor auf der B436 in Richtung Leer fahren. Wenn auf der linken Seite die ARAL-Tankstelle erreicht ist, rechts abbiegen in die Straße "Neuer Weg" und der Beschilderung zum Ottermeer folgen.
Reservierung/Kontakt: Tel.: 04944/949893
E-Mail: camping@wiesmoor.de, Web: www.ottermeer-wiesmoor.de.

Strandkörbe am Ottermeer.

Das Ottermeer ist ein naturbelassener Moorsee mit einer Fläche von etwa 13 Hektar. Er ist rund 700 Meter lang und maximal zwei Meter tief. Das Wasser zeigt die für Moorseen typische leicht braune Färbung.

Am nördlichen Ufer lädt ein breiter Strand zum Verweilen ein. Es gibt einige Spielgeräte für die Kleinen und auch eine Wasserrutsche. Auf dem See können Sie auch surfen oder Tretboot fahren. In einer reetgedeckten Hütte ist ein Kiosk untergebracht, der die Badegäste mit Eis und Getränken versorgt. Der Spazierweg rund um den See ist eine beliebte Joggingstrecke. Die Spaziergänger werden am Ufer die typischen Moorpflanzengesellschaften entdecken. Der Weg ist rund zwei Kilometer lang.

Mit Hunden hierher zu kommen ist kein Problem, dies trifft auch für das Torf- und Siedlungsmuseum zu.

Wir verabschieden uns von Wiesmoor und fahren über Ost-Großefehn nach **Aurich** weiter oder auch **Auerk**, wie es auf ostfriesisch heißt. Wir stellen das WOMO auf diesem Stellplatz ab, von dem es nicht weit bis in die Stadtmitte ist.

(086) Offizieller WOMO-Stellplatz: Aurich – De Baalje

GPS: N53°27'56.0" E7°28'36.5"; Julianenburger Str. 17A, 26603 Aurich.
Max. WOMOs: 20, maximale Länge 8 m.

Ausstattung: Frischwasserversorgung, Abwasserentsorgung mit Bodeneinlass, Kassettenentleerung, Stromanschlüsse, Behälter für die Müllentsorgung, WLAN, Brötchenservice, ganzjährig geöffnet.
Beschreibung: Schattenlose Stellflächen auf befestigtem Untergrund in unmittelbarer Nähe des Freizeitbades und des Stadtzentrums.
Preise: 10,00 € für ein Fahrzeug. Die Bezahlung erfolgt an einem Automaten am Eingang des Bades. Entsorgung kostenlos, über Münzautomaten gibt es Frischwasser für 1,00 €, WC-Entsorgung 1,00 €, Strom 1,00 € pro kWh.
Zufahrt: In Richtung Zentrum fahren und der Beschilderung zum Freizeitbad folgen.

Vom Stellplatz ist es nicht weit bis zu dem schönen, im 19. Jahrhundert im Stil der Neorenaissance errichteten **Landschaftshauses**, in dem die Ostfriesische Landschaft ihren Sitz hat. Es ist ein Regionalverband für Kultur, Wissenschaft

Das Landschaftshaus in Aurich.

und Bildung. Die Beschreibung seiner Aufgaben entnehmen Sie bitte dieser Seite www.ostfriesische-landschaft.de.

Das Gebäude ist für den Besucher nicht geöffnet. Dies trifft auch für das Schloss zu, das nur wenige Meter davon entfernt steht. Dort hat das Landgericht seinen Sitz und ist Dienstgebäude eines Niedersächsischen Landesamtes.

In der Innenstadt von Aurich mit dem Turm der Lambertikirche im Hintergrund..

Gehen wir weiter in die Innenstadt, so kommen wir durch eine Fußgängerzone, in denen Sie Häuser aller Architekturstile sehen. Genauso gemischt ist auch die Palette dessen, was in den Läden dieser Gebäude angeboten wird. An der **Lambertikirche** mit dem wuchtigen Turm aus rotem Backstein geht es vorbei zum Marktplatz, auf dem jeden Dienstag, Freitag und Samstag ab 7:00 Uhr einen Wochenmarkt abgehalten wird.

Der Sous-Turm Kunstobjekt oder futuristischer Schrotthaufen?

Auf diesem Platz steht der "Tauchsieder" oder "futuristischer Schrotthaufen" wie die Auricher den 25 Meter hohen **Sous-Turm** nennen. Es ist ein 1990 von Albert Sous geschaffenes Kunstobjekt, das aus Stahlrohr besteht und mit Plexiglas verkleidet wurde.

Auch wenn in Aurich über dieses Kunstobjekt gestritten wird, so ist es dennoch ein beliebtes Fotomotiv und gibt dem Betrachter der diesen Turm, der aus Abfällen aus dem Forschungszentrum Jülich zusammengebaut wurde Rätsel auf.

Tannenhausen, Parkplatz am Badesee.

Wenig Rätsel geben uns die nächsten beiden reizvollen Plätze an einem Badesee in **Tannenhausen** auf. Der eine befindet sich vor einem ehemaligen Restaurant, den Sie mit diesen Koordinaten **[087:** N53°31'18.4" E7°28'41.9"] erreichen, der andere liegt in der Nähe des Strandzugangs des "Rimini Ostfrieslands", wie die Einheimischen scherzhafterweise die zu einem Badesee umfunktionierte vormalige Kiesgrube nennen. Den Parkplatz erreichen Sie am Stürenburgweg mit diesen Koordinaten **[088:** N53°31'08.6" E7°28'28.9"]. Folgen Sie dabei den Hinweisschildern zum Mehrzweckgelände.

Tannenhausen, Parkplatz in Strandnähe.

Von dem zuerst genannten Parkplatz können Sie eine Radtour um das **Ewige Meer** machen, auf die wir schon in der Tour 4 auf Seite 106 hingewiesen haben. Vom Zweitgenannten bietet es sich an zum Badestrand gehen oder wenn Sie einen Hund dabei haben, auch zu einem eingezäunten Hundestrand. Darüber hinaus haben Sie die Möglichkeit, Ihrer Wakeboardleidenschaft zu frönen und sich durch das Wasser ziehen zu lassen und den vielen Zuschauern zu zeigen, wie gut Sie über die Hindernisse gleiten oder springen können.

Tannenhausen, Wakeboardanlage.

Wenn Sie mit Kindern unterwegs sind, dann werden diese sich über den großen Spielplatz am Rande des Sees freuen. Was leider fehlt, ist ein Restaurant. Da müssen Sie nach einem Bad die Bordküche bemühen oder zum nächsten Stellplatz fahren. Der ist 18 Kilometer entfernt und dort finden Sie mit dem Restaurant Meerwarthaus Ubben ein ausgezeichnetes Gasthaus mit regionaler Küche und Blick auf das **Große Meer**. Nur 400 Meter weiter können Sie Ihr WOMO auf diesem Stellplatz parken.

(089) Offizieller WOMO-Badeplatz: Wohnmobilhafen Großes Meer

GPS: N53°26'40.6" E7°18'30.9"; Am Gästehafen 1, 26624 Südbrookmerland.
Max. WOMOs: 30, maximale Länge 12 m.

Ausstattung: Frischwasserversorgung, Abwasserentsorgung mit Bodeneinlass, Kassettenentleerung, Stromanschlüsse, Behälter für die Müllentsorgung, WLAN, Brötchenservice, Bistro, kleiner Shop mit Lebensmitteln und Hygieneartikeln. Im Servicegebäude gibt es Duschen, WCs, Waschmaschinen und Trockner. Der Platz ist ganzjährig geöffnet.
Beschreibung: Große sonnige Stellflächen auf Pflastersteinen mit kleinen Rasenstreifen für Tisch und Stühle. Paddel- und Pedalstation mit Fahrradverleih in Sichtweite. Darüber hinaus gibt es einen Badestrand, eine Surfschule und für die Hundehalter eine Hundewiese in unmittelbarer Nähe.
Preise: 15,00 € für ein Fahrzeug, Entsorgung 0,50 €, Frischwasser 0,50 €, Strom 0,50 € pro kWh, Dusche 1,50 €, Nutzung der Waschmaschine und des Trockners jeweils 3,00 €.
Zufahrt: Von Moordorf auf der B72 in Richtung Emden fahren, in Georgsheil dabei auf die B210 wechseln und dann nach etwa 2,5 Kilometern am Ende eines Gewerbegebietes links abbiegen.

Segeln auf dem Großen Meer.

Gäbe es keine Deiche an der Nordsee, dann stünde Ihnen das Wasser am Großen Meer fast bis zum Hals, denn hier sind Sie rund 1,5 Meter unter dem Meeresspiegel. Das Meer ist ein natürlich entstandener Niedermoorsee, hat eine Wasserfläche von rund 290 Hektar und feuchte Uferzonen mit Röhricht und Schilf. Er ist nur bis zu einem Meter tief, was zur Folge hat, das sich bei einer guten Sonneneinstrahlung das Wasser schnell erwärmt und damit zum Baden einlädt. Vor allem für Familien mit kleinen Kindern ist dieser See wegen des seichten Wassers ein beliebter Ort. Die Größeren können paddeln, surfen, segeln oder einfach schwimmen. Für alle Pedalritter gibt es eine interessante Radtour rund um das Meer die mit zwei Pünten besondere Herausforderungen stellt.

Püntentour um das Große Meer

Wir fahren die Tour gegen den Uhrzeigersinn und starten am Stellplatz. Auf der Tourenkarte auf der Seite 132 finden Sie die Radtour mit einer gepunkteten Linie verzeichnet. Wenn Sie einen Blick darauf werfen, bekommen Sie keine kleine Vorstellung davon, wie die Route verläuft. Sie finden den Weg auch vor Ort als 3-Meere-Weg auf großen Tafeln ausgeschildert und beschrieben. Wir nehmen die kurze Variante.

Vom Stellplatz geht es über den Weg "Am Schifffahrtskanal" entlang einer Schilflandschaft nach Süden, bis Sie an den Forlitzer Schloot gelangen. Es ist ein mit Seerosen bewachsener schmaler Kanal. Diesem Kanal folgen Sie, bis Sie auf eine Asphaltstraße treffen, dort biegen Sie rechts ab. Sie folgen dieser Straße, bis Sie zu einer breiteren Straße kommen und biegen erneut rechts ab. Die Straße führt durch das Dorf Forlitz Blaukirchen. Sie bleiben auf der Straße und treffen auf die Westerender Ehe. Gut erkennbar an einem kleinen Aussichtsturm. Sie fahren entlang der Straße weiter und biegen bei nächster Gelegenheit rechts ab, kommen nach rund einem Kilometer an eine Kreuzung und biegen wieder rechts ab. Sie stoßen nach kurzer Zeit erneut auf einen Kanal, überqueren ihn und fahren danach sofort links ab. Nun sind es nur noch 250 Meter bis zur ersten Pünte am Marscher Tief. Die Pünte ist eine handbetriebene Fähre, die Sie selbst bewegen müssen. Auf einer großen Tafel ist die Funktionsweise gut erklärt und wir sind uns sicher, Sie werden die Pünte leicht bedienen können und damit an das andere Ufer gelangen. Entlang einer Kolonie von Ferienhäusern geht dann die Fahrt weiter. Bei der nächsten Gelegenheit biegen Sie rechts ab, fahren einige Meter, um dann links abzubiegen. Sie überqueren erneut einen kleinen Kanal und nach etwa zwei weiteren Kilometern kommen Sie am Knockster Tief an. Hier treffen Sie auf das Bootshaus Südbrookmerland, bei dem es schwer sein

Pünte am Marscher Tief.

Bootshaus Südbrookmerland.

dürfte, einfach nur vorbeizufahren, ohne einzukehren. Idyllischer kann ein Gasthaus am Wasser kaum liegen. Was die Karte hergibt, können Sie hier nachlesen www.hotel-bootshaus.com.

Nach einer Stärkung geht es weiter. Hinter der Brücke fahren Sie nach 100 Metern rechts ab, danach gleich links und folgen diesem Weg der in ein schmales Pättken übergeht und Sie zur zweiten Pünte am Nordrand des Großen Meeres führt. Wie Sie funktioniert wissen Sie ja schon und flugs haben Sie das andere Ufer erreicht und fahren dann auf einen Damm zwischen dem Kanal Wiegboldburer Riede und dem Großen Meer zurück zum Stellplatz.

Uns hat diese Radtour großen Spaß gemacht und wir haben dabei viele Radler getroffen, die ganz fasziniert von diesen Pünten waren.

Nun sind die Räder wieder am Heck montiert und die Fahrt geht weiter nach **Ihlow**. Dort angekommen, stellen wir unser WOMO auf einem Wanderparkplatz ab, den Sie mit diesen Koordinaten [**090:** N53°24'38.0" E7°27'07.0"] finden. Das **Kloster Ihlow** ist von diesem Platz rund einen Kilometer entfernt.

Silhouette der Apsis der Klosterkirche.

Kloster Ihlow

Wenn Sie nun ein mittelalterliches Klostergebäude erwarten, müssen wir Sie enttäuschen.

Nicht einmal eine Ruine ist zu sehen, nur einige Fundamentreste lassen die Dimension der ehemaligen Klosterkirche erahnen.

1228 gründeten Zisterzienser an diesem Ort das Kloster "Schola Dei" (Schule Gottes) und bauten eine Kirche von 68 Metern Länge und 35 Metern Breite. Es war zu dieser Zeit die größte Kirche zwischen Groningen und Bremen. Im Raum der Spurensuche unter der Stahlkonstruktion können Sie die Fundamente und Funde betrachten.

Im Mittelalter gab es in Ostfriesland eine bedeutende Klosterlandschaft. Mit der Reformation verschwand sie, die Gebäude wurden abgerissen. Vielfach ist nichts mehr von ihnen zu sehen. In Ihlow wurden einige Backsteine aus anderen Klöstern in die rekonstruierten Pfeilerstümpfe eingemauert, um an diese zu erinnern.

Das Kloster Ihlow wurde 1528 auf Veranlassung der ostfriesischen Grafen Enno und Johann Cirkensa zerstört und durch ein herrschaftliches Jagdschloss ersetzt. Aber auch dieses Jagdschloss gibt es nicht mehr.

Um die Bedeutung der Zisterzienser für die Entwicklung Ostfrieslands wieder stärker in das Bewusstsein zu rücken, wurde rund um die stählerne "Imagination" der Klosterkirche ein kleiner Landschaftspark geschaffen, der inkl. einem Klostergarten die Größe des ehemaligen Klosters widerspiegelt. Im Klosterladen vor Ort oder auf dieser Web-Präsenz www.kloster-ihlow.de erfahren Sie mehr Details.

Neben dem Besuch dieser Anlage bietet sich im **Ihlower Forst** auf einem der fünf ausgewiesen Wanderwege ein längerer oder kürzerer Spaziergang an. Die Rundwege sind zwischen zwei und fünf Kilometer lang. Am Wanderparkplatz sind sie auf einer Tafel verzeichnet. Sie durchschreiten dabei ein schönes Laubwaldgebiet mit hohem Baumbestand, das zu den größten in Ostfriesland gehört.

Wenn Sie sich an diesem Ort lange aufgehalten haben und nicht mehr weiter fahren möchten, so können Sie nur einen Kilometer von dem Wanderparkplatz entfernt diesen Stellplatz mit Badegelegenheit nutzen.

(091) Offizieller WOMO-Badeplatz: Ihlowerfehn – Ihler Meer

GPS: N53°24'42.1" E7°26'25.0"; 1.Kompanieweg 3, 26632 Ihlow.
Max. WOMOs: 6, maximale Länge 7 m.
Ausstattung: Frischwasserversorgung, Abwasserentsorgung ohne Bodeneinlass, Kassettenentleerung, Stromanschlüsse, Behälter für die Müllentsorgung, ganzjährig geöffnet.

Beschreibung: Dicht hintereinanderliegende halbschattige Stellflächen auf Betonpflastersteinen am Rande eines Pkw-Parkplatzes. Der Naturbadesee mit Sandstrand und Kinderspielplatz ist nur wenige Meter entfernt. In 400 Metern Entfernung befindet sich eine Pizzeria. Bis zum Kloster Ihlow sind es zu Fuß oder mit dem Rad rund zwei Kilometer.
Preise: Kostenlos, über eine Sani-Station gibt es Frischwasser für 1,00 €. Für den gleichen Betrag kann die Bordtoilette entleert und Frischwasser aufgenommen werden. Strom kostet 0,50 € pro kWh.
Zufahrt: Aus Aurich kommend am Ortseingang von Ihlowerfehn auf der rechten Seite.

Das **Ihler Meer** wurde in den Achtzigerjahren angelegt. Der See ist keine vier Hektar groß und naturbelassen. Er wird über einen Tiefbrunnen mit Wasser versorgt. Mit seinem breiten Strand und dem großen Spielplatz ist er ein beliebter Platz für Familien mit kleinen Kindern, die in dem Restaurant, das sich in Strandnähe befindet, mit Pommes, Hamburgern und Eis verköstigt werden können.

Ihler Meer in Ihlowerfehn.

Auch der nächste Platz in Timmel eignet sich für die Sprösslinge, vor allem dann, wenn sie Pferdeliebhaber sind.

(092) Offizieller WOMO-Reiterhof-Stellplatz: Timmel – Ferienhof Welsch

GPS: N53°21'53.5" E7°31'43.7"; Ulbarger Str. 17, 26629 Großefehn.
Max. WOMOs: 8, maximale Länge 10 m.
Ausstattung: Frischwasserversorgung, Abwasserentsorgung mit Bodeneinlass, Kassettenentleerung, Stromanschlüsse, Behälter für die Müllentsorgung, WLAN, Grillplatz, Spielplatz, Sauna, Solarium, Pool, Fahrradverleih. Im Servicegebäude gibt es WCs, Waschmaschinen und Trockner. Der Platz ist ganzjährig geöffnet.

Beschreibung: Große, weitgehend schattenlose Stellflächen auf Schotterrasen abseits der Straße. Sehr ruhig und familiär. Fünf Pferde warten darauf, auf dem Sandplatz neben dem Stellplatzgelände geritten zu werden. Auch Ausritte sind möglich. Wenn Sie Ihr eigenes Pferd dabei haben, stehen Pferdeboxen, Weide und Futter zur Verfügung.
Preise: 10,00 € für ein Fahrzeug, 8.00 € ab 3 Übernachtungen. Ver- und Entsorgung kostenlos, Frischwasser gibt es für 1,00 €, Strom kostet 0,50 € pro kWh.
Zufahrt: In Timmel in Richtung Ulbargen fahren. Der Ferienhof befindet sich kurz vor dem Ortsausgang auf der rechten Seite.
Reservierung/Kontakt: Tel.: 04945/912900 oder 0151-22360236
E-Mail: bernd.welsch@t-online.de, Web: www.fewo-welsch.de.

Unweit dieses Hofes befindet sich das **Timmeler Meer**. Auch dieser See wurde in den Achtzigerjahren künstlich angelegt. Er glänzt mit einem 4000 Quadratmeter großen Sandstrand und einer Wasserfläche von rund 25 Hektar. Infrastrukturell ist der See für den Tourismus stark erschlossen. Ähnlich wie am Großen Meer gibt es hier Ferienhauskolonien, Sportboothafen, einige Restaurants und diese große Campinganlage mit vorgelagertem Wohnmobilstellplatz.

(093) WOMO-Campingplatz am Timmeler Meer

GPS: N53°21'45.6" E7°30'47.6"; Zur Mühle 13, 26629 Großefehn.
Max. WOMOs: >20, maximale Länge 12 m.
Ausstattung: Sehr umfassend. Wir führen hier nur die wesentlichen Merkmale an wie: Frischwasserversorgung, Abwasserentsorgung mit Bodeneinlass, Kassettenentleerung, Stromanschlüsse, Behälter für die Müllentsorgung, WLAN. Im Servicegebäude gibt es Duschen, WCs, Waschmaschinen und Trockner. Der Platz ist ganzjährig geöffnet. Um alle Ausstattungsmerkmale dieser vorzüglichen, außergewöhnlichen Anlage zu erfassen, rufen Sie bitte die unten aufgeführte Webseite auf.
Beschreibung: Sie haben die Möglichkeit, zwischen einem Stellplatz auf dem Campinggelände (für einen längeren Aufenthalt) oder einem gepflasterten Platz am Hafen zu wählen. In beiden Fällen haben Sie unter anderem Zugang zum Badestrand, zum Spielplatz und zum Hundestrand.
Preise: Die Gebühren beziehen sich auf den Platz am Timmeler Hafen. Stellplatz für ein Fahrzeug inkl. aller Personen 16,00 €, Strom 1,00 pro kWh, Dusche ab 0,50 €, Waschmaschine/Trockner ab 1,00 €, Frischwasser 1,00 € (ca. 100 Liter), Entsorgung kostenlos. Die Preise für den Campingplatz können Sie auf der Website nachlesen.
Zufahrt: In Timmel Richtung Leer/A31 fahren. Der Campingplatz befindet sich am Ortsausgang auf der linken Seite.
Reservierung/Kontakt: Tel.: 04945/91970
E-Mail: info@campingplatz-timmel.de,
Web: www.grossefehn-tourismus.de/camping.

Neben Baden, Surfen, Paddeln bieten sich von diesem Stellplatz auch wieder Radtouren auf der Fehnroute (siehe Seite 57) an, die an dem See vorbeiführt. Bis nach Wiesmoor und bis nach Leer sind es jeweils nur 20 Kilometer.

Beliebt sind Paddeltouren auf dem **Fehntjer Tief**. In rund 1,5 Stunden schaffen Sie die Strecke bis zum kleinen **Fehnmuseum Eiland** mit angeschlossener Teestube www.fehnmuseumeiland.de. Das Paddelboot können Sie an der Paddel- und Pedalstation am Timmeler Meer mieten.

Damit beenden wir diese Tour und fahren weiter nach Leer. Die Stadt haben wir bereits am Ende der Tour 2 beschrieben (siehe Seite 67) und müssen das hier nicht wiederholen.

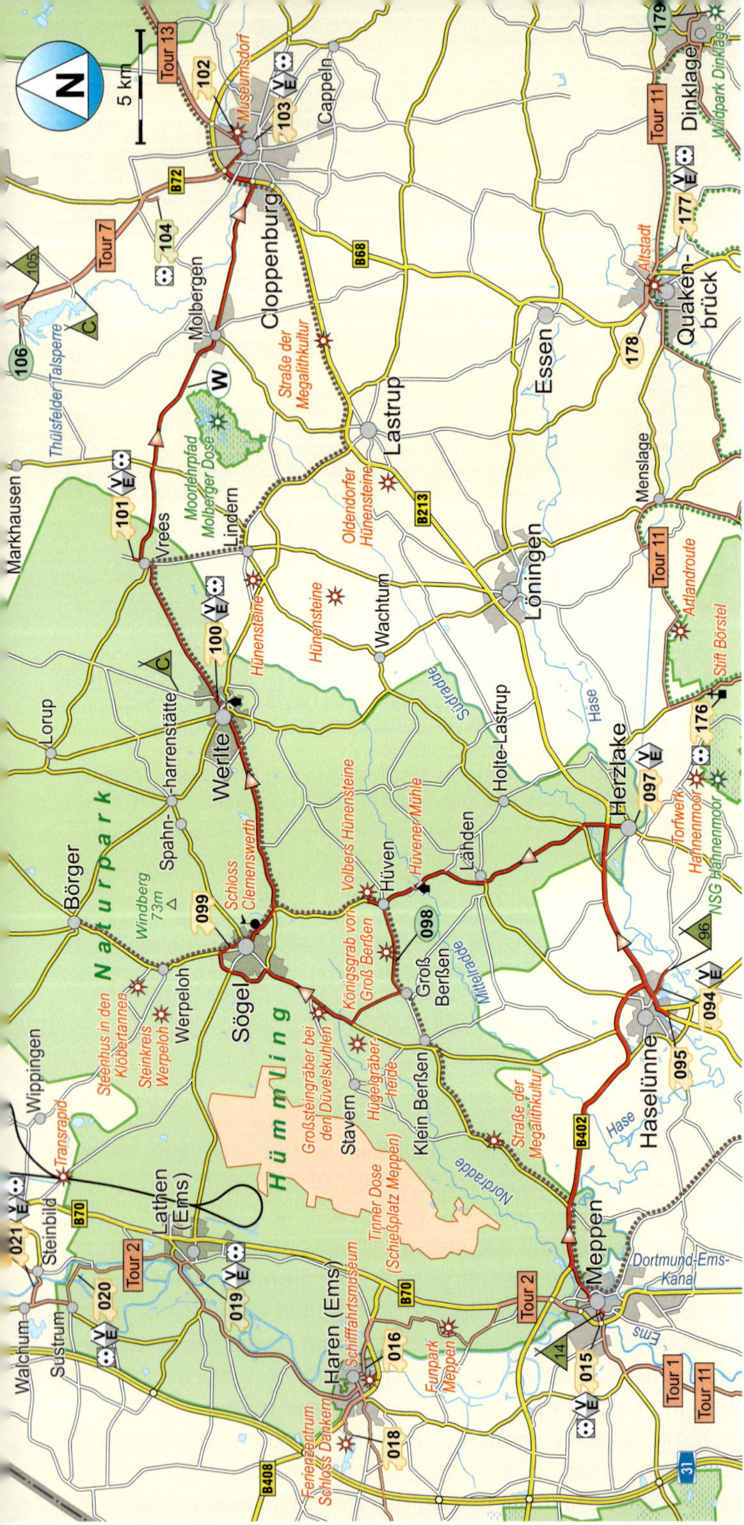
N
5 km
Tour 13
Tour 7
Tour 11
Tour 2
Tour 1
Museumsdorf
Cappeln
Cloppenburg
Molbergen
Thülsfelder Talsperre
Markhausen
Moorlehrpfad Molberger Dose
Straße der Megalithkultur
Lastrup
Essen
Quakenbrück
Altstadt
Dinklage
Wildpark Dinklage
Menslage
Oldendorfer Hünensteine
Lindern
Vrees
Hünensteine
Wachtum
Löningen
Artlandroute
Stift Börstel
Südradde
Hase
Holte-Lastrup
Herzlake
Torfwerk Hahnenmoor
NSG Hahnenmoor
Lorup
Werlte
Spahn-harrenstätte
Naturpark
Hümmling
Börger
Windberg 73m
Schloss Clemenswerth
Volbers Hünensteine
Hüvener Mühle
Hüven
Lähden
Königsgrab von Groß Berßen
Groß Berßen
Mittelradde
Sögel
Werpeloh
Steenhus in den Klöbertannen
Steinkreis Werpeloh
Wippingen
Großsteingräber bei den Düvelskuhlen
Hügelgräberheide
Stavern
Klein Berßen
Haselünne
Transrapid
Lathen (Ems)
Tinner Dose (Schießplatz Meppen)
Nordradde
Meppen
Dortmund-Ems-Kanal
Ems
Steinbild
Walchum
Sustrum
Haren (Ems)
Schifffahrtsmuseum
Funpark Meppen
Ferienzentrum Schloss Dankern
B72
B68
B213
B402
B70
B408
31

TOUR 6 (ca. 105 km)

Haselünne – Herzlake – Hüven – Groß Berßen – Sögel – Werpeloh – Werlte – Vrees – Molbergen – Cloppenburg

Stellplätze:	Haselünne, Herzlake, Hüven, Groß Berßen, Sögel, Werlte, Vrees, Molbergen, Cloppenburg.
Campingplätze:	Haselünne.
Ver-/Entsorgung:	Haselünne, Herzlake, Werlte, Vrees, Cloppenburg.
Besichtigungen:	Haselünne (Innenstadt), Herzlake (Torfwerk Hahnenmoor), Hüven (Hüvener Mühle, Volbers Hünensteine), Groß Berßen (Königsgrab), Sögel (Schloss Clemenswerth), Werlte (Windmühle), Cloppenburg (Museumsdorf).
Wandern/Radtour:	Haselünne (Wacholderhain), Herzlake (Naturschutzgebiet Hahnenmoor), Straße der Megalithkultur, Molbergen (Moorlehrpfad Molberger Dose).
Baden/Wellness:	Haselünne (Badesee).

Am Ende der ersten Tour waren wir in Meppen angekommen. Die Stadt finden Sie ab der Seite 40 beschrieben. Von dort starten wir nun eine Reise über den Hümmling nach Cloppenburg im Oldenburger Münsterland.

Es wird eine spannende Reise durch Landschaften, die von agrarwirtschaftlichen Kulturen geprägt ist. Viele Zeugnisse der Vor- und Frühgeschichte werden wir aufsuchen, Moore durchstreifen und zum Schluss die bäuerliche Struktur dieses Raumes in gebündelter Form mit sehr sehenswerten Bauwerken und zahlreichen Ausstellungsstücken in einem Freilichtmuseum präsentiert bekommen.

Beginnen wollen wir mit einer Stadt, die sich wie keine andere im Nordwesten Deutschlands mit der Produktion von Hochprozentigem einen Namen gemacht hat.

Rund 15 Kilometer sind es von Meppen bis nach **Haselünne**, der ältesten Stadt im Emsland, die bereits 1272 die Stadtrechte bekommen hat. Mit der Errichtung einer Burg wurde der Übergang über die Hase gesichert. Handwerker und Bauern siedelten sich rund um diese Burg an, die Stadt entwickelte sich und wurde sogar eine Hansestadt. Nach Auflösung der Burg bekamen die Burgmannen die Erlaubnis, innerhalb der Stadt befestigte Sitze anzulegen, die Burghöfe entstanden. Ein Burgmann war ein Mitglied des niederen Adels. 22 Burgmannshöfe wurden in Haselünne gezählt, von denen allerdings nur einer nahezu unverändert übrig geblieben. Er ist auch gleichzeitig der älteste. Er wird auch **"Westerholtsche Burgmannshof"** genannt, weil er über drei Jahrhunderte im Besitz der Grafen von Westerholt war, bevor er im 19. Jahrhundert von der Fa. Berentzen übernommen wurde, die in diesem Gebäudekomplex aus Backstein und Fachwerk einen Event-Gastronomiebetrieb führt, die Küche also nur für größere Veranstaltungen öffnet.

Um sich die Stadt näher anzuschauen, suchen Sie am besten diesen Stellplatz auf.

(094) Offizieller WOMO-Stellplatz: Haselünne – Erholungsgebiet am See

GPS: N52°40'14.7" E7°29'54.7"; Am See 1, 49740 Haselünne.
Max. WOMOs: 5, maximale Länge 8 m, max. Aufenthalt 5 Tage.
Ausstattung: Frischwasserversorgung, Abwasserentsorgung mit Bodeneinlass, Kassettenentleerung, keine Behälter für die Müllentsorgung, ganzjährig geöffnet.

Beschreibung: Schattige Stellflächen auf Betonpflastersteinen am Haselünner See. Neben den offiziell ausgewiesenen 5 Stellflächen sind in der Regel auch auf den benachbarten Parkflächen Wohnmobile anzutreffen. Dies wird offensichtlich geduldet. Der Bodeneinlass für die Abwasserentsorgung ist nicht einfach anzufahren. Schöner Spazierweg um den See. Restaurant mit Terrasse und Blick auf das Gewässer in kurzer Entfernung. Bis in die Stadtmitte und dem Berentzen Hof werden zu Fuß rund 15 Min. benötigt.
Preise: Kostenlos, Frischwasser 1,00 €, Abwasserentsorgung und Entleerung der Bordtoilette ist kostenfrei.
Zufahrt: In Haselünne zunächst der Beschilderung zum Campingplatz folgen, auf dem Weg dorthin zum Erholungsgebiet am See rechts abbiegen.

Einen weiteren gut geeigneten und ruhigen sowie schattigen Übernachtungsplatz finden Sie zwischen der Don-Bosco-Schule und dem Freibad an der Lingener Straße mit diesen Koordinaten [**095:** N52°40'04.2" E7°28'56.9"]. Allerdings stehen hier nur zwei Stellplätze zur Verfügung und die sind auch nur für Kastenwagen geeignet. Aber immerhin gibt es eine Ver- und Entsorgungsstation.

Wer mit erlebnishungrigen Kindern unterwegs ist und einen Platz mit vielen Spiel- und Freizeitmöglichkeiten bevorzugt, der sollte sich den **Comfortcamping und Wochenendpark Haseufer** einmal etwas näher anschauen. Sie finden ihn in unmittelbarer Nähe des Erholungsgebietes am See mit diesen Koordinaten [**096:** N52°39'59.7" E7°30'52.4"]. Es ist eine Mischung aus Reiterhof und Jahrmarkt. Aber schauen Sie selbst. Auf dieser Seite www.comfortcamping.de erfahren Sie mehr und können danach entscheiden, ob sich ein Besuch für Sie lohnt.

Kommen wir zurück zum Stadtbesuch. Neben der Fa. Berentzen, die ihre Produktionsstätten in andere Orte verlegt hat, sind noch die Fa. Heydt und die Fa. Rosche zu nennen. Beide produzieren ihre Spirituosen noch in Haselünne. Im 18. Jahrhundert brannten noch 26 Betriebe hier ihren Korn und daneben sollen in der Stadt auch noch 50 Brauereien ansässig gewesen sein.

Der Westerholtsche Burgmannshof.

Betriebshof der Fa. Rosche.

Die Fa. Rosche ist die älteste Kornbrennerei der Stadt und seit 1792 ununterbrochen in Familienbesitz. Sie stellt nach eigenen Angaben Edelbrände her und unterscheidet sich dadurch vom Massenmarkt. Von der Qualität der Spirituosen können Sie sich selbst überzeugen und bei der **"Korn-Academie"** hinter die Kulissen der Herstellung schauen. Hier erfahren Sie mehr darüber www.rosche.de.

Wacholder hat bei einigen Bränden eine besondere Bedeutung. Er wächst unter anderem in einem **Wacholderhain** südlich des Stellplatzes am **Haselünner See**. Sie können den rund vier Kilometer Naturerlebnispfad durch dieses Gebiet mit einem Spaziergang um den See verbinden. Dabei werden Sie Hochlandrinder und Tarpanpferde beobachten, die in diesem Hain für die Pflege des Bewuchses eingesetzt werden. Wenn Sie das Gebiet erkundet haben, dann sind Sie sicher fit für das "Wacholder – Abitur", ein kleiner Gag, den sich die Tourist-Info des Ortes hat einfallen lassen. Dort erfahren Sie auch mehr darüber. Wir haben es nicht probiert.

Bevor wir die "Korn- und Hansestadt" wieder verlassen, möchten wir noch auf den **"Historischen Korn- und Hansemarkt"** hinweisen, der alle zwei Jahre im September stattfindet. Es ist ein kurzweiliger Mittelaltermarkt, der seit mehr als 40 Jahren in der Innenstadt durchgeführt wird. Über den nächsten Termin und das Programmangebot gibt diese Seite Auskunft www.kornundhansemarkt.de.

Nun fahren wir nach **Herzlake** weiter, dort erwartet uns dieser Stellplatz.

(097) Offizieller WOMO-Stellplatz: Herzlake – Hasetalstadion

GPS: N52°40'53.9" E7°36'20.9"; Im Mersch, 49770 Herzlake.
Max. WOMOs: 30, maximale Länge 8 m, max. Aufenthalt 3 Tage.

Ausstattung: Frischwasserversorgung, Abwasserentsorgung mit Bodeneinlass, Kassettenentleerung, von Mitte März bis Mitte November geöffnet.
Beschreibung: Ruhig und abseits gelegener Platz mit geschotterten Stellflächen in unmittelbarer Nähe der Hase. Guter Standort für Radtouren nach Haselünne, zum Torfwerk Hahnenmoor, neben dem großen gleichnamigen Naturschutzgebiet oder zum Stift Börstel.
Preise: Es werden keine Parkgebühren erhoben und auch die Ver- und Entsorgung ist kostenlos.
Zufahrt: In Herzlake den Hinweisen zum Stadion folgen.

In Herzlake gibt es nichts, was Sie unbedingt gesehen haben müssen. Südlich der Stadt befindet sich das **Torfwerk Hahnenmoor**, das Sie mit dem Rad vom Stellplatz bequem erreichen können. Auch der Parkplatz am 1988 stillgelegten Werk ist groß genug, um das WOMO für einen Besuch abzustellen [GPS: N52°39'25.7" E7°38'39.8"] und die Restflächen des wiedervernässten und unter Naturschutz stehenden Moores anzuschauen. Die Gerätschaften des Werkes können nur an den Wochenenden besichtigt werden, dann ist auch das Torfwerk-Café geöffnet. Führungen durch das Moor werden angeboten. Mehr Informationen dazu gibt es hier www.torfwerk-hahnenmoor.de. Ohne sachkundige Führung sehen Sie nicht viel, da ist ein Besuch des Moorlehrpfades Molberger Dose interessanter, den wir im Verlauf dieser Tour auch noch aufsuchen werden.

Von Herzlake fahren wir mit dem WOMO weiter nach **Hüven** und kommen auf dem Weg dorthin an einer außergewöhnlichen Mühle vorbei. Parken können Sie an dieser Stelle [GPS: N52°46'20.4" E7°33'50.0"] neben einem Gasthof, der den Betrieb leider eingestellt hat. Ob das dauerhaft so bleibt oder nur den derzeitigen Umständen geschuldet ist, wissen wir nicht. In jedem Fall, können Sie hier bequem auch mit großen Fahrzeugen parken. Bis zur Mühle sind es nur wenige Meter. So schön es ist, die Kombination aus Wasser- und Windmühle anzuschauen, so ist es doch interessanter hier zugegen zu sein, wenn eine Veranstaltung stattfindet und die Mühle von innen besichtigt werden kann. In unregelmäßigen Abständen werden an der Mühle Mahl- und Backtage abgehalten. Die Termine werden auf dieser Seite www.huevener-muehle.de bekannt gegeben.

Hüvener Mühle.

Wir befinden uns nun am Rande des **Hümmlings**, einer leicht welligen Grundmoränenlandschaft, die während der Saalekaltzeit vor rund 200.000 bis 250.000 Jahren entstanden ist. Die vom Eis transportierten Sand- und Geröllmassen stammen aus Skandinavien, blieben nach dem Abschmelzen des Eises zurück und wurden postglazial durch natürliche Einflüsse überformt. Kennzeichen dieser Landschaft sind wenig fruchtbare Böden, die zumeist bewaldet sind. Der **Windberg** nördlich von Sögel ist mit 73 Metern die höchste Erhebung dieser Landschaft.

Die von der Eiszeit abgelagerten "Findlinge" in dieser Region nutzten unsere Vorfahren zum Bau von Hünengräbern, womit wir nun in der **Megalithkultur** angekommen wären.

Diese Steingräber sind in Nordwestdeutschland vielfach anzutreffen. Um sie dem geschichtsinteressierten Besucher näher zu bringen wurde eine Touristenstraße konzipiert, die die interessantesten Gräber miteinander verbindet.

Straße der Megalithkultur

Diese ausgeschilderte Straße führt auf einer 330 Kilometer langen Route von Osnabrück über Meppen und Cloppenburg nach Oldenburg. Schwerpunkte sind der Raum um Osnabrück, der Hümmling und die Wildeshauser Geest. 78 Großsteingräber gibt es zu besichtigen, die auf 33 Stationen dieser Route verteilt sind. Jedes der Steingräber ist mit Infotafeln ausgestattet. Diese Touristenstraße ist auf unseren Routenkarten mit einer

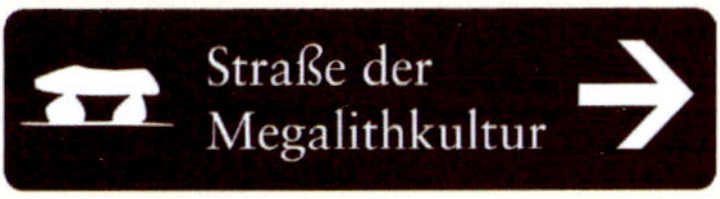

Straßenbeschilderung, wie sie vor Ort entlang der Route zu sehen ist.

gepunkteten Linie markiert. Diese sehen Sie nicht nur auf der Seite 152 zu Beginn dieses Kapitels, sondern auch auf anderen Tourenkarten in diesem Buch. Für eine Gesamtübersicht empfehlen wir, sich die Faltkarte als gedrucktes Exemplar zu besorgen oder als PDF herunterzuladen. Wo Sie die Karte beziehen können, erfahren Sie hier www.strassedermegalithkultur.de. Dort können Sie auch das PDF herunterladen und sich über die einzelnen Großsteingräber detaillierter informieren, als wir das in diesem Buch darstellen können. Wir haben nur einige besonders bekannte besucht, längst nicht alle.

Am Nordrand von Hüven ist ein Großsteingrab zu sehen, das zu den am besten erhaltenen Anlagen im Hümmling zählt. Sie wird **Volbers Hünensteine** genannt. Die Grabkammer ist 15 Meter lang, die ovale Umfassung misst 22 Meter in der Länge und 10 Meter in der Breite. Sie ist fast vollständig erhalten. Dieses Grab wird der Trichterbecherkultur zugeordnet, wurde also irgendwann zwischen 3500 und 2800 Jahren v.Chr. errichtet.

Volbers Hünensteine am Nordrand von Hüven.

Das WOMO in der Nähe des Grabes zu parken ist schlecht möglich. Wir empfehlen, das Fahrzeug auf diesem Wanderparkplatz **[098:** N52°46'50.8" E7°30'48.5"**]** abzustellen. Hier haben Sie auf der einen Seite einen ruhigen Übernachtungsplatz und stehen auf der anderen Seite gleich in der Nähe weiterer Steingräber. Bis zu Volbers Hünensteine sind es mit dem Rad oder zu Fuß rund drei Kilometer.

Wanderparkplatz am Wappengrab.

Die Dichte der Grabanlagen ist rund um **Groß Berßen** sehr hoch, sodass die Straße zwischen Hüven und Groß Berßen in **"Hünengräberstraße"** umbenannt wurde. Die einzelnen Grabanlagen zu finden ist mit den gut ausgeschilderten Wanderwegen kein Problem. Jedoch sind nicht alle gut erhalten und so manche Anlage lohnt einen Besuch nicht.

Wenige Meter neben dem Wanderparkplatz ist das **Wappengrab** zu sehen. Wappengrab deshalb, weil ein prägnanter Deckstein für das Wappen des Emslandes als Vorbild genommen wurde. Die Steingräber westlich des Parkplatzes fanden wir nicht so beeindruckend.

Das Wappengrab bei Groß Berßen.

Wenn Sie vom Wappengrab in nördliche Richtung gehen und die Straße überqueren, gelangen Sie auf einer Heidefläche zum **Königsgrab**. Die Trag- und Decksteine sind im Wesentlichen gut erhalten. Nur 100 Meter von dem Grab entfernt ist eine originalgetreu **rekonstruierte Grabanlage** zu sehen. Sie wurde bereits 1956 errichtet. Umgeben von dichtem Wald wird ein großer Grabhügel sichtbar, der in der Länge 24 Meter und in der Höhe rund 4 Meter misst. Die Grabkammer ist rund acht Meter lang und etwas mehr als einen Meter breit. In diese können Sie hineinkrabbeln.

Rekonstruiertes Grab bei Groß Berßen.

Wir haben noch einige andere Gräber besucht, die wollen wir hier aber nicht alle erwähnen. Auf der eingangs dargestellten Tourenkarte sind sie verzeichnet. Wenn Sie Ihre Kenntnisse über die Megalithkultur vertiefen wollen, können Sie diese aufsuchen. Sie werden auch aufgrund der Hinweisschilder auf diese Anlagen hingewiesen werden. Wir wollen es bei einer kleinen Auswahl belassen und wenden uns nun dem nächsten Punkt auf unserer Reise zu.

Stellplatz in Sögel.

In **Sögel**, einem schmucken Ort mit rund 8.000 Einwohnern wartet das **Schloss Clemenswerth** auf unseren Besuch. Wir parken das WOMO im Norden der Stadt in der Sigiltrastraße [**099:** N52°50'50.6" E7°31'20.2"] neben einem Sportplatz. Es ist der offizielle kostenlose Stellplatz der Stadt ohne irgendwelche Versorgungseinrichtungen. Er ist rund zwei Kilometer vom Schloss entfernt. Der Weg dorthin führt durch das Zentrum der Gemeinde. Hier sind keine besonderen Sehenswürdigkeiten zu verzeichnen. Im Süden des Ortes ist der Ludmillenhof, ein ehemaliges Amtshaus mit einer dreieckigen Parkanlage von außen anzuschauen. Das Gebäude beherbergt heute das Rathaus der Stadt.

Hauptanziehungspunkt in Sögel ist und bleibt das Schloss Clemenswerth.

Schloss Clemenswerth.

Schloss Clemenswerth

Diese barocke Anlage wurde auf Veranlassung von **Clemens August I. von Bayern** als Jagdschloss Mitte des 18. Jahrhunderts errichtet. Er war ein baufreudiger und prunkliebender Rokokofürst, der auch die Schlösser Augustusburg und Falkenlust in Brühl bauen ließ. Als Kurfürst von Köln war sein Lebensmittelpunkt im Rheinland. Der Hümmling war der nördlichste Teil seines Herrschaftsbereiches. Hier ging er gern auf die Jagd und benötigte dafür eine standesgemäße Unterkunft.

Aus der Vogelperspektive betrachtet wirkt die Anlage in Sögel wie ein überdimensionales Rad mit acht Speichen. Die Schneisen und Sichtachsen, die vom Schloss in den umliegenden Wald ausstrahlen, gehen weit über den Ring der Pavillons hinaus, die das Schloss umgeben. Es spiegelt den absolutistischen Geist dieser Epoche wieder, in dem der Herrscher im Zentrum steht, alles um ihn kreist und alles auf ihn zuläuft.

Clemenswerth wurde als Parforce-Sternanlage konzipiert. Die Schneisen dienten den Hetzjagden auf Hirsche. Sie waren breit genug, um schnell zu reiten und mit Hundemeuten das Wild zu jagen und der Jagdleidenschaft mit adeligen Freunden zu frönen.

Der Zentralpavillon ist besonders prachtvoll angelegt. Der Eingangsbereich mit einer repräsentativen zweiläufigen Treppe gestaltet.

Vom Rundsaal, der mit französischen Seidentapeten, flämischen Tapisserien, barocken Möbeln und vielen Gemälden ausgestattet ist, gewähren die Fenster einen guten Blick auf die Schneisen, die von dem Hauptgebäude wegführen. Heute dient das Gebäude mit einigen der acht Pavillons rund um den zentralen Prachtbau als kulturhistorisches Emslandmuseum und bietet wechselnden Ausstellungen einen ausgesprochen fürstlichen Rahmen.

Ursprünglich waren sieben der acht Pavillons Gästehäuser für die adeligen Jagdgesellschaften. Clemens August wurde wegen seiner Bischofssitze auch als Monsieur des cinq églises (Herr der fünf Kirchen) genannt. Einige der Pavillons in Sögel benannte er mit den Namen seiner Bistümer.

In der Schlosskapelle Clemenswerth.

Der achte Pavillon war und ist eine Kapelle, die wegen ihrer Farben- und Formenpracht mit den Rokoko-Kirchen in Bayern verglichen wird. Bedeutend sind das große Deckenfresko und der gläserne Schrein mit den Gebeinen des Märtyrers Fructuosus. Hinter der Kapelle befindet sich ein kleines Kapuzinerkloster mit einem Klostergarten, der besichtigt werden kann.

Die Außenanlagen des Schlossgeländes sind jederzeit frei zugänglich. Über die Öffnungszeiten des Emslandmuseums informiert diese Seite www.clemenswerth.de. Kurfürstlich speisen können Sie in der Schlossanlage auch. Hier können Sie einen Blick in die Speisekarte werfen www.schlosskeller-clemenswerth.com.

Von diesem eindrucksvollen Schloss geht es nun zurück zum WOMO und von dort gleich weiter nach **Werlte** zu diesem Stellplatz.

(100) Offizieller WOMO-Stellplatz: Werlte – Kreutzmanns Mühle

GPS: N52°51'17.1" E7°40'51.9"; Kirchstraße 28, 49757 Werlte.
Max. WOMOs: 6, maximale Länge 8 m, max. Aufenthalt 5 Tage.
Ausstattung: Frischwasserversorgung, Abwasserentsorgung mit Einlasswanne, Kassettenentleerung, Stromanschlüsse, keine Behälter für die Müllentsorgung, ganzjährig geöffnet.
Beschreibung: Halbschattige, eng beieinanderliegende und leicht geneigte Stellflächen auf Betonpflastersteinen in der Ortsmitte. Zahlreiche Restaurants und Einkaufsmöglichkeiten in fußläufiger Entfernung. Jugendzentrum und Feuerwehr in unmittelbarer Nähe. Kein Platz für einen längeren Aufenthalt.
Preise: Kostenlos, Frischwasser 1,00 € und Strom 0,50 € pro kWh. Abwasserentsorgung und Entleerung der Bordtoilette ist kostenfrei.
Zufahrt: In Werlte am Einkaufszentrum links abbiegen und im dann folgenden Kreisverkehr die erste Ausfahrt nehmen, 400 Meter weiterfahren.

Kreutzmanns Mühle in Werlte.

Es ist ein Platz für einen Kurzaufenthalt. Mühlenbegeisterte werden sich den Gallerieholländer, neben dem Sie hier stehen, gern von innen anschauen wollen. Das geht nur in der Zeit von April bis Oktober samstags zwischen 09:00 und 11:00 Uhr. Dann ist sie mit ihren zwei Mahlgängen in Betrieb und es wird Korn gemahlen. Voraussetzung ist natürlich, dass der Wind entsprechend weht. Mehr über die Mühle erfahren Sie auf dieser Seite www.heimatverein-werlte.de.

Die nächste Möglichkeit die notwendigen Ver- und Entsorgungsmaßnahmen durchzuführen haben Sie in **Vrees** auf einem unscheinbaren Stellplatz nahe der Ortsmitte, den Sie mit diesen Koordinaten [**101:** N52°53'22.7" E7°46'29.6"] erreichen. Für ein kleines Entgelt können Sie an diesem Platz Frischwasser beziehen, kostenlos entsorgen und übernachten und für einen Euro pro kWh von einem der fünf Steckplätze Strom erhalten. Zu einer Übernachtung hat uns dieser Platz allerdings nicht animiert.

Wir fahren weiter und suchen den Parkplatz an der **Molberger Dose** auf, den wir mit diesen Angaben punktgenau erreichen [GPS: N52°52'04.9" E7°53'14.8"] .

Moorlehr- und Erlebnispfad Molberger Dose

Früher wurde in dem Moor Schwarztorf abgebaut. Es war begehrt, denn der Brennwert war schon fast der Steinkohle vergleichbar. Bis 1988 wurde noch Weißtorf, der über dem Schwarztorf liegt und als Brennmaterial weniger geeignet ist, abgebaut. Er wurde im großen Stil für den Gartenbau verwendet. Seitdem der Abbau aufgegeben wurde, steht das rund 600 Hektar große Gebiet unter Naturschutz und eine Wiedervernässung wurde in die Wege geleitet. Seit dieser Zeit wächst das Moor wieder in die Höhe, rund einen Millimeter pro Jahr. Es wird also noch eine Weile dauern, bis die ursprüngliche Mächtigkeit dieses Hochmoores wieder erreicht ist. Welche Mechanismen dabei wirken, ist unter anderem ein Thema des drei Kilometer langen Moorlehr- und Erlebnispfades.

Wasserfläche in der Wiedervernässungszone der Molberger Dose.

Diesen **"Dausenmoorpad"** genannten Lehrpfad können Sie auf eigene Faust erkunden. An 15 Stationen werden die Einzelheiten der Moorlandschaft mit Tafeln und mit Quizfragen erläutert. Ein schnelles Durchschreiten des Moores macht keinen Sinn. Interessante Frage- und Antworttafeln klären auf über die Grundstoffe des Moores, über die Moorbewohner, über den Torfabbau einst und jetzt, über das Wasser im Moor, wie dieses und andere Moore geschützt werden können und welche Bedeutung sie als CO2-Speicher haben.

Falter zwischen Gräsern.

Aber nicht nur die lehrreichen Tafeln am Wegesrand verdienen Ihr Augenmerk. Manchmal sind es auch die ganz kleinen Dinge, die beachtet werden wollen. Azurjungfern zum Beispiel. Neben den Faltern und anderen Insekten konnten wir Sie in diesem Moor in großen Populationen beobachten.

Azurjungfer auf einem Blatt.

Je nach Jahreszeit gibt es unterschiedliches zu betrachten, im Sommer das Wollgras und die Heide, im Herbst buntes Herbstlaub im Birkenbruchwald oder in der Übergangszeit die Nebelschwaden über den Wasserflächen, im Winter der Rauhreif auf den Gräsern. Jede Zeit hat im Moor ihren Reiz.

Der Verein Erholungsgebiet Thülsfelder Talsperre e.V. bietet mehrer Führungen unter verschiedenen Aspekten in diesem Moorgebiet an. Schauen Sie dazu auf diese Seite www.thuelsfelder-talsperre.de, dort werden Sie eine ganze Reihe von Angeboten rund um die Thülsfelder Talsperre finden, die wir in der nächsten Tour besuchen werden.

Durch Molbergen zu bummeln ist nicht sonderlich attraktiv. Aber der nächste Ort auf unserer Reise bietet gute Einkaufsmöglichkeiten. Wenn Sie hier auf dem Schützenplatz parken [GPS: N52°51'27.9" E7°55'38.3"] , haben Sie gleich mehrere bekannte Discounter, Drogeriemarkt, Bäcker, Getränkemarkt und ein Bekleidungsgeschäft gebündelt an einem Platz in fußläufiger Entfernung. Das ist nicht ungeschickt, um die Bordvorräte aufzufüllen.

Dann geht es auch gleich weiter nach **Cloppenburg** zum **Museumsdorf**, dessen Parkplatz Sie in der Bether Straße mit diesen Koordinaten [**102:** N52°51'08.7" E8°03'10.4"] erreichen.

Museumsdorf Cloppenburg

Mit diesem Museumsdorf hat die Stadt Cloppenburg das größte Freilichtmuseum in Niedersachsen aufzuweisen, das auch gleichzeitig eines der ältesten dieser Art in Deutschland ist. Es wurde in den Dreißigerjahren des letzten Jahrhunderts gegründet und zeigt in einer parkähnlichen Landschaft in der Niederung der Soeste auf 25 Hektar Fläche mit rund 60 Gebäuden und unzähligen Gerätschaften die

Kulturgeschichte des ländlichen Raumes in Nordwestniedersachsen. Mit seinen vielfältigen Sammlungen, die gar nicht alle im Museum gezeigt werden können, dient dieses Museum auch der kultur- und agrarhistorischen Forschung.

Im Eingangsbereich sind **Ottomeyer-Dampflokomobile** und ein Wendepflug zu sehen, die wir in ähnlicher Form bereits im Emsland Moormuseum (siehe Seite 39) gesehen haben.

Scheune mit dem Dampflokomobil "Heumar".

Nachdem wir die Soeste und eine Straße überquert haben, sind zwei Scheunen zu sehen. In einer steht das Dampflokomobil Heumar.

Die Scheune stand ursprünglich in Grönloh einem Dorf im Oldenburger Münsterland zwischen Cloppenburg, Dinklage und Bersenbrück. Alle Häuser in diesem Museum wurden "transloziert" wie es in der Fachsprache heißt. Das heißt, das Gebäude wurde am Originalstandort mit allen Einzelheiten dokumentiert, dann abgebaut, ins Museum verfrachtet und dort originalgetreu wiederaufgebaut. An allen Gebäuden finden Sie entsprechende Erläuterungen und Hinweistafeln und wer es etwas genauer wissen will, dem empfehlen wir den Kauf des 194 Seiten starken Museumsführers, der alle Häuser dieses Freilichtmuseums beschreibt. Die allermeisten Bauwerke kommen aus dem Oldenburger Münsterland. Dazu gehört auch die Bockwindmühle aus Essern, die hier einen neuen Platz gefunden hat und eine der ältesten Windmühlen Niedersachsens ist. Es ist das nächste Objekt auf dem Spaziergang durch die Anlage.

Eines der prächtigsten Gebäudeensembles in dem Museum ist die **Hofanlage Wehlburg**, zu der Sie wenige Schritte später kommen. So

Fachwerk und Klinkersteine, die Hofanlage Wehlburg.

ließen sich jetzt alle größeren und kleineren Gebäude vom Landerbeiterhaus, Kolonistenhaus, Schmieden, Töpfereien, Heuerhäusern, Ställen, Backhäusern, weiteren Windmühlen, Herrenhäusern und vielem anderen mehr beschreiben.

Irgendwann ist die Aufnahmefähigkeit erschöpft und Geist und Auge brauchen eine Pause. Die können Sie stilvoll im Dorfkrug einlegen, einem Gebäude, das an seinem Originalstandort allerdings kein Gasthaus war.

Über die Öffnungszeiten des Museums informiert diese Seite https://museumsdorf.de. Hier finden Sie auch die Eintrittspreise und Hinweise auf die zahlreichen Veranstaltungen, die in diesem Museum stattfinden.

Pause im Dorfkrug.

Bleibt zum Schluss noch ein Bummel durch die Stadt und der Hinweis auf diesen Stellplatz am Stadtpark, der alle notwendigen Ver- und Entsorgungseinrichtungen aufweist, bevor die nächste Tour beginnt.

(103) Offizieller WOMO-Stellplatz: Cloppenburg – Am Stadtpark

GPS: N52°50'46.1" E8°02'47.7"; Hagenweg, 49661 Cloppenburg.
Max. WOMOs: 8, maximale Länge 8 m, max. Aufenthalt 3 Tage.
Ausstattung: Frischwasserversorgung, Abwasserentsorgung ohne Bodeneinlass und Kassettenentleerung über eine Sani-Station, Stromanschlüsse, Behälter für die Müllentsorgung, ganzjährig geöffnet.

Beschreibung: Gepflasterte Stellflächen neben dem Stadtpark am Rande eines Pkw-Parkplatzes. Bei voller Belegung kann es mit dem Rangieren schwierig werden. Trotz Innenstadtlage sehr ruhig. Freibad in unmittelbarer Nähe, Restaurants und Einkaufsmöglichkeiten in großer Auswahl vorhanden.
Preise: 5,00 € für ein Fahrzeug, Frischwasser 1,00 € (ca. 70 Liter), Strom 0,50 € pro kWh. Abwasserentsorgung und Entleerung der Bordtoilette 1,00 €. Einen Parkschein gibt es am Kassenautomaten.
Zufahrt: Im Zentrum der Stadt bis zur Agentur für Arbeit fahren. Im Kreisverkehr vor der Agentur in den Hagenweg abbiegen.

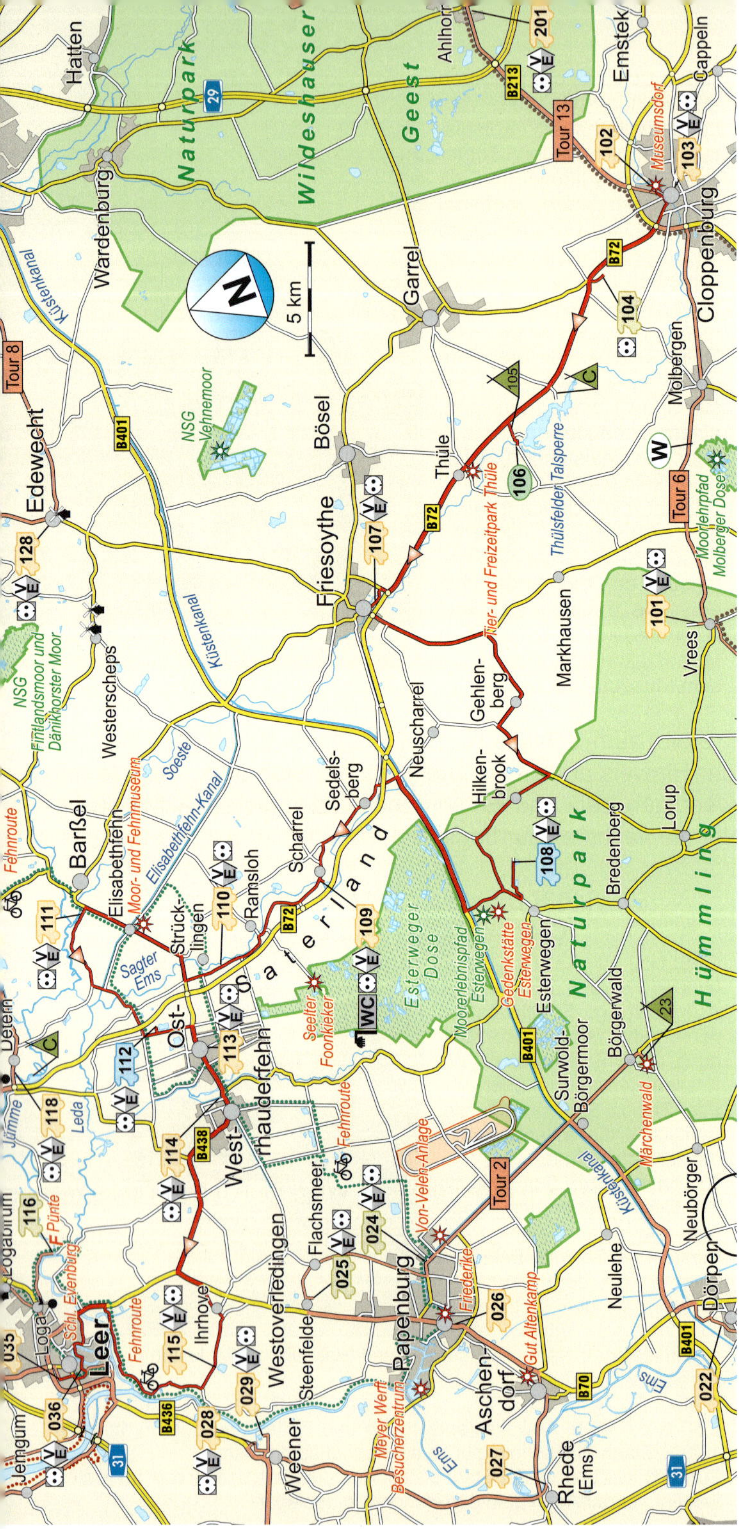

Hatten
Naturpark
Wildeshauser
Geest
Ahlhorn
Emstek
Cappeln
Wardenburg
Küstenkanal
Tour 8
Edewecht
B401
NSG
Vehnemoor
5 km
N
Garrel
Bösel
Friesoythe
Thüle
Tier- und Freizeitpark Thüle
Thülsfelder Talsperre
Molbergen
Cloppenburg
Museumsdorf
Tour 13
B213
B72
Tour 6
Moorlehrpfad
Molberger Dose
Markhausen
Vrees
Gehlen-
berg
Hilken-
brook
Neuscharrel
Sedels-
berg
Scharrel
Ramsloh
Saterland
NSG
Fintlandsmoor und
Dänikhorster Moor
Westerscheps
Soeste
Elisabethfehn-Kanal
Barßel
Fehnroute
Elisabethfehn
Moor- und Fehnmuseum
Strück-
lingen
Sagter
Ems
Seelter
Foonkieker
Esterweger
Dose
Moorerlebnispfad
Esterwegen
Gedenkstätte
Esterwegen
Esterwegen
Naturpark
Hümmling
Bredenberg
Lorup
Börgerwald
Surwold-
Börgermoor
Märchenwald
Ost-
rhauderfehn
West-
rhauderfehn
B438
Detern
Leda
Jümme
Fehnroute
Von-Velen-Anlage
Tour 2
Flachsmeer
Westoverledingen
Ihrhove
Steenfelde
Papenburg
Friederike
Neulehe
Neubörger
Dörpen
B401
Ems
Leer
Loga
Schl. Evenburg
Pünte
Fehnroute
Jemgum
B436
Weener
Meyer Werft
Besucherzentrum
Aschen-
dorf
Gut Altenkamp
B70
Rhede
(Ems)
Ems
31
29

TOUR 7 (ca. 125 km)

Thüle – Friesoythe – Esterwegen – Scharrel – Strücklingen – Elisabethfehn – Barßel – Ostrhauderfehn – Westrhauderfehn – Ihrhove – Leer

Stellplätze:	Varrelbusch, Thüle, Friesoythe, Esterwegen, Scharrel, Strücklingen, Elisabethfehn, Barßel, Ostrhauderfehn, Westrhauderfehn, Ihrhove, Leer.
Campingplätze:	Thülsfelder Talsperre.
Besichtigungen:	Thüle (Tier- und Freizeitpark), Esterwegen (KZ-Gedenkstätte), Scharrel (Windmühle und Heimatmuseum), Elisabethfehn (Moor- und Fehnmuseum).
Wandern/Radtour:	Esterwegen (Moorerlebnispfad), Radtour auf der Deutschen Fehnroute, kombinierte Paddel- und Radtour in Westrhauderfehn.
Baden/Wellness:	Thülsfelder Talsperre, Esterwegen (Erikasee), Scharrel (Maiglöckchensee), Ostrhauderfehn (Idasee), Ihrhove (Naturbadesee).

Eine bunte Mischung haben wir auf dieser Tour im Angebot. Wir besuchen mit der Thülsfelder Talsperre einen großen See in einem flachen Tal, fahren von dort zu einem lebendigen Tier- und Freizeitpark, der besonders für Familien mit Kindern interessant ist. Sodann geht es zu einem kleinen verschwiegenen Badesee weiter, bevor wir in der KZ-Gedenkstätte Esterwegen einen Blick in die deutsche Geschichte werfen. Danach widmen wir uns aber gleich wieder mit einem Moorlehrpfad erfreulicheren Dingen zu.

Windmühlen haben wir auch erneut im Besuchsprogramm aufgenommen. Im Saterland stellen wir Ihnen mit dem Saterfriesisch kurz eine eigenständige Sprachkultur vor und zeigen Ihnen (ganz untypisch für diese Region), wo Sie schwäbische Maultaschen essen können. Moore und die Fehnkolonisation beschäftigen uns in Elisabethfehn. Wir geben Ihnen Tipps, wie Sie mit einem großen Schiff einen Ausflug in den Gewässern rund um Barßel machen können und haben für Sie eine erlebnisreiche Paddel- und Pedaltour von Westrhauderfehn nach Leer herausgesucht. Zwischendrin und am Ende warten Badeseen auf Ihren Besuch. Freuen Sie sich auf eine sehr abwechslungsreiche Tour, deren erste Station der Frischehof Döpke in Garrel-Varrelbusch ist, den Sie in der Friesoyther Str. 1, in unmittelbarer Nähe der B72 finden. Die Anfahrt ist zwar etwas verzwickt, aber Sie erreichen ihn sicher und bequem mit diesen Koordinaten [**104:** N52°53'08.1" E8°00'57.0"].

Frischehof Döpke.

Stellplatz am Frischehof Döpke.

Der Hof bietet einen Bauernmarkt, ein gutes Restaurant und einen kostenlosen Stellplatz mit einer kostenlosen Strom- und Frischwasserversorgung. Eine Entsorgungsstation gibt es hier allerdings nicht. So schön der Stellplatz auch ist, so hat er doch einen Nachteil. Die stark befahrene B72 führt in unmittelbarer Nähe vorbei und der Verkehrslärm wird durch die wenigen Sträucher und Bäume kaum gedämpft.

Im Hofladen können Sie sich mit allen notwendigen Lebensmitteln und Getränken versorgen und die Vorratsschränke Ihrer Bordküche auffüllen. Frisches Obst und Gemüse kommt in der Regel von regionalen Erzeugern. Die lokal erzeugten Produkte werden auch in der Küche des Restaurants verarbeitet. Hier werden also klassische norddeutsche Gerichte serviert und das Café bietet je nach Saison die unterschiedlichsten Obstkuchen an. Lecker gesättigt und mit kaum unterzubringenden Vorräten setzen wir die Tour fort. Nächstes Ziel ist die **Thülsfelder Talsperre**.

Thülsfelder Talsperre

Diese Talsperre wurde bereits in den Zwanzigerjahren des letzten Jahrhunderts als Hochwasserschutzbecken errichtet. Mit einer Wasserfläche von 170 Hektar zählt sie zu den größten Stauseen Norddeutschlands. Bei voller Stauhöhe erreicht die Wassertiefe nicht mehr als fünf Meter. Eine hohe Staumauer gibt es nicht. Den See umgeben aufgeschüttete Dämme, auf denen am Ostufer Rad- und Fußwege angelegt sind. Entlang des Westufers befindet sich ein Naturschutzgebiet, das für Besucher nicht zugänglich ist. Am Ostufer gibt es im Süden und im Norden des Sees einige touristische Einrichtungen wie Campingplätze, Restaurants und ein

Badegäste der Thülsfelder Talsperre.

Kletterwald. Im Süden lockt ein Badestrand im Norden nur einen Badeplatz, den sich die Besucher mit Graugänsen teilen müssen, die mit ihren "Hinterlassenschaften" nicht unbedingt ungetrübten Badespaß garantieren. Zwischen dem nördlichen und dem südlichen Teil des Sees haben die Angler ihre Bereiche, die hier in großer Zahl mit Bollerwagen und vielfältiger Ausrüstung anzutreffen sind. Es werden Hechte, Zander, Brassen und mit etwas Glück auch Welse gefangen. Es kann nicht jeder einfach seine Angelrute nutzen. Eine Gastkarte des örtlichen Fischervereins ist dazu notwendig. Alles Notwendige erfahren Sie dazu auf dieser Seite http://fischereiverein-friesoythe.net. Segler, Surfer, SUPs oder Tretboote gibt es auf diesem See übrigens nicht. Sie sind untersagt.

Badestrand an der Thülsfelder Talsperre.

Für die Freizeitgestaltung empfehlen wir Ihnen diese Seite www.thuelsfelder-talsperre.de einmal aufzurufen. Sie finden darin eine ganze Reihe von Angeboten die Sie wahrnehmen können. Darunter sind auch eine Vielzahl fest konzipierter Radtouren, deren Beschreibungen Sie sich als PDF und deren Routenverlauf als gpx-Datei für Ihr Smartphone oder Navi herunterladen können. Auf dieser Seite können Sie auch Ihre eigene Tour selbst zusammenstellen und dann als gpx-Datei herunterladen. Gut, wenn Sie ein Laptop dabei haben, damit geht es recht bequem.

Für einen längeren Aufenthalt bietet sich dieser Campingplatz an.

(105) WOMO-Campingplatz: Friesoythe – Touristencampingplatz Wilken

GPS: N52°56'17.1" E7°55'58.8"; Seeblickstraße 1a, 26169 Friesoythe.
Max. WOMOs: 100, maximale Länge 10 m.
Ausstattung: Frischwasserversorgung, Abwasserentsorgung ohne Bodeneinlass und Kassettenentleerung über eine Sani-Station im Eingangsbereich vor der Schranke des Platzes, Stromanschlüsse, Behälter für die Müllentsorgung, WLAN, Brötchenservice. Im Servicegebäude gibt es Duschen, WCs, Waschmaschinen und Trockner. Der Platz ist von Mitte März bis Ende Oktober geöffnet.

Beschreibung: Mindestens 110 Quadratmeter große sonnige Rasenplätze, rund 500 Meter vom Stausee entfernt.
Preise: Erwachsene Person 5,50 €, Kinder 4,50 €, Wohnmobil 5,50 €, Strom 0,60 pro kWh, Nutzung der Waschmaschine und des Trockners jeweils 2,50 €, Familienbad 8,00 € pro Tag.
Zufahrt: An der B72 in Richtung Thüle am Ende der Thülsfelder Talsperre auf der linken Seite.
Reservierung/Kontakt: Tel.: 04495/9219150
E-Mail: info@camping-wilken.de, Web: www.camping-wilken.de.

Waldparkplatz am nördlichen Rand der Thülsfelder Talsperre.

Wer auf die Komforteinrichtungen eines Campingplatzes verzichten kann und gern frei und ungebunden in der Natur einen Platz sucht, für den empfehlen wir diesen Wanderparkplatz am nördlichen Rand der Talsperre, den Sie mit diesen Koordinaten [**106:** N52°56'22.2" E7°55'33.9"] erreichen können. Die Straße heißt "Über den Worberg". Folgen Sie einfach den Hinweisen zum Kletterwald, dadurch ist der Platz auch gut zu finden. Er befindet sich in unmittelbarer Nähe.

Von diesem ruhigen lauschigen Waldparkplatz bieten sich viele Möglichkeiten an, Radtouren zu starten, unter anderem zu dem **Tier- und Freizeitpark Thüle**, der in nur etwas mehr als zwei Kilometern Entfernung anzutreffen ist. Sollten Sie eine Ver- und Entsorgungsstation aufsuchen müssen, so empfehlen wir Ihnen nach Friesoythe zu fahren und die Anlage am Aquaferrum zu nutzen. Sie finden diese auf der Seite 172 beschrieben.

Tier- und Freizeitpark Thüle

Er ist einer dieser familienfreundlichen Freizeitparks, der eine Kombination aus klassischem Freizeitpark und klassischem Tierpark anbietet. Mit dem Angebot der Spiel- und Freizeitattraktionen richtet er sich eher an die jüngeren Kinder, weniger an Jugendliche.

Der Storchenturm im Freizeitpark Thüle.

Wenn Sie nur auf der Durchreise sind und diesen Park aufsuchen wollen, ohne längere Zeit zu verbleiben, dann können Sie auch einen der Parkplätze nutzen. Wir empfehlen den, den Sie mit diesen Koordinaten [GPS: N52°57'18.8" E7°55'12.9"] erreichen. Hier gibt es auch für ein Wohnmobil ausreichend Platz. Auf den anderen Parkplätzen geht es eher beengt zu.

Wenn Sie den Eingangsbereich mit Kasse, Restaurant, Imbiss, Picknick- und Verkaufspavillon durchschritten haben, sind Sie gleich in der Spiele- und Freizeitwelt, mit insgesamt 34 Attraktionen.

Kletteranlagen, Seilbahn, Boots-Wasserrutsche, Trampolinanlage, Jungleloop, Storchenturm und die vielen anderen Einrichtungen werden von den Kindern in Beschlag genommen und es herrscht ein buntes Treiben und Gekreische, wie das nun mal so ist, wenn viele Kinder sich mit diesen Gerätschaften austoben dürfen. Das zaubert ein Lächeln auf die Gesichter der Eltern und von Oma und Opa.

Wesentlich ruhiger ist es auf den Wegen vor den Tiergehegen. Eine ganze Reihe exotischer Tiere sind in den 47 Gehegen zu bewundern. An jeder Umzäunung hängt eine kurze Beschreibung, auf der die Herkunft, das Jagdverhalten, die Populationsgröße und anderes mehr aufgeführt ist. Dabei kann der interessierte Besucher viel erfahren. Das der Fleckenuhu zum Beispiel gern eine Laterne als Ansitz nutzt und in der Nacht im Scheinwerferlicht von Autos verendete Tiere von der Straße greift, war uns neu.

Fleckenuhu aus dem südlichen Afrika.

Insgesamt sind rund 1000 Tiere in diesem Park zu sehen, die auf einer Fläche von rund 10 Hektar verteilt sind. Sieben Gehege sind begehbar. Der Streichelzoo mit den Ziegen erfreut sich dabei größter Beliebtheit. Auf dieser informativen Seite www.tier-freizeitpark.de erfahren Sie mehr über die Tiere, die Sie hier antreffen können. Dort finden Sie auch die Öffnungszeiten und die Eintrittspreise.

Eine Katta aus Madagaskar.

Zum Abschluss des Besuches geht es noch in den neu geschaffenen mehr 3.000 Quadratmeter großen Wikingerpark Njordland. Hier können die Kleinen Hägar nacheifern und einige andere Spielabenteuer bestehen und den sehr großen Rutschenturm mit Freifall- und Wendelrutsche ausprobieren.

Wenn Sie mit Kindern unterwegs sind, wird es Ihnen in diesem Park garantiert nicht langweilig.

Uns hat es gut in diesem Park gefallen, doch nun ziehen wir weiter und haben als nächsten Ort **Friesoythe** auf unserem Programmzettel stehen. In dieser Stadt mit rund 22.000 Einwohnern gibt es aus unserer Sicht nicht viel Interessantes zu entdecken. Die Eisenstadt, wie sie sich selbst nennt, beruft sich auf eine Schmiedetradition, die Sie aber in keinem Museum und in keiner Ausstellung im Ort dokumentiert finden. Nur einige schmiedeeiserne Kunstwerke sind zu sehen.

Gut zu nutzen ist der Stellplatz, den wir auf der nächsten Seite beschrieben haben und sehr gut ist die Ver- und Entsorgungsanlage neben diesem Stellplatz anzufahren. Sollten Sie hier übernachten wollen und der Platz belegt sein, so finden Sie neben dem **Aquaferrum** noch einen Ausweichplatz.

(107) Offizieller WOMO-Stellplatz: Friesoythe – Aquaferrum

GPS: N53°00'44.7" E7°51'40.1"; Thüler Str. 28A, 26169 Friesoythe.
Max. WOMOs: 5, maximale Länge 10 m, max. Aufenthalt 5 Tage.

Ausstattung: Frischwasserversorgung, Abwasserentsorgung mit Bodeneinlass, Kassettenentleerung, Stromanschlüsse, Behälter für die Müllentsorgung, ganzjährig geöffnet.
Beschreibung: Halbschattige Stellflächen auf Betonpflastersteinen neben dem Allwetterbad Aquaferrum. Das Zentrum der Stadt mit einigen Restaurants ist mit einem Spaziergang durch den Stadtpark bequem in 15 Minuten erreichbar. Die Ver- und Entsorgungsanlage ist sehr gut und ohne großen Rangieraufwand zu erreichen.
Preise: Kostenlos, Frischwasser 1,00 € und Strom 6,00 € für 24 Stunden. Abwasserentsorgung und Entleerung der Bordtoilette 3,00 €.
Zufahrt: Am Ortseingang von Friesoythe von der B72 abfahren, danach gleich links abbiegen und der Straße bis zum Aquaferrum folgen.

Von Friesoythe bis zum **Erikasee** in Esterwegen sind es rund 20 Kilometer. Dort können Sie diesen Stellplatz anfahren.

(108) Offizieller WOMO-Badeplatz: Esterwegen – Erikasee

GPS: N52°59'37.3" E7°40'04.0"; Zum Erikasee, 26897 Esterwegen.
Max. WOMOs: 10, maximale Länge 8 m, max. Aufenthalt 6 Tage.
Ausstattung: Frischwasserversorgung, Abwasserentsorgung mit Bodeneinlass, Kassettenentleerung, Stromanschlüsse, Behälter für die Müllentsorgung, ganzjährig geöffnet.

Beschreibung: Sechs sonnige und vier schattige Stellplätze stehen hier neben dem Erikasee zur Verfügung. Es gibt eine Minigolf-Oase, einen Abenteuer-Spielplatz, einen kleinen Badestrand und ein Café/Bistro, mit Kaffee, Kuchen und kleinen Gerichten.
Preise: Kostenlos, Frischwasser 1,00 € und Strom 0,50 € pro kWh. Abwasserentsorgung und Entleerung der Bordtoilette ist kostenfrei.
Zufahrt: Der Erikasee befindet sich am Ende einer Sackgasse zwischen Hilkenbrook und Esterwegen. Das Asphaltsträßchen ist mit vielen Bremsschwellen aus Betonpflastersteinen versehen.

Am Nordende des vier Hektar großen Baggersees befindet sich der rund 200 Meter lange Badestrand. Stark frequentiert ist dieser See, der über eine ausgezeichnete Wasserqualität verfügt, nicht. Nur wenn der Jugendzeltplatz neben diesem stillen Badegewässer belegt ist, wird es hier lebendiger. Kurzum ein schöner und ruhiger Ort, um zu entspannen.

Der Erikasee in Esterwegen.

Wenn die zehn Plätze am Erikasee belegt sind, so kann auch noch auf eine Wiese ausgewichen werden. Nur gibt es dann keine Stromversorgung, so teilte es uns einer der Verantwortlichen für diesen Platz mit, der bei unserem Besuch zufällig zugegen war.

Allee bei Esterwegen.

Wir setzen unsere Reise fort und wollen mit dem nebenstehenden Bild auch einmal zeigen, dass Sie nicht nur durch plattes eingezäuntes Weideland fahren, sondern manchmal auch durch schöne Alleen, wie hier auf einer der Straßen bei Esterwegen. Aber auch schöne Straßen können zu hässlichen Orten führen. Die Gedenkstätte des KZ Esterwegen ist einer dieser Orte. Sie erreichen den Parkplatz mit diesen Angaben [GPS: N53°00'31.4" E7°38'36.3"] in der Straße "Hinterm Busch 1".

KZ Gedenkstätte Esterwegen

Das KZ Esterwegen war eines von 15 Konzentrations-, Straf- und Kriegsgefangenenlager im Emsland. Zigtausende wurden in den Lagern gefangen gehalten, darunter zahlreiche "politische Gefangene", die den Nationalsozialisten bei der Durchsetzung ihrer Herrschaft im Wege waren oder gefährlich zu werden drohten. In den Kriegsgefangenenlagern des Emslandes kamen zwischen 14.250 und 26.250 sowjetische Soldaten um lesen wir im Besucherzentrum im Eingangsbereich, in dem auch noch Reste der Barackenwände des Lagers Esterwegen zu sehen sind und vor allem Hunderte Gesichter, Fotos der Inhaftierten sind in dem dunklen Raum zu sehen, das dieses dunkle Kapitel unserer Geschichte eindrücklich dokumentiert.

In Esterwegen wurden die Gefangenen unter unerträglichen Bedingungen bei der Trockenlegung der emsländischen Hochmoore eingesetzt. Einer der berühmtesten Häftlinge in diesem Lager war **Carl von Ossietzky** (*1889; † 1938), Herausgeber der Zeitschrift "Die Weltbühne" und Friedensnobelpreisträger von 1935.

Die Lagerstraße in der KZ-Gedenkstätte Esterwegen.

Bei der Friedensbewegung ist das Lager unter anderem durch das Lied "Die Moorsoldaten" in besonderer Weise in Erinnerung geblieben, das in diesem Lager komponiert und von inhaftierten ehemaligen Mitgliedern des Solinger Arbeitergesangvereins im August 1933 uraufgeführt wurde. Auf eines der Alben von Hannes Wader können Sie es sich auf Youtube anhören.

Ein stählerner Steg führt vom Besucherzentrum zur ehemaligen Lagerstraße. Von den Gebäuden ist nichts mehr zu sehen, nur die Fundamente sind teilweise erkennbar. Bauminseln markieren die Standorte der ehemaligen Baracken. Auf dieser Seite www.gedenkstaette-esterwegen.de finden Sie eine detaillierte Beschreibung des Rundweges durch das Gelände, sehr viele Hintergrundinformationen sowie die Öffnungszeiten. Der Eintritt ist frei.

Moorerlebnispfad Esterwegen

Auf der einen Seite des Besucherzentrums führt ein stählerner Steg in das ehemalige Lager, auf der anderen Seite führt er in einer Linie weiter direkt in das Moor hinein.

Bohlenweg des Moorerlebnispfades.

Hinweise zu den Tätigkeiten der Kriegsgefangenen gibt es auf diesem Moorerlebnispfad nicht. Mit großen Schautafeln stehen die Erklärungen über die Nutzung und die Entwicklung des Moores im Vordergrund.

So wird erklärt, wie die Hochmoore durch den Einsatz von Kunstdünger ohne Abtorfung direkt landwirtschaftlich genutzt werden konnte. Die Fehnkultur durch Abtorfung, wie wir sie bereits in Papenburg in der Von-Velen-Anlage (siehe Seite 56) kennengelernt haben, wird ebenfalls erläutert. Weitere Aspekte der Kolonisierung durch Moorbrand und Einsatz des Tiefpfluges werden betrachtet. Dinge die uns nun schon auf den verschiedenen Stationen unserer Reise immer wieder begegnet sind.

Natürlich wird auf diesem Lehrpfad auch Bezug genommen auf die Bedeutung als Refugium für seltene Vogelarten und anderer Tiere und die Besonderheiten der Vegetation im Zusammenspiel mit dem Wasser wird verdeutlicht. Für die Archäologie sind intakte Moore höchst bedeutsam. Sind doch durch die konservierenden Eigenschaften Jahrtausende alte Gegenstände erhalten, die an anderen Orten längst zu Staub zerfallen wären. So konnten in der Esterweger Dose einige Funde gesichert werden, auch Moorleichen. Eine Nachbildung können Sie unter einer Glasscheibe auf dem rund einen Kilometer langen Moorerlebnispfad betrachten.

Wiedervernässte Fläche in der Esterweger Dose.

Von Esterwegen fahren wir weiter nach **Scharrel** und sind damit im **Saterland** oder **Seelterlound** wie es auf saterfriesisch heißt. Dort begeben wir uns zu diesem Stellplatz.

(109) Offizieller WOMO-Stellplatz: Scharrel – Maiglöckchensee

GPS: N53°04'13.9" E7°41'54.8"; Am Sportplatz, 26683 Saterland.
Max. WOMOs: 40, maximale Länge 8 m, max. Aufenthalt 5 Tage.
Ausstattung: Frischwasserversorgung, Abwasserentsorgung mit Bodeneinlass, Kassettenentleerung, Stromanschlüsse, Behälter für die Müllentsorgung. Im Servicegebäude gibt es Duschen,WCs, Waschmaschine und Trockner. Der Platz ist ganzjährig geöffnet.

Beschreibung: Weitgehend schattenlose ebene Stellflächen auf Schotterrasen mit gut befestigten Zufahrten. Der Stellplatz liegt an dem Flüsschen Sagter Ems und dem idyllischen Maiglöckchensee. Kanutouren auf der Sagter Ems sind möglich. Fragen Sie dazu den Bediensteten der Gemeinde, der am Abend die Stellplatzgebühren einsammelt.
Preise: 5,00 € für ein Fahrzeug, Frischwasser 1,00 € und Strom 2,00 € pro Tag. Abwasserentsorgung und Entleerung der Bordtoilette ist kostenfrei. Die Nutzung der Duschen und der WCs sind im Preis enthalten. Nutzung von Waschmaschine und Trockner jeweils 2,00 €. Die Parkgebühr wird am Abend am Fahrzeug kassiert.
Zufahrt: Die Ortsmitte von Scharrel durchfahren und kurz vor dem Ortsende links in die Straße "Am Sportplatz" abbiegen.

Mit den **Saterfriesen** lebt hier die kleinste anerkannte Sprachminderheit Deutschlands. Ein Grund dafür ist die lange Isolierung der Region, die auf einer 15 Kilometer langen und

Der Maiglöckchensee in Scharrel.

bis zu vier Kilometer breiten Sandinsel mitten in einer schwer zugänglichen Moorlandschaft liegt, die bis ins 19. Jahrhundert nur per Schiff über die Sagter Ems zu erreichen war.

Saterland heißt heute auch die Gemeinde, die aus den Orten Strücklingen, Ramsloh, Scharrel und Sedelsberg besteht. Eine schmale Straße verbindet sie miteinander und die gut ausgebaute B72 führt dicht an diesen Orten vorbei. Sie ist es auch, die den Aufenthalt am Maiglöckensee ein wenig trübt, denn der Verkehr von dieser viel befahrenen Straße ist deutlich hörbar. Andererseits ohne die B72 würde es den See nicht geben, denn es ist ein Baggersee, dessen Aushub für den Bau der Bundesstraße Verwendung fand, um einen stabilen Unterbau für die Straße in dieser Moorlandschaft herzustellen. Der kleine Badestrand ist nicht weit vom Stellplatz am Ostufer entfernt.

Die Windmühle in Scharrel.

Sehenswert in Scharrel ist die dreistöckige Galerie-Holländer-Windmühle mit Steert, die voll funktionsfähig ist. "Vom Korn zum Brot" heißt die Dauerausstellung die in der Mühle betrachtet werden kann. Neben der Mühle befindet sich ein umgebauter Stall, der als Heimatmuseum dient. Bei unserem Besuch saßen einige Vereinsmitglieder, die diese Mühle und das Museum betreiben beieinander und haben natürlich saterfriesisch gesprochen. Obwohl wir des Plattdeutschen durchaus mächtig sind, haben wir kein Wort verstanden. Von Mai bis September können Sie die Mühle und das Museum jeden ersten und dritten Sonntag im Monat besichtigen.

Dabei werden Sie mit Kaffee und selbst gebackenen Kuchen in der **"Schäddeler Määlne"** (Scharreler Mühle) bewirtet.

Kulinarische Überraschungen gibt es auf dem Platz, den wir jetzt in Strücklingen anfahren.

(110) Offizieller WOMO-Stellplatz: Strücklingen – Reisemobilpark Sagter-Ems

GPS: N53°07'16.0" E7°40'04.3"; Hauptstraße 608, 26683 Saterland.
Max. WOMOs: 55, maximale Länge 10 m.

Ausstattung: Frischwasserversorgung, Abwasserentsorgung mit Bodeneinlass, Kassettenentleerung, Stromanschlüsse, Behälter für die Müllentsorgung, WLAN, Brötchenservice, Gasflaschentausch. Im Servicegebäude gibt es Duschen, WCs, Waschmaschine und Trockner. Der Platz ist ganzjährig geöffnet.
Beschreibung: Sonnige und halbschattige Plätze direkt an der Sagter Ems an der es auch eine Liegewiese gibt. Die Sanitäreinrichtungen haben Premiumqualität, im Restaurant direkt am Platz gibt es einige kulinarische Überraschungen.
Preise: 12,50 € für ein Fahrzeug, 100 Liter Frischwasser kosten 1,00 € und Strom wird mit 0,70 € pro kWh abgerechnet. Abwasserentsorgung und Entleerung der Bordtoilette ist kostenfrei. Die Nutzung der Duschen und der WCs kosten 2,50 € pro Person und Tag. Die Preise für die Nutzung der Waschmaschine und des Trockners richten sich nach Dauer und Programm. Für eine Reservierung werden 2,00 € berechnet.
Zufahrt: Aus Scharrel kommend kurz vor Strücklingen auf der rechten Seite.
Reservierung/Kontakt: Tel.: 0173/9696222
E-Mail: info@reisemobilpark-sagter-ems.de,
Web: www.reisemobilpark-sagter-ems.de.

Sie werden nicht nur Ihre Freude daran haben, freundlich und zuvorkommend auf diesem sauber angelegten Platz von einem Paar empfangen zu werden, dass selbst gern mit dem Wohnmobil unterwegs ist, Sie werden auch schnell die Küche schätzen lernen, die Ihnen in "Annas Stüble" präsentiert wird. Für alle Freunde der schwäbischen Küche: Es gibt Maultaschen! Nicht aus irgendeiner Packung, sondern selbst gemacht. Wir haben sie getestet und da wir im "Schwobeländle" wohnen und durchaus maultaschenverwöhnt sind, dürfen wir ein dickes Kompliment hierher schicken. Sie sind ausgezeichnet.

Ausgezeichnet sind auch die Radtouren und Ausflüge, die Sie von diesem Stellplatz aus machen können. Eine Fahrt mit dem **"Seelter Foonkieker"** zum Beispiel. Hier können Sie mit einer Lorenbahn in den nördlichen Bereich der Esterweger Dose fahren, diesem riesigen Moorgebiet, dessen Südrand wir in Esterwegen schon besucht haben. Sie können aber auch auf der Deutschen Fehnroute (siehe Seite 57) mit dem Fahrrad eine Runde drehen. Schauen Sie dazu noch mal auf die Karte zu Beginn dieses Kapitels, dort finden Sie diese mit einer gepunkteten Linie verzeichnet. Sie führt praktisch an Strücklingen vorbei. Wenn Sie diese Route radeln,

Die Tjalk Jantina im Bollinger Kanal.

Schmalspurlok im Moor- und Fehnmus.

sind Sie ruckzuck in **Elisabethfehn** ein Ort, nachdem auch der Kanal benannt ist, an dem er liegt, und Sie haben erneut die Möglichkeit, ein weiteres **Moor- und Fehnmuseum** zu besuchen.

Der Ortsteil dieses klassischen Fehnortes heißt "Drei Brücken". An dieser Stelle kreuzten der Elisabethfehn-, der Bollinger- und der Barßeler Kanal. Drei Brücken überquerten diese Kanäle, daher der Name. Zwei der klassischen Klappbrücken sind noch erhalten, die dritte ist verschwunden mitsamt dem Kanal. 1965 wurde der Barßeler Kanal zugeschüttet. Er hatte seine Bedeutung als Transportweg längst verloren. Nur an einer Baumreihe ist sein Verlauf noch erkennbar. Der Bollinger Kanal ist auch nur noch bis zur Gemeindegrenze erhalten geblieben. Allein der **Elisabethfehnkanal** ist funktionstüchtig und Teil einer Wasserstraßenverbindung zwischen der Weser und der Ems. Er wird von der Sportschifffahrt gern genutzt. Auf seinem 15 Kilometer langen Verlauf gibt es vier manuell bedienbare Schleusen und sieben Klappbrücken. Der Ort wurde von Großherzog Nikolaus Friedrich Peter von Oldenburg (*1827; †1900) nach seiner Ehefrau benannt.

Vor dem Moor- und Fehnmuseum liegt im Bollinger Kanal die Tjalk **Jantina**. Als Tjalk werden die größten Schiffe bezeichnet, die die Fehnkanäle befahren konnten. Im Museum selbst werden Sie nicht viel neues entdecken, wenn Sie die anderen gleichartigen Museen schon besucht haben, die in diesem Buch bereits vorgestellt wurden.

Das **Moorpegel-Plateau** gibt es allerdings nur hier. Es ist kein simpler Aussichtsturm, von dem Sie die Gerätschaften, die für den Torfabbau notwendig waren, überblicken können, sondern zeigt mit seiner Höhe an, wie viel Torf an dieser Stelle abgebaut wurde. Immerhin acht Meter. Ein Besuch dieses Museum lohnt sich, auch wenn Sie die anderen schon gesehen haben. Auf dieser Seite erfahren Sie alle notwendigen Details www.fehnmuseum.de in Bezug auf Eintritt, Öffnungszeiten und Veranstaltungen.

Der nächste Aussichtsturm wartet in **Barßel** an der Soeste, von dem diese Aufnahme gemacht wurde. Er befindet sich direkt neben dem Stellplatz, der auf der nächsten Seite beschrieben wird.

Blick auf die Soeste und auf Barßel.

(111) Offizieller WOMO-Stellplatz: Reisemobil-Hafen Barßel

GPS: N53°10'05.5" E7°43'59.6"; Deichstraße 2, 26676 Barßel.
Max. WOMOs: 18, maximale Länge 12 m.

Ausstattung: Frischwasserversorgung, Abwasserentsorgung mit Bodeneinlass, Kassettenentleerung, Stromanschlüsse, Behälter für die Müllentsorgung, WLAN. Im Servicegebäude gibt es WCs, Waschmaschine und Trockner. Der Platz ist ganzjährig geöffnet.
Beschreibung: Es gibt zwei Stellplatzareale, eines am Hafenbecken und eines auf der anderen Seite der Zugangsstraße am Waldrand. Sie stehen auf beiden Plätzen in halbschattiger oder sonniger Lage. Einen Zugang zu den Sanitäreinrichtungen sowie zur Waschmaschine und zum Trockner erhalten Sie nur nach telefonischer Kontaktaufnahme und der Aushändigung eines Schlüssels.
Preise: 6,00 € für ein Fahrzeug inkl. Entsorgung und Frischwasser. Strom kostet 2,00 € pro Tag oder wird mit 0,50 € pro kWh abgerechnet. Wer nur die Ent- und Versorgungsanlage nutzen will, muss sich unter der angegebenen Telefonnummer melden.
Zufahrt: In Barßel angekommen kurz vor dem Hafengelände, der sich an dem hohen Fahnenmast gut erkennbar gibt, links abbiegen und 200 Meter weiterfahren.
Reservierung/Kontakt: Tel.: 0174/5459734
E-Mail: info@womo-stellplatz-barssel.de,
Web: www.womo-stellplatz-barssel.de.

Darauf, dass Sie diesen Stellplatz als Standort für ausgedehnte Radtouren auf der Fehnroute nutzen können, müssen wir nicht ausdrücklich hinweisen.

Beliebt sind die Ausflugsfahrten mit der **MS Spitzhörn**, die in unmittelbarer Nähe des Stellplatzes im Hafen liegt, wenn sie nicht gerade auf der Leda auf Flusskreuzfahrt ist, die in der Regel samstags, sonntags und an Feiertagen stattfinden. Feste Fahrzeiten gibt es nicht, da die Leda und die Soeste selbst hier weit im Binnenland durch die Tide unterschiedlich hohe Wasserstände aufweisen und das Schiff dadurch nicht zu jeder Zeit fahren kann. Im Hafen Barßel macht sich der Tidenhub noch mit etwa einem Meter bemerkbar. Auf dieser Seite www.barssel-saterland.de können Sie sich näher darüber informieren, wenn Sie an einer Fahrt Interesse haben.

Bei einer Radtour lohnt es sich an der **Ebkenssche Windmühle** vorbeizufahren, die nur wenige Meter von der Soeste im Süden von Barßel zu finden ist. Der dreistöckige Galerieholländer mit Kollergang und Ölschlag aus dem Jahr 1892 ist in den Sommermonaten jeden zweiten Sonntag in der Zeit von 14:00 bis 17:00 Uhr geöffnet.

Radtouren können Sie auch von den beiden folgenden Stellplätzen unternehmen, wobei beim Idasee noch Bademöglichkeiten mit Schwimmer- und Nichtschwimmerbereich, und eine Wasserskianlage hinzukommt.

(112) Offizieller WOMO-Badeplatz: Ostrhauderfehn – Camping- und Freizeitanlage Idasee

GPS: N53°09'15.7" E7°38'37.3"; Idafehn-Nord 77b, 26842 Ostrhauderfehn.
Max. WOMOs: 16, maximale Länge 10 m.

Ausstattung: Frischwasserversorgung, Abwasserentsorgung mit Bodeneinlass, Kassettenentleerung, Stromanschlüsse, Behälter für die Müllentsorgung, WLAN. Nutzung der sanitären Anlagen auf dem benachbarten Campingplatz möglich. Der Platz ist ganzjährig geöffnet.
Beschreibung: Halbschattige Stellflächen auf einem befestigten Rasengelände in unmittelbarer Nähe des Idasees mit Badestrand und einer Wasserski und Wakeboardanlage. Dieser Wohnmobilstellplatz wird vom benachbarten Campingplatz betrieben und verwaltet. Reservierung sind auch für den Wohnmobilstellplatz möglich.
Preise: 12,00 € für einen Stellplatz, inkl. 4 kWh Strom sowie Ver- u. Entsorgung, Dusche 0,50 €.
Zufahrt: Auf der schnurgeraden Straße Idafehn-Nord in Richtung Ostrhauderfehn auf der linken Seite. Der Idasee ist gut ausgeschildert.
Reservierung/Kontakt: Tel.: 04952/994297 oder 04952/808628
E-Mail: info@campingidasee.de, Web: www.campingidasee.de.

(113) Offizieller WOMO-Stellplatz: Ostrhauderfehn

GPS: N53°08'16.7" E7°37'23.7"; Liebigstraße, 26842 Ostrhauderfehn.
Max. WOMOs: 60, maximale Länge 12 m.

Ausstattung: Frischwasserversorgung, Abwasserentsorgung mit Bodeneinlass, Kassettenentleerung, Stromanschlüsse, Behälter für die Müllentsorgung, WLAN, Brötchenservice. Im Servicegebäude gibt es Duschen, WCs, Waschmaschinen und Trockner. Der Platz ist ganzjährig geöffnet.
Beschreibung: Sonnige und halbschattige Stellflächen auf Rasen und auf Asphalt in der Mitte des Ortes. Trotzdem sehr ruhig. Einen PIN-Code für die Nutzung der Sani-Station sowie der sanitären Anlagen erhalten Sie bei der Tourist-Information, die sich nur einige Meter neben dem Stellplatz im Rathaus befindet.
Preise: 7,00 € für ein Fahrzeug, für 1,00 € können 100 Liter Frischwasser gebunkert werden und Strom kostet 0,50 € pro kWh. Abwasserentsorgung und Entleerung der Bordtoilette ist kostenfrei. Ein Platzwart kommt vormittags und am späten Nachmittag, um die Parkgebühren zu kassieren.
Zufahrt: In Ostrhauderfehn den Hinweisen zum Wohnmobilstellplatz folgen.

(114) Offizieller WOMO-Stellplatz: Paddel- und Pedalstation Rhauderfehn

GPS: N53°08'19.3" E7°35'12.9"; Am Siel 6a, 26817 Rhauderfehn.
Max. WOMOs: 16, maximale Länge 10 m.
Ausstattung: Frischwasserversorgung, Abwasserentsorgung mit Bodeneinlass, Kassettenentleerung, Stromanschlüsse, Behälter für die Müllentsorgung, WLAN, Brötchenservice. Im Servicegebäude gibt es Duschen und WCs. Der Platz ist ganzjährig geöffnet.

Beschreibung: Große, überwiegend schattenlose Stellflächen auf Schotterrasen, die durch Hecken voneinander getrennt sind und damit einwenig Privatsphäre bieten. Dusche und WC sind modern und neuzeitlich eingerichtet. Das Café am Rande des Platzes überzeugt mit selbst gemachten Torten und Kuchen. Hier bekommen Sie nach Vorbestellung auch frische Brötchen für das Frühstück. Der Stellplatz befindet sich direkt neben der Schleuse Untenende am Hauptfehnkanal. An der Paddel und Pedal Station können Fahrräder und Kanus inkl. Ausrüstung ausgeliehen werden. Die Preise dazu finden Sie auf der unten angegebenen Webseite. Stellplatzreservierungen sind telefonisch möglich.
Preise: 8,00 € für ein Fahrzeug, Frischwasser 1,00 €, Strom 1,00 € für 8 Stunden. Dusche 2,00 € pro Tag und Person. Müllsack 1,00 €. Den Parkschein bekommen Sie über einen Automaten in der Mitte des Platzes.
Zufahrt: Auf der B438 in Richtung Westrhauderfehn nach der Überquerung des Langholter Meeres bei der ersten Möglichkeit rechts abbiegen.
Reservierung/Kontakt: Tel.: 04952/921441 oder 0174/9937338
Web: www.cafe-rhauderfehn.de.

Für uns waren die Radtouren entlang der Kanäle mit den Schleusen, Klappbrücken, Schiffen, Windmühlen und den Teestuben sehr reizvoll, auch wenn gelegentlich das Wetter nicht so recht mitspielen wollte. Damit müssen wir in Norddeutschland nun mal rechnen, "Schietwetter" gehört einfach dazu.

Tjalk im Hafen von Westrhauderfehn.

Von der Paddel- und Pedalstation in **Rhauderfehn** können Sie nicht nur eine Radtour unternehmen, sondern auch mit dem Paddelboot starten. Spannend ist eine Tour nach Leer. Hier sind Sie drei bis vier Stunden mit dem Boot unterwegs und können die Rückreise mit Ihrem eigenen Fahrrad, das zum Zielort transportiert wird oder mit einem Mietfahrrad der Paddel- und Pedalstation antreten. Für

An der Schleuse in Westrhauderfehn.

die Fahrt mit dem Rad benötigen Sie etwa eineinhalb Stunden, wenn Sie den kürzesten Weg wählen. Das ist auch eine spannende Tour, denn Sie können dabei mit einer Pünte die Jümme überqueren. Diese müssen Sie aber nicht wie auf der Püntentour am Großen Meer (siehe Seite 147) selber betätigen, sondern werden gezogen. Mehr zu der Pünte an der Jümme finden Sie in der nächsten Tour auf Seite 187.

Wir fahren jetzt nach der Rückkehr mit dem WOMO weiter zu dem Freizeitpark am Emsdeich, freuen uns über den gepflegten Badesee mit breitem Sandstrand und den großen Reisemobilhafen und beenden danach diese Tour in Leer, der Stadt die wir ab der Seite 67 schon beschrieben haben.

(115) Offizieller WOMO-Stellplatz: Reisemobilhafen am Freizeitpark Emsdeich

GPS: N53°10'29.1" E7°25'12.5"; Deichstraße 7a, 26810 Westoverledingen.
Max. WOMOs: 30, maximale Länge 12 m.
Ausstattung: Frischwasserversorgung, Abwasserentsorgung mit Bodeneinlass, Kassettenentleerung mit CamperClean Automat, Stromanschlüsse, Behälter für die Müllentsorgung, Lebensmittelkiosk mit Brötchenservice in den Sommermonaten, Restaurant mit Frühstücksbuffet ganzjährig, e-Bike-, Tretboot- und SUP-Verleih. Im Servicegebäude gibt es Duschen, WCs, Waschmaschinen und eine Spülküche. Der Platz ist ganzjährig geöffnet.
Beschreibung: Schattenlose Stellflächen auf Schotterrasen im Vorfeld des eigentlichen Campingplatzes. Großer Strand am Badesee. Die Anlage ist sehr ruhig und liegt weit abseits irgendwelcher Ortschaften, bietet darüber hinaus viel Sportmöglichkeiten und ist auch ein guter Standort für Ausflüge mit dem Rad auf der Fehnroute. Mit Hunden können Sie diesen Platz nicht nutzen. Es herrscht ein Hundeverbot.
Preise: 16,00 € für ein Fahrzeug inkl. Frischwasser und Entsorgung. Strom wird mit 0,50 € pro kWh abgerechnet. Sechs Minuten lang duschen können Sie für 0,50 €.
Zufahrt: Von Ihrhove über die Deichstraße in Richtung Ems fahren. Der Stellplatz liegt etwa 2 Kilometer hinter dem Ortsausgang auf der linken Seite.
Reservierung/Kontakt: Tel.: 04955/920040
E-Mail: info@ostfriesland-camping.de, Web: https://ostfriesland-camping.de.

N
5 km
Jade
Jaderberg
Jaderpark
Hahn-Lehmden
Rastede
Schloss Rastede
Tour 9
Tour 10
Oldenburg
Wiefelstede
Spohle
Conneforde
Rhododendronpark Hobbie
Westerstede
Dreibergen
Aschhsn.
Zwischenahner Meer
Park der Gärten
Rostrup
Bad Zwischenahn
Edewecht
Küstenkanal
Torsholt
Ocholt
Landerlebnis Janßen
NSG Fintlandsmoor und Dänikhorster Moor
Westerscheps
NSG Stapeler Moor
Remels
Jübberde
Apen
Aper Tief
Fehnroute
Barßel
Elisabethfehn
Moor- und Fehnmuseum
Elisabethfehn-Kanal
Soeste
Nordgeorgsfehnkanal
Augustfehn
Detern
Jümme
Leda
Strücklingen
Ramsloh
Scharrel
Sagter Ems
Tour 7
Saterland
Ostrhauderfehn
Westrhauderfehn
Seelter Foonkieker
Bagband
Hesel
Neukamperfehn
Moormerland
Timmeler Meer
Tour 5
Logabirum
Schl. Evenburg
Pünte
Loga
Leer
Neermoor
Rorichum
Oldersum
Schiefster Kirchturm der Welt
Tour 3
Tour 2
Midlum
Jemgum
Badesee Holtgaste
Ihrhove
Westoverledingen
Flachsmeer
Steenfelde
Weener
Papenburg
Meyer Werft Besucherzentrum
Friederike
Von-Velen-Anlage
B211
B401
B436
B72
B70
B438
28
29
31
293

TOUR 8 (ca. 155 km)

Loga – Logabirum – Detern – Augustfehn – Jübberde – Remels – Westerstede – Ocholt – Bad Zwischenahn – Edewecht – Oldenburg

Stellplätze:	Logabirum, Detern, Augustfehn, Jübberde, Remels, Westerstede, Ocholt, Bad Zwischenahn, Edewecht, Oldenburg.
Campingplätze:	Bad Zwischenahn, Oldenburg.
Besichtigungen:	Loga (Schloss Evenburg), Logabirum (Windmühle), Westerstede (Altstadt, St.-Petri-Kirche), Bad Zwischenahn (Mühlen, Freilichtmuseum, Park der Gärten), Edewecht (Kokermühle), Oldenburg (Altes Rathaus, Degodehaus).
Wandern/Radtour:	Remels (Radtour am Nordgeorgsfehnkanal, Spaziergang durch das Stapeler Moor), Westerstede (Spaziergang durch den Rhododendronpark), Ocholt (Wanderung durch das Fintlandsmoor), Bad Zwischenahn (Radtour rund um das Zwischenahner Meer.
Baden/Wellness:	Ocholt (Badesee Karlshof), Bad Zwischenahn (Zwischenahner Meer).

Diese Reise beginnen wir mit einer Schlossbesichtigung, fahren dann zu einem Gasthaus an der Jümme, die mit einer Pünte überquert werden kann, von der wir auf der letzten Tour schon berichtet haben. Es folgt eine alte Windmühle, neben der sich ein sehr ruhiger Stellplatz befindet. Nach einem weiteren schönen Stellplatz in Detern schauen wir uns den Eisenhüttenturm in Augustfehn an und machen uns danach auf den Weg nach Remels. Hier steht wieder eine Radtour auf einem Teilstück der Deutschen Fehnroute auf dem Programm und wir sehen uns ein wenig im Naturschutzgebiet Stapeler Moor um. In Westerstede bummeln wir einmal durch die Stadt und besuchen einen Rhododendronpark. Im Landerlebnis Janßen haben wir wieder etwas für den Nachwuchs im Programm, der auch in dem danach folgenden Badesee seine Freunde haben wird. Wer mag, macht von diesem See noch einen kleinen Ausflug in eine weitere Moorlandschaft oder fährt gleich nach Bad Zwischenahn weiter, wo ein Meer, ein Freilichtmuseum und ein außergewöhnlicher Park der Gärten auf unseren Besuch warten. Nach einer kleinen Stippvisite in Edewecht, die uns mal wieder zu Windmühlen führt, geht es weiter nach Oldenburg, wo wir diese Tour beenden. Wir haben also erneut viel vor. Legen wir los!

Zunächst fahren wir zum **Schloss Evenburg**. Hier müssen wir gleich mit einer Einschränkung beginnen, denn der Parkplatz am Schloss [GPS: N53°13'53.7" E7°29'30.2"] ist klein und eignet sich deshalb maximal für sehr kompakte Fahrzeuge. Wer mit einem ausgewachsenen WOMO unterwegs ist, sollte den Stellplatz an der Jümme-Fähre nutzen und mit dem Rad hierher fahren. Das sind etwa drei Kilometer.

Schloss Evenburg.

Das Schloss wurde Mitte des 19. Jahrhunderts im neugotischen Stil errichtet und ersetzte das barocke Wasserschloss, das einst an dieser Stelle stand. Die Vorburg, in der heute das Café untergebracht ist, stammt noch aus dem 17. Jahrhundert.

Wohnkultur in Schloss Evenburg.

Nach einer langen, sehr wechselvollen Geschichte des Verfalls und der Restauration erstrahlt es heute wieder im höfischen Glanz vergangener Tage. Alle Räume des Schlosses können besichtigt werden, damit haben Sie die Möglichkeit, die gräfliche Wohnkultur etwas näher anzuschauen. Ganz gleich ob Speisesaal, Wohn- oder Schlafzimmer, zu allen Gemächern haben Sie Zutritt, wenn Sie an der Kasse hinter dem Hauptportal Ihren Eintritt entrichtet haben. Einige Räume im Obergeschoss sind dann und wann wegen Ausstellungsumbau nicht zugänglich und das Trauzimmer der Stadt Leer, das hier eingerichtet ist, wird auch nicht für Besucher geöffnet sein, wenn gerade stilvoll das Ja-Wort gegeben wird. Eine Dauerausstellung im Schloss zeigt die Gartenkultur Ostfrieslands. Unter dem Grafen Carl Georg von Wedel war die Evenburg im 19. Jahrhundert der führende Gartenbaubetrieb in Nordwest-Deutschland. In beheizten Gewächshäusern wurden Ananas, Pfirsiche, Weintrauben und Tomaten kultiviert. Davon ist bei einem Spaziergang durch den Schlossgarten mit seinen romantisch angelegten Gräben, Teichen und Brücken allerdings nichts mehr zu sehen. Beachtenswert ist auch die große Allee, die 1861 angepflanzt wurde.

Sie können sich durch das Schloss und die Gartenanlagen führen lassen. Damit lernen Sie die Geschichte des Hauses und der Gärten natürlich sehr viel besser kennen. Wann diese Führungen stattfinden, erfahren Sie hier https://evenburg.landkreis-leer.de. Dort finden Sie auch die allgemeinen Öffnungszeiten. Es besteht auch die Möglichkeit sich vom Grafen selbst, von der Gräfin oder von Trientje & Gertrude op plattdütsch durch das Schloss führen lassen. Schauen Sie auf der angegebenen Webseite unter "Führungen" nach, Sie werden erstaunt sein.

Stellplatz an der Jümme-Fähre.

Wir führen Sie jetzt zur Landgaststätte **"Zur Jümme-Fähre"**. Direkt neben dem Gasthaus befindet sich ein sehr ruhig gelegener Stellplatz, den Sie mit diesen Koordinaten **[116:** N53°13'26.8" E7°31'35.5"] erreichen können. Er ist kostenlos. Es versteht sich von selbst, dass die Nutzung des Platzes mit einer Einkehr verbunden ist. Sie werden es nicht bereuen, die Küche ist ausgezeichnet. Das Lokal ist klein und gemütlich und verfügt über eine Außenterrasse auf dem Deich, von der Sie die Jümme und die Leda überblicken und dabei eine Scholle mit Bratkartoffeln oder ein anderes Fischgericht genießen können.

Pünte an der Jümme Fähre.

Mühle in Logabirum.

Sie stehen hier wieder direkt an der Deutschen Fehnroute und können erneut eine Runde auf dieser Route radeln. Sollten Sie in Leer keinen Stellplatz ergattert haben, so haben Sie von diesem Ort eine gute Möglichkeit, mit der Pünte überzusetzen und mit dem Rad dorthin zu fahren. Das sind 13 Kilometer. Auf dem Rückweg können Sie dann am Schloss Evenburg vorbeifahren und haben damit einen erlebnisreichen Tag gestaltet.

Einen schönen Stellplatz finden Sie auch in **Logabirum**. Hier stehen Sie neben einem zweistöckigen reetgedeckten Galerieholländer der Familie Eiklenborg, die noch voll funktionsfähig ist.

Auf diesem Platz werden Sie am Morgen durch das Klappern von Meister Adebar geweckt, der auf dem Gittermast neben der Mühle seinen Horst eingerichtet hat. Damit Sie se-

(117) Offizieller WOMO-Stellplatz: Leer – Mühle Eiklenborg

GPS: N53°14'48.1" E7°31'00.8"; Logabirumer Str. 55, 26789 Leer.
Max. WOMOs: 10, maximale Länge 12 m.
Ausstattung: Frischwasserversorgung, Abwasserentsorgung mit Bodeneinlass, Kassettenentleerung, Stromanschlüsse, Behälter für die Müllentsorgung, WLAN. Im Servicegebäude gibt es Duschen und WCs. Der Platz ist ganzjährig geöffnet.

Beschreibung: Überwiegend sonnige Stellflächen auf einer Wiese am Fuße der Windmühle. Storchennester liegen im Blickfeld. Bis zum Schloss Evenburg sind es 2,5 Kilometer, bis in die Altstadt von Leer 5 Kilometer.
Preise: 12,00 € für ein Fahrzeug, Frischwasser, Strom, Abwasserentsorgung, Entleerung der Bordtoilette sowie die Nutzung der Duschen und der WCs sind im Preis enthalten.
Zufahrt: Auf der Logabirumer Straße am großen Schnäppchenmarkt Zimmermann vorbeifahren, nicht auf die B436 abbiegen, sondern einer leichten Linkskurve folgen und 350 Meter später links abbiegen.

hen, wie das Storchenpaar die Brut pflegt, wurde eine Kamera installiert, deren Bilder in einem Nebenraum der Mühle auf einem Monitor betrachtet werden können.

Einen sehr komfortablen Stellplatz finden Sie im Ortsteil Stickhausen der Gemeinde **Detern**.

(118) Offizieller WOMO-Stellplatz: Reisemobilhafen Detern

GPS: N53°12'57.2" E7°38'51.5"; Alte Heerstraße 6, 26847 Detern.
Max. WOMOs: 40, maximale Länge 12 m.
Ausstattung: Frischwasserversorgung, Abwasserentsorgung mit Bodeneinlass, Kassettenentleerung, Stromanschlüsse, Behälter für die Müllentsorgung, WLAN, Restaurant, Biergarten, Brötchenservice. Im Servicegebäude gibt es Duschen, WCs, Waschmaschinen und Trockner. Der Platz ist ganzjährig geöffnet.

Beschreibung: Überwiegend schattenlose Stellflächen auf einem zweigeteilten Areal. Auf einem stehen Sie auf Schotterflächen an der Jümme und haben dazu Ihren persönlichen Grünstreifen für Tisch und Stühle, auf dem anderen stehen Sie auf Betonpflastersteinen. Auf dem Gelände befindet sich auch die Paddel- und Pedalstation Stickhausen. Hier können Sie Kanus ausleihen und damit die Umgebung vom Wasser her erkunden.
Preise: 9,00 € für ein Fahrzeug, Frischwasser 0,10 € (10 Liter) und Strom 2,00 € pro Tag. Abwasserentsorgung und Entleerung der Bordtoilette ist kostenfrei. Die Nutzung der Duschen und der WCs sind im Preis enthalten. Waschmaschine und Trockner funktionieren über Münzautomaten.
Zufahrt: Von der B72 nach Detern abfahren, die Jümme überqueren, sofort nach der Brücke rechts abbiegen und nach 250 Metern erneut rechts abbiegen.

In der Nähe befindet sich mit dem begehbaren Turm der ehemaligen **Burg Stickhausen** die Hauptsehenswürdigkeit des Ortes. Viel zu sehen gibt es dort aber nicht.

Der kleine See in der Nähe des Stellplatzes, der den Kosenamen **"Stickisee"** erhalten hat, lädt zu einem kostenlosen Bad ein. Daneben liegt ein Campingplatz, der überwiegend von Dauercampern belegt ist. Wir haben ihn uns nicht näher angeschaut. Mehr Informationen darüber sind über diese Seite abrufbar www.detern.de.

Wie der Maiglöckchensee in Scharrel (siehe Seite 176) entstand dieses Gewässer durch den Bau der vorbeiführenden Bundesstraße, für die Unmengen Sand für den Unterbau benötigt wurde. Auch an diesem See ist der Verkehr der Straße gut zu hören, obwohl die Fahrzeuge durch eine Reihe von Bäumen nicht zu sehen sind. Wir haben uns hier nicht lange aufgehalten.

Von Detern lassen sich wieder Radtouren in alle Himmelsrichtungen unternehmen. Bis zum Moor- und Fehnmuseum in Elisabethfehn sind es nur 10 Kilometer, bis nach Leer nur 17.

Wir fahren mit dem WOMO weiter nach **Augustfehn**. Dort fahren wir diesen Platz [GPS: N53°13'12.3" E7°45'40.7"] in der Mitte des Ortes an und haben in fußläufiger Entfernung viele Einkaufsmöglichkeiten, um die Bordvorräte aufzustocken. Ganz nebenbei schauen wir uns den **Wasserturm** der ehemaligen **Oldenburgischen Eisenhütten-Gesellschaft zu Augustfehn** an, der als markantes Bauwerk erhalten geblieben ist und neben dem ebenfalls erhaltenen Kesselhaus steht. Alle anderen Bauwerke dieser Hütte wurden abgerissen und machten Platz für die Discounter und die anderen Läden auf diesem Areal. Die alten Bauwerke werden heute für kulturelle Veranstaltungen und für ein Café genutzt. In nicht allzugroßer Entfernung befindet sich in **Apen** ein kostenloser Stellplatz, den Sie mit diesen Koordinaten [**119:** N53°13'07.5" E7°47'10.1"] erreichen können. Das topfebene Wiesengelände kann bei Nässe leicht weich und matschig werden. Der Platz liegt genau zwischen Augustfehn und Apen in der Bauernschaft Hengstforde. Sie finden ihn hinter einem Raiffeisenmarkt auf der linken Seite. Auf der gegenüberliegenden Seite der Hauptstraße befindet sich ein kleines Freibad, das von Mai bis August geöffnet ist.

Wasserturm des ehemaligen Eisenhüttenwerkes in Augustfehn.

Stellplatz in Apen.

Nächstes Ziel auf unserer Reise ist **Remels**, der größte Ortsteil der Gemeinde **Uplengen**. Auf dem Weg dorthin durchfahren wir den Ort Jübberde und kommen an dem Dorfgasthof **"Zum Grünen Jäger"** vorbei, deren Betreiber ein Herz für Wohnmobilisten haben und Ihren großen ruhigen Parkplatz [**120:** N53°16'38.5" E7°45'09.8"] hinter dem

Gasthof für eine Übernachtung zur Verfügung stellen und bei Bedarf auch eine Stromversorgung anbieten. Im Haus gibt es eine klassisch frisch zubereitete norddeutsche Küche mit schmackhaften Gerichten und einen Irish Pub.

Wenige Kilometer weiter gelangen wir in Remels an den **Nordgeorgsfehnkanal** und zu diesem Stellplatz.

(121) Offizieller WOMO-Stellplatz: Uplengen-Remels – An der Uferstraße

GPS: N53°18'04.8" E7°45'05.9"; Uferstraße 2, 26670 Uplengen.

Max. WOMOs: 5, maximale Länge 8 m, max. Aufenthalt 3 Tage.
Ausstattung: Frischwasserversorgung, Abwasserentsorgung mit Bodeneinlass, Kassettenentleerung, Stromanschlüsse, Behälter für die Müllentsorgung. Der Platz ist ganzjährig geöffnet.
Beschreibung: Schmale ebene Stellflächen auf festem, geschotterten Untergrund. Durch die vorbeiführende Hauptstraße nicht sehr leise. Gegenüber befindet sich eine Paddel- und Pedalstation. Dort lassen sich Kanus für eine Paddeltour auf dem Nordgeorgsfehnkanal mieten.
Preise: 7,00 € für ein Fahrzeug inkl. Frischwasser sowie Abwasserentsorgung und Entleerung der Bordtoilette. Strom kostet 2,00 € für 24 Stunden. Die Parkgebühren werden am späten Nachmittag am Fahrzeug kassiert.
Zufahrt: Gleich am Ortseingang von Remels nach der Überquerung des Nordgeorgsfehnkanals links abbiegen.

(122) Offizieller WOMO-Stellplatz: Uplengen-Remels – Am Schützenplatz

GPS: N53°18'26.3" E7°44'52.0"; Schützenstraße, 26670 Uplengen.
Max. WOMOs: 10, maximale Länge 12 m, max. Aufenthalt 3 Tage.

Ausstattung: Frischwasserversorgung, Abwasserentsorgung mit Bodeneinlass, Kassettenentleerung, Stromanschlüsse, Behälter für die Müllentsorgung, WLAN. Der Platz ist ganzjährig geöffnet.
Beschreibung: Große sonnige geschotterte Stellflächen nahe der Ortsmitte am Höstpark. Sehr ruhig in der Nacht. Zahlreiche Restaurants und Einkaufsmöglichkeiten in fußläufiger Entfernung.
Preise: 7,00 € für ein Fahrzeug inkl. Frischwasser sowie Abwasserentsorgung und Entleerung der Bordtoilette. Strom kostet 2,00 € für 24 Stunden. Die Parkgebühren werden am späten Nachmittag vom Platzwart am Fahrzeug kassiert. Von ihm erfahren Sie auch das Passwort für den WLAN-Zugang.
Zufahrt: In Remels über die Schützenstraße in Richtung Strackholt/Großefehn fahren. Dann kommen Sie automatisch am Schützenplatz vorbei.

Eine große Stellplatzfläche bietet der Schützenplatz im Zentrum des Ortes. Ganz gleich, für welchen Platz Sie sich entscheiden von beiden lassen sich ausgedehnte Radtouren auf der Deutschen Fehnroute entlang des Nordgeorgsfehnkanals unternehmen. In der einen Richtung liegt Detern, das wir ja schon auf dieser Tour besucht haben rund 14 Kilometer entfernt und bis nach Elisabethfehn mit dem Moor- und Fehnmuseum (siehe Seite 178) sind es mindestens 20 Kilometer, wenn Sie sich für die kürzeste Route entscheiden. In der anderen Richtung erreichen Sie Wiesmoor mit seinem Torf- und Siedlungsmuseum (siehe Seite 140) nach nur 15 Kilometern. Verfahren können Sie sich dabei nicht, denn es geht immer am Kanal entlang und die Beschilderung ist darüber hinaus eindeutig.

Deutsche Fehnroute am Nordgeorgsfehnkanal zwischen Remels und der Jümme.

Wenn Sie nach Wiesmoor unterwegs sind, lohnt auch ein Umweg zum **Naturschutzgebiet Stapeler Moor**, wenn Sie von Moorlehrpfaden noch nicht genug haben. Dann müssen Sie weitere zehn Kilometer Radweg dazurechnen. Der ausgeschilderte Weg durch das Moor ist nicht einmal zwei Kilometer lang. Am Wegesrand finden Sie, wie an den anderen bereits besuchten Moorlehrpfaden auch die Entstehung des Hochmoores erläutert, können viel über die Pflanzengesellschaften und die Tierwelt dieser amphibischen Landschaft lesen und von einer Aussichtskanzel die fast 1.200 Hektar große Fläche mit den großen Wiedervernässungszonen überblicken. Wenn Sie

Im Stapeler Moor.

Wiedervernässte Flächen im Stapeler Moor.

alle Lehrpfade, die in diesem Buch vorgestellt wurden absolviert haben, dann sind Sie ohnehin schon ein Moorexperte und Sie werden hier nichts Neues entdecken, was Sie nicht schon an anderer Stelle gesehen haben. Der Moorlehrpfad befindet sich im Westen des Schutzgebietes in unmittelbarer Nähe des Parkplatzes den Sie mit diesen Koordinaten [GPS: N53°20'32.7" E7°50'54.3"] erreichen können, wenn Sie mit dem Wohnmobil dorthin fahren wollen. Für eine Übernachtung scheint uns dieser Platz nicht geeignet.

Wir machen uns nun weiter auf den Weg nach **Westerstede**. Die Stadt zählt rund 23.000 Einwohner. Neben Bad Zwischenahn ist der Ort eines der Zentren einer Parklandschaft, die mit ausgefallenen Gärten und vielen Rhododendren zu glänzen weiß. Im Mai entfalten die meisten dieser anspruchsvollen Blütensträucher ihre volle Pracht. In dieser Stadt wird alle vier Jahre dazu ein großes Gartenfest in der Innenstadt veranstaltet. Sie wird **RHODO** genannt und fand zuletzt 2018 statt www.rhodo.de. Eigentlich wäre dann 2022 der nächste Termin, der wurde aber auf 2023 verschoben, denn in dem Jahr wird auch das 900-jährige Stadtjubiläum gefeiert. Sie können ja schon einmal in Ihrem Terminkalender den Besuch dieser Stadt vormerken. Der folgende Stellplatz ist nicht weit von der Innenstadt entfernt.

Rhododendron in voller Blüte.

(123) Offizieller WOMO-Stellplatz: Westerstede

GPS: N53°14'58.7" E7°56'03.7"; Süderstraße 2, 26655 Westerstede.
Max. WOMOs: 45, maximale Länge 12 m.
Ausstattung: Frischwasserversorgung, Abwasserentsorgung mit Bodeneinlass, Kassettenentleerung, Stromanschlüsse, Behälter für die Müllentsorgung, WLAN, Brötchenservice, Gasflaschentausch. Waschmaschinen und ein Trockner befinden sich am Rande des Platzes. Sie können mit Münzen bedient werden. Das Restaurant am Rande des Platzes bietet griechische und mediterrane Spezialitäten. Der Platz ist ganzjährig geöffnet.

Beschreibung: Schattenlose und halbschattige geschotterte Stellflächen mit einem Rasenstreifen für Tisch und Stühle. Die Flächen sind zwischen 80 und 100 Quadratmeter groß und befinden sich im Vorfeld des Campingplatzes. Bis in die Innenstadt sind es zu Fuß rund 15 Minuten.
Preise: 12,00 € für ein Fahrzeug mit 2 Personen, jede weitere Person 3,00 €, Frischwasser 1,00 € (ca. 100 Liter), Strom 0,60 € pro kWh. Abwasserentsorgung und Entleerung der Bordtoilette ist kostenfrei. Für den Wohnmobilstellplatz sind keine Reservierungen möglich, für den angrenzenden Campingplatz allerdings schon. Die Preise sind jedoch abweichend von den hier genannten Werten. Schauen Sie dazu bitte auf die unten angegebene Webseite.
Zufahrt: Von der Ammerlandallee über die Oldenburger Straße in Richtung Bad Zwischenahn fahren und nach 300 Metern links abbiegen.
Reservierung/Kontakt: Tel.: 04488/78234
E-Mail: Info@camping-westerstede.de, Web: www.camping-westerstede.de.

Glockenturm der Petrikirche.

Der Platz vor der **Petrikirche** wird dann in ein Meer von Blüten eingehüllt sein und sie tritt zu dieser Zeit als eine der Sehenswürdigkeiten Westerstedes mit ihrem markanten Turm aus behauenen Feld- und aufgemauerten Ziegelsteinen ein wenig in den Hintergrund. Diese eigenwillige Mischung aus gotischen und romanischen Stil wurde über die Jahrhunderte immer wieder verändert. Sie wird flankiert von einem Glockenturm aus Ziegelsteinen, der aus dem 13. Jahrhundert stammt.

Glockenturm und Kirchengebäude bilden dann die Kulisse für die bunte Blütenlandschaft, dieser ansonsten mit vielen Backsteingebäuden so klassisch anmutenden Erscheinung einer norddeutschen Stadt.

Wenn Sie auf die Blütenpracht in der Stadt nicht warten wollen, so fahren Sie doch zum größten Rhododendronpark Deutschlands, der wenige Kilometer nördlich von Westerstede liegt. Jenseits der Autobahn ist der **Rhododendronpark Hobbie** an der Straße in Richtung Jade mit diesen Koordinaten [GPS: N53°17'14.4" E8°00'27.5"] zu erreichen. Im hinteren Bereich des Parkplatzes sind Stellflächen für Wohnmobile reserviert, der vordere Teil bleibt den Pkws vorbehalten.

Die Petrikirche in Westerstede.

Der Park umfasst eine Fläche von 70 Hektar und besteht bereits seit mehr als 90 Jahren. Die Rhododendren sind in einer Parklandschaft eingebettet, in der über 300 Jahre alte

Die Blütenpracht im Rhododendronpark Hobbie währt nur ....

... zwischen April und Juni.

Bäume stehen. Im Laufe der Jahrzehnte wurden die Pflanzungen mit Blütensträuchern und Stauden stets erweitert. Heute führt ein fast drei Kilometer langer Rundweg durch den Schaugarten der Anlage. Ein bis zwei Stunden werden Sie für einen Spaziergang benötigen, wenn Sie gemächlichen Schrittes gehen. Insgesamt sind rund zehn Kilometer Wege in dieser Parkanlage angelegt. Wenn Sie die ganze Anlage durchstreifen möchten, brauchen Sie sich für den Tag keine weiteren Programmpunkte mehr vorzunehmen.

Während der Blütezeit sorgt ein Café/Restaurant auf einer Rast für das leibliche Wohl. Außerhalb der Blütezeit ist das Café geschlossen. Eintritt in den privatwirtschaftlich geführten Park wird auch nur während der Hochsaison von Mitte April bis Mitte Juni verlangt. Außerhalb der Blütezeit kann der Park unentgeltlich besucht werden. Und wichtig für alle Hundehalter: Wohlerzogene Fellnasen dürfen an der Leine mit in den Park hinein.

Über die Eintrittspreise und Öffnungszeiten informiert diese Seite https://hobbie-rhodo.de.

Im Matsch spielen macht Spaß.

Von diesem außergewöhnlich blütenreichen Park begeben wir uns nun in das **"Landerlebnis Janßen"**, einem Ferienfreizeit-Bauernhof. Dazu fahren wir nach Westerstede zurück und von dort in Richtung Bad Zwischenahn weiter. Auf dem Weg dorthin werden Sie schon Hinweisschilder zu dem Freizeitpark der besonderen Art sehen. Wir geben Ihnen aber gern noch die Koordinaten für Ihr Navi, damit Sie es einfacher haben, dorthin zu kommen [GPS: N53°14'00.7" E7°56'25.5"].

Es herrschte ein sehr lebendiges Treiben in dieser Anlage, als wir uns den Park angeschaut haben. Es ist kein Platz für Kinder, die sich nicht schmutzig machen dürfen. Den hier wird gematscht, gerutscht, im Sand gebuddelt und mit verschiedenen Viechern gespielt. Da erweist es sich doch einmal mehr als äußerst praktisch, mit einem WOMO unterwegs zu sein, in dem eine Dusche vorhanden ist und genügend Kleider zum Wechseln dabei sind.

Das ganze Angebot des Parkes mit Öffnungszeiten und Eintrittspreisen finden Sie hier www.landerlebnis.de.

Am Badesee Karlshof.

Sehr viel ruhiger, ja geradezu beschaulich, geht es an dem **Badesee Karlshof** zu, den wir als nächstes Ziel auf unserer Reise nach Oldenburg auf dem Programmzettel haben. Die ehemalige Kiesgrube wurde nach dem Ende des Abbaus zu einer kleinen Freizeitanlage mit einer Ferienhauskolonie umgewandelt. Am Rande, nur durch eine Baumreihe und einem Weg vom See getrennt gibt es auf einer Wiese einen kostenlosen Stellplatz für maximal fünf Mobile. Sie erreichen den Platz mit diesen Koordinaten [**124:** N53°11'18.0" E7°52'10.1"]. Die Ferienhauskolonie befindet sich am gegenüberliegenden Ufer des Sees.

Stellplatz am Badesee Karlshof.

Der Stellplatz liegt nah am **Naturschutzgebiet Fintlandsmoor und Dänikhorster Moor**. Es ist ein Hochmoor mit Grünlandflächen, Pfeifengras-Birkenmoorwald, einer ehemaligen Handtorfstichfläche und wird durch zahlreiche Strauch-Baumhecken gegliedert. Das Naturschutzgebiet ist rund 140 Hektar groß und kann auf einem Weg durchwandert werden.

Im Fintlandsmoor.

Von einer Landschaft, in der sich die Natur wieder frei entfalten kann, kommen wir nun zu einer außerordentlich schönen Gartenanlage am **Zwischenahner Meer**, dem **Park der Gärten**. Neben der Parkanlage gibt es einen Wohnmobilstellplatz **[125:** N53°11'58.5" E7°59'30.5"], auf dem Sie nach einem langen Spaziergang durch die Anlage auch über Nacht stehen bleiben können. Es gibt Stromanschlüsse an diesem Platz und auch eine Frischwasserversorgung ist möglich. Eine Entsorgungsanlage gibt es nicht.

Stellplatz am Park der Gärten.

Es wird eine Weile dauern, bis Sie die 140.000 Quadratmeter große Anlage mit ihren 45 Mustergärten (Stand 2021) und fast 40 Pflanzensammlungen angesehen haben. Dazu kommen zahlreiche Wasserläufe, Teiche, Seen, Pavillons, ein Gartenrestaurant, Kinderspielplätze und für den Überblick gibt es einen zwanzig Meter hohen Turm, zu dessen Aussichtsplattform 78 Stufen führen.

Nur ein sehr kleiner Ausschnitt aus der Blütenpracht des Gartens.

Gartenlandschaft im Park der Gärten.

Rund 140 Gartenbaubetriebe sind in diesem Paradies beschäftigt um Deutschlands größte Mustergartenanlage zu hegen und zu pflegen. Hier können Sie sich Anregungen für die heimische Gartengestaltung holen. Sie werden auch pflegeleichte Gärten entdecken, denn aufwendige Anlagen vertragen sich nicht gut mit den sommerlichen Wohnmobilreisen. Es sei denn, Sie haben einen Gärtner oder jemanden mit einem grünen Daumen der nach dem rechten sieht.

Die Mustergärten in dieser Anlage haben die unterschiedlichsten Themen. Sie finden unter anderem einen mediterranen, einen Japan-, einen Koi-Zen-, einen insektenfreudlichen, einen heilenden, einen immergrünen Garten um nur einige zu nennen.

Stilvoller Ruheplatz mit dem Aussichtsturm im Hintergrund.

Dazwischen gibt es Staudenlandschaften, einen Magnolienhain, einen Fliederpfad sowie diverse Beet- und Balkonpflanzen. Auch diese Aufzählung ist sehr unvollständig. Kurzum lässt sich sagen, diese Gartenlandschaft ist ein Traum für alle Liebhaber blühender Pflanzen in stilvoll angelegten Gärten. Im

Jahresverlauf gibt es natürlich immer wieder, je nach Stand der Vegetation etwas Neues zu entdecken.

Über die Öffnungszeiten und Eintrittspreise informiert diese Seite www.park-der-gaerten.de.

Neben dieser Gartenanlage gibt es im Ammerland eine große Zahl von kleineren Privatgärten, die gegen Eintritt ebenfalls besichtigt werden können. Das sind schöne Ziele für eine Radtour in dieser Region. Fast alle Gärten führen nebenher ein kleines Café. Auf der Seite www.ammerland-touristik.de/parks-gaerten/privatgaerten sind sie verzeichnet. Einen Flyer dazu bekommen Sie im Park der Gärten und auch in der Tourist-Info in Bad Zwischenahn. Sie sehen, ein längerer Aufenthalt am Zwischenahner Meer lohnt sich. Dafür bietet sich der Campingplatz am Nordostufer des Sees an.

(126) WOMO-Campingplatz Oeltjen, Bad Zwischenahn

GPS: N53°12'09.1" E8°02'28.0";
Wiefelsteder Straße 62, 26160 Bad Zwischenahn.
Max. WOMOs: 35, maximale Länge 12 m.

Ausstattung: Frischwasserversorgung, Abwasserentsorgung mit Bodeneinlass, Kassettenentleerung, Stromanschlüsse, Behälter für die Müllentsorgung, WLAN, Brötchenservice. Im Servicegebäude gibt es Duschen, WCs, Waschmaschinen und Trockner. Der Platz ist von April bis Oktober geöffnet.
Beschreibung: Sonnige bis halbschattige Plätze am Nordostufer des Zwischenahner Meeres. Hier stehen Sie auf ebenen Rasenflächen. Der Verkehr der vorbeiführenden Straße ist hörbar. Mehr als die Hälfte des Platzes ist mit Dauercampern belegt. Es gibt einen direkten Zugang zur Badestelle. Bis in die Ortsmitte von Bad Zwischenahn sind es 4,5 Kilometer.
Preise: Für ein Fahrzeug mit 2 Personen sind inkl. aller Ver- und Entsorgungsleistungen 21,50 € zu zahlen. Es ist nur Barzahlung möglich.
Zufahrt: An der Straße nach Aschhausen auf der rechten Seite. Die Einfahrt ist nicht gut sichtbar, da sind Sie schnell vorbeigerauscht. Nach der Einfahrt geht sofort rechts ab und an einer Hecke entlang zu den Stellflächen.
Reservierung/Kontakt: Tel.: 04403/8457
E-Mail: camping-oeltjen@gmx.de, Web: www.bad-zwischenahn-touristik.de/freizeit/freizeitangebote/freizeitfuehrer/poi/campingplatz-oeltjen/.

Neben dem Campingplatz gibt es in zentraler Lage am Badepark noch einen Stellplatz, den wir auf der folgenden Seite vorstellen.

Von diesem wie vom Campingplatz lässt sich das Zwischenahner Meer auf einem 14 Kilometer langen Weg umrunden. Nur im Süden und Südwesten des Sees geht dies auf Radwegen, die sich in Ufernähe befinden. Im Norden und Nord-

(127) Offizieller WOMO-Badeplatz: Bad Zwischenahn – Badepark

GPS: N53°11'11.5" E8°00'01.5"; Am Badepark, 26160 Bad Zwischenahn.
Max. WOMOs: 50, maximale Länge 12 m.

Ausstattung: Frischwasserversorgung, Abwasserentsorgung mit Bodeneinlass, Kassettenentleerung, Stromanschlüsse, Behälter für die Müllentsorgung, WLAN, ganzjährig geöffnet.
Beschreibung: Überwiegend schattenlose Stellflächen auf Betonpflastersteinen neben dem Badepark. Bis zum Zwischenahner Meer sind es nur wenige Meter, auch die Innenstadt ist nah. Die Zufahrt ist nur durch eine Schranke möglich. Der Bezahlvorgang erfolgt über einen Automaten, über den auch die Berechtigung zum Bezug elektrischer Energie geregelt wird.
Preise: 11,00 € für ein Fahrzeug plus 5,00 € Pfand, die nach Verlassen des Platzes erstattet werden. Kurtaxe 2,30 € pro Person, Strom kostet 0,60 € pro kWh. Alle sonstigen Ver- und Entsorgungsleistungen sind in den Parkgebühren enthalten.
Zufahrt: In Bad Zwischenahn den Hinweisen zum Badepark folgen.

Wassersportparadies Zwischenahner Meer.

westen ist der Rundweg teilweise weit abseits des Ufers. Sie können diese Radtour auch mit einer Fahrt auf einem der beiden Schiffe der **"Weißen Flotte"** kombinieren, die drei Anlegestellen auf dem See haben. Auf der Tourenkarte zu Beginn dieses Kapitels sind die Orte verzeichnet.

Das Südufer, an dem Bad Zwischenahn liegt, ist mit dem Kurpark, dem malerischen Städtchen und dem Freilichtmu-

Im Kurpark von Bad Zwischenahn.

seum der am stärksten besuchte Bereich des Zwischenahner Meeres. Hier finden Sie zahlreiche Restaurants und der Kurpark mutet wie eine Fortsetzung des Parks der Gärten an.

In der Kulinarik müssen Sie natürlich einmal einen **Smoortaal** probieren, wie der geräucherte Aal im Ammerland heißt. Das Eßritual dieser Spezialität ist allerdings nicht jedermanns Sache. Denn dieses traditionelle Fingerfood mit abschließender Wäsche der Hände in Schnaps ist gewöhnungsbedürftig.

Windmühle im Freilichtmuseum Ammerländer Bauernhaus.

Apropos Schnaps. Dem ist man hier nicht abgeneigt und wie der **Ammerländer Löffeltrunk** traditionell getrunken wird, können Sie sich in einem Youtube-Video anschauen.

Wenn Sie ein gutes Lokal suchen, um sich kulinarisch verwöhnen zu lassen, bekommen Sie auf dieser Seite einen Überblick www.bad-zwischenahn-touristik.de.

Wenn Sie dort unter Kulinarik schauen, bekommen Sie ein umfangreiches Angebot präsentiert. Vom einfachen Fischbrötchenverkauf bis zum piekfeinen Restaurant ist alles dabei.

Das **Freilichtmuseum Ammerländer Bauernhaus** besteht aus insgesamt 17 Häusern und einigen Nebengebäuden. Es ist am Südufer des Zwischenahner Meeres im Kurpark integriert und gibt ihm einen malerischen Hintergrund. Die Häuser können von außen zu jeder Zeit betrachtet werden.

Über die Öffnungszeiten und Eintrittspreise informiert diese Seite www.ammerlaender-bauernhaus.de. Dort finden Sie auch zu jedem Haus des Museums eine Beschreibung.

Wir beenden unseren Besuch in Bad Zwischenahn und fahren nach **Edewecht** weiter. Es ist der südlichste Ort im Ammerland. Dort fahren wir diesen Stellplatz an.

(128) Offizieller WOMO-Stellplatz: Edewecht

GPS: N53°07'41.9" E7°58'55.4"; Am Neuen Markt, 26188 Edewecht.
Max. WOMOs: 12, maximale Länge 12 m, max. Aufenthalt 5 Tage.
Ausstattung: Frischwasserversorgung, Abwasserentsorgung mit mobiler Einlaufwanne, Kassettenentleerung, Stromanschlüsse, ganzjährig geöffnet.
Beschreibung: Einfacher Platz auf Betonpflastersteinen in der Ortsmitte neben dem Rathaus. Nachts ruhig. Aldi-Markt gleich nebenan, Restaurants in der Nähe.
Preise: 5,00 € für ein Fahrzeug, Frischwasser 1,00 € und Strom 1,00 € für 3 kWh.
Zufahrt: In die Ortsmitte fahren und den Hinweisen zum Rathaus folgen.

In der Gemeinde gibt es noch drei voll funktionsfähige Windmühlen, zwei in **Westerscheps**, einem Ortsteil von Edewecht und eine in Edewecht selbst, an der Sie vorbeifahren, wenn Sie den Stellplatz aufsuchen.

Es ist eine nach Originalplänen nachgebaute **Kokerwindmühle**, die 2000 fertiggestellt wurde. Das Original können Sie im Museumsdorf Cloppenburg sehen (siehe Seite 163). Wenn sich bei dieser Mühle die Flügel drehen, heißt es nicht, dass sie (wie in Bunde) besichtigt werden kann, es kann auch heißen, dass sich im Trauzimmer der Mühle ein Brautpaar gerade das Ja-Wort gibt. Wie an anderen historischen Gebäuden im Ammerland auch, finden Sie an der Windmühle eine Rufnummer, die Ihnen bei Anruf in einem Podcast etwas über die Geschichte der Mühle erzählt. Wenn Sie diese Seite www.edewecht-touristik.de aufrufen, werden Sie bei den Radwandervorschlägen eine rund 46 Kilometer lange Rundtour entdecken, die zu sechs verschiedenen Mühlen führt. Als Service können Sie sich eine detaillierte Karten versehene Tourbeschreibung im PDF-Format herunterladen und eine gpx-Datei für Ihr Navigationsgerät oder Smartphone.

Kokerwindmühle in Edewecht.

Wir brechen nun nach **Oldenburg** auf, dem letzten Etappenort dieser Tour.

Um einen freien Platz am Westfalendamm in Oldenburg zu ergattern, benötigen Sie schon ein wenig Glück, denn hier am Küstenkanal in Zentrumsnähe stehen nur vier Stellflächen zur Verfügung. Sie erreichen das kleine Areal, das keinerlei wohnmobilspezifische Einrichtungen aufweist, mit diesen Koordinaten [**129:** N53°07'44.9" E8°12'52.4"].

Mehr Glück werden Sie auf dem riesigen Platz an den **Weser-Ems-Hallen** in der Messestraße haben, wohin Sie zielgenau mit diesen Angaben [**130:** N53°08'54.3" E8°13'52.3"] geführt werden. Es ist eine trostlose Freifläche mit Asphalt und Betonpflastersteinen. Sie dient als Messeparkplatz und einmal im Jahr als Volksfestplatz für den **Oldenburger Kramermarkt**, der zwischen Ende September und Anfang Oktober stattfindet. Wenn sich hier die Karussells drehen und die Würstchenbratereien um die Wette brutzeln, können Sie diesen kostenlosen Platz allerdings nicht nutzen. Dann müssen Sie vielleicht auf diesen Campingplatz ausweichen, wo Sie sich aber auch nicht sicher sein können, ob er gerade auf Ihrer Reise noch nutzbar ist, denn er soll umgebaut werden, wie wir erfahren haben. Nur wann genau, das konnte uns nicht gesagt werden.

Stellplatz am Küstenkanal.

(131) WOMO-Campingplatz: Oldenburg – Campingplatz am Flötenteich

GPS: N53°10'03.9" E8°14'09.0"; Mühlenhofsweg 80, 26125 Oldenburg.
Max. WOMOs: 50, maximale Länge 12 m.
Ausstattung: Frischwasserversorgung, Abwasserentsorgung mit Bodeneinlass, Kassettenentleerung, Stromanschlüsse, Behälter für die Müllentsorgung, WLAN, Brötchenservice. Im Servicegebäude gibt es Duschen, WCs, Waschmaschinen und Trockner. Der Platz ist von April bis Oktober geöffnet.
Beschreibung: Große sonnige, teilweise auch schattige geschotterte Stellflächen mit vorgelagertem Rasenstreifen für Tisch und Stühle. Freibad, Wellness- und Sporteinrichtungen befinden sich gleich nebenan.
Preise: Person ab 15 Jahren 5,00 €, Kinder 4-14 Jahre 3,00 €, Hund 1,50 €, Wohnmobil 9,00 €, Strom 3,00 € pro Tag, Müll 1,00 €. Die Nutzung des Freibades ist im Preis enthalten.
Für die Nutzung der Ver- und Entsorgungsanlage für Wohnmobilisten, die nicht auf diesem Platz verweilen, werden 6,00 € berechnet.
Zufahrt: In den Stadtteil Nadorst im Norden der Stadt fahren und dort den Hinweisen zum Flötenteich und dem Campingplatz folgen.
Reservierung/Kontakt: Tel.: 0441/3613160
E-Mail: info@camping-oldenburg.de,
Web: https://olantis.com/campingplatz-am-floetenteich/.

Fassade des Degodehauses.

Mit fast 170.000 Einwohner ist Oldenburg nach Bremen die größte Stadt in unserem Reisegebiet. Die Stadt war die Hauptstadt des Großherzogtums Oldenburg und zwischen 1918–1946 die Hauptstadt des Freistaats Oldenburg, das durch eine Verordnung der britischen Militärregierung dem neu geschaffenen Land Niedersachsen zugeordnet wurde.

Vom Stellplatz am Küstenkanal ist es nicht weit bis in die Innenstadt. Um diese zu erreichen, können Sie den Weg dorthin gleich mit einem Spaziergang durch den **Landschaftspark Mühlenhunte** und dem Schlossgarten verbinden. Wenn Sie den Schlossgarten hinter sich gelassen haben, treffen Sie auf den Schlosswall, überqueren die verkehrsreiche Straße und sehen dann den **Pulverturm**, der letzte Rest der ehemaligen Stadtbefestigung.

Der Pulverturm von 1529 war ein Teil der ehemaligen Stadtbefestigung.

Von dem Pulverturm sind es nur noch wenige Schritte bis zum Schlossplatz, der Lambertikirche und dem Marktplatz mit dem Rathaus der Stadt. Hier treffen Sie auf der einen Seite auf eine malerische Fußgängerzone, in der auch das **Degodehaus** zu sehen ist und auf der anderen Seite haben Sie mit den **Schlosshöfen** einen Konsumtempel erster Güte vor sich.

Das Degodehaus gehört zu den ältesten Gebäuden der Stadt und fällt mit seiner schmucken und reich verzierten Fassade besonders ins Auge. 1502 erbaut, überstand es den

Altes Rathaus.

großen Stadtbrand von 1676 und ist heute das letzte mittelalterliche Patrizierhaus der Stadt. Innen ist die bemalte Holzdecke besonders sehenswert.

Es gibt nicht sehr viele Häuser mit einem dreieckigen Grundriss. Das Alte Rathaus in Oldenburg gehört dazu. Der Oberbürgermeister der Stadt residiert auch heute noch in dem 1888 fertiggestellten Gebäude. Mit seiner Ornamentik spiegelt das Gebäude die in der sogenannten Gründerzeit vorherrschende Neorenaissance in der Architektur wieder.

Passend zur Architektur des Alten Rathauses präsentiert sich das prächtige Oldenburger Schloss. Es basiert auf eine mittelalterliche Burganlage, die zwischen 1607 und 1615 gebaut wurde. Es war die Residenz der Herrscher des Großherzogtums Oldenburg. Das Gebäude hat in der Folgezeit einige Umbauten erfahren. Heute ist es Teil des Landesmuseums für Kunst und Kulturgeschichte. Von den historischen Reprä-

Das Oldenburger Schloss.

Hafenkran an der Hafenpromenade in Oldenburg.

sentationsräumen des Schlosses sind einige erhalten geblieben. Diese zu betrachten sind schon allein einen Besuch des Museums wert, über dessen Ausstellungen Sie hier www.landesmuseum-ol.de mehr erfahren können.

Oldenburg ist auch Universitätsstadt. Die Uni wurde nach dem Nobelpreisträger und Widerstandskämpfer Carl von Ossietzky benannt, über den wir im Zusammenhang mit der Gedenkstätte in Esterwegen schon berichtet haben (siehe Seite 173). Unweit des historischen Gebäudes der Kaiserlichen Post befindet sich der Hafen Oldenburgs. Er ist nur wenige Gehminuten von der Fußgängerzone entfernt. Mit zahlreichen Restaurants und Cafés an der Hafenpromenade hinter dem alten Hafenkran ist er ein beliebter Treffpunkt der Studenten und der Besucher dieser Stadt, die im Hafenambiente ihr Bier in **Ols Brauhaus** frisch aus dem Zapfhahn genießen wollen https://ols-brauhaus.de und es mit einem Stullentrio oder einer Roulade von der Hafenkante kombinieren.

Kaiserliche Post.

Hinter der Fassade der Kaiserlichen Post haben auf 17.500 Quadratmetern exklusive Kanzleien und Praxen ihren Platz gefunden.

Damit sind wir am Ende dieses Kapitels angekommen. In der nächsten Tour geht es von Oldenburg durch die Wesermarsch, in der übernächsten von Oldenburg nach Bremen. Sie haben die Wahl.

NORDSEE
Nationalpark Niedersächsisches Wattenmeer
Naturerlebnispfad Langwarder Groden
Wremen
Hooksiel
Tour 4
Tour 15
Jade-Weser-Port
Aqua Mundo
Fedderwardersiel
Burhave
Tossens
BREMERHAVEN
WILHELMSHAVEN
Butjadingen
Eckwarden
Eckwarderhörne
Volkers
Kaiser-Wilhelm-Br.
Deutsches Marinemuseum
Tour 5
Stollhamm
Nordenham
Weser
Jadebusen
Seefeld
Dangast
Schwimmendes Moor
Sehestedt
Dedesdorf
Stadland
Varel
Rodenkirchen
Obenstrohe
Schweiburg
Jade
Sandstedt
Conneforde
Jaderberg
Ovelgönne
Jaderpark
Brake
Spohle
Hahn-Lehmden
Wiefelstede
Rastede
Schloss Rastede
Elsfleth
Bunker Valentin
Aschhsn.
Tour 15
Berne
Hunte
OLDENBURG
Neuenkoop
Tour 8
Klosterruine
Tour 10
Küstenkanal
Wüsting
Tour 10
Hude
Stedingsehre
Bookholzberg
Wardenburg
Straße der Megalithkultur
Hatten
5 km
N

TOUR 9 (ca. 205 km)

Rastede – Jaderberg – Varel – Dangast – Schweiburg – Sehestedt – Eckwarderhörn – Tossens – Burhave – Nordenham – Brake – Elsfleth – Hude

Stellplätze:	Oldenburg, Rastede, Jaderberg, Bernsteinsee, Dangast, Schweiburg, Sehestedt, Seefeld, Tossens, Fedderwardersiel, Nordenham, Brake, Elsfleth, Hude.
Campingplätze:	Dangast, Eckwarderhörn, Fedderwardersiel, Burhave, Nordenham.
Besichtigungen:	Rastede (Schloss, Park), Jaderberg (Jaderpark), Sehestedt (Schwimmendes Moor), Hude (Klosterruine).
Wandern/Radtour:	Wattwanderung im Jadebusen, Naturerlebnispfad Langwarder Groden.
Baden/Wellness:	Bernsteinsee, Dangast (Jadebusen), Tossens (Seebad, Aqua Mundo), Burhave (Nordseelagune).

Auf dieser Reise geht es durch die Wesermarsch und zur Halbinsel Butjadingen. Wären wir im Mittelalter unterwegs, so würden wir eine Fähre benötigen, denn Butjadingen war über längere Zeit eine Insel. Mit der zweiten Marcellusflut 1362 entstand die Leybucht und der Jadebusen wurde stark vergrößert. Weitere Sturmfluten folgten (siehe Seite 86). Ein breites Gewässer, das im Westen von den Orten Stollhamm bis nach Seefeld reichte und von dort in einem Bogen nach Süden bis nach Brake führte und da eine Verbindung mit der Weser einging, machte Butjadingen zu einer Insel.

Im Laufe der letzten Jahrhunderte wurde dann durch Deichbau und der Anlage von Poldern der Nordsee das Land wieder abgetrotzt.

Stellplatz der Fa. Fassbender Caravaning.

Wir verlassen Oldenburg. Wer nicht auf dem Campingplatz war, sondern auf einem der beiden anderen Plätze, wird die Ver- und Entsorgungsstation bei der Fa. Fassbender Caravaning sicher zu schätzen wissen. Gleichzeitig können Sie sich noch Zubehör für ihr WOMO besorgen oder die Gasflaschen tauschen. Sie erreichen die

Der Ellernteich in Rastede.

Firma in der Straße "Sieben Berge, 26125 Oldenburg" mit diesen Angaben **[132:** N53°11'29.6" E8°13'31.5"]. Für die Übernachtung fanden wir diesen Platz dicht an der Autobahn nicht reizvoll. Da war uns der Parkplatz am Freibad in **Rastede** in der Eichendorffstraße **[133:** N53°14'55.6" E8°12'32.6"], der allerdings keinerlei Einrichtungen für uns Wohnmobilisten aufzuweisen hat, doch wesentlich lieber. Der Platz ist sehr ruhig, das Freibad nah und das Schloss mit dem weitläufigen **Schlosspark** einen Besuch wert, auch wenn das Gebäude nur von außen besichtigt werden kann. Gegenüber des Schlosses befindet sich das **Erbprinzenpalais**, das heute für Kunstausstellungen und Kulturveranstaltungen genutzt wird.

Stellplatz in Rastede.

Erbprinzenpalais in Rastede.

Die Oldenburger Herzöge wählten Rastede als Ort für den Bau ihrer Sommerresidenz. Die großen Parkanlagen rund um den Ellernteich sind für die Öffentlichkeit frei zugänglich. Hier befindet sich der ausladende **Turnierplatz**, auf dem alljährlich mehrere Veranstaltungen stattfinden. Die größte ist das **Oldenburger Landestur-**

nier, das auch gleichzeitig eines der bedeutsamsten Reitturniere in Europa darstellt. Mittlerweile sind sechs Turniertage notwendig, um das ganze Programm mit Springprüfungen, Dressur, Voltigieren und anderes unterzubringen.

Weitere Großveranstaltungen sind das **Oldtimer Sommerfest**, ein **Mittelalterliches Phantasie Spectaculum** und die **Rasteder Musiktage**. Dazu kommen noch weitere kleinere Veranstaltungen, die alle zusammen auf dieser Seite www.rastede-touristik.de mit ihren Daten nachzulesen sind. Über diese Seite können Sie auch gleich Tickets reservieren.

Wenn Sie auf Ihren Fahrten ruhige Stellplätze bevorzugen, dann sollten Sie auf der Reise durch die Wesermarsch einmal bei diesem kleinen schnuckeligen Platz vorbeischauen.

(134) Offizieller WOMO-Bauernhof-Stellplatz: Jade – "Drei Eichen" am Melkhus

GPS: N53°18'55.3" E8°13'51.3"; Kreuzmoorstraße 28, 26349 Jade.
Max. WOMOs: 10, maximale Länge 9 m.

Ausstattung: Frischwasserversorgung, Abwasserentsorgung mit Bodeneinlass, Kassettenentleerung, Stromanschlüsse, Behälter für die Müllentsorgung, WLAN, Brötchenservice. Im Servicegebäude gibt es Dusche und WC. Der Platz ist ganzjährig geöffnet.
Beschreibung: Sonnige und halbschattige Flächen auf Schotterrasen neben einem Bauernhof. Sehr ruhig, abseits größerer Ortschaften. Am Grillplatz treffen sich die Wohnmobilisten zum Klönschnack. Im Melkhus gibt es Eis, Milchprodukte und Snacks in Selbstbedienung. Traditionell werden frisch ankommenden Wohnmobilisten mit einem Kaffee vor dem abgebildeten "Melkhus" begrüßt.
Preise: 10,00 € für ein Fahrzeug mit 2 Personen. Ver- und Entsorgung im Preis enthalten, Strom 2,00 € pro Tag.
Zufahrt: Eine Beschreibung der Zufahrt wäre an dieser Stelle zu komplex. Vertrauen Sie Ihrem Navi und den angegebenen Koordinaten oder der Adresse.
Reservierung/Kontakt: Tel.: 04454/1802
E-Mail: info@stellplatz-3-eichen.de, Web: www.stellplatz-3-eichen.de.

Einen weiteren sehr ruhigen Stellplatz (zumindest nachts) finden Sie im hinteren Bereich des Parkplatzgeländes am **Jaderpark** in der Tiergartenstraße 69 in Jade, den Sie mit diesen Koordinaten erreichen **[135:** N53°19'36.5" E8°11'06.1"].

Der Jaderpark ist ein **Tier- und Freizeitpark** mit zahlreichen Attraktionen. Die Anlage ist dreigeteilt in einen Tierpark, einen Freizeitpark und eine Spielscheune.

In den Gehegen sind insgesamt rund 600 Tiere zu sehen. 35 verschiedene Arten sind dabei vertreten. Löwen, Antilo-

Der Stellplatz am Jaderpark.

In der Yellowstone Company.

Putzige Erdmännchen im Jaderpark.

pen, Giraffen und die putzigen Erdmännchen vertreten dabei neben Zebras und Kattas den afrikanischen Kontinent, Mähnenwolf, Zweifingerfaultier und Humboldtpinguine sind auf dem südamerikanischen Kontinent zu Hause. Die Aufzählung ist bei Weitem nicht vollzählig, zeigt aber schon, dass sich ein Besuch dieser Anlage lohnt.

Wenn Sie mit Kindern unterwegs sind, sowieso, denn die werden den Freizeitpark mit all seinen Attraktionen mögen.

Es gibt eine ganze Reihe von Sport und Spielgeräten, Kinderkarussells, Achterbahn, Schlauchbootrutsche, Freifallturm, Wildwasserbahn, fliegende Boote und das Grizzly Adventure, eine Mischung aus Kletter- und Wasseranlage, in der es dazugehört, Nass zu werden. Zumindest müssen Sie damit rechnen, auch mal einen Wasserstrahl abzubekommen, wenn Sie sich hier aufhalten. Für eine Runde toben, balancieren, auf einem Floß staken, Oma und Opa necken ein idealer Ort für Kinder.

Handtücher und Kleider zum Wechseln dabei zu haben ist kein Fehler, um zum Abschluss im SB-Restaurant noch etwas zu essen, bevor es nach einem erlebnisreichen Tag zum WOMO zurückgeht.

Über die Öffnungszeiten, die Eintrittspreise und alle Attraktionen dieses Parks informiert diese Seite https://jaderpark.net.

Den Ort **Jaderberg**, der größte der Gemeinde **Jade** müssen wir nicht näher betrachten, denn außer dem Jaderpark gibt es über diese Gemeinde nichts Bedeutendes zu berichten, deshalb setzen wir unsere Reise fort und kommen nördlich von **Spohle**, das zu der Gemeinde **Wiefelstede** gehört zu einem großen Badesee, dem der klangvolle Name **Bernsteinsee** gegeben wurde. Hier gibt es am Seeufer einen Campingplatz und wenige Meter abseits davon auf der gegenüberliegenden Straßenseite einen Wohnmobilstellplatz, den wir jetzt vorstellen wollen.

(136) Offizieller WOMO-Badeplatz: Wiefelstede – Bernsteinsee

GPS: N53°19'35.6" E8°03'49.3"; Dorfstraße 11, 26215 Wiefelstede.
Max. WOMOs: 30, maximale Länge 12 m.
Ausstattung: Frischwasserversorgung, Abwasserentsorgung mit Bodeneinlass, Kassettenentleerung, Stromanschlüsse, Behälter für die Müllentsorgung, WLAN, Brötchenservice, Restaurant, Badestrand, Gasflaschentausch. Geöffnet von Mitte März bis Ende Oktober.

Beschreibung: Große sonnige Rasenplätze am Waldrand. Der See liegt an der gegenüberliegenden Straßenseite.
Preise: 12,50 € für ein Fahrzeug mit 2 Personen. Anmeldung und Bezahlung erfolgt an einem Automaten nur mit EC- oder Visakarte. Entsorgung kostenlos, Frischwasser ist im Preis enthalten, Strom 0,60 € pro kWh.
Zufahrt: An der Straße zwischen Spohle und Obenstrohe auf der rechten Seite. Als Alternative steht der Campingplatz, der sich um den Badesee schmiegt zur Verfügung. Dort gelten etwas andere Preise.
Reservierung/Kontakt: Tel.: 04458/91663
E-Mail: info@ferienpark-bernsteinsee.de,
Web: https://ferienpark-bernsteinsee.de.

Leuchtturm im Bernsteinsee.

Der Bernsteinsee ist ein 12.000 Quadratmeter großer Naturbadesee, der aus einer ehemaligen Kiesgrube entstanden ist. Mit Badestrand, Hundestrand, Ferienhauskolonie und Campingplatz hat er sich in den letzten 40 Jahren zu einem beliebten Freizeitareal entwickelt, das in den Sommermonaten stark frequentiert wird. Für das Stand up Paddling ist das ruhige Gewässer ideal. Zu dem Leuchtturm mitten im See können Sie sich durch Muskelkraft auf einem Floß selbst hinziehen. Ein beliebter Spaß für die Jugendlichen. Neben dem See gibt es einen weiteren an dessen Rand sich ein Kletterwald und eine Fußballgolfanlage befinden.

Mag der Bernsteinsee in den Sommermonaten auch gut besucht sein, so neigt der nächste Ort auf unserer Reise zu Überfüllung. Warum wollen so viele nach **Dangast?** Antwort: Hier gibt es einen Wohnmobilstellplatz, zwei große Campingplätze und vor allem an den Wochenenden sehr viele Tagestouristen aus Bremen, Oldenburg und anderen Städten aus der näheren Umgebung, die an den Strand wollen oder im Kurhaus Dangast, gepflegt speisen möchten. Da das Haus auf einem Geestrücken in Ufernähe liegt, ist der Blick über den Jadebusen inklusive.

Biergarten am Kurhaus Dangast.

(137) Offizieller WOMO-Badeplatz: Dangast – Sperrwerk/Hafen

GPS: N53°26'44.0" E8°06'33.2"; Kirchweg 1, 26316 Varel.
Max. WOMOs: 40, maximale Länge 12 m, max. Aufenthalt 2 Tage.

Ausstattung: Frischwasserversorgung, Stromanschlüsse, keine Entsorgung möglich. Behälter für die Müllentsorgung, WLAN. Der Platz ist von Mitte April bis Mitte Oktober geöffnet.
Beschreibung: Große schattenlose Stellflächen auf einer Wiese am Hafen nur wenige Meter bis zum Strand.
Preise: 12,00 € für ein Fahrzeug mit 2 Personen. Kurtaxe 2,20 € pro Person. Strom und Frischwasser ist im Preis enthalten.
Zufahrt: Am Ortseingang von Dangast in die Sielstraße abbiegen und der Beschilderung zum Hafen folgen. Eine Ausschilderung für Wohnmobile gibt es nicht.

(138) WOMO-Campingplatz: Dangast – Rennweide

GPS: N53°27'00.7" E8°07'05.1"; Edo-Wiemken-Straße 60, 26316 Varel.
Max. WOMOs: 200, maximale Länge 12 m.

Ausstattung: Alle Plätze mit Wasser und Kanalanschluss, Kassettenentleerung, Stromanschlüsse, Behälter für die Müllentsorgung, WLAN, Imbiss und Bäcker direkt am Platz, Spielplatz für Kinder und Jugendliche, privater Strand mit Badebrücke. Im Servicegebäude gibt es Duschen, WCs, Waschmaschinen und Trockner. Der Platz ist ganzjährig geöffnet.
Beschreibung: Schattenlose Stellflächen auf einer Wiese in unmittelbarer Nähe des Strandes. Nur kurze Wege bis zu den Restaurants und Einkaufsmöglichkeiten im Ort.
Preise: Ab 13,00 für ein Fahrzeug, Personen ab 16 Jahren 4,40 €, Kinder zwischen 4 und 15 Jahren 2,20 €, Hund 5,00 €, Strom 0,70 € pro kWh plus einmalig 3,00 € für den Anschluss. Je nach Lage der Stellfläche und Länge des Wohnmobiles gelten unterschiedliche Preise, die Sie bitte der unten aufgeführten Webseite entnehmen. Bei längeren Aufenthalten gibt es Rabatt.
Zufahrt: Dangast geradeaus bis zum Ufer des Jadebusens durchfahren und am Ende links abbiegen.
Reservierung/Kontakt: Tel.: 04451/3161
E-Mail: info@rennweide.de, Web: www.rennweide.de.

(139) WOMO-Strandcampingplatz Dangast

GPS: N53°27'02.8" E8°07'36.4"; Auf der Gast 40, 26316 Varel.
Max. WOMOs: 550, maximale Länge 12 m.

Ausstattung: Frischwasserversorgung, Abwasserentsorgung mit Bodeneinlass, Kassettenentleerung, Stromanschlüsse, Behälter für die Müllentsorgung, WLAN, Brötchenservice. Im Servicegebäude gibt es Duschen, WCs, Waschmaschinen und Trockner. Der Platz ist von Mitte April bis Mitte Oktober geöffnet.
Beschreibung: Schattenlose Stellflächen auf einer Wiese in unmittelbarer Nähe des Strandes. Nur kurze Wege bis zu den Restaurants und Einkaufsmöglichkeiten im Ort. Für Wohnmobile ist ein eigener Bereich angelegt worden.
Preise: Ab 14,50 für ein Fahrzeug mit 2 Personen plus Kurtaxe. Je nach Lage und Ausstattung variieren die Preise, die Sie bitte der unten aufgeführten Webseite entnehmen.
Zufahrt: In Dangast am Ortseingang an der Kreuzung, wo es links zum Hafen geht, rechts abbiegen und der Straße bis zum Ende folgen.
Reservierung/Kontakt: Tel.: 04451/911422 oder 8599659
E-Mail: camping@dangast.de,
Web: www.dangast.de/strandcampingplatz-nordsee-dangast.html.

Strandleben in Dangast am Jadebusen.

Wattwanderung im Jadebusen.

Wenn Sie einen ruhigen Platz ergattert haben, können Sie sich dem Badevergnügen im Wasser des Jadebusens hingeben oder bei Ebbe an einer Wattwanderung teilnehmen. Es sind kleine Touren im Angebot, aber auch anspruchsvolle, die sechs bis sieben Stunden in Anspruch nehmen und bis zum **Leuchtturm Arngast** führen. Da haben Sie vom Startpunkt an der Einfahrt zum Strandcampingplatz immerhin fünf Kilometer (Luftlinie) zurückzulegen. Doch sollten Sie den Weg nicht auf eigene Faust in Angriff nehmen, sondern sich einem fähigen Wattführer anschließen. Auf dieser Seite www.wattlopen.de finden Sie das Angebot eines erfahrenen Nationalpark-Rangers.

Bislang waren Ausflugsfahrten mit dem Fahrgastschiff **"Etta von Dangast"** auf dem Jadebusen eine Institution, das Schiff galt schon als Wahrzeichen des Nordseebades Dangast. Doch das ist nun Geschichte. Während der Corona-Pandemie wurde das Schiff stillgelegt und der Eigner und Kapitän entschloss sich, den Betrieb nicht wieder aufzunehmen. Ob und wann es einen Ersatz geben wird, ist noch offen.

Auf eine Fahrt mit diesem Schiff müssen Sie also verzichten, auf einen Spaziergang entlang des Dangasterweges, der direkt am Ufer vorbeiführt, allerdings nicht. Für "Schietwetter" lohnt sich auch, das **DanGastQuellbad** aufzusuchen, ein modernes Erlebnisbad mit Hallen- und Außenanlagen, Salzwasserbecken, Riesenrutsche und Kinderplanschbecken. Es liegt zwischen den beiden Campingplätzen. An sonnigen Tagen ist natürlich bei Flut der Strand das erste Ziel. Er ist im Gegensatz zu so manch anderem Strand an der Nordsee zaunlos, unverbaut und eintrittsfrei. Wer mit einem Hund unterwegs ist, der findet einen kleinen Hundestrand für den Vierbeiner. Nur dort können die Hunde in das Wasser, an allen anderen Strandabschnitten herrscht ein Hundeverbot.

Seepferdchen aus Stahl und Stein vor dem DanGastQuellbad. Eine Schrottskulptur der russischen Künstlerin Antonina Fatkhullina

Essen gehen können Sie nicht nur im Kurhaus, sondern auch in weiteren Lokalen in Strandnähe. Restaurants gibt es hier genug. Fischgerichte nehmen einen großen Teil der Speisekarten ein. Das ist nicht verwunderlich.

Mit der Kulinarik machen wir auch gleich in **Varel** am Hafen weiter. Nur können Sie hier mit dem WOMO schlecht parken. Aber bei einem Radausflug ist das ein schönes Ziel.

Restaurant Aal & Krabbe am Vareler Hafen.

Im Restaurant Aal & Krabbe können Sie nicht nur ausgezeichnete Fischgericht probieren, sondern mit dem Tide-Bier auch einen besonderen Gerstensaft. Wie das Bier hergestellt wird, dürfen Sie vor Ort anschauen. Einen Vorgeschmack bekommen Sie hier https://vareler-brauhaus.de.

Dieses Haus lässt sich gut ansteuern, wenn Sie eine Radtour rund um den Jadebusen machen, wie wir sie auf der Seite 131 von Wilhelmshaven aus skizziert haben. Hier hätten Sie rund die Hälfte der Strecke hinter sich gebracht.

Zurück zum WOMO. Wir fahren weiter und steuern diesen kleinen Stellplatz an.

(140) Offizieller WOMO-Stellplatz: Schweiburg – Quittenweg

GPS: N53°23'29.6" E8°15'59.9"; 26349, Quittenweg, 26349 Jade.
Max. WOMOs: 8, maximale Länge 8 m, max. Aufenthalt 5 Tage.

Ausstattung: Abwasserentsorgung mit Schlauch möglich, Kassettenentleerung, Stromanschlüsse, Behälter für die Müllentsorgung, ganzjährig geöffnet.
Beschreibung: Geschotterte schattenlose Flächen neben einem Wohngebiet unweit des Deiches.
Preise: Kostenlos, Strom 1,00 € für 6 Stunden. Abwasserentsorgung und Entleerung der Bordtoilette 1,00 €.
Zufahrt: In Schweiburg von der Bäderstraße rechts abbiegen und hinter der Kirche erneut rechts abbiegen.

Deichlandschaft am Jadebusen bei Schweiburg.

Von diesem Stellplatz lassen sich wieder Radtouren entlang des Jadebusens durchführen. Am Deich gibt es große Informationstafeln zum Deichbau. Auch das Schwimmende Moor ist von diesem Stellplatz bequem zu erreichen.

In unmittelbarer Nähe dieses Moores gibt es einen weiteren Ort, an dem wir das WOMO abstellen können.

(141) Offizieller WOMO-Badeplatz: Watterlebnis Sehestedt

GPS: N53°26'10.9" E8°17'43.3"; Xstraße, 00000 XOrt.
Max. WOMOs: >20, maximale Länge 12 m, 8 Stromsteckplätze.
Ausstattung: Dusch- und WC-Container, Stromanschlüsse, Behälter für die Müllentsorgung, Strand, geöffnet von Mai bis Mitte September.

Beschreibung: Außendeichs liegende schattenlose Stellflächen direkt im Nationalpark Wattenmeer.
Preise: 13,00 € für ein Fahrzeug mit 2 Personen. Strom für 3,00 € pro Tag, Hund 2,00 €. Gezahlt wird an einem Münzautomaten ohne Wechselgeldausgabe.
Zufahrt: An der Bäderstraße in Richtung Butjadingen/Tossens auf der linken Seite. Durch Hinweisschilder nicht zu verfehlen, durch den Deich aber nicht zu sehen. Der ist zu überqueren. Im spitzen Winkel führt eine Straße hoch.

Näher an das Wasser kommen Sie mit dem WOMO kaum. Bei Flut können Sie das Meeresrauschen bei entsprechenden Windverhältnissen auch im Fahrzeug hören. Hier können Sie bei Flut nach Herzenslust ungestört baden und sich bei einem Spaziergang auf dem fast fünf Kilometer langen Salzwiesenpfad den Wind um die Nase pfeifen lassen. Eine Rarität ist das Schwimmende Moor.

Schwimmendes Moor

Große Teile des Jadebusens bestanden aus Hochmoorflächen, bevor die Sturmfluten des Mittelalters sie zerstörten und für eine sehr nachhaltige Änderung des Küstenverlaufs sorgten. Eine kleine Auswahl hatten wir ja schon auf der Seite 86 zusammengestellt.

Das Schwimmende Moor ist ein Relikt dieser Hochmoorflächen. Nach den Eindeichungen, die Anfang des 18. Jahrhunderts ihren Abschluss fanden, war die Fläche, die den weiteren Sturmfluten schutzlos ausgeliefert war, noch rund 135 Hektar

Bohlenweg im Schwimmenden Moor.

groß. Heute sind nur noch zehn Hektar übrig. Wenn es Sturmfluten gibt, die das mittlere Hochwasser von 2,50 Meter überschreiten, wird das Moor angehoben. Je öfter dies passiert und je heftiger der Sturm wütet, umso größer ist die Gefahr, das auch die letzten Flächen dieses Moores abgetragen werden.

Sie können dies alles auf den Schautafeln am Schwimmenden Moor nachlesen. Dort finden Sie auch Grafiken die diesen Vorgang illustrieren und sie können auf kartographischen Darstellungen die Küstenverläufe nach der Marcellusflut von 1362 und der Antoniflut von 1511 studieren, die dort abgebildet sind.

Von der Beobachtungsstation am Ende des 150 Meter langen Bohlenweges lassen sich in aller Ruhe Vögel beobachten.

Auf unserem weiteren Weg in den Norden der Halbinsel Butjadingen kommen wir in Seefeld an einem sehr ruhigen und kostenlosen Stellplatz vorbei, den wir Ihnen nicht vorenthalten wollen. Sie finden ihn an einem Sportplatz mit dieser Adresse: Hauptstraße 41, 26937 Stadland und diesen Koordinaten **[142:** N53°27'24.1" E8°21'28.0"]. Hier bekommen Sie für einen Euro Frischwasser und für dasselbe Entgelt auch acht Stunden Strom.

Stellplatz in Seefeld.

Nur 800 Meter von dem Stellplatz entfernt befindet sich die **Seefelder Mühle**, die neben einem Kulturprogramm mit Theateraufführungen, Ausstellungen und Konzerten in einem

Seefelder Mühle. Voll funktionsfähig und auch von innen zu besichtigen.

kleinen Café mit Außenterrasse leckere Kuchen und kleine Speisen anbietet.

Von Seefeld geht es nun weiter nach **Eckwarderhörne** zum **Preußeneck**. Nur fünf Kilometer Luftlinie trennen uns von Wilhelmshaven. Gut erkennbar sind am gegenüberliegenden Ufer die Krananlagen des Jade-Weser-Ports und das große Kohlekraftwerk, das 2022 stillgelegt werden soll. Hier stehen Sie an der Aorta des herzförmigen Jadebusens. Rund 450 Millionen Kubikmeter Wasser werden mit jeder Tide hin und her bewegt.

Aussichtsturm am Preußeneck.

Der Aussichtsturm wies bis 2012 als Oberfeuer zusammen mit einem Unterfeuer im Watt der Schifffahrt den Weg in den Jadebusen. Er bietet eine wunderbare Sicht auf den Jadebusen und auf die Halbinsel Butjadingen.

Am Preußeneck dürfen Sie über Nacht nicht stehen bleiben, auch wenn der Parkplatz sich am Abend leert. Wenn Sie hierbleiben möchten und mit der Fähre nach Wilhelmshaven übersetzen wollen, um mit dem Rad die Tour rund um den Jadebusen in umgekehrter Richtung durchzuführen, wie wir es auf Seite 131 vorgeschlagen haben, dann können Sie diesen Campingplatz nutzen.

(143) WOMO-Campingplatz: KNAUS Campingpark Eckwarderhörne

GPS: N53°31'15.6" E8°14'05.5"; Zum Leuchtfeuer 116, 26969 Butjadingen.
Max. WOMOs: 30, maximale Länge 12 m.
Ausstattung: Frischwasserversorgung, Abwasserentsorgung mit Bodeneinlass, Kassettenentleerung, Stromanschlüsse, Behälter für die Müllentsorgung, WLAN, Brötchenservice, Gasflaschentausch. Im Servicegebäude gibt es Duschen, WCs, Waschmaschinen und Trockner. Der Platz ist ganzjährig geöffnet.
Beschreibung: Sonnige Stellflächen auf einem Schotterrasengelände.
Preise: Personen ab 16 Jahren 9,70 €, Kinder von 4-15 Jahren 4,70 €, Hund 3,80 €, Wohnmobil saisonabhängig 21,10 € oder 23,70 €, Strom ist im Preis enthalten, Waschmaschine und Wäschetrockner jeweils 3,50 €.
Zufahrt: Vor dem Preußeneck auf der rechten Seite.
Reservierung/Kontakt: Tel.: 04736/1300
E-Mail: eckwarderhoerne@knauscamp.de, Web: www.knauscamp.de.

Die nächste Station auf unserer Reise ist **Tossens**, nur wenige Kilometer nördlich von Eckwarderhörne. Der Ort ist ganz auf den Badetourismus eingestellt. Mit dem **Aqua Mundo** verfügt der Ort über ein tropisches Freizeitbad erster Güte. Es ist eine Center Parcs-Einrichtung, die Sie als Tagesgast nutzen können, ohne gleich ein Ferienhaus oder Ferienwohnung in dieser Anlage mieten zu müssen. Der Parkplatz **Friesenstrand** [GPS: N53°34'52.5" E8°14'40.3"] direkt hinter dem Deich eignet sich sehr gut für einen Tagesbesuch. Bis zum Freizeitbad sind es 800 Meter und um an den Strand zu kommen, müssen Sie nur den Deich überqueren. Neben einem schmalen Sandstrand werden Sie eine große Liegewiese mit Strandkörben vorfinden. Kristallklares Wasser werden Sie nicht antreffen. Die Tide führt dazu, das Schlick und Sand aufgewühlt wird und das Wasser trübt. Für einen längeren Aufenthalt in Tossens bietet sich dieser Platz an.

Strandwiese in Tossens.

(144) Offizieller WOMO-Badeplatz: KNAUS Campingpark Tossens

GPS: N53°34'44.8" E8°14'37.8"; Zum Friesenstrand 1, 26969 Butjadingen.
Max. WOMOs: 36, maximale Länge 12 m.

Ausstattung: Frischwasserversorgung, Abwasserentsorgung mit Bodeneinlass, Kassettenentleerung, Stromanschlüsse, Behälter für die Müllentsorgung, WLAN, Gasflaschentausch, geöffnet von Mitte April bis Mitte Oktober.
Beschreibung: Sonnige Stellflächen auf einem Rasengelände vor der Schranke des Campingplatzes.
Preise: Je nach Saison 12,00 € oder 13,50 € für ein Fahrzeug mit allen Personen. Entsorgung kostenlos, 70 Liter Frischwasser 1,00 €, Strom 0,70 € pro kWh. Externe Gäste zahlen für eine Ver- und Entsorgung 5,00 €. Auf dem Campingplatz werden für die Stellflächen mit Blick auf das Meer andere Preise berechnet, die auf dieser Seite www.knauscamp.de/tossens-nordsee eingesehen werden können.
Zufahrt: In Tossens bis zum Deich vorfahren und der Beschilderung folgen..

Von Tossens fahren wir nun an die Nordspitze Butjadingens, verlassen damit den Bereich des Jadebusens und nähern uns der Wesermündung. Nächstes Ziel ist der **Natu-**

rerlebnispfad Langwarder Groden, der sich im **Nationalpark Niedersächisches Wattenmeer** befindet. Mit sehr viel Glück bekommen Sie am Turmbau zu Babel einen Parkplatz [GPS: N53°36'27.4" E8°19'19.1"]. Sollte alles belegt sein, empfehlen wir nach Fedderwardersiel weiterzufahren, sich dort auf einem der Stellplätze einzuquartieren, die Sie auf den folgenden Seiten beschrieben finden und dann zu Fuß oder mit dem Rad hierher zurückzukehren. An dieser Stelle wollen wir uns nun auch mit dem Nationalpark beschäftigen.

Gut ausgeschildert.

Nationalpark Niedersächsisches Wattenmeer

Mit dem Nationalpark Schleswig-Holsteinisches Wattenmeer, dem Hamburgischen Wattenmeer, dem Nationalpark Vadehavet in Dänemark und dem Werelderfgoed Waddenzee in den Niederlanden ist dieser Nationalpark Teil des UNESCO-Weltnaturerbes Wattenmeer. Mit einer Fläche von etwa 3.450 Quadratkilometern ist er der zweitgrößte deutsche Nationalpark. Er wurde 1986 etabliert und 2009 in das Weltnaturerbe aufgenommen. Der Nationalpark wird gleichzeitig auch als UNESCO-Biosphärenreservat geführt. In diesen Gebieten wird die Biodiversität die aus 10.000 Pflanzen- und Tierarten die in den Salzwiesen und den brackwasserhaltigen Zonen vorkommen geschützt. Die Orte auf den Inseln und die Seehäfen an der Küste zählen nicht zu den Schutzgebieten. Seehunde, Kegelrobben und Schweinswale sind die hauptsächlich vorkommenden Säugetiere. Im Schlick tummeln sich Muscheln, Krebse, Faden- und Strudelwürmer und sind die Nahrungsquelle für die Vogelwelt. Das Wattenmeer mit seinen Randbereichen dient als Rast-, Mauser- und Überwinterungsgebiet. Es wird geschätzt, dass sich im Wattenmeer bis zu sechs Millionen Vögel gleichzeitig aufhalten und zehn bis zwölf Millionen jährlich auf ihren Routen nach Sibirien oder Afrika durchziehen. Neben der Schutzfunktion dient das Wattenmeer auch als Lernort. Führungen durch das Watt werden an vielen Orten angeboten. Es ist in der Regel mehr als nur eine Wattwanderung, es ist zumeist auch eine kleine Unterrichtseinheit in Bezug auf Meeresökologie und Umweltschutz. Für all diejenigen, die an einer dieser Wattwanderungen nicht teilnehmen wollen oder können, bietet sich ein Spaziergang durch den Langwarder Groden an.

Fußweg durch das Wattenmeer.

Langwarder Groden

Hier können Sie trockenen Fusses durch eine Wattlandschaft gehen und dabei die typische Tier- und Pflanzenwelt von den befestigten Pfaden und Bohlenwegen beobachten. Ein vier Kilometer langer Rundwanderweg und ein zwei Kilometer langer Naturentdeckungspfad wurden in diesem rund 70 Hektar großen Gebiet angelegt.

Seehund und Möwe im Langwarder Groden

Die Gezeiten lassen sich hier auf besondere Art erleben und mit ihnen die Bewegung der Tierwelt. Mit ein wenig Glück können Sie Seehunde in ihrem natürlichen Umfeld beobachten und mit Geduld auch die Vogelwelt von einem der Aussichtspunkte. Die zahlreichen Infotafeln entlang der Wege weisen auf die Zusammenhänge in dieser Watt- und Salzwiesenlandschaft hin. Durch diese Landschaft werden auch Führungen angeboten, die vom **Nationalpark-Haus Museum Fedderwardersiel** organisiert werden. Es befindet sich im Hafen von Fedderwardersiel in den zwei Gebäuden des ehemaligen Zollamtes.

Hafen von Fedderwardersiel mit Vertellstohl (Erzählstuhl).

Fedderwardersiel ist ein kleiner Hafenort. Nicht einmal 250 Einwohner zählt dieses Fischerdorf mit dem kleinen malerischen Kutterhafen, in dem Sie täglich frische Krabben oder Granat, wie die Butjenter sagen und fangfrische Fische direkt von einem der fünf Kutter kaufen können. Als Ort für die Zubereitung stehen Ihnen gleich mehrere Stellplätze zur Verfügung, die wir jetzt vorstellen wollen.

(145) WOMO-Campingplatz Fischerdorf

GPS: N53°35'51.5" E8°21'22.4"; Am Hafen 14, 26969 Butjadingen.
Max. WOMOs: >20, maximale Länge 12 m.
Ausstattung: Frischwasserversorgung, Abwasserentsorgung mit Bodeneinlass, Kassettenentleerung, Stromanschlüsse, Behälter für die Müllentsorgung, kleines Restaurant. Im Servicegebäude gibt es Duschen, WCs, Waschmaschinen und Trockner und einen Fischschlachtplatz. Vom 1. 3. bis 31. 10. geöffnet.

Beschreibung: Schattenlose Stellflächen auf einem Rasengelände. In der vordersten Reihe mit freiem Blick auf das Meer.
Preise: Personen ab 13 Jahren 5,00 €, Kinder 3-12 Jahre 4,00 €, Hund 2,00 €, Kurtaxe Erwachsene 2,85 €, Kinder 1,95 €, WOMO 10,00 €, Strom 0,50 € pro kWh.
Zufahrt: In das Hafengelände von Fedderwardersiel fahren und der Straße "Am Hafen" bis zum Ende folgen.
Reservierung/Kontakt: Tel.: 04733/700 oder 01714818964
Web: https://campingplatz-fischerdorf.de.

(146) Offizieller WOMO-Stellplatz: Henken's Reisemobilhafen

GPS: N53°35'43.8" E8°21'26.3"; Lagunenweg 1, 26969 Butjadingen.
Max. WOMOs: >20, maximale Länge 12 m.
Ausstattung: Frischwasserversorgung, Abwasserentsorgung mit Bodeneinlass, Kassettenentleerung, Stromanschlüsse, Behälter für die Müllentsorgung, WLAN, Henkens Hafenmarkt mit Gütern des täglichen Bedarfs, vom 1. 3. bis 31. 10. geöffnet.

Beschreibung: Schattenlose Stellflächen auf Schotterrasen und auf einer Wiese.
Preise: 15,00 € für ein Fahrzeug mit 2 Personen. Kurtaxe Erwachsene 2,85 €, Kurtaxe Kinder 1,95 €, Frischwasser 1 Cent pro Liter, Strom 3,00 € pro Tag.
Zufahrt: In Fedderwardersiel vor dem Hafengelände rechts abbiegen, dann links halten.

(147) Offizieller WOMO-Stellplatz: Butjadinger Yachtclub Fedderwardersiel

GPS: N53°35'39.7" E8°21'29.2"; Lagunenweg, 26969 Butjadingen.
Max. WOMOs: 45, maximale Länge 12 m.
Ausstattung: Frischwasserversorgung, Abwasserentsorgung mit Bodeneinlass, Kassettenentleerung, Stromanschlüsse, Behälter für die Müllentsorgung, WLAN, vom 1. März bis 31. Oktober geöffnet.
Beschreibung: Schattenlose Stellflächen auf Schotterrasen.
Preise: 12,00 € für ein Fahrzeug ab 10 Meter Länge 15,00 €. Kurtaxe Erwachsene 2,85 €, Kurtaxe Kinder 1,95 €, Strom 2,50 € pro Tag.
Zufahrt: In Fedderwardersiel vor dem Hafengelände rechts abbiegen, dann links halten.
Reservierung/Kontakt: http://byc-fedderwardersiel.de

(148) Offizieller WOMO-Campingplatz: KNAUS Natur-Campingpark Fedderwardersiel

GPS: N53°35'33.3" E8°21'34.5"; Lagunenweg, 26969 Butjadingen.
Max. WOMOs: >20, maximale Länge 12 m.

Ausstattung: Frischwasserversorgung, Kassettenentleerung, Stromanschlüsse, Behälter für die Müllentsorgung, Brötchenservice. Im Servicegebäude gibt es Duschen und WCs. Vom 1. März bis 31. Oktober geöffnet.
Beschreibung: Schattenlose Stellflächen neben dem Yachthafengelände. Die Anmeldung muss am KNAUS Campingpark in Burhave erfolgen. Dort ist auch die Abwasserentsorgung möglich.
Preise: 27,00 € für ein Fahrzeug inklusive Ver- und Entsorgung, Strom 4,00 €, Kurtaxe Erwachsene 2,85 €, Kurtaxe Kinder 1,95 €.
Zufahrt: In Fedderwardersiel vor dem Hafengelände rechts abbiegen, dann links halten und am Yachthafen vorbeifahren.
Reservierung/Kontakt: Tel.: 04733/1683
E-Mail: fedderwardersiel@knauscamp.de

(149) WOMO-Campingplatz: KNAUS Campingpark Burhave

GPS: N53°34'59.5" E8°22'12.5";
An der Nordseelagune 1, 26969 Butjadingen.
Max. WOMOs: 124, maximale Länge 12 m.
Ausstattung: Frischwasserversorgung, Abwasserentsorgung mit Bodeneinlass, Kassettenentleerung, Stromanschlüsse, Behälter für die Müllentsorgung, WLAN, Brötchenservice. Im Servicegebäude gibt es Duschen, WCs, Waschmaschinen und Trockner. Vom 1. März bis 31. Oktober geöffnet.

Beschreibung: Schattenlose Stellflächen auf Schotterrasen, in der ersten Reihe mit freiem Blick auf das Meer. Es gibt in der Summe nur 72 Stromsteckplätze.
Preise: Wohnmobil je nach Saison 14,00 € oder 16,00 €, jeweils inkl. aller Personen, Hunde, Umweltbeitrag und Entsorgung. Strom 0,70 € pro kWh, Frischwasser 1,00 € für 70 Liter, Benutzung der Sanitäranlagen 6,00 € pro Tag und Person, Kurtaxe Erwachsene 2,85 €, Kurtaxe Kinder 1,95 €.
Zufahrt: In Burhave bis zum Haus des Gastes fahren und dort scharf links abbiegen und über den Deich zum Campingplatz fahren.
Reservierung/Kontakt: Tel.: 04733/1683
E-Mail: burhave@knauscamp.de, Web: www.knauscamp.de.

Fedderwardersiel und **Burhave** liegen nur zwei Kilometer auseinander. Die Strecke lässt sich bequem entlang des Deiches oder entlang der Küste gehen oder mit dem Rad fahren. Auf dem Küstenweg können noch einige Kunstwerke

Die Nordseelagune in Burhave.

bewundert werden und in Fedderwardersiel können Sie sich auf dem **Vertellstohl** Geschichten über den Hafen anhören.

Kunstskulptur an der Promenade zwischen Burhave und Fedderwardersiel.

Baden geht natürlich auch. Nur einen schönen Sandstrand gibt es nicht und der Zugang zum Wasser ist nicht immer einfach. Über einen Steg können Sie in Burhave in das Wattenmeer hineingehen und bei Flut über Treppen auch in das Wasser gelangen. Die meisten Besucher suchen unserer Beobachtung nach aber die Nordseelagune auf. Das ist ein künstlich angelegter Badeteich, der zwischen dem Deich und dem Wattenmeer die Badegäste und Kinder mit Sandstrand, Spielplatz und Meerwasser lockt. Dazu gibt es nebenan auch gleich Pommes, Eis und andere Kleinigkeiten. Bei "Schietwetter" geht es in die Spielscheune, die sich in der Strandallee befindet. Dort gibt es auch Souvenirläden.

Hundebesitzer finden darüber hinaus am Meer ihren Strand im Watt und eine Hundewiese.

Souvenirladen in Burhave.

Vom Steg in Burhave sind die Hafenanlagen von Bremerhaven sehr gut zu sehen und aus der Distanz lässt sich beobachten, wie die großen Pötte Kurs auf diesen Anlagen nehmen.

Wir nehmen jetzt Kurs auf **Nordenham**, eine Industrie- und Hafenstadt mit rund 26.000 Einwohnern. Von diesem Ort können Sie mit der Weserfähre nach Bremerhaven übersetzen und sind am anderen Ufer schnell auf dem Stellplatz an der Doppelschleuse, den wir in der Tour 15 auf Seite 328 beschrieben haben. Auf dieser Seite www.weserfaehre.de finden Sie die Fährzeiten und die Beförderungstarife.

In Nordenham lässt es sich auf diesem Stellplatz gut und ruhig übernachten.

(150) Offizieller WOMO-Stellplatz: Nordenham – Freizeitbad Störtebeker

GPS: N53°29'40.6" E8°28'27.7"; Atenser Allee 48, 26954 Nordenham.
Max. WOMOs: 22, maximale Länge 12 m, max. Aufenthalt 5 Tage.
Ausstattung: Frischwasserversorgung, Abwasserentsorgung mit Bodeneinlass, Kassettenentleerung, Stromanschlüsse, Behälter für die Müllentsorgung. Duschen und WCs gegen Gebühr im Störtebekerbad. Der Platz ist ganzjährig geöffnet.

Beschreibung: Sonnige bis halbschattige Stellflächen auf Rasengittersteinen. In der Nacht trotz Straßennähe erstaunlich ruhig.
Preise: 5,00 € für ein Fahrzeug, Frischwasser gratis und Strom 1,00 € für 8 Stunden. Abwasserentsorgung und Entleerung der Bordtoilette jeweils 1,00 €.
Zufahrt: Von der B212 in Richtung Brake am großen Edeka-Markt links abbiegen und der Straße bis zum Bad folgen. Da Sie von der Straße nicht direkt zum Bad nach links abbiegen können, müssen Sie bis zum nächsten Kreisverkehr fahren und von dort zum Bad zurückfahren.

Neben diesem Stellplatz gibt es in der Stadt noch einen kleinen Campingplatz, der sich neben dem Strandbad Strandallee befindet. Mit diesen Koordinatenangaben [**151:** N53°28'27.1" E8°28'52.2"] finden Sie ihn in der Strandallee, die Sie aber unbedingt über die Großensieler Straße im Süden von Nordenham anfahren sollten. Auf dieser Seite www.campingplatz-nordenham.de finden Sie das gesamte Angebot des Platzes und können mit zahlreichen Bildern auch einen Eindruck von der Anlage gewinnen.

Einen weiteren und kostenlosen, wie absolut einfachen Stellplatz gibt es am Weserstrand Kleinensiel. Sie erreichen ihn mit diesen Koordinaten [**152:** N53°26'32.1" E8°28'41.8"].

Ruhig ist es hier auf dem Weserdeich. Die Wasser- und Stromversorgung war bei unserem Besuch außer Funktion. 100 Meter weiter unten können Sie normalerweise auch direkt an der Weser stehen. Wir haben den Platz gesperrt vorgefunden.

Stellplatz am Weserstrand Kleinensiel.

In Rodenkirchen und Ovelgönne gibt es unseres Erachtens nichts, was man unbedingt gesehen haben muss. Der nächste Ort, den wir etwas näher betrachten wollen ist **Brake**. Hier finden Sie am Hafen einen Stellplatz [**153:** N53°19'40.8" E8°28'57.5"] mit einer gebührenpflichtigen Ver- und Entsorgungsstation sowie vier Stromanschlüssen.

Stellplatz im Hafen von Brake.

Bis zum **Braker Telegraphen** ist es nicht weit. Das Backsteingebäude mit dem quadratischen Grundriss und dem markanten Turm ist das Wahrzeichen der rund 15.000 Einwohner zählenden Stadt. Es wurde als optische Telegraphenstation zum Empfang und zur Weitergabe von Schiffsnachrichten zwischen Bremerhaven und Bremen 1846 gebaut. Heute ist darin ein Teil des Schifffahrtsmuseums untergebracht. Gezeigt werden unter anderem Schiffsmodelle, Schiffsporträts und nautische Instrumente. Ein weiteres Gebäude des Museums befindet sich in der Breite Straße, der Fußgängerzone der Stadt.

Braker Telegraph.

Der Telegraph steht nah an der Weser. Hinter dem Haus ist die Anlegestelle für die Ausflugsschiffe der Reederei Schreiber, die auf der Weser mit ihren Schiffen eine Fülle von Fahrten nach Bremen und Bremerhaven anbietet, wie Sie auf dieser Seite www.hal-oever.de sehen können. Eine Fahrradmitnahme ist dabei möglich, sodass Sie von hier aus kombinierte Rad- und Schiffstouren in Angriff nehmen können.

Das geht von dem Stellplatz in **Elsfleth**, dem nächsten Ort auf unserer Reise nicht. Hier stehen Sie zwar direkt an der Kaimauer der Hunte, aber ein Ausflugsschiff legt hier nicht an.

(154) Offizieller WOMO-Stellplatz: Elsfleth

GPS: N53°14'15.9" E8°27'55.8"; Weserstraße 14, 26931 Elsfleth.
Max. WOMOs: 28, maximale Länge 12 m.

Ausstattung: Frischwasserversorgung, Abwasserentsorgung mit Bodeneinlass, Kassettenentleerung, 16 Stromanschlüsse, Behälter für die Müllentsorgung, Dusche und WCs in 100 Metern Entfernung. Der Platz ist ganzjährig geöffnet.
Beschreibung: Große asphaltierte und gepflasterte Fläche mit freiem Blick auf die Hunte. Gutes Restaurant und Einkaufsmöglichkeiten in fußläufiger Entfernung.
Preise: 8,00 € für ein Fahrzeug, Frischwasser 1,00 €, Strom 1,00 € für 8 Stunden. Abwasserentsorgung und Entleerung der Bordtoilette ist kostenfrei. Den Parkschein gibt es am Kassenautomaten.
Zufahrt: Der Beschilderung zum Hafen folgen.

Denkmal des "Schwarzen Herzogs" in Elsfleth.

Auch in dieser Stadt gibt es ein Museum, das sich mit der maritimen Entwicklung entlang der oldenburgischen Unterweser im 20. Jahrhundert beschäftigt. Sie finden es nur wenige Meter vom Stellplatz entfernt. Es ist das dritte Haus des **Schifffahrtsmuseums Unterweser**. Die anderen beiden haben wir schon in Brake gesehen. Einen Überblick zu allen drei Standorten bekommen Sie hier www.schiffahrtsmuseum-unterweser.de.

Elsfleth ist ein beschauliches Städtchen, das seine wirtschaftliche Entwicklung im 17. und 18. Jahrhundert der Erhebung des Weserzolls durch die Oldenburger Landesherren verdankt. Alle Schiffe, die nach Bremen fuhren, hatten Zollabgaben zu zahlen.

Elsfleth liegt an der Mündung der Hunte in die Weser. Um zu den Badestränden an der Weser zu kommen, müssen Sie im Norden der Stadt das Huntesperrwerk überqueren. Das geht am schnellsten mit dem Rad.

Letzte Station auf unserer Reise durch die Wesermarsch ist Hude. Hier stellen wir unser WOMO auf dem Stellplatz am Hallenbad ab.

(155) Offizieller WOMO-Stellplatz:
Hude – Schützenplatz

GPS: N53°06'27.4" E8°27'33.1"; Schützenstraße 15, 27798 Hude.
Max. WOMOs: 8, maximale Länge 12 m.
Ausstattung: Frischwasserversorgung, Abwasserentsorgung mit Bodeneinlass, Kassettenentleerung, Stromanschlüsse, Behälter für die Müllentsorgung, ganzjährig geöffnet.
Beschreibung: Geschotterte Flächen in der Nähe des Hallenbades, nah am Zentrum, zwei Kilometer von der Klosterruine entfernt.
Preise: 5,00 € für ein Fahrzeug, Frischwasser 1,00 €, Strom 1,00 € für 8 Stunden. Abwasserentsorgung und Entleerung der Bordtoilette ist kostenfrei. Den Parkschein gibt es am Kassenautomaten.
Zufahrt: Der Beschilderung Hallenbad/Schützenplatz folgen.

Die **Klosterruine** ist die Hauptsehenswürdigkeit des Ortes. Das Kloster wurde 1232 von Zisterziensern gegründet und entwickelte sich zu einem geistlichen und wirtschaftlichen Zentrum in dieser Region. Die Kirche war die größte im Oldenburger Land und diente über zwei Jahrhunderte als Grablege der Oldenburger Grafen. Mit der Reformation setzte der Niedergang ein, das Kloster wurd 1536 aufgelöst. Die aus roten Ziegelsteinen bestehenden Gebäude weckten Begehrlichkeiten. Einige Gebäudeteile so wie der Kreuzgang wurden abgerissen und die Ziegelsteine für den Bau anderer Häuser verwendet. Erst durch den Kauf des Anwesens durch Kurt Veit von Witzleben, der Landdrost der Grafschaft Delmenhorst war, wurde die weitere Zerstörung gestoppt.

Klosterruine in Hude.

In der Zeit der Romantik war die Ruine ein beliebtes Motiv verschiedener Maler. Dem damaligen Zeitgeist folgend, wurde ein Landschaftspark um die Ruine herum angelegt, womit sie besonders schön zur Geltung kommt. Heute gibt es neben der Ruine ein Museum und ein Restaurant, in dem sich fürstlich speisen lässt https://klosterschaenke-hude.de. Ein würdiger Abschluss dieser Tour.

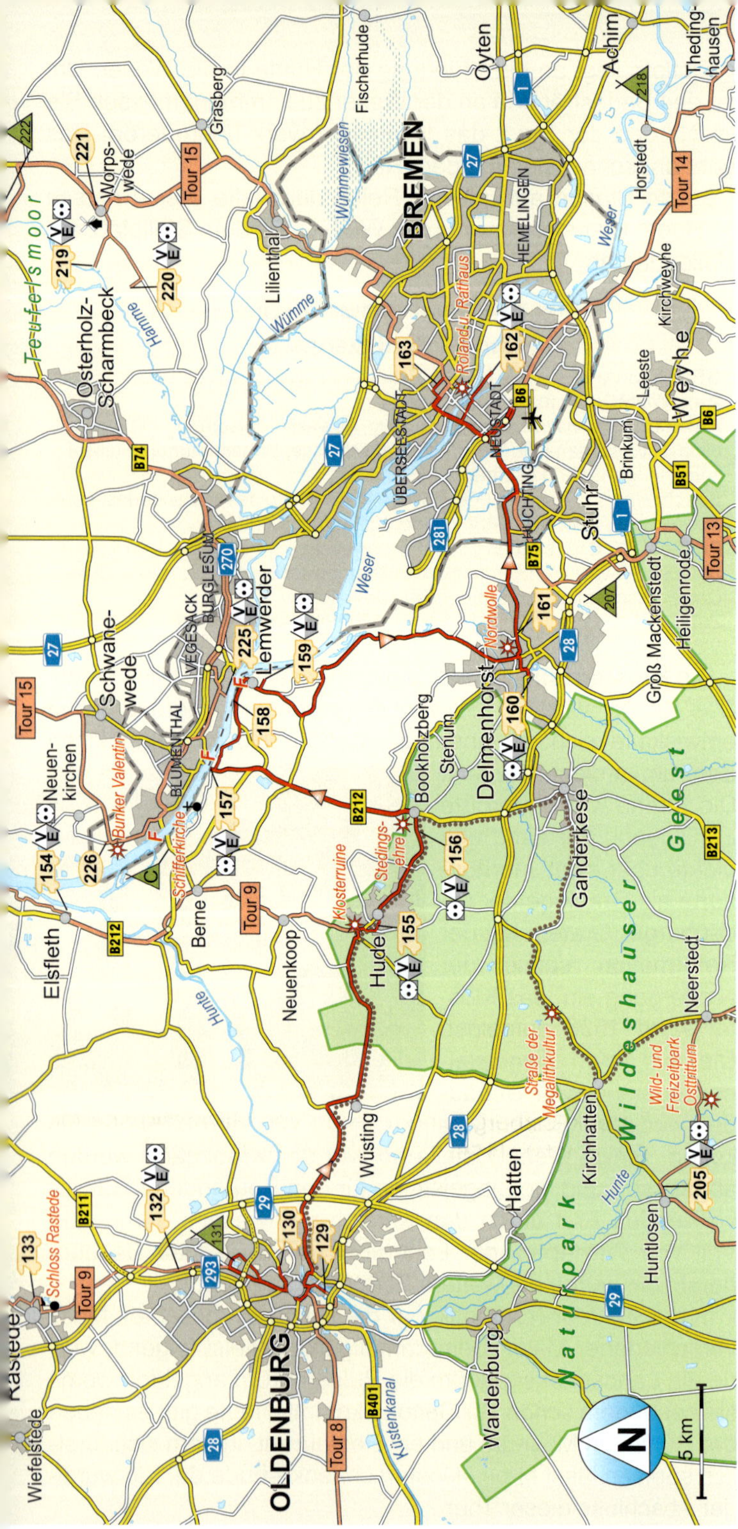

OLDENBURG
BREMEN
Rastede
Schloss Rastede
Wiefelstede
Tour 9
Tour 8
Tour 15
Tour 14
Tour 13
Elsfleth
Berne
Neuenkoop
Hude
Klosterruine
Stedingsehre
Bookholzberg
Stenum
Delmenhorst
Nordwolle
Ganderkese
Wüsting
Hatten
Kirchhatten
Huntlosen
Wardenburg
Neerstedt
Wild- und Freizeitpark Ostrittrum
Straße der Megalithkultur
Naturpark Wildeshauser Geest
Groß Mackenstedt
Heiligenrode
Stuhr
Brinkum
Leeste
Weyhe
Kirchweyhe
Horstedt
Achim
Thedinghausen
Oyten
Fischerhude
Wümmewiesen
Lilienthal
Wümme
Grasberg
Worpswede
Osterholz-Scharmbeck
Teufelsmoor
Hamme
Schwanewede
Neuenkirchen
Bunker Valentin
Schifferkirche
BLUMENTHAL
VEGESACK
BURGLESUM
Lemwerder
ÜBERSEESTADT
NEUSTADT
HUCHTING
HEMELINGEN
Roland u. Rathaus
Weser
Hunte
Küstenkanal
B211
B212
B213
B401
B74
B75
B6
B51
27
28
29
281
293
270
1
129
130
131
132
133
154
155
156
157
158
159
160
161
162
163
205
207
218
219
220
221
222
225
226
F
C
V
E
N
5 km

TOUR 10 (ca. 80 km)

Hude – Bookholzberg – Berne – Lemwerder – Delmenhorst – Bremen

Stellplätze:	Hude, Bookholzberg, Motzener Fähre in Berne, Lemwerder, Delmenhorst, Bremen.
Campingplätze:	Keine.
Besichtigungen:	Hude (Klosterruine), Lemwerder (Aussichtsturm), Delmenhorst (Graftwiesen, Nordwolle), Bremen (Altstadt mit Roland, Schnoorviertel, Weserpromenade, Bürgerpark).
Wandern/Radtour:	Entlang der Weser.
Baden/Wellness:	Weserstrand in Bremen.

Diese Tour von Oldenburg nach Bremen ist sehr kurz. Würden wir sie auf dem schnellsten Weg über die Autobahn fahren wollen, so hätten wir nur 50 Kilometer zurückzulegen. Wir nehmen aber nicht die kürzeste Strecke, sondern schauen uns unterwegs noch einige besondere Dinge an. Deshalb dauert es etwas länger und wir fahren einige Kilometer mehr.

Wenn Sie diese Tour im Anschluss an die soeben beendete Tour 9 starten, so haben Sie Hude bereits kennengelernt. Wenn Sie von Oldenburg kommen, bitten wir Sie einmal zurückzublättern, um sich über die Stadt zu informieren. Der Stellplatz dürfte von besonderem Interesse sein, wenn Sie am Küstenkanal oder von dem Parkplatz an den Weser-Ems-Hallen gestartet sind, wo es keine Ver- und Entsorgungsanlagen gibt. In Hude können Sie Frischwasser bunkern und alles entbehrliche entsorgen.

Erste Station nach Hude ist die **Villa Hohenböken** in **Bookholzberg**. Sie erreichen diesen Ort im Ammerweg 15 in 27777 Bookholzberg, einem Teilort von **Ganderkesee** mit diesen Koordinaten [**156:** N53°05'31.1" E8°31'03.4"].

Stellplatz an der Villa Hohenböken.

Für 10,00 € stehen Sie hier in himmlischer Ruhe inklusiver einer Strom- und Frischwasserversorgung in einem Parkgelände neben der Villa.

Mit der **Stedingsehre** gibt es auf dem Gebiet der Gemeinde unweit der Villa eine Freilichtbühne aus der NS-Zeit, die zu

Verfallen drohte. Nun wird aus dem ehemaligen Propaganda-Ort eine Aufklärungsstätte. Bei unserem Besuch im Sommer 2021 war es aber noch nicht so weit, dass die Einrichtung als Museum geöffnet hatte. Vielleicht geschieht dies 2022.

Von Bookholzberg lassen sich einige Radtouren unternehmen. Da wir uns hier wieder an der Straße der Megalithkultur befinden (siehe Seite 157) lohnen Ausflüge zu den Großsteingräbern nach **Stenum** oder **Steinkimmen** und natürlich auch nach Delmenhorst zur Nordwolle, auf der wir auf den nächsten Seiten noch näher eingehen werden.

Jetzt geht es erst einmal weiter nach **Motzen**, einem Teilort der Gemeinde Sande. Der Ort liegt direkt an der Weser. Hier führt eine Fähre über den Fluss die Sie in den Bremer Stadtteil Blumenthal bringt. Oberhalb des Fähranlegers gibt es einen Stellplatz **[157:** N53°10'45.2" E8°33'26.7"]. Vier Fahrzeuge können auf diesem kostenlosen Platz parken. Leise ist es hier nicht, aber zum "Schiffe gucken" ideal. Es gibt auch eine Stromversorgung und eine Ver- und Entsorgungsstation, die aber offensichtlich nicht gut gewartet werden. Dafür finden Sie gleich nebenan einen Kiosk, einen Imbiss sowie ein WC.

Stellplatz an der ...

... Motzener Fähre.

Von der Motzener Fähre lässt sich eine schöne Radtour über oder entlang der Deiche in dieser Region durchführen. Es sind insgesamt 56 Kilometer, auf dem der **I. Oldenburgische Deichband** an 25 Stationen über seine Arbeit im Hochwasserschutz zwischen Hunte und Weser informiert. Der Weg führt nicht nur an Deichschutzbauten, Sperrwerken und Pumpstationen vorbei, sondern auch an kulturhistorisch bedeutsamen Gebäuden. Die turmlose **Warflether Kirche** ist eine davon. Im Volksmund wird sie **"Schifferkirche"** genannt. 1371 wird sie erstmals urkundlich erwähnt und hat seit dieser Zeit so manche Sturmflut überstanden. Die Deichbauer haben über die Jahrhunderte verschiedene

Maßnahmen durchführen müssen, um dieses Kleinod der norddeutschen Backsteingotik zu schützen. Seit der Sturmflut von 1962 wird die Kirche durch eine Spundwand geschützt. Vorher war eine der Seitenwände in den Deich eingebunden.

Neben der Kirche werden Ihnen die vielen neueren und auch älteren reetgedeckten Fachwerkhäuser auffallen, die sich im Schutz des Deiches in die Marschlandschaft ducken und in der Höhe nur ganz knapp über dem Meeresspiegel liegen.

Die "Schifferkirche" in Warfleth.

Eine vollständige Beschreibung der **Deichroute** finden Sie auf dieser Seite www.erster-oldenburgischer-deichband.de. Dort können Sie auf Landkarten auch den Verlauf der Route studieren.

Von der Motzener Fähre fahren wir nun mit dem WOMO weiter zu diesem kostenlosen Stellplatz in **Lemwerder** auf dem vier Mobile Platz finden **[158:** N53°10'11.7" E8°36'01.5"]. Stellplatzeinrichtungen gibt es keine, nur eine halbwegs ebene Fläche auf Betonpflastersteinen. Sie befindet sich direkt neben dem Gelände der Lürssen-Werft. "Schiffe gucken" ist hier sehr gut möglich ohne das WOMO verlassen zu müssen. Natürlich können Sie auch von diesem Ort auf der Deichroute entlang radeln, denn sie führt auch durch Lemwerder.

Kostenloser Stellplatz in Lemwerder.

In nur zwei Kilometern Entfernung ist der stählerne Aussichtsturm "Weitblick" zu sehen. Die 64 Stufen des 15 Meter hohen Turms hochzugehen lohnt natürlich. Von der Plattform lässt sich die Hafen- und Werftlandschaft in Lemwerder gut überblicken. Auf dem Weg dorthin kommen Sie auch an einer weiteren Fähre vorbei, die Sie nutzen können, wenn Sie

Aussichtsturm "Weitblick" in Lemwerder.

auf die andere Seite der Weser wollen, sei es mit dem Rad oder mit dem WOMO. Wie die Motzener Fähre ist sie an 365 Tagen im Jahr rund um die Uhr in Betrieb.

Wenn Sie vom "Schiffe gucken" genug haben und nach einer längeren Standzeit vor den üblichen Ver- und Entsorgungsaufgaben stehen, so können Sie gegen eine kleine Spende die Anlage des Reisemobilhafens am Peter-Baxmann-Platz nutzen. Sie ist sehr gut anzufahren, auch wenn Sie auf diesem Stellplatz nicht verweilen wollen.

(159) Offizieller WOMO-Stellplatz: Lemwerder – Peter-Baxmann-Platz

GPS: N53°09'28.2" E8°37'04.3"; Schlesische Straße, 27809 Lemwerder.
Max. WOMOs: 50, maximale Länge 12 m.
Ausstattung: Frischwasserversorgung, Abwasserentsorgung mit Bodeneinlass, Kassettenentleerung, Stromanschlüsse, Behälter für die Müllentsorgung, ganzjährig geöffnet.

Beschreibung: Halbschattige Stellflächen in ruhiger Lage zwischen einem Wohn- und einem Gewerbegebiet in Wesernähe. Der Aussichtsturm ist 500 Meter entfernt, Restaurants und Kinderspielplatz in der Nähe. Die Ver- und Entsorgungsanlage befindet sich neben der Turnhalle, die im Eingangsbereich passiert wird.
Preise: 3,00 € für ein Fahrzeug, Strom 1,00 € für 8 Stunden. Frischwasser, Abwasserentsorgung und Entleerung der Bordtoilette ist kostenfrei. Um eine Spende wird gebeten. Den Parkschein gibt es am Kassenautomaten.
Zufahrt: Von der Straße in Richtung Delmenhorst vor dem Rathaus und dem Restaurant Meteora links abbiegen und die Straße bis zum Ende durchfahren.

Von diesem Ort geht es nun weiter nach **Delmenhorst**, einer Industriestadt mit fast 80.000 Einwohnern. Für den Besuch stellen wir unser WOMO auf folgendem Stellplatz ab.

(160) Offizieller WOMO-Stellplatz: Delmenhorst – Graftwiesen

GPS: N53°02'50.6" E8°37'24.2"; An den Graften 38, 27753 Delmenhorst.
Max. WOMOs: 8, maximale Länge 12 m.

Ausstattung: Keine Frischwasserversorgung, Abwasserentsorgung mit Bodeneinlass, Kassettenentleerung, Stromanschlüsse, Behälter für die Müllentsorgung, WC in der Nähe. Der Platz ist ganzjährig geöffnet.
Beschreibung: Große sonnige Stellflächen auf Betonpflastersteinen. Nah an der Innenstadt, der GraftTherme und der Burginsel.
Preise: Kostenlos, (um eine Spende wird gebeten) Strom 1,00 € pro kWh. Abwasserentsorgung und Entleerung der Bordtoilette ist kostenfrei.
Zufahrt: Den Hinweisschildern zur GraftTherme folgen.

Eine weitere Möglichkeit, das WOMO abzustellen, bietet das Fahrradgeschäft "Rund ums Rad", das Sie in der Bremer Straße 302 **[161:** N53°03'22.0" E8°40'44.7"] in Delmenhorst finden. In diesem gut sortierten Laden mit vielen Marken und guter Werkstatt lässt sich schnell und unkompliziert eine Radreparatur durchführen, wenn es denn notwendig ist, die Bordmittel nicht ausreichen und Ersatzteile erforderlich sind. Leise und lauschig ist der Platz allerdings nicht.

Stellplatz "Rund ums Rad".

Der **Wasserturm**, den Sie vom Stellplatz Graftwiesen sehen können, ist 44 Meter hoch. Er wurde 1910 gebaut und war bis 2010 in Betrieb. Seiner eigentlichen Funktion beraubt, dient er nun als Aussichtsturm und kann jeden ersten und dritten Sonntag im Monat zwischen 15:00 und 17:00 Uhr bestiegen werden. Von oben haben Sie einen einmaligen Panoramablick über die Stadt und die **Burginsel**, die ebenfalls nur wenige Meter vom Stellplatz entfernt liegt.

Sie befindet sich im Zentrum zweier Graften (Wassergräben), der Innen- und der Außengraft. Einst stand auf dieser Insel eine Burg, dann ein Schloss. Von beiden ist nichts mehr zu sehen. Eine Gedenktafel erinnert daran. Geblieben sind die Graften, die mit den hohen Bäumen auf der Burginsel

Die Äußere Graft an der Burginsel in Delmenhorst.

eine schöne Parklandschaft bilden, die für die Naherholung der Bürger eine große Bedeutung hat und gern genutzt wird.

Am Eingang der Graft am Mühlendamm befindet sich eine alte Wassermühle aus dem 19. Jahrhundert. In der Mühle und einem Nebengebäude sind heute ein italienisches und ein japanisches Restaurant anzutreffen.

Bedeutendstes Baudenkmal in Delmenhorst ist der kurz **"Nordwolle"** genannte Fabrikkomplex der **"Norddeutschen Wollkämmerei und Kammgarnspinnerei"**. Er befindet sich an der Bahnlinie, die von Bremen nach Oldenburg führt. Der Standort an der Bahn war bewusst gewählt, denn über sie bestand eine Verbindung zu den Häfen in Bremen und Bremerhaven. Mit eigenem Gleisanschluss konnten die Rohwolleballen aus Übersee schnell und kostengünstig angeliefert werden. Rund einhundert Jahre wurden in diesem Betrieb Garne produziert, bis zum Beginn der Neunzigerjahre die Produktion eingestellt wurde. In der Spitzenzeit waren 28.000 Menschen in dem Unternehmen beschäftigt. Doch diese Textilfirma teilte dasselbe Schicksal wie andere Firmen in dieser Branche auch, wie wir in Nordhorn (siehe Seite 26) bereits gesehen haben.

Stilvolle Industriearchitektur des 19. Jahrhunderts.

Heute erfüllen die durchweg sehenswerte Gebäude dieser "Stadt in der Stadt", die mit den Häusern der Fabrikbeamten, der Speise- und Badeanstalt, Mädchenwohnheim, Arbeiterhäusern und einem Landschaftsgarten nicht nur Fabrikgebäude aufzuweisen hat, ganz andere Funktionen.

Im Fabrikmuseum ist die ganze Historie dieser Firma mit zahlreichen Ausstellungsstücken und Maschinen dokumentiert. Neben dem Gebäude liegt das Stadtmuseum, in dem Sie alles über die Geschichte der Stadt Delmenhorst erfahren.

Beeindruckende Straßenfront des Industriekomplexes Nordwolle.

Der Gebäudekomplex befindet sich in der Nordwollestraße und ist rund 1,5 Kilometer von den Graftwiesen entfernt.

Nach dem Besuch dieser Anlage, die zu den größten Industriedenkmalen Europas gehört, fahren wir nun dem Ende dieser Tour entgegen und suchen in Bremen diesen Stellplatz auf.

(162) Offizieller WOMO-Stellplatz: Bremen – Am Kuhhirten

GPS: N53°03'54.1" E8°49'07.1"; Kuhhirtenweg, 28201 Bremen
Max. WOMOs: 100, maximale Länge 12 m.
Ausstattung: Frischwasserversorgung, Abwasserentsorgung mit Bodeneinlass, Kassettenentleerung, Stromanschlüsse, Satellitenanschluss, Behälter für die Müllentsorgung, WLAN, Brötchenservice, Gasflaschentausch. Im Servicegebäude gibt es Duschen und WCs. Der Platz ist ganzjährig geöffnet.

Beschreibung: Schattige Stellflächen, teilweise sehr eng. Bis zum Weserstrand sind es 500 Meter, bis in die Innenstadt (Rathaus) rund 2 km. Ein Shuttle fährt Sie zu Festpreisen zu ausgewählten Punkten der Stadt. Zu erfragen ist dies an der Rezeption.
Preise: 17,00 € für ein Fahrzeug, Frischwasser (100 Liter) 1,00 €, Strom 0,60 € pro kWh. Abwasserentsorgung und Entleerung der Bordtoilette ist kostenfrei. Nutzung der Sanitäreinrichtungen 2,00 € pro Mobil, Nutzung der Dusche 1,00 € pro Person.
Zufahrt: Siehe Stadtplan auf der folgenden Seite.
Reservierung/Kontakt: Tel.: 0173 985 0092
E-Mail: stellplatz-bremen@t-online.de, Web: www.stellplatz-bremen.de.

Neben dem offiziellen Stellplatz können Sie für einen Besuch der Stadt auch auf der **Bürgerweide** Ihr Fahrzeug abstellen **[163:** N53°05'11.1" E8°48'42.7"]. Es ist ein riesiger gebührenpflichtiger Parkplatz (6,00 €/24h), der auch für Veranstaltungen genutzt wird und dann unter Umständen – wie beim Bremer Freimarkt – nicht angefahren werden kann. Hier stehen Sie etwas näher an der Innenstadt und sehr nah an dem großen und weitläufigen Bürgerpark. Die Lage und die Zufahrt entnehmen Sie bitte diesem Stadtplan.

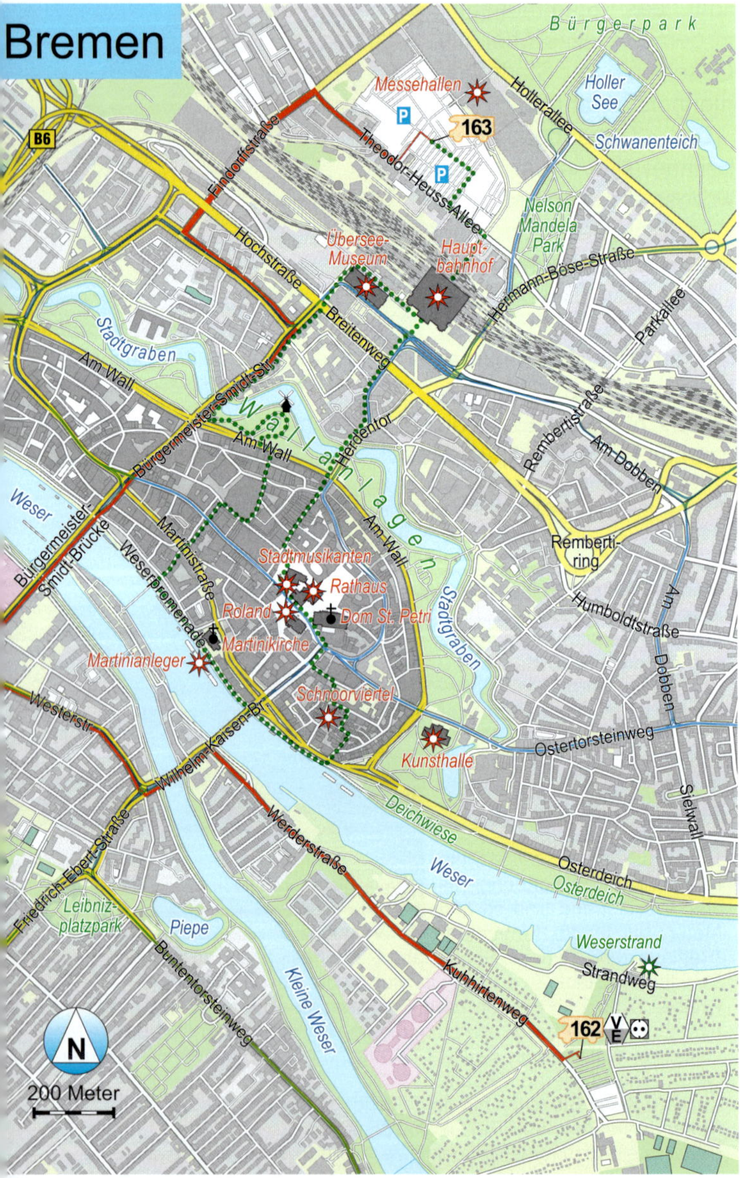

Von dem Parkplatz auf der Bürgerweide starten wir unseren kleinen Rundgang durch Bremen, dessen Verlauf Sie anhand der grün gepunkteten Linie im Stadtplan verfolgen können.

Stadtbummel durch Bremen

Nachdem wir durch den Bahnhof gegangen sind, lenken wir unsere Schritte in Richtung Herdentor. Wir durchqueren dabei die Wallanlagen, die im 17. Jahrhundert auf Wunsch der Bürgerschaft von einem niederländischen Festungsbaumeister angelegt wurden. Die Altstadt und die Bremer Neustadt, die damit vor Angriffen gesichert werden sollte, war nur durch sieben Tore zu erreichen. Das Herdentor, von dem heute nichts mehr zu sehen ist, war eines davon. Der Aushub des bis zu drei Meter tiefen Grabens diente als Baumaterial für den Wall, auf dem Kanonen für die Verteidigung der Stadt positioniert wurden.

Mühle am Wall in Bremen.

Aber die Kriegstechniken änderten sich wie überall in Europa und die Befestigungen verloren ihren Sinn. So wurde in Bremen bereits im 18. Jahrhundert damit begonnen, die Bastionen zu schleifen und die Wallanlagen in eine öffentlich zugängliche Parkanlage zu verwandeln. Durch die leicht erhöhte Position auf dem Wall fand auch der Gallerieholländer seinen Platz, in dem heute ein Restaurant untergebracht ist, in dem Sie in einem schönen Ambiente dinieren können www.muehle-bremen.de.

Von dieser Mühle sind es nur 700 Meter bis zu den berühmten **Bremer Stadtmusikanten**, die sich hinter diesem imposanten **Rathaus** mit der faszinierenden Renaissancefassade befinden. Ganz blank gewienert sind die Füße des Esels, denn es soll Glück bringen, die

Bremer Rathaus, Weserrenaissance vom Feinsten.

Die 1404 errichtete Rolandstatue auf dem Marktplatz steht für die Rechte und Privilegien der Freien Reichsstadt Bremen.

Dom St. Petri am Marktplatz in Bremen.

Beine zu umfassen. Uns ist es nicht gelungen ein Foto von der Bronzeplastik, die hier seit 1953 steht zu machen, ohne irgendwelche Hände und lächelnde Gesichter von Besuchern aus aller Herren Länder mit aufzunehmen. Das Märchen der Brüder Grimm scheint sich einer großen internationalen Beliebtheit zu erfreuen.

"Etwas Besseres als den Tod findet man überall", heißt es in dem berühmten Märchen. Das trifft für den Marktplatz in Bremen in besonderer Weise zu. Schönere Plätze sind selten anzutreffen.

Ja, die Innenstadt ist in den Sommertagen voller Touristen. Rathaus, der **Roland** und der **Dom St. Petri** sind Anziehungspunkte bei Tag und Nacht.

Wegen der kultur- und architektonischen Bedeutung wundert es deshalb auch nicht, das Rathaus und Roland seit 2004 zum Welterbe der UNESCO zählen.

Das Rathaus ist ein außergewöhnliches Beispiel der sogenannten Weserrenaissance, einer regionalen Variante des Renaissance-Baustils, der zwischen dem frühen 15. und dem späten 16. Jahrhundert entlang der Weser in vielen Gebäuden des Adels und des Bürgertums seinen Niederschlag fand.

Das Rathaus ist aber nicht nur berühmt wegen seiner Architektur, sondern auch wegen seines **Ratskellers**.

Seit 1405 wird hier ununterbrochen Wein gelagert, darunter auch der älteste Fasswein Deutschlands, ein Wein aus Rüdesheim am Rhein aus dem Jahr 1653.

"Keller Kieken" mit Weinprobe ist hier möglich, was sich natürlich auch mit einem Besuch des Restaurants verbinden lässt. Auch wenn es Nobel zugeht, erscheinen uns die Preise nicht großartig abweichend von anderen guten Restaurants. Eine Reservierung ist aber zu empfehlen, die Sie über diese Seite www.ratskeller.de vornehmen können. Dort können Sie auch schon einmal virtuell in den Keller "kieken", und einen Blick auf die umfangreiche Speisekarte werfen.

Kulinarisch finden Sie auch sicher im **Schnoorviertel** ein Lokal das Ihrem Geschmack entspricht.

Es ist das älteste Stadtviertel Bremens und war der Wohnort der Flussfischer, der Handwerker und der Gewerbetreibenden. Mehr als 100 denkmalgeschützte Wohn- und Handwerkshäuser säumen die schmalen Kopfsteinpflasterstraßen, die Sie nur zu Fuß oder das Fahrrad schiebend durchstreifen können.

Der Name leitet sich aus einem alten Handwerksberuf ab. Hier wurden Taue für die Schifffahrt hergestellt, die im Plattdeutschen "Schnoor" genannt werden, was dem Hochdeutschen "Schnur" entspricht.

Von diesem Viertel gehen wir weiter hinunter an die Weser und marschieren auf der Weserpromenade zum **Martinianleger**. Hier beginnt die **Schlachte**, die historische Uferpromenade, von der aus Sie zahlreiche Schiffe betrachten können, traditionelle Segler wie hochmoderne Yachten sind zu sehen. Garniert wird dies durch etliche Kneipen und Restaurants.

Schmale Gassen mit etlichen Galerien, Kunsthändlern, Boutiquen, Eisdielen, Cafés und Restaurants aller Preisklassen zeichnen das Schnorrviertel aus.

Vom Martinianleger können Sie Ihre Flusskreuzfahrt oder Hafenrundfahrt starten. Bremerhaven ist von den angegeben Zielen am weitesten entfernt. Sie können an einem Tag mit dem Schiff hin- und zurück fahren oder die Räder mitnehmen und die Strecke von Bremerhaven auf dem Weserradweg nach Bremen zurückradeln, das sind sportliche 89 Kilometer. Das ganze Angebot der Reederei zu den Ausflugsfahrten mit den Schiffen finden Sie auf dieser Seite www.hal-oever.de.

Wir gehen jetzt zurück und möchten noch auf das **Übersee-Museum** aufmerksam machen, das sich in der Nähe des Hauptbahnhofes befindet. Hier können Sie "Die Welt unter einem Dach" erleben, denn dieses Museum bringt Ihnen alle Kontinente dieser Erde mit ihren Besonderheiten ein Stück näher. Die Ausstellungen sind so vielfältig, dass eine Beschreibung an dieser Stelle nicht möglich ist. Schnuppern Sie hier hinein www.uebersee-museum.de und Sie werden schnell feststellen, das ein Besuch dieses Hauses sich nicht nur bei schlechtem Wetter lohnt.

Abschließen möchten wir unseren Besuch mit einem Spaziergang durch den **Bürgerpark**, eine Parkanlage, die zusammen mit dem Stadtwald rund 200 Hektar umfasst. Kurzweilige Spaziergänge lassen sich hier unternehmen und wer mag kann in dem piekfeinen Restaurant des Parkhotels diese Tour beenden.

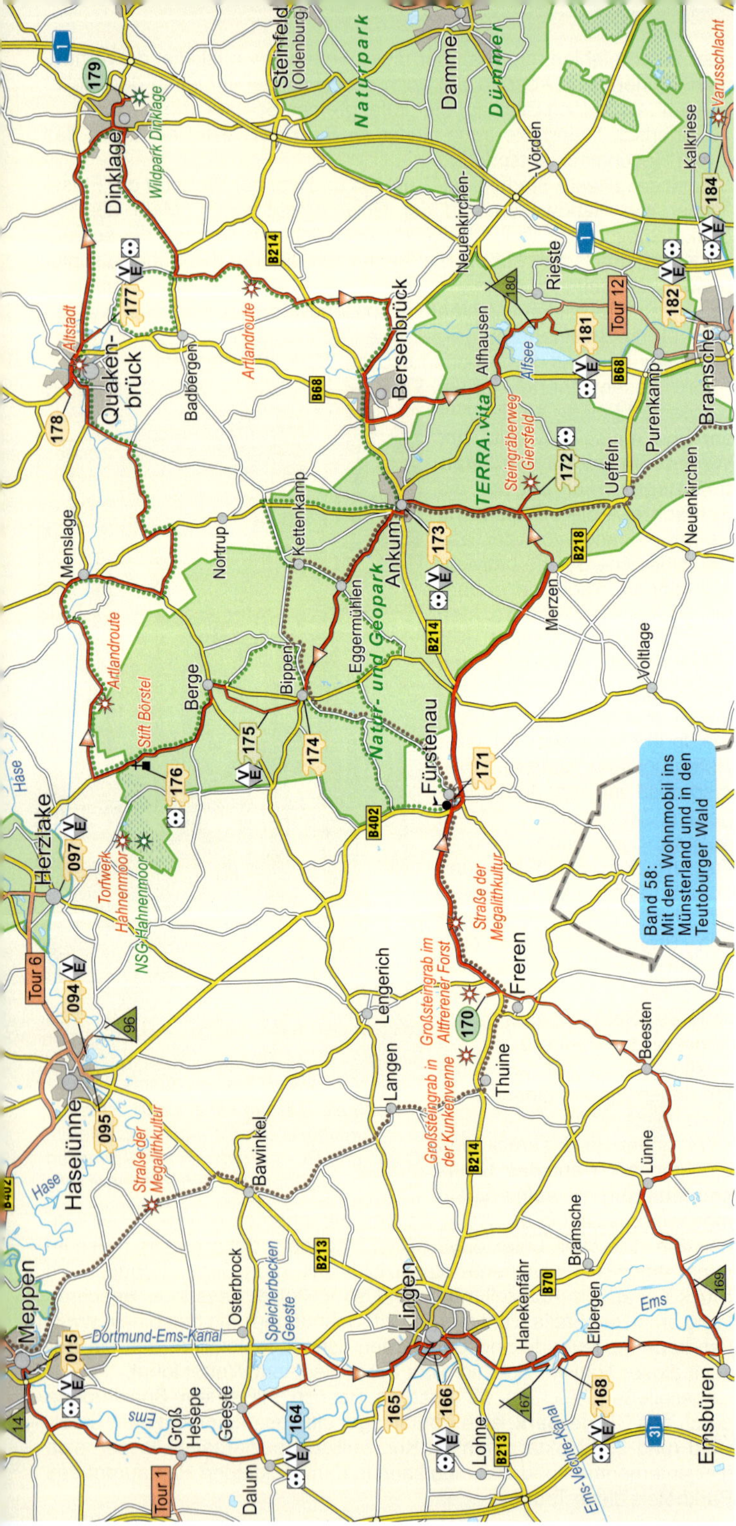

Steinfeld (Oldenburg)
Naturpark
Damme
Dümmer
Varusschlacht
Kalkriese
Vörden
Neuenkirchen-
Dinklage
Wildpark Dinklage
179
177
Altstadt
Quakenbrück
178
Badbergen
Artlandroute
B214
Bersenbrück
B68
Rieste
180
Tour 12
182
181
Alfhausen
Alfsee
Bramsche
Purenkamp
Ueffeln
TERRA.vita
Steingräberweg Giersfeld
172
Neuenkirchen
Menslage
Nortrup
Kettenkamp
Ankum
173
B218
Merzen
Eggermühlen
Natur- und Geopark
Voltlage
Artlandroute
Stift Börstel
Berge
Bippen
175
174
176
Fürstenau
171
B402
Band 58: Mit dem Wohnmobil ins Münsterland und in den Teutoburger Wald
Hase
Herzlake
097
Torfwerk Hahnenmoor
NSG Hahnenmoor
Straße der Megalithkultur
Tour 6
094
96
Lengerich
Großsteingrab im Altfrerener Forst
Freren
170
Beesten
Haselünne
095
Straße der Megalithkultur
Langen
Großsteingrab in der Kunkenvenne
Thuine
B214
Bawinkel
Lünne
Meppen
015
Dortmund-Ems-Kanal
Osterbrock
Speicherbecken Geeste
B213
Lingen
Hanekenfähr
B70
Bramsche
Elbergen
Ems
169
14
Groß Hesepe
Geeste
164
165
166
167
168
Lohne
B213
Ems-Vechte-Kanal
31
Emsbüren
Tour 1
Dalum

TOUR 11 (ca. 210 km)

Geeste – Lingen – Emsbüren – Fürstenau – Bippen – Berge – Quakenbrück – Dinklage – Bersenbrück – Ankum – Alfsee

Stellplätze:	Geeste, Lingen, Emsbüren, Fürstenau, Bippen, Berge, Quakenbrück, Dinklage, Ankum, Alfsee.
Campingplätze:	Lingen, Alfsee.
Besichtigungen:	Lingen (Altstadt), Fürstenau (Altstadt, Schloss), Berge (Stift Börstel), Quakenbrück (Altstadt), Dinklage (Burg, Wildpark), Ankum (Artländer Dom).
Wandern/Radtour:	Rund um das Speicherbecken in Geeste, Entlang der Ems, Artlandroute, Megalithanlage in Westerholte, Rund um den Alfsee.
Baden/Wellness:	Speicherbecken Geeste, Freibad Lingen, Dubbelausee (am Alfsee).

Von Bremen, wo wir die letzte Tour beendet haben, machen wir jetzt einen Riesensatz zurück nach Meppen, wo wir die erste Tour enden ließen und erschließen von dort in den nächsten drei Touren den südlichen Teil unseres Reisegebietes, das uns durch das südliche Emsland, das Artland, das Osnabrücker Land und durch die Wildeshauser Geest führt und wieder in Bremen zum Abschluss gelangt.

Wir starten also in Meppen (siehe Seite 40) und fahren in südliche Richtung. Erstes Ziel ist das Speicherbecken in Geeste, an dem dieser Stellplatz zu finden ist.

(164) Offizieller WOMO-Badeplatz: Speicherbecken Geeste

GPS: N52°35'38.3" E7°16'27.4"; Biener Straße, 49744 Geeste.
Max. WOMOs: 70, maximale Länge 12 m.
Ausstattung: Frischwasserversorgung, Abwasserentsorgung mit Bodeneinlass, Kassettenentleerung, 16 Stromanschlüsse, Behälter für die Müllentsorgung, WLAN, Brötchenservice, ganzjährig geöffnet.

Beschreibung: Halbschattige Stellflächen auf Schotterrasen. Gepflasterte Zufahrten. Speicherbecken mit Restaurant nur wenige Meter entfernt. 24h-Getränkeautomat am Platz.
Preise: 8,00 € für den Standardplatz, 13,00 € für Plätze mit Stromanschluss. Entsorgung und Frischwasser kostenlos, Strom 0,70 € pro kWh.
Zufahrt: Durch die gute Ausschilderung leicht zu finden.

Restaurant am Speichersee in Geeste.

Das Speicherbecken wurde in den Achtzigerjahren des vergangenen Jahrhunderts zur Sicherung der Kühlwasserversorgung für das Kernkraftwerk in Lingen gebaut. Es hat keine natürlichen Zuflüsse. Das Becken wurde durch einen Damm geschaffen, der rund sechs Kilometer lang ist. Auf diesem verläuft ein gepflasterter Weg, auf dem Sie es umwandern oder umradeln können. Dafür wurde auch ein Radweg am Fuße des Dammes angelegt. Mit Inlinern wird diese Strecke gern gefahren. Der rund 180 Hektar große See dient heute vor allem der Naherholung. Rund 850 Meter Sandstrand stehen für Badegäste zur Verfügung. Für Segler gibt es einen Yachthafen, Windsurfer sind auf dem See unterwegs und für das Stand-Up-Paddling ist die ruhige Wasserfläche natürlich ideal. Für die sportlichen Segler gibt es mehrere Regatten im Jahr. Langweilig wird es also nicht und wenn doch, dann sind von dem Stellplatz in Geeste auch Radausflüge entlang der Ems, zum Moormuseum (siehe Seite 39) und in den Naturpark Moor-Veenland möglich (siehe Seite 37).

Soviel zu dieser großen Badewanne. Wir packen jetzt unsere Sachen und fahren emsaufwärts nach **Lingen** weiter.

Zwei Stellplätze gibt es hier zu verzeichnen, einen recht nah an der Innenstadt **[165:** N52°31'18.6" E7°18'44.6"**]**, "Am Wall-Süd" ist der offizielle Name. Sie erreichen ihn im Südwesten des Zentrums über den Konrad-Adenauer-Ring. Hier parken Sie für maximal 6,00 € pro Tag. Bis zum Marktplatz sind es von diesem Ort nur 300 Meter, also ein idealer Platz, wenn Sie nur die Stadt besuchen wollen. Für einen längeren Aufenthalt bietet sich der Stellplatz am **Linus-Bad** an. Er befindet sich westlich des Dortmund-Ems-Kanals. Über Brücken südlich und nördlich des Platzes können Sie ins Zentrum gelangen. Kürzester Weg 1,5 Kilometer.

(166) Offizieller WOMO-Stellplatz: Lingen – Linus-Bad

GPS: N52°31'05.2" E7°18'21.9"; Teichstraße 14, 49808 Lingen (Ems)t.
Max. WOMOs: 30, maximale Länge 12 m, max. Aufenthalt 5 Tage.
Ausstattung: Frischwasserversorgung, Abwasserentsorgung mit Bodeneinlass (schlecht anzufahren), Kassettenentleerung, Stromanschlüsse, Behälter für die Müllentsorgung, ganzjährig geöffnet.

Beschreibung: Eng angelegte, schattige Stellflächen auf sandigem Untergrund, der bei Nässe matschig werden kann. Zufahrt zur Ver- und Entsorgungstelle besonders eng. Idealer Standort für Radtouren entlang der Ems und für den Besuch des Linus-Freizeit- und Erlebnisbades.
Preise: 5,00 € für ein Fahrzeug, Frischwasser 1,00 € und Strom 0,50 € pro kWh. Abwasserentsorgung und Entleerung der Bordtoilette ist kostenfrei.
Zufahrt: Den Hinweisen zum Stadion und dem Linus-Bad folgen. Der Stellplatz liegt genau dazwischen.

Mit rund 55.000 Einwohnern ist Lingen die größte Stadt des Landkreises Emsland. Es ist eine charmante Stadt, die im Zentrum einige sehenswerte Gebäude aufzuweisen hat. Allen voran ist das **Historische Rathaus** zu nennen, das am Rande des Marktplatzes steht und umringt ist von alten Bürgerhäusern, die in einer bunten Mischung in Fachwerk- oder Ziegelbauweise errichtet wurden und aus unterschiedlichen Epochen stammen. Das Rathaus wurde im 16. Jahrhundert gebaut, die wuchtige Freitreppe wurde aber erst im 17. Jahr-

Marktplatz und Rathaus mit dem charakteristischen Treppengiebel in Lingen.

St.-Bonifatius-Kirche.

hundert vor das Gebäude gesetzt. Auf dem Marktplatz herrscht mittwochs- und samstagvormittags ein buntes Treiben. Das Angebot entspricht dem klassischen Repertoire eines Wochenmarktes mit Obst, Gemüse, Blumen, Käse, Wurst- und Fleischwaren.

Daneben ist aber immer noch Platz genug für Tische und Stühle der umliegenden Restaurants und Cafés.

Unter den Kirchen ist die katholische **Bonifatiuskirche** die größte, aber nicht die älteste. Die evangelischen Kirchen in der Nachbarschaft sind älteren Datums. Nach der Reformation war es auch zunächst den Katholiken nicht möglich ihren Glauben zu leben. Erst im 18. Jahrhundert konnten sie ihre Religion frei ausüben und dann sollte es noch einige Jahre dauern, bis sie im 19. Jahrhundert diese prächtige Kirche bauen konnten.

Wesentlich älter ist das schönste Fachwerkhaus in Lingen, das allgemein nur "Hellmannhaus" genannt wird. Es wurde 1641 unter Osnabrücker Einfluss errichtet. Wir haben in der genannten Stadt ein ähnliches Haus abgelichtet, wie Sie auf der Seite 272 sehen werden.

Der Pulverturm, den Sie in der Straße "Am Pulverturm" sehen, ist eine Rekonstruktion, die aus verbliebenen Steinen der ehemaligen Stadtmauer errichtet wurde. Ansonsten ist von der Befestigungsanlage der Stadt nichts mehr zu sehen. Gebaut wurde der Turm von den **"Kivelingern"**, so nennen sich die kleinen Kämpfer, deren Geschichte Sie auf dieser Seite www.kivelinge.de nachlesen können. Kivelinger führen Sie auch in historischem Gewand durch die Stadt und erzählen Ihnen allerlei Anekdoten. Den Kontakt können Sie über die angegebene Seite aufnehmen.

Alle drei Jahre findet in Erinnerung an die ruhmreichen Taten der "kleinen Kämpfer" das **Kivelingenfest** statt, wenn nicht wieder eine Pandemie das Fest verhindert. Es ist ein historisches Volksfest mit buntem Markttreiben über den gesamten Stadtkern, mit zahlreichen Handwerkern, Gauklern und Musik.

Kennen Sie **Theo Lingen**? Wenn Sie sich Filmklassiker wie "Die Lümmel von der ersten Bank" anschauen werden Sie diesen näselnden Schauspieler sehen. Sein Nachname hat etwas mit dieser Stadt zu tun, denn es war der Geburtsort seines Vaters. Warum er ihn zu seinem Künstlernamen wählte, ist eine längere Geschichte.

An noch eine bedeutende Persönlichkeit soll erinnert werden. **Bernd Rosemeyer**, legendärer Rennfahrer stammt aus Lingen. Er verstarb 1938 bei einem Geschwindigkeitsrekordversuch auf der heutigen A5. Der Motorsportclub der Stadt Lingen trägt seinen Namen.

Haus Hellmann in Lingen (Ems).

Am Ems-Wasserfall in **Hanekenfähr** südlich von Lingen tummeln sich die Sportschiffer, Angler und Radler. Hier gibt es zwischen der Ems und dem Dortmund-Ems-Kanal einen Campingplatz und jenseits der Ems in Elbergen einen Stellplatz. Beide stellen wir jetzt vor.

(167) WOMO-Campingplatz: Am Wasserfall

GPS: N52°28'23.5" E7°18'05.2"; Am Wasserfall 2, 49808 Hanekenfähr.
Max. WOMOs: 12, maximale Länge 12 m.
Ausstattung: Frischwasserversorgung, Abwasserentsorgung mit Bodeneinlass, Kassettenentleerung, Stromanschlüsse, Behälter für die Müllentsorgung, WLAN, Brötchenservice. Im Servicegebäude gibt es Duschen, WCs, Waschmaschinen und Trockner, ganzjährig geöffnet.
Beschreibung: Schattenlose Stellflächen vor der Schranke. Restaurant in der Hotelanlage, Fahrgastschifffahrt auf der Ems.
Preise: 7,50 € für ein Fahrzeug, inkl. Ver- und Entsorgung, Strom 3,50 € pro Tag.
Zufahrt: Der Beschilderung zum Hotel "Am Wasserfall" folgen.

Reservierung/Kontakt: Tel.: 0591/8090 oder 0157 71270140
E-Mail: info@hotel-am-wasserfall.de,
Web: www.hotel-am-wasserfall.de/freizeit-wellness/camping.

(168) Offizieller WOMO-Stellplatz: Elberger Schlipse

GPS: N52°28'08.1" E7°18'01.0"; Elbergen 1, 48488 Emsbüren.
Max. WOMOs: 9, maximale Länge 12 m.
Ausstattung: Frischwasserversorgung, Abwasserentsorgung mit Bodeneinlass, Kassettenentleerung, Stromanschlüsse, Behälter für die Müllentsorgung. Im Servicegebäude gibt es Duschen und WCs, ganzjährig geöffnet.

Beschreibung: Schattenlose Stellflächen auf einer Wiese, die bei Nässe matschig werden kann.
Preise: 7,50 € für ein Fahrzeug inkl. Frischwasser, Ver- und Entsorgung Strom 3,50 € pro Tag.
Zufahrt: Die Ems über eine ampelgesteuerte Brücke überqueren, am Ems-Vechte-Kanal entlang fahren und bei erster Gelegenheit den Kanal überqueren und der Wohnmobilbeschilderung folgen.

Dortmund-Ems-Kanal bei Hanekenfähr.

Ems-Vechte-Kanal bei Hanekenfähr.

Der Wasserfall in Hanekenfähr entpuppt sich als Staustufe in der Ems. Sie ist nicht sehr hoch. Der Campingplatz befindet sich auf der östlichen Seite der Ems, der Stellplatz Elberger Schlipse auf der westlichen Seite. Hin und her wechseln können Sie über eine einspurige Brücke, auf der der Verkehr mit einer Ampel geregelt wird.

Malerisch ist die Kanal- und Flusslandschaft in dieser Ecke, die zu Radtouren einlädt. Der **Ems-Vechte-Kanal**, der nach Nordhorn führt, ist hier mit dem **Dortmund-Ems-Kanal** verbunden. Der hat sich an dieser Stelle der Ems bemächtigt, die einige hundert Meter weiter flussaufwärts ihr Bett wieder für sich alleine hat. Schlingernd und mit vielen Mäandern versehen passiert Sie den Ort **Elbergen** an dem wir jetzt mit dem WOMO vorbeifahren, um zu diesem kleinen Campingplatz zu gelangen, den wir kurz vorstellen wollen.

(169) Offizieller WOMO-Campingplatz: Emsbüren – Zum Alten Fährhaus

GPS: N52°24'10.9" E7°19'40.2"; Emsstraße 56, 48488 Emsbüren.
Max. WOMOs: >10, maximale Länge 12 m.
Ausstattung: Frischwasserversorgung, Abwasserentsorgung, Ausguss für die Chemietoilette, Stromanschlüsse, Behälter für die Müllentsorgung, Brötchenservice. Im Servicegebäude gibt es Duschen und WCs. Der Platz ist von Anfang April bis Ende Oktober geöffnet.
Beschreibung: Große sonnige Rasenplätze mit Blick auf die Ems und Bademöglichkeit in dem Fluss. Schlichte Ausstattung, Restaurant geschlossen.
Preise: 7,00 € pro Person inkl. Ver- und Entsorgung und Strom 0,60 € pro kWh.
Zufahrt: An der Straße nach Lünne/Freren vor der Brücke über der Ems auf der rechten und auf der linken Seite.

Es ist ein idyllischer Ort, auch wenn die Brücke, die an dem Campingplatz vorbeiführt, auf den ersten Blick erschrecken mag. Viel Verkehr gibt es hier aber nicht.

Im Süden von Emsbüren hat die Firma **Emsflower** ihre Gewächshäuser. Das wird Gartenfreunde interessieren. Wir waren nicht dort, obwohl es nur sieben Kilometer vom Campingplatz entfernt ist. Über das Angebot dieses riesigen Gartenbaubetriebes erfahren Sie mehr auf dieser Seite www.emsflower.de.

Von dem Campingplatz an der Ems fahren wir weiter nach Freren. Wer mit einem oder mehreren Hunden unterwegs ist, der wird diesen Platz **[170: N52°30'03.7" E7°33'01.0"]** mögen. Hier stehen Sie in der Nähe des Waldfreibades neben einer Sportanlage im Wald. Nachts ist es hier absolut ruhig und der Platz ist kostenlos.

Auf dem **Holtpättken** können Sie Waldspaziergänge unternehmen. Sie sollten aber über ein einigermaßen gutes Orientierungsvermögen verfügen, denn die Beschilderung lässt zu Wünschen übrig und ist von dem Knotenpunktsystem, wie wir das an anderen Orten schon genossen haben, weit entfernt.

Da wir hier wieder an der Straße der Megalithkultur sind, die wir auf der Seite 157 in groben Zügen vorgestellt hatten, steht auch wieder der Besuch von Großsteingräbern auf dem Programm. Eine gut erhaltene Anlage befindet sich im Wald vor **Thuine** rund vier Kilometer von dem genannten Waldparkplatz entfernt.

Großsteingrab in der Kunkenvenne.

Mit rund 26 Metern Länge ist sie ein Riese unter den Grabkammern. Die Decksteine sind fast vollständig an ihrer ursprünglichen Position verblieben. Es ist eines der imposantesten Megalithgräber in Norddeutschland. Ein weiteres Grab befindet sich in der Nähe des gewählten Stellplatzes, ist aber nicht so eindrucksvoll.

In **Fürstenau** stellen wir uns neben dem Schloss auf diesen Parkplatz **[171:** N52°31'00.4" E7°40'21.9"], auf dem für Wohnmobile ein kleiner Bereich reserviert wurde. Es gibt eine Stromversorgung, für die Sie 0,50 € pro kWh zahlen und das WC in der Schlossanlage kann genutzt werden. Parkgebühren werden nicht erhoben.

Das Hohe Tor in Fürstenau.

Für Mobile über sieben Metern Länge ist der Platz allerdings schlecht geeignet.

Das Schloss ist eine beeindruckende Anlage die vollständig von einem Wassergraben umgeben ist. Ruhig ist es hier am Abend. Wildgänse bevölkern die gepflegte Parkanlage des Schlosses, das um 1600 entstanden ist und während des Dreißigjährigen Krieges mit Wall, Graben und Bastionen zu einer Festung ausgebaut wurde.

Heute residiert in dem Schloss die Gemein-

Schloss Fürstenau.

deverwaltung, weshalb sich der ruhige Parkplatz morgens schnell füllt, wenn die Angestellten mit dem Auto zur Arbeit erscheinen. Ein weiteres markantes Bauwerk in Fürstenau ist das **Hohe Tor**, das nur 300 Meter von der Brücke über den Schlossgraben entfernt ist. Es markiert das Ende der Altstadt, die einen rechtwinkligen Grundriss zeigt. Zwischen dem Tor und dem Schloss befinden sich der Marktplatz mit dem Alten Rathaus und die evangelische St.-Georgs-Kirche. Die katholische St. Katharina Kirche ist auf dem Schlossgelände zu finden.

Auch die Touristinformation ist hier anzutreffen. Dort können Sie Führungen durch Schloss und Gemeinde buchen sowie Informationen zu Wander- und Radtouren in dieser Region bekommen, zum Beispiel über die **Artland-Route**.

Artland-Route

Diese Route können Sie sowohl mit dem Wohnmobil als auch mit dem Fahrrad abfahren. Sie ist 142 Kilometer lang und als ein Rundkurs angelegt. Sie finden diese Route auf der Tourenkarte zu Beginn dieses Kapitels mit einer grün gepunkteten Linie verzeichnet. Teilweise verläuft sie parallel zur Straße der Megalithkultur. In unserer Tourplanung haben wir sie ebenfalls einbezogen und so werden wir an den einzigartigen Bauernhofanlagen vorbeifahren und die Fachwerkstädte dieser Region nacheinander aufsuchen. Für die malerischen Bauernhöfe ist diese Gegend besonders unter dem Stichwort Kulturschatz Artland bekannt www.erlebnisregion-artland.de.

Mit dem Fahrrad haben Sie mehr Möglichkeiten, die Orte und Höfe im Detail zu betrachten. Parkmöglichkeiten für das WOMO gibt es nicht immer dort, wo es wünschenswert ist. Wir zeigen Ihnen aber auf den folgenden Seiten, wo Sie stehen bleiben können, um dann mit dem Rad in die eine oder andere Richtung die Region zu erkunden. Über 100 denkmalgeschützte Höfe hat das Artland zu verzeich-

Bauernhof in Bippen.

nen. Sie werden gehegt, gepflegt und herausgeputzt. Der Wunsch, mit dieser außergewöhnlichen Kulturlandschaft in das Welterbe der UNESCO aufgenommen zu werden, besteht. Wir werden sehen, was aus diesem Vorhaben wird.

Ob UNESCO-Welterbe oder nicht, besuchenswert ist die Region in jedem Fall.

Bevor wir uns den einzelnen Orten dieser bäuerlichen Kulturlandschaft widmen, machen wir noch einmal einen Sprung in die Megalithkultur und suchen den Steingräberweg **Giersfeld** auf, das sich bereits im Natur- und Geopark TERRA.vita befindet. Neben diesem Weg gibt es einen Golfplatz und einen frisch angelegten Stellplatz [**172:** N52°28'59.4" E7°52'53.5"], der sich unweit des Restaurants "Giersfeld 23" befindet. Ein Schild weist darauf hin, dass wir hier umsonst parken dürfen, wenn wir in das Restaurant einkehren. Ein Blick auf die Karte https://giersfeld.de, erleichtert die Entscheidung und wir sparen uns die Parkgebühr in Höhe von 5,00 € und verbringen die Nacht hier "ümmesüss", wie "kostenlos" in dieser Region auf Plattdeutsch heißt und wir auf dem zweisprachig angelegten Hinweisschild lesen können.

Stellplatz des Restaurants "Giersfeld 23".

Zwei Steingräberwege sind ausgeschildert worden. Der eine ist nur einen Kilometer lang, der andere drei. Das Großsteingrab **"Grumfeld West"** ist die größte Grabanlage, die auf diesen Wegen zu sehen ist. Sie besteht aus zwei Kam-

Großsteingrab Grumfeld West.

mern von 17 und 12 Metern Länge und ist mit einem lang gezogenen Oval aus kleineren Steinen eingefasst. Die anderen fünf Großsteingräber im Giersfeld sind kleiner. Darüber hinaus sind hier auch noch drei bronzezeitliche Grabhügel zu sehen. Die Wege sind markiert und auf Tafeln sind die jeweiligen Grabanlagen erläutert.

Wenn es Ihnen hier gut gefällt und die Spaziergänge für Sie zu kurz waren, können Sie sich auf einer großen Wandertafel noch weitere Wanderrouten aussuchen.

Nach diesem komfortablen Ausflug in die Steinzeit nehmen wir uns nun mit **Ankum** das nächste Ziel vor und machen dabei kulturgeschichtlich einen Riesensatz. Der Stellplatz der Stadt liegt sehr zentral.

(173) Offizieller WOMO-Stellplatz: Ankum

GPS: N52°32'28.1" E7°52'06.1"; Lindenstraße, 49577 Ankum.
Max. WOMOs: 8, maximale Länge 12 m, max. Aufenthalt 3 Tage.
Ausstattung: Frischwasserversorgung, Abwasserentsorgung mit Bodeneinlass, Kassettenentleerung, sechs Stromanschlüsse, Behälter für die Müllentsorgung, ganzjährig geöffnet.

Beschreibung: Weitgehend schattenlose Stellflächen auf Pflaster- und Rasengittersteinen. Bei voller Belegung darf auf die umliegenden Pkw-Parkplätze ausgewichen werden. Bäcker, Discounter und Drogeriemarkt schräg gegenüber. 300 Meter vom Dom entfernt.
Preise: Kostenlos, Frischwasser 1,00 €, Strom 1,00 € für 1,5 kWh. Abwasserentsorgung und Entleerung der Bordtoilette ist kostenfrei.
Zufahrt: In Ankum im ersten Kreisverkehr die dritte Ausfahrt wählen, danach in die zweite Straße rechts abbiegen.

Der "Artländer Dom".

Die kathedralengleiche Kirche wird wegen ihrer Größe gern als **"Artländer Dom"** bezeichnet. Sie ist dem hl. Nikolaus geweiht und wurde im 19. Jahrhundert errichtet, nachdem ein Feuer die alte Kirche zerstört hatte. Die Kirche steht im Zentrum einer Kirchenburg aus dem Mittelalter, deren Grundmauern teilweise noch zu sehen sind.

Bedeutendstes Kunstwerk in der Kirche ist das **Ankumer Kreuz**, das um 1280 von einem unbekannten Meister erschaffen wurde.

Das Zentrum rund um den "Dom" ist überschaubar klein und neben dem Dom gibt es in diesem Ort nichts Wesentliches zu betrachten, deshalb fahren wir nach **Bippen** weiter, dem nächsten Etappenort auf unserer Route.

Auf dem Parkplatz [**174:** N52°34'54.5" E7°44'19.5"] in der Mitte des kleinen Ortes können Sie Ihr WOMO abstellen. Hier haben Sie auch gleich das aus Natursteinen gemauerte Kirchlein im Blick und Sie können von diesem Standort die eine oder andere Wanderung starten. Am Rande des Platzes finden Sie Vorschläge dazu. Zum Beispiel können Sie den sechs Kilometer langen **Eiszeit-Entdeckerpfad** gehen. Nachdem Sie die zehn Themenstationen abgegangen sind, wissen Sie, wie die Eiszeiten diese Gegend prägten und die Ankumer Höhen entstehen ließ.

St. Georg-Kirche in Bippen.

Im Ort selbst und am Ortsrand werden Sie einige alte Fachwerkhäuser sehen. Mit dem Maiburger Hof haben Sie auch ein gutes Restaurant in unmittelbarer Nähe.

Wenn Ihnen Radfahren zu langweilig ist, können Sie es ja mal mit einer Draisine probieren. Vom Bahnhof in Bippen führt ein Schienenstrang direkt nach Quakenbrück. Da auch bei den Draisinen moderne Technik Einzug gehalten hat, gibt es Sie jetzt analog zu den E-Bikes mit einem Elektroantrieb. Wo Sie buchen können und an welchen Tagen das funktioniert, erfahren Sie hier www.hasetal.de. Wenn Sie die Seite geöffnet haben müssen Sie nur noch auf "Angebote Draisinen" klicken.

Das gesamte Angebot des Ferienhofes Nyenhuis können Sie auf deren Webseite ersehen. Den Stellplatz stellen wir kurz vor.

(175) Offizieller WOMO-Bauernhof-Stellplatz: Ferienhof/Hofcafé Nyenhuis

GPS: N52°35'35.6" E7°43'54.1"; Hallweg 8, 49626 Bippen.
Max. WOMOs: 20, maximale Länge 12 m.
Ausstattung: Frischwasserversorgung, Abwasserentsorgung, Kassettenentleerung, Stromanschlüsse, Behälter für die Müllentsorgung. Im Servicegebäude gibt es Dusche und WC. Der Platz ist ganzjährig geöffnet. Brötchen- und Frühstücksservice im Hofcafé.

Beschreibung: Große schattenlose Wiese mit etlichen Spielgeräten abseits des Ortes. Sehr ruhig.
Preise: 15,00 € für ein Fahrzeug mit allen Personen. Ver- und Entsorgung kostenlos, Dusche/WC 3,00 € pro Person und Tag.
Zufahrt: Die Zufahrt zum Ferienhof ist gut ausgeschildert.
Reservierung/Kontakt: Tel.: 05435/638
Web: www.ferienhofnyenhuis.de.

Das nächste Reiseziel ist ein verwunschener Ort. Das ehemalige Zisterzienserinnenkloster **Stift Börstel** liegt abseits der großen Straßenverbindungen in einem Waldgelände zwischen Berge und Herzlake.

Kreuzgang im Stift Börstel.

Hier gibt es keinen Lärm und Sie werden die Ruhe, Stille und eine besondere spirituelle Ausstrahlung spüren. Die leicht angewitterten Backsteingebäude, der Kreuzgang und die Kirche in dieser mittelalterlichen Klosteranlage verzaubern mit einer außerge-

Im Stift Börstel.

wöhnlichen Mysthik, der Sie sich nicht entziehen können.

Hier ein modernes Fahrzeug hinzustellen scheint unmöglich, würde man meinen. Und doch ist es möglich. Sie können Ihr Fahrzeug in der Klosteranlage parken und hier maximal drei Tage verbringen. Fünf Euro kostet Sie das am Tag, für zwei Euro bekommen Sie auch noch Strom dazu und mit weiteren zwei Euro können Sie Ihren Frischwasservorrat auffüllen. Höchstens drei Fahrzeuge können den zur Verfügung gestellten Platz gleichzeitig nutzen. Über das Angebot der Klostergemeinschaft in diesem freiweltlich geführten Stift informiert diese Seite http://boerstel.de. Sie erreichen das Stift mit diesen Angaben [**176:** N52°38'58.3" E7°41'37.3"].

Auf der Artlandroute setzen wir unseren Weg mit dem WOMO fort und steuern in **Quakenbrück** diesen Stellplatz an.

(177) Offizieller WOMO-Stellplatz: Quakenbrück – Schützenhof

GPS: N52°40'09.5" E7°59'03.0"; Schützenhof 1, 49610 Quakenbrück.
Max. WOMOs: 5, maximale Länge 12 m.
Ausstattung: Frischwasserversorgung, Abwasserentsorgung mit Bodeneinlass, Kassettenentleerung, Stromanschlüsse, Behälter für die Müllentsorgung. Im Sanitärgebäude gibt es Duschen und WCs, ganzjährig geöffnet.

Beschreibung: Überwiegend halbschattige ebene Stellflächen auf Pflastersteinen neben einer Tennisanlage und einem Restaurant. Die Ver- und Entsorgungsanlage ist sehr bequem anzufahren, auch für Durchreisende. Die Hase ist nur wenige Meter entfernt. Ein zwei Kilometer langer Weg entlang des Flusses führt in die Altstadt.
Preise: 10,00 € für ein Fahrzeug, Frischwasser und Entsorgung ist kostenlos.
Zufahrt: Die Stadt in Richtung Dinklage verlassen und den Hinweisen zum Schützenhof folgen.

Es ist ein malerisches Städtchen mit sehr viel erhaltener historischer Bausubstanz, vieles davon in Fachwerkbauweise. Die 30 wichtigsten Sehenswürdigkeiten des Ortes können Sie über den **"Poggenpad"** erkunden. Folgen Sie dazu einfach den Richtungspfeilen, die auf dem Altstadtpflaster verschraubt sind. "Poggen" steht im Plattdeutschen für "Frösche", die Quaken bekanntlich und fühlen sich in sumpfigem Gelände wie rund um Quakenbrück recht wohl.

Große Kirchstraße mit der gotischen Hallenkirche St. Sylvester im Hintergrund.

Auf dieser Seite www.artland.de können Sie alle 30 Gebäude und Objekte dieses Pfades aufrufen und die bebilderten Erläuterungen dazu lesen.

Es ist ein kurzweiliger Spaziergang der sich bei den vielen Lokalen auch immer wieder gern mit einem Café, einem Eis oder einer Mahlzeit unterbrechen lässt.

Blick in die Lange Straße mit einem Traditionsgasthof, der eine besonders schöne Fachwerkfassade hat.

Natürlich können Sie sich auch führen lassen. Es gibt ein sehr umfangreiches Angebot mit den unterschiedlichsten Schwerpunkten. Schauen Sie auch dazu auf der angegebenen Webseite nach.

Bevor wir nach Dinklage aufbrechen, möchten wir noch auf das **Gut Vehr** hinweisen, auf dessen großen Parkplatz [**178:** N52°40'52.4" E7°56'23.9"] Sie auch über Nacht stehen bleiben können, wenn Sie eine Partie Swin-Golf gespielt haben und vielleicht auch im Café einen Kuchen oder im Biergarten ein kühles Pils zu sich genommen haben. Hier erfahren Sie mehr www.gutvehr.de.

Kulinarisch machen wir in **Dinklage** weiter. Hier fahren wir diesen Wanderparkplatz an [**179:** N52°39'36.5" E8°08'16.6"].

Die Kaminstube bietet frische regionale Küche.

Burg Dinklage.

Von dem Wanderparkplatz bis zu diesem sehenswerten Fachwerkhaus, in dem sich ein Hotel und Restaurants befinden, sind es nur rund 300 Meter. Auf dieser Seite www.vilavitaburghotel.de können Sie das Angebot der Anlage studieren. Direkt daneben befindet sich ein frei zugänglicher **Wildpark** mit Damwild, Ententeich und Streichelzoo. Gehen Sie noch einmal 300 Meter weiter, so kommen Sie zur **Burg Dinklage**.

In dieser Burg ist seit 1949 die Benediktinerinnenabtei St. Scholastika untergebracht. Die Burg kann nicht besichtigt werden. Neben der Anlage befinden sich eine Kapelle, die Burgmühle und ein Backhaus. Alle drei Gebäude sind für Besucher zugänglich. Im Backhaus ist eine Ausstellung über Leben und Wirken des berühmtesten Sohnes der Stadt, der auf Burg Dinklage 1878 geboren wurde. **Clemens August Graf von Galen** war sein Name. Als Bischof von Münster wandte er sich 1941 in drei Predigten mutig gegen die Nazi-Herrschaft. Diese Predigten wurden vervielfältigt und unter das Volk gebracht. "Löwe von Münster" wurde er genannt. 1946 wurde er von Papst Pius XII zum Kardinal berufen. Er verstarb im selben Jahr an einem zu spät erkannten Blinddarmdurchbruch. 2005 wurde er seliggesprochen.

Nach diesem kleinen Ausflug in die jüngere deutsche Geschichte geht es nun dem Ende der Tour entgegen. Wir fahren zum **Alfsee**. Wenn Sie sich darauf freuen gleich ein Bad in den Fluten des Sees nehmen zu können, dann müssen wir Sie enttäuschen. Baden können Sie in diesem Gewässer nicht, denn der See mit seinem Ufer ist ein Vogelschutzgebiet. Ein Bad ist nur im **Dubbelausee** möglich. Es ist ein Baggersee, groß genug für Badegäste und eine Wakeboardanlage. Direkt daneben befinden sich ein Campingplatz und in der Nähe des Südufers ein weiterer Wohnmobilstellplatz. Die beiden stellen wir jetzt kurz vor.

(180) WOMO-Campingplatz: Alfsee Ferien- & Erlebnispark

GPS: N52°29'08.0" E7°59'21.7"; Am Campingpark 10, 49597 Rieste.
Max. WOMOs: >20, maximale Länge 12 m.
Ausstattung: Frischwasserversorgung, Abwasserentsorgung mit Bodeneinlass, CamperClean WC-Reinigungsautomat, Stromanschlüsse, Behälter für die Müllentsorgung, WLAN, Restaurant, Shops. Im Servicegebäude gibt es Duschen, WCs, Waschmaschinen und Trockner. Der Platz ist ganzjährig geöffnet.
Beschreibung: Halbschattige Stellflächen im Reisemobilhafen, einem eigenen Bereich in der Nähe der Einfahrt nur für Wohnmobile.
Preise: Je nach Saison zwischen 15,00 und 18,00 € für ein Fahrzeug mit 2 Personen, Strom 0,50 € pro kWh. Für die Plätze auf dem Campingplatz gelten andere Preise. Bitte in die Webseite schauen.
Zufahrt: Am Alfsee der Beschilderung folgen, nicht zu verfehlen.
Reservierung/Kontakt: Tel.: 0546/492120
E-Mail: info@alfsee.de, Web: www.alfsee.de.

(181) Offizieller WOMO-Stellplatz: Alfsee

GPS: N52°28'42.5" E7°59'22.9"; Bootshafenstraße 4a, 49597 Rieste.
Max. WOMOs: 22, maximale Länge 12 m.
Ausstattung: Frischwasserversorgung, Abwasserentsorgung mit Bodeneinlass, Kassettenentleerung, Stromanschlüsse, Behälter für die Müllentsorgung. Im Sanitärgebäude gibt es Duschen, WCs, Waschmaschinen und Trockner. Der Platz ist ganzjährig geöffnet.
Beschreibung: Weitgehend schattenlose Stellflächen auf ebenen geschotterten Grund.
Preise: 13,00 € für ein Fahrzeug mit 2 Personen, Frischwasser und Entsorgung sind im Preis enthalten. Strom pauschal 2,00 € pro Tag.
Zufahrt: Am Alfsee Richtung Bramsche fahren und die nächste Straße hinter der großen Spielscheune/Indoorpark rechts abbiegen.

Vogelschwarm über dem Alfsee.

Mit dem Besuch dieses Vogelparadieses, in dem Sie vom Uferweg Tausende gefiederte Gäste beobachten können, beenden wir unsere Reise durch das Artland.

Tour 13
Vechta
200
199
Essen
N
5 km
178
Altstadt
Tour 2
Quakenbrück
177
Dinklage
179
Wildpark Dinklage
198
Lohne (Oldenburg)
Großes Moor
Südlohner Moor
B69
Hunte
197
Badbergen
Artlandroute
B214
Steinfeld (Oldenburg)
Schloss
Diepholz
Diepholzer Moor
B68
196
Aussichtsturm Mordkuhlenberg
B51
Bersenbrück
Naturpark
Dümmerlohausen
194
Lembruch
Damme
195
Olgahfn.
Dümmer See
Burlage
Neuenkirchen-Vörden
Alfhausen
180
Alfsee
Dümmer
Hüde
Rieste
Ochsenmoor
181
Lemförde
Purenkamp
Hunteburg
Dielingen
182
Kalkriese
Tuchmachermuseum
184
Varusschlacht
Bramsche
183
Venne
Engter
185
193
Bohmte
Natur- und Geopark
B218
Schloss Hünnefeld
Schloss Ippenburg
Wallenhorst
Rulle
Ostercappeln
186
B65
192
187
Straße der Megalithkultur
Bad Essen
Burg Wittlage
TERRA.vita
Belm
Museumsquartier
OSNABRÜCK
Schledehausen
Schloss
Wissingen
Zoo
30
Friedenshöhe
Diedrichsburg
Buer
Bissendorf
191
Ottoshöhe
Schloss Gesmold
190
Automuseum
Georgsmarienhütte
Harderberg
Gesmold
Bifurkation
Melle
Kloster Oesede
Borgloh
189
33
Natur- und Geopark
Baumwipfelpfad
Band 58: Mit dem Wohnmobil ins Münsterland und in den Teutoburger Wald
Wellingholzhausen
Bad Iburg
Schloss
188
TERRA.vita

TOUR 12 (ca. 190 km)

Bramsche – Kalkriese – Venne – Osnabrück – Bad Iburg – Melle – Bad Essen – Bohmte – Dümmer See – Steinfeld – Diepholz – Lohne – Vechta

Stellplätze:	Bramsche, Kalkriese, Venne, Osnabrück, Bad Iburg, Melle, Bad Essen, Bohmte, Dümmer See, Steinfeld, Diepholz, Lohne, Vechta.
Campingplätze:	Kalkriese.
Besichtigungen:	Bramsche (Tuchmacher Museum), Kalkriese (Museum und Park Kalkriese), Venne (Venner Mühleninsel), Osnabrück (Altstadt), Bad Iburg (Schloss), Melle (Automuseum), Bad Essen (Altstadt, SoleArena, Schlösser), Vechta (Castrum Vechtense).
Wandern/Radtour:	Im Nettetal bei Osnabrück, Drei-Türme-Weg bei Melle, Rund um den Dümmer See, zum Aussichtsturm Mordkuhlenberg, durch das Diepholzer Moor.
Baden/Wellness:	Bramsche (Freizeitbad), Osnabrück (Freizeitbad), Melle (Freizeitbad), Bad Essen (SoleFreibad), Badestrände am Dümmer See, Steinfeld (Freibad).

Das Osnabrücker Land reicht tief in das Bundesland Nordrhein-Westfalen hinein. Mit unserer Routenführung zeichnen wir den Grenzverlauf in groben Zügen nach.

Die Höhenzüge des Wiehengebirges und des Teutoburger Waldes bestimmen die Topographie im Süden dieser Tour. Wir durchstreifen dabei einen kleinen Teil des Natur- und Geoparks TERRA.vita, in dem ein vielfältiges Netz von Rad- und Wanderwegen angelegt ist, das zu den einzelnen Naturschönheiten führt. Wir haben dies bei unserer Reise berücksichtigt.

Weiter im Norden haben wir mit dem Dümmer See einen beliebten und gern besuchten Bade- und Freizeitsee, der touristisch stark erschlossen ist. Wir werden uns das Gebiet etwas näher anschauen, bevor es wieder in das Oldenburger Münsterland geht, dessen nördlichen Teil wir ja schon besucht haben. In Vechta wird diese Tour enden.

Beginnen wollen wir mit **Bramsche**, einer Stadt mit rund 31.000 Einwohnern, die zwischen dem Alfsee und der Stadt Osnabrück liegt. Kalkriese, der Ort an dem die berühmte Varusschlacht stattgefunden haben soll, gehört zu Bramsche. Dort werden wir uns hinbegeben, nachdem wir uns die "Tuchmacherstadt" etwas näher angeschaut haben. Auf dem folgenden Stellplatz stellen wir das WOMO dazu ab.

(182) Offizieller WOMO-Stellplatz: Bramsche – Hasebad & Varus-Therme

GPS: N52°24'54.6" E7°59'39.5"; Malgartener Straße 49, 49565 Bramsche.
Max. WOMOs: 6, maximale Länge 12 m.
Ausstattung: Frischwasserversorgung, Abwasserentsorgung, Kassettenentleerung, Stromanschlüsse, Behälter für die Müllentsorgung, ganzjährig geöffnet.

Beschreibung: Gepflasterte Stellflächen vor dem Bad, eng beieinanderliegend. In der Nacht ist es ruhig. Ein Fußweg durch die Haseauen und am Hasesee entlang führt in die Innenstadt (rund 1,5 km, bis zum Tuchmachermuseum sind es 2 km).
Preise: Kostenlos, Frischwasser 1,00 €, Strom 1,00 € für 5 Stunden. Abwasserentsorgung und Entleerung der Bordtoilette ist kostenfrei. Strom- und Wasserversorgung funktionieren nur über Wertmarken, die an der Kasse des Bades gekauft werden können.
Zufahrt: Vom Alfsee über Purenkamp nach Bramsche fahren. Dort angekommen im ersten Kreisverkehr die dritte Ausfahrt nehmen und im darauf folgenden die erste.

Die Besucher-Highlights dieser Stadt sind das **Tuchmacher Museum** und das **Museum über die Varusschlacht** in Kalkriese. Die Bramscher Altstadt ist zwar auch schön anzuschauen, wir wollen uns aber auf das Wesentliche konzentrieren.

Tuchmacher Museum Bramsche

Im Gegensatz zu den Museen aus der gleichen Branche, die wir in Nordhorn (siehe Seite 26) und Delmenhorst (siehe Seite 238) besucht haben, werden in diesem Museum die alten Textilmaschinen nicht nur gezeigt. Diese Maschinen sind noch in Betrieb und mit ihnen werden Tuche produziert. Dies geschieht nicht im großen Stil. Es ist keine industrielle Produktion, der Betrieb wird eher im Sinne einer Manufaktur geführt und die Besucher sind dazu eingeladen, den Maschinenführern über die Schulter zu schauen, die ihrerseits auch gern die Arbeitsprozesse erklären.

Hier werden die Spulen für die Webschützen vorbereitet.

Das Museum ist in einem historischen Gebäudekomplex untergebracht, der ursprünglich als Mühle diente. Es war eine Kornmühle, dann kam eine Öl-, eine Loh- und eine Sägemühle dazu. Sie nutzten das Wasser der Hase für den Antrieb der Wasserräder. Der schon lang stillgelegte Mühlkanal im Außengelände der Mühle ist noch gut zu sehen.

Auch die Tuchmacher benötigten Wasser. Sie nutzten es zum Waschen und Färben der Wolle und zum Antrieb der Walkmühle, mit der das Tuch verdichtet und damit strapazierfähiger gemacht wurde. Mitte des 19. Jahrhunderts konnte die Tuchmachergilde den gesamten Mühlenkomplex übernehmen. Damit standen alle Gebäudeteile für die Produktion zur Verfügung, was zu einfacheren Fabrikationsabläufen führte. Bis zur Schließung des Betriebes im Jahre 1972 wurde hier gesponnen, gewebt und gewalkt.

Berühmt wurde die Tuchfabrik durch das **Bramscher Rot**, mit dem unter anderem die Uniformstoffe des kurhannoverschen Militärs gefärbt wurden. Im Museum sehen Sie einen dieser Uniformröcke. Darüber hinaus wurden graue Wolldecken für das Militär produziert, aber auch Stoffe für Mäntel.

Heute werden nur Stoffe für zivile Zwecke hergestellt, die Sie im Shop des Museums erwerben können, vorzugsweise Wolldecken im "Bramscher Rot."

Das Museum bietet Ihnen einen fantastischen Überblick über die Geschichte der Textilherstellung. Von den archäologischen Funden in dieser Region, die über die Textilherstellung weit vor der industriellen Revolution berichten, wird übergeleitet zu dem Maschinenpark im 18. und 19. Jahrhundert. Sie werden die Maschinen nicht nur klappern und rattern hören, sondern auch ein Gewirr an Treibriemen und Antriebswellen beobachten können. Sie werden erleben, wie durch das Garn und die Stoffe in Verbindung mit dem Maschinenöl ein ganz eigener Geruch in die Nase strömt. Aber keine Angst, es stinkt nicht!

Mit der Tuchmachergilde und den Personen, die hinter dieser Produktionsstätte standen, wollen wir uns nicht beschäftigen, das können Sie vor Ort im Museum alles nachlesen, das Sie in der Straße Mühlenort 6 in Bramsche finden. Parkmöglichkeiten am Museum gibt es für Wohnmobile nicht.

Informationen zu den Öffnungszeiten und Eintrittspreisen finden Sie hier www.tuchmachermuseum.de.

Gebäude des Museums.

Historische Webmaschine.

Uniform in Bramscher Rot.

Nach dem Besuch dieses außergewöhnlichen guten und gut geführtem Museum geht es mit einem Spaziergang durch die Innenstadt zurück zum WOMO. Auf die Gastronomie in der Stadt wollen wir nicht näher eingehen. Es gibt eine große Auswahl auch in unmittelbarer Nähe des Museums.

Zum WOMO zurückgekehrt wechseln wir den Standort und bewegen uns Richtung Kalkriese. In der Nähe des Museums zur Varusschlacht bieten sich zwei Plätze für einen längeren Aufenthalt an, die wir nun vorstellen.

(183) WOMO-Campingplatz: Waldwinkel/Reisemobil-Stellplatz

GPS: N52°23'45.2" E8°06'09.2"; Zum Dreschhaus 4, 49565 Bramsche.
Max. WOMOs: >20, maximale Länge 12 m.

Ausstattung: Frischwasserversorgung, Abwasserentsorgung mit Bodeneinlass, Kassettenentleerung, Stromanschlüsse, Behälter für die Müllentsorgung, WLAN, Restaurant mit Biergarten. Im Sanitärgebäude gibt es Duschen, WCs, Waschmaschinen und Trockner. Der Platz ist ganzjährig geöffnet.
Beschreibung: Sehr ruhig gelegenes Gelände mit großen schattenlosen Stellflächen auf einer Wiese in der Nähe eines kleinen Badesees.
Entfernung zum Museum Varusschlacht 3 km, die mit einem Spaziergang durch den bewaldeten Kalkrieser Berg verbunden werden kann.
Preise: 9,00 € für ein Fahrzeug mit 2 Personen. Strom pauschal 2,00 € pro Tag, Frischwasser 1,00 € (100 Liter). Entsorgung und Dusche ist im Stellplatzpreis inbegriffen. Waschmaschine und Trockner funktionieren über Münzautomaten.
Zufahrt: Auf der B218 Richtung Kalkriese/Bad Essen fahren und hinter Engten auf die Hinweise zum Campingplatz und zum Restaurant Dreschhaus auf der rechten Seite achten.
Reservierung/Kontakt: Tel.: 05468/9394580 oder 01520/8968610
E-Mail: campingplatzwaldwinkel@web.de,
Web: www.campingplatz-waldwinkel.com.

(184) Offizieller WOMO-Gasthof-Stellplatz: Bramsche – Varus-Deele

GPS: N52°24'28.0" E8°07'02.7"; Venner Str. 67, 49565 Bramsche
Max. WOMOs: 12, maximale Länge 12 m.
Ausstattung: Frischwasserversorgung, Abwasserentsorgung, Kassettenentleerung, Stromanschlüsse, Müllentsorgung, Dusche, WCs, Restaurant und Café, ganzjährig geöffnet.

Beschreibung: Schattenlose bis halbschattige Stellflächen auf einer Wiese vor dem Gasthof. Entfernung zum Museum Varusschlacht 1,5 km, wenn der Weg mit einem Spaziergang am Mittellandkanal und am Schloss Neu Barenaue vorbei (kann nur von außen besichtigt werden) verbunden wird.

Preise: 10,00 € für ein Fahrzeug, Strom 2,00 € pro Tag. Abwasserentsorgung und Entleerung der Bordtoilette ist kostenfrei. Die Anmeldung und Bezahlung erfolgt im Gasthof.

Zufahrt: Auf der B218 Richtung Kalkriese/Bad Essen fahren und hinter Engten auf die Hinweise zur Varus-Deele auf der linken Seite achten.

Reservierung/Kontakt: Tel.: 05468/9736
E-Mail: info@varus-deele.de, Web: www.varus-deele.de.

Wenn Sie keinen der beiden Plätze nutzen wollen, sondern nur den Weg zu dem Museum suchen, so können Sie Ihr Fahrzeug auf dem großen Parkplatz vor dem Museumsgelände abstellen [GPS: N52°24'19.5" E8°07'52.3"].

Museum und Park Kalkriese

Mehr als 15.000 römische Soldaten sollen im Jahre 9 von den Germanen unter ihrem Anführer Arminius niedergemetzelt worden sein. Vermeintlich unzivilisierte Germanen sollen Elitetruppen römischer Legionen in einen Hinterhalt gelockt und vernichtet haben. Die Römer waren geschockt - die germanischen Stämme galten für sie bislang nur als "Barbaren" und nicht als ebenbürtige oder gar ihnen überlegene Gegner.

Das Signet des Museums.

Bis heute gilt die **Varusschlacht** als eine der wichtigsten kriegerischen Auseinandersetzung der Antike. Sie ist auch bekannt als **Schlacht im Teutoburger Wald** und wurde in der deutschen Nationalgeschichte mythisch überhöht und Arminius zum ersten deutschen Nationalhelden stilisiert. Aus Arminius wurde Hermann und in Detmold setzte man ihm 1875, vier Jahre nach der Gründung des Deutschen Reiches ein Denkmal, das jährlich von Hunderttausenden betrachtet wird.

Zu dem Zeitpunkt des Baus wurde davon ausgegangen, dass die Varusschlacht dort in der Gegend stattgefunden hat. Die Forschung der letzten Jahrzehnte weisen aber eher auf Kalkriese als Schlachtfeld hin. Diese Forschungsergebnisse werden gestützt durch archäologische Funde in dieser Region am Kalkrieser Berg. Gefunden wurden Knochen, Waffen, Münzen, Panzer und anderes. Ein besonders aufregender Fund war eine eiserne Gesichtsmaske,

Ausstellungsturm im Museum Kalkriese.

die vermutlich einem römischen Reiteroffizier gehörte und zusammen mit dem Helm zum Schutz des Kopfes getragen wurde. Die Nachbildung dieser Maske ist das Signet des Museums.

Mit sehr viel Aufwand werden die Forschungsergebnisse im Museum präsentiert. Es ist kein Freilichtmuseum der üblichen Art. Im Außenbereich gibt es Nachbildungen von Wallanlagen. Vermutete Marschwege der Römer sind mit Platten markiert und in dem stählernen Ausstellungsgebäude kann anhand von Modellen nachvollzogen werden, wie die Situation im Jahre 9 nach Christus gewesen sein könnte. Es bleibt im Konjunktiv, denn sicher ist es immer noch nicht.

Hier www.kalkriese-varusschlacht.de können Sie sich tiefer einlesen und auch die Öffnungszeiten und Eintrittspreise erfahren.

Auf historisch gesicherten Erkenntnissen kann in unserem nächsten Etappenziel vertraut werden. Nachdem wir das WOMO auf diesem Platz [**185:** N52°23'04.9" E8°09'49.3"] abgestellt haben, geht es durch die **Venner Mühleninsel** mit einem Heimatmuseum und in ein kleines Café.

Backhaus auf der Venner Mühleninsel.

Der Mühlenkotten mit kleinem Museum.

Das Mühlengelände mit seinen historischen Gebäuden ist frei zugänglich.

Zu sehen sind ein liebevoll angelegter Bauerngarten, eine Schmiede, ein kleines Stauwehr am Mühlenbach, eine Bleichhütte, eine Remise, in der allerlei Geräte stehen, eine Göpelanlage, ein Backhaus und neben weiteren Bauwerken die Venner Mühle auf der anderen Seite der Straße.

Es ist ein echtes, mit sehr viel Pflege und Sorgfalt gestaltetes Kleinod, an dem wir nicht unbeachtet vorbeifahren wollten, auch wenn nur wenige Besucher zu verzeichnen sind und das Café bei unserem Besuch geschlossen hatte. Nicht anders ging es uns bei **Knollmeyer's Mühle**. Auch dieses Lokal fanden wir geschlossen vor.

(186) Offizieller WOMO-Gasthof-Stellplatz: Wallenhorst – Knollmeyer's Mühle

GPS: N52°19'27.7" E8°04'57.9"; Nettetal 4, 49134 Wallenhorst.
Max. WOMOs: 12, maximale Länge 12 m.
Ausstattung: Frischwasserversorgung, Abwasserentsorgung mit Bodeneinlass, Kassettenentleerung, Stromanschlüsse. WC im Gasthof. Der Platz ist ganzjährig geöffnet. Restaurant mit traditioneller deutscher Küche.
Beschreibung: Schattige und halbschattige Plätze auf fein geschottertem Untergrund, leichtes Gefälle, wenige Meter vom Gasthof entfernt. Kletterwald nebenan. Viele Rad- und Wanderziele von diesem Ort erreichbar. Nachts absolut ruhig.

Preise: 13,00 € für ein Fahrzeug mit 2 Personen. Ver- und Entsorgung kostenlos, Strom ist im Preis enthalten.
Zufahrt: Von Venne Richtung Belm fahren. Nach der Durchquerung eines Waldgebietes auf einem Höhenzug im folgenden Kreisverkehr die erste Ausfahrt nehmen, Richtung Wallenhorst/Rulle fahren und vor Rulle links abbiegen. Die letzten Kilometer führen nur noch über schmale Straßen.
Reservierung/Kontakt: Tel.: 05406/4432
Web: www.gasthaus-knollmeyer.de.

So waren wir dann auch die einzigen Besucher auf dem Stellplatz und hatten für unseren Fototermin freie Platzwahl.

Knollmeyer's Mühle.

Was uns hier wie in Venne und am Museum Kalkriese aufgefallen ist, sind die unzähligen gut ausgeschilderten Rad- und Wanderwege. Tatkräftige Unterstützung für Wander- und Radtouren in dieser Region bekommen Sie von TERRA.vita, dem Natur- und Geopark, der eine Vielfalt an Karten und Prospekten über die von ihr betreute Naturparkregion produziert hat und die Sie in den Tourist-Infos auf Campingplätzen und auch in dem Museum Kalkriese kostenlos erhalten können. Wenn Sie es lieber digital mögen, so werden Sie auf dieser Seite www.geopark-terravita.de fündig werden. Hier finden Sie unter "Service" einen Download-Bereich, in dem Sie sich die für Sie passenden Beschreibungen herunterladen können.

Mitten in diesem Naturparkgebiet, das wir nur in einem kleinen Ausschnitt durchfahren, liegt Osnabrück das nächste Ziel dieser Tour.

(187) Offizieller WOMO-Stellplatz: Osnabrück – Nettebad

GPS: N52°18'07.9" E8°02'59.5"; Im Haseesch 6, 49090 Osnabrück.
Max. WOMOs: 5, maximale Länge 8 m, max. Aufenthalt 1 Tag.
Ausstattung: Frischwasserversorgung, Abwasserentsorgung mit Bodeneinlass, Kassettenentleerung, Stromanschlüsse, Behälter für die Müllentsorgung. Duschen, WCs im Nettebad. Der Platz ist ganzjährig geöffnet.

Beschreibung: Große weitgehend schattenlose leicht geneigte Stellflächen auf Pflastersteinen, 3 km vom Zentrum entfernt. Bushaltestelle direkt am Platz.
Preise: 15,00 € für ein Fahrzeug, Frischwasser 1,00 € und Strom 1,00 € für 6 Stunden. Abwasserentsorgung und Entleerung der Bordtoilette ist kostenfrei. Den Parkschein bekommen Sie an der Kasse des Bades. Für den Eintritt in das Bad werden 5,00 € gutgeschrieben.
Zufahrt: Im Norden der Stadt, über die Vehrter Landstraße gut zu erreichen.

Nachdem wir unser WOMO am Nettebad abgestellt haben, geht es mit dem Rad in die Altstadt. Sie können auch den Omnibus nehmen. Die Linie 14 fährt bis zum Berliner Platz, damit sind Sie am östlichen Rand der Innenstadt. Bis zum Dom sind es von dort zu Fuß rund 700 und bis zum Rathaus 800 Meter.

Fassade des Rathauses.

Stadtbummel durch Osnabrück

Wir starten unseren Stadtbummel mehr fahrradschiebend als auf dem Fahrrad sitzend im Norden der Stadt in der Nähe der Vitischanze. Wir überqueren die Angersbrücke und haben nach 400 Metern bereits den **Dom St. Petrus** erreicht. Auf dem großen Platz an der Kirche, der "Domsfreiheit" genannt wird, findet samstagsvormittags der Große Wochenmarkt statt, der mehr bietet als nur Obst und Gemüse.

Der Dom geht in seinen Ursprüngen auf eine Missionskirche Karls des Großen zurück. Zu sehen ist eine spätromanische Basilika aus dem 12. Jahrhundert mit einem schlanken und einem dicken Turm. Im Inneren des Gotteshauses ist das Triumphkreuz aus dem 12. Jahrhundert besonderes beachtenswert. Wer in dieser lebendigen Stadt Ruhe sucht, ist in dem malerischen Kreuzgang im Innenhof des Domes bestens aufgehoben.

Vor dem Dom steht der **Löwenpudel**, um den sich Anekdoten ranken, die Sie bei einer Führung durch die Stadt erläutert bekommen.

Nicht weit vom Dom entfernt ist das Rathaus am Marktplatz zu sehen, das als einer der Stätten des Westfälischen Friedens eine besondere Bedeutung hat. Hier, wie im Rathaus zu Münster, wurde 1648 das Ende des Dreißigjährigen Krieges beschlossen. Den historischen **Friedenssaal** im Inneren des Gebäudes können Sie besichtigen.

Dom St. Petrus.

Am Marktplatz neben dem Rathaus steht die spätgotische dreischiffige Hallenkirche **St. Marien**. Sie ist stadtgeschichtlich von besonderer Bedeutung und eine der vier mittelalterlichen Kirchen, die das Stadtbild prägen.

Ihr gegenüber ist eine Häuserfront mit Treppengiebel zu sehen und das **Erich Maria Remarque-Friedenszentrum**, das sich dem Leben und dem Werk des Pazifisten und Schriftstellers, der in Osnabrück geboren wurde, widmet. Sein Roman "Im Westen nichts Neues" gehört zu den Klassikern der Weltliteratur und wurde mehrfach verfilmt.

Hinter dem Museum ist auf dem Platz des Westfälischen Friedens der Bürgerbrunnen zu sehen, der die Osnabrücker Ackerbürger mit ihrem Vieh, der Wirtschaft, dem Handel, aber auch mit Krankheit und Tod (Pest) darstellt. Das umfließende Wasser stellt den Fluss des Lebens dar. Gekrönt wird der Brunnen mit einer Figur von Kaiser Friedrich Barbarossa, der Osnabrück 1171 die Stadtrechte verlieh.

Bevor wir nun weiter durch die Innenstadt gehen, schlüpfen wir einmal aus der Altstadt heraus und schauen uns das **Heger Tor** an, das als Stadttor angesehen werden könnte. Doch hatte es diese Funktion nie. Es wurde als "Triumphbogen" zu Ehren der Osnabrücker Kämpfer errichtet, die in der Schlacht bei Waterloo gegen Napoleon 1815 kämpften und teilweise ihr Leben ließen. Auf diesem Triumphbogen befindet sich eine begehbare Aussichtsplattform.

Eingang in das Felix-Nussbaum-Haus.

Wenn wir schon hier außerhalb der Innenstadt sind, dann können die kunst- und kulturhistorisch Interessierten auch gleich in das **Felix-Nussbaum-Haus** gehen, das schräg gegenüber im Museumsquartier zu sehen ist. In dem Gebäude, das nach den Plänen des amerikanisch-jüdischen Architekten Daniel Libeskind errichtet wurde, sind mehr als 200 Werke des 1904 in Osnabrück geborenen Malers Felix Nussbaum aus-

Haus Willmann in der Krahnstraße 7.

gestellt, der in den Bildern seiner letzten Jahre den Holocaust in Europa künstlerisch verarbeitete wie kaum ein anderer Künstler seiner Generation.

Im Museumsquartier sind darüber hinaus das Kulturgeschichtliche Museum (Vor- und Früh- und Stadtgeschichte Osnabrücks), die Villa Schlikker und das Akzisehaus zu finden

Kehren wir zurück in die Altstadt und gehen in die Krahnstraße. Hier ist mit dem **Haus Willmann**, in dem ein Weinhandel untergebracht ist, ein faszinierendes Fachwerkhaus aus der zweiten Hälfte des 16. Jahrhunderts zu bewundern. Filigrane Schnitzkunst unbekannter Meister zieren den Giebel mit den vorkragenden Stockwerken. In der Mitte ist der Sündenfall im Paradies dargestellt. Es war immer ein Handelshaus und gibt der Präsentation edler Weine natürlich einen besonderen Rahmen.

St. Katharinen mit 103 Meter hohem Turm.

Über die Große Straße und die Riedlinger Straße geht es weiter zum Adolf-Reichwein-Platz. Zahlreiche Cafés, Eisdielen, Boutiquen und Ladengeschäfte säumen diese Straßenzüge. Der genannte Platz scheint einer der beliebtesten Orte der Osnabrücker zu sein. Die Cafés sind voll, die Sonnenschirme aufgespannt, das Gedränge um die draußen aufgestellten Tische groß. Viele Kinder toben auf dem hier angelegten Spielplatz, die von ihren am Rand sitzenden Eltern beobachtet werden.

Von diesem Platz ist es nicht weit bis zu **Katharinenkirche**, die mit ihrem 103 Meter hohen Turm alle anderen Kirchtürme in Osnabrück überragt.

Es ist eine spätgotische Hallenkirche, deren Bau um 1300 begann und um 1500 beendet wurde. Nach starken Schäden am Ende des Zweiten Weltkrieges wurde sie zu Beginn der Fünfzigerjahre wieder hergerichtet.

Der Ledenhof.

Unweit der Kirche befindet sich der **Ledenhof**. Ein Gebäude, das Sie nicht anschauen können, ohne das nach kurzer Zeit ihre Augen anfangen zu flimmern. Seit 2002 hat die Deutsche Stiftung Friedensforschung hier ihren Sitz.

Damit sind wir nun am **Schloss** angekommen, das bereits in Sichtweite liegt. Es war die Residenz des protestantischen Osnabrücker Fürstbischofs Ernst August I. von Braunschweig-Lüneburg und seiner Frau Sophie von der Pfalz, die es im 17. Jahrhundert erbauen ließen. Das Schloss in Iburg, das wir in unserem nächsten Etappenziel aufsuchen werden, genügte ihren Ansprüchen nicht mehr.

Die Fürstenfamilie verließ Osnabrück, bevor die Gartenanlagen richtig fertiggestellt waren. Ihren Gartenbauambitionen ließ Sophie von der

Gotische Hallenkirche St. Johann.

Pfalz in Hannover-Herrenhausen freien Lauf. In unserem Buch über die Lüneburger Heide (Band 63 der WOMO-Reihe) finden Sie das beschrieben. Heute ist das Schloss in Osnabrück Sitz der Universität. Der Schlossgarten, in dem einst die Adeligen flanierten, ist zu jeder Zeit für die Öffentlichkeit zugänglich und vor allem bei den Studenten sehr beliebt.

Zum Abschluss schauen wir uns noch die letzte der mittelalterlichen Kirche an. Die gotische Hallenkirche **St. Johann** ist im Süden der Innenstadt zu finden. In ihrer Architektur scheint sie auf dem ersten Blick dem Dom sehr ähnlich zu sein. Mitte des 13. Jahrhunderts wurde mit dem Bau der dreischiffigen Kirche begonnen und Anfang des 14. Jahrhunderts beendet.

Vor der Kirche steht der Ständebrunnen, der die drei historischen Landstände in den jeweilig passenden Kleidungen repräsentieren. Mit den Figuren dieses Brunnens können Sie spielen. Wir folgen nicht unserem Spieltrieb, sondern kehren zum WOMO zurück und fahren nach Bad Iburg weiter. Zu erwähnen ist noch, dass es im Süden von Osnabrück einen ausgezeichneten Zoologischen Garten gibt. Nähere Informationen bekommen Sie hier www.zoo-osnabrueck.de.

Wenn Sie nach unseren Ausführungen Ihre Kenntnisse über Osnabrück intensivieren möchten, dann schließen Sie sich doch einer der vielen Stadtführungen an, durch die Sie sehr viel mehr erfahren, als wir hier darlegen können. Schauen Sie bitte hier hinein www.osnabrueck.de/tourismus/stadtfuehrungen.

Von Osnabrück geht es nun, wie bereits angekündigt, nach **Bad Iburg** weiter. Wenn Sie genau unserem Routenvor-

Bad Iburg, Schloss und Charlottensee.

schlag folgen, dann achten Sie bitte darauf, alle notwendigen Ver- und Entsorgungsnotwendigkeiten erledigt zu haben, denn die nächsten vier Stationen, die wir anfahren werden, bieten dafür keine Einrichtungen an.

Der kleine Kneippkurort mit rund 10.000 Einwohner ist der südlichste Ort in unserem Reisegebiet. Herausragendste Gebäude ist das über der Stadt und dem **Charlottensee** thronende **Schloss**, das Fürstbischof Ernst August I. von Braunschweig-Lüneburg und seiner Frau Sophie von der Pfalz nicht mehr repräsentativ genug war. Um das Schloss zu besuchen parken Sie am besten auf dem gebührenpflichtigen Parkplatz neben der Schlossmühle [**188:** N52°09'25.1" E8°02'24.3"], auf dem ein Bereich für Wohnmobile reserviert ist. Mehrere Wege führen hoch zum Schlosskomplex mit dem angeschlossenen ehemaligen Benediktinerkloster, in dem heute das Amtsgericht untergebracht ist. Die Räumlichkeiten des Schlosses werden mehrheitlich vom Niedersächsischen Landesamt für Bau- und Liegenschaften genutzt. So bleiben nur der Rittersaal und die Klosterkirche für eine Innenbesichti gung offen. Alles andere kann nur von außen betrachtet werden. Über die Öffnungszeiten des Rittersaales der auch mit einer Führung besichtigt werden kann informiert diese Seite www.badiburg.de.

Für Fans historischer Chronometer wird das privat geführte Uhrenmuseum in der Stadtmitte interessant sein und Freunde der Waldwipfelpfade werden den Besuch des hiesigen 440 Meter langen Baumwipfelpfades nicht verpassen wollen. Öffnungszeiten und Eintrittspreise gibt es hier www.baumwipfelpfad-badiburg.de.

Ganz ohne Eintritt können wir die Bifurkation in Melle-Gesmold besuchen, an der wir auf dem Weg nach Melle vorbeikommen [**189:** N52°11'54.1" E8°15'14.8"]. Sie ist natürlich nicht so spektakulär wie die von Alexander von Humboldt entdecke Bifurkation zwischen Orinoco und Rio Negro in Südamerika, aber das Naturphänomen der Flussgabelung ist identisch. Optisch ist das schwer zu erkennen und ohne die Erläuterung vor Ort auch schwer zu verstehen. In jedem Fall lohnt sich der Spaziergang dorthin. Der Platz ist nicht überlaufen die Grillstelle macht ihn zusätzlich attraktiv und kostenlos übernachten können Sie auf dem Parkplatz auch noch.

Das trifft auch für den nächsten Stellplatz zu, den wir in Melle am **GrönegauBad** in der Straße "Am Wellenbad" anfahren [**190:** N52°12'16.1" E8°19'20.6"]. In den Sommermonaten ist dieses große Wellenbad stark frequentiert, dann könnte es schwierig werden, einen dieser kostenlosen Stellplätze auf Betonpflastersteinen zu bekommen.

Vom Stellplatz bis zum Automuseum sind es rund zwei Kilometer. Am Museum gibt es einen Parkplatz, den Sie tagsüber für den Besuch nutzen können. Sie erreichen ihn mit diesen Koordinaten [GPS: N52°12'34.7" E8°20'16.6"] in der Pestelstraße.

Automuseum Melle

Es ist ein außergewöhnliches Museum, das wir betreten, denn alle 200 bis 300 Fahrzeuge, die wir hier in einer ausgedienten Möbelfabrik sehen, sind fahrbereit.

Das Haus verfolgt gegenüber vergleichbaren technischen Museen ein ganz anderes Konzept. Die Eigentümer von Oldtimern werden mit der Bitte angesprochen, ihr Fahrzeug in diesen Hallen für einen begrenzten Zeitraum auszustellen. Voraussetzung ist ein fahrbereiter Zustand. Nach einer mit dem Eigentümer vereinbarten Zeit wird das Fahrzeug wieder abgeholt. Für die technische Instandhaltung und die Pflege des Fahrzeugs ist allein der Eigentümer verantwortlich. Das erspart dem Museum hohe Kosten.

Ein Chalmers von 1913.

Sie werden bei einem Gang durch den Fahrzeugpark sehen, dass nahezu alle Oldtimer ein H-Kennzeichen montiert haben. Mit diesem Kennzeichen erkennen Sie auch, das das Einzugsgebiet nicht gerade klein ist. Die Eigner der Fahrzeuge scheinen hinter diesem Konzept zu stehen, denn die Hallen sind voll.

Ein Opel von 1911.

Für den Besucher hat diese Herangehensweise den Vorteil, das sie bei jeder Visite andere Fahrzeuge sehen, bei jedem Besuch etwas Neues entdecken können.

Vor allen ausgestellten Fahrzeugen finden Sie einen Steckbrief, der Modell, Baujahr und die Besonderheiten beschreibt. Dies kann sich auf die verwendete Technik beziehen, aber auch auf den oder die früheren Eigentümer des Autos. Hier können Sie Stunden verbringen.

Ein Schacht (USA) aus dem Jahre 1905.

Über die Öffnungszeiten und Eintrittspreise informiert diese Seite www.automuseum-melle.de.

Die **Meller Berge** sind ein weitläufiges Wandergebiet auf einem Höhenzug nördlich der Stadt. Von diesem Wanderparkplatz **[191:** N52°13'29.5" E8°20'36.3"] haben Sie nicht nur einen leichten Zugang in dieses überwiegend bewaldete Gebiet, sondern mit dem **Weberhaus** in unmittelbarer Nähe auch ein erstklassiges Ausflugslokal, in dem Sie die etwas mehr als elf Kilometer lange Wanderung auf dem **"Drei-Türme-Weg"** mit einem leckeren Abendessen abschließen können.

Wanderparkplatz am Weberhaus.

Was es zu essen gibt, können Sie hier nachlesen www.das-weberhaus-melle.de.

Auf dem Weg zur Diedrichsburg.

Drei-Türme-Weg

Wenn Sie eine detaillierte Wandertourbeschreibung mit einem gpx-download haben möchten, dann werden Sie hier www.tourenplaner-terravita.de fündig werden. Auf der Seite müssen Sie sich allerdings etwas bis zur Tourbeschreibung durcharbeiten.

Auf der großen Tafel am Wanderparkplatz finden Sie noch zwei weitere deutlich kürzere Touren. Wenn Sie einen QR-Code Scanner auf ihrem Smartphone haben, dann können Sie von der Wandertafel den Code abscannen, werden zu den tracks von dem Tourenplaner-Modul des Naturparks TERRA.vita geleitet und müssen dann nur noch bis zur passenden Tour durchscrollen.

Der Drei-Türme-Weg führt, wie der Name vermuten lässt, zu drei Türmen. Er ist als Rundweg angelegt. Je nachdem in welche Richtung Sie starten, kommen Sie zunächst zur **Diedrichsburg**, auf dessen Turm Sie hinauf können. Es ist gleichzeitig die höchste Stelle auf dieser Wanderung. Sie erreichen diese kleine Burganlage, die zwischen 1840 und 1860 erbaut wurde schon nach rund 1,5 Kilometern. Bis zu dem Aussichtsturm auf der **Friedenshöhe**

Die Diedrichsburg.

Aussichtsturm Friedenshöhe.

sind es weitere vier Kilometer. 140 Stufen führen auf die Aussichtsplattform hinauf. Damit haben Sie den östlichsten Punkt der Rundwanderung erreicht. Bis zum fast 29 Meter hohen Aussichtsturm auf der **Ottoshöhe** sind es drei Kilometer. Hier müssen Sie nur 126 Stufen ersteigen, um auf die Aussichtsplattform zu kommen. Den Parkplatz am Weberhaus haben Sie nach weiteren fünf Kilometern erreicht. In der Summe sind das rund 13 Kilometer, die auf zumeist sandigen Wegen nicht schwer zu gehen sind. Den Weg mit dem Rad zu fahren können wir nicht empfehlen, auch wenn teilweise Forstwege genutzt werden. Wenn Sie unterwegs noch Hinweise zu einem Wildpark finden: Ignorieren Sie es, den Wildpark gibt es nicht mehr, er wurde 2021 aufgelöst.

Nach einer sehr ruhigen Nacht auf dem Wanderparkplatz am Weberhaus fahren wir weiter nach **Bad Essen**. Gut, das auf diesem Stellplatz alle erforderlichen Ver- und Entsorgungseinrichtungen vorhanden sind. Schön ist auch, dass es kein anonymer Platz ist, sondern wir von einer netten Dame freundlich empfangen werden.

(192) Offizieller WOMO-Stellplatz: Bad Essen – Falkenburg

GPS: N52°19'25.2" E8°21'43.2"; Falkenburg 3, 49152 Bad Essen.
Max. WOMOs: 50, maximale Länge 12 m.
Ausstattung: Frischwasserversorgung, Abwasserentsorgung mit Bodeneinlass, Kassettenentleerung, Stromanschlüsse, Behälter für die Müllentsorgung. Im Servicegebäude gibt es Duschen und WCs, ganzjährig geöffnet.

Beschreibung: Große sonnige, teilweise auch schattige Rasenplätze in unmittelbarer Nähe des Mittellandkanals. Schattenplätze mit separatem kostenlosen Satellitenanschluss. Sehr nette und zuvorkommende Betreiberin.
Preise: 12,00 € für ein Fahrzeug, Ver- und Entsorgung inkl. Strom 2,00 € pro Tag, Nutzung der Dusche und des WCs, 2,00 € pro Tag, Abwasserentsorgung und Entleerung der Bordtoilette ist kostenfrei. Wasch- und Trockenservice jeweils 4,00 €.
Zufahrt: In Bad Essen nach der Überquerung des Mittellandkanals gleich rechts abbiegen.

Von hier sind es zwei Kilometer bis zum Kirchplatz, dem malerischen Flecken der Kleinstadt, zu Fuß zu gehen. Der Spaziergang entlang des Mittellandkanals ist dabei unserer

SoleArena in Bad Essen.

Ansicht nach die angenehmste Route. Beschaulich geht es zu. Sehr viele historische Häuser hat der Marktplatz rund um die frei stehende **Nikolaikirche** nicht aufzubieten. Der kleine Kurpark ist schön anzuschauen und ein Gang durch oder besser noch Aufenthalt in der **SoleArena** tut der Lunge, der Nase und der Haut gut. In anderen Kurbädern sind vielfach klassische Gradierwerke zu sehen. In dieser Anlage wurde mit der SoleArena eine außergewöhnliche begehbare Form gewählt, in der von den über sechs Meter hohen Schwarzdornwällen die Sole hinunter tröpfelt und im Zentrum unablässig Sole in einer Brunnenschale emporsteigt. Hinzu kommen zahlreiche Düsen, die zusätzlich einen feinen Solenebel in diesen Raum verstäuben, der sich beim tiefen Einatmen kräftigend in den Atemwegen niederschlägt.

Am Kirchplatz in Bad Essen.

Die SoleArena ist zu jeder Zeit frei zugänglich. Noch mehr Salz gibt es im **SoleFreibad** in unmittelbarer Nähe dieser Anlage. Mehr Informationen über den Kurort erhalten Sie auf dieser Seite www.badessen.info.

Auf dem Gebiet der Gemeinde befinden sich noch eine Burg und zwei Schlösser. Die **Burg Wittlage** dient einer sozialen Einrichtung. **Schloss Ippenburg** ist seit 600 Jahren im Besitz der Familie von dem Bussche-Ippenburg und wird auch von ihr bewohnt.

Die Schlossgärten können in den Sommermonaten sonn- und feiertags besichtigt werden. Die Öffnungszeiten und Eintrittspreise finden Sie hier www.ippenburg.de. Hunde müssen draußen bleiben. Den großen Parkplatz des Schlosses finden Sie mit diesen Koordinaten [GPS: N52°20'39.3" E8°21'47.0"].

Schloss Hünnefeld.

Ein weiteres privat genutztes Schloss der Adelsfamilie Bussche ist rund drei Kilometer entfernt. Schloss Hünnefeld kann in einem begrenzten Umfang besichtigt werden. Garten und Gartencafé stehen den Besuchern offen. Auf dieser Seite können Sie die Öffnungszeiten des Hauses nachlesen www.schloss-huennefeld.de. Die Parkmöglichkeiten an dem Schloss sind sehr begrenzt.

Coronabedingt konnten wir in 2021 die beiden Schlösser nur von außen betrachten. Die Zugangstore waren verschlossen.

Weiter geht die Reise zum **Dümmer See**. Auf dem Weg dorthin kommen wir durch Bohmte. Einigen dürfte dieser Ortsname bekannt vorkommen. Hier hat die Firma VARIO-mobil ihren Sitz. Im Landgasthaus Gieseke-Asshorn können Sie nicht nur gut essen [**193:** N52°22'00.2" E8°18'44.7"], hier können Sie bei Bedarf auch übernachten.

Die Lage im Zentrum des Ortes hat uns aber nicht besonders gefallen, auch wenn Wasser und Strom als Serviceleistung zur Verfügung gestellt wird. Wir fahren an den See weiter und suchen dort diesen Platz auf.

(194) Offizieller WOMO-Badeplatz: Lembruch – Tiemann's Hof

GPS: N52°31'27.4" E8°22'01.0"; Seestraße, 49459 Lembruch.

Max. WOMOs: 50, maximale Länge 12 m.

Ausstattung: Frischwasserversorgung, Abwasserentsorgung mit Bodeneinlass, Kassettenentleerung, Stromanschlüsse, Behälter für die Müllentsorgung, WLAN, Brötchenservice, ganzjährig geöffnet.

Beschreibung: Große sonnige Stellflächen auf Rasengittersteinen mit modernen Sanitäranlagen auf Tiemann's Hof. Grill- und Bouleplatz, Beach-Volleyball-

Anlage stehen zur Verfügung. Bis zum Badestrand sind es nur 200 Meter. Es gibt mehrere Restaurants in der Nähe.
Preise: 25,00 € für ein Fahrzeug inkl. aller Leistungen. Waschmaschine und Trockner je 3 Euro pro Nutzung.
Zufahrt: In Lembruch in Richtung Damme fahren und auf die Hinweise auf Tiemann's Hof auf der linken Seite achten.

(195) Offizieller WOMO-Stellplatz: Damme – Olgahafen

GPS: N52°31'44.5" E8°18'32.3"; Dümmerstraße 41, 49401 Damme.
Max. WOMOs: 20, maximale Länge 9 m, max. Aufenthalt 3 Tage.
Ausstattung: Frischwasserversorgung, Abwasserentsorgung, Kassettenentleerung, Stromanschlüsse, Behälter für die Müllentsorgung, Restaurant, ganzjährig geöffnet.

Beschreibung: Schattige Stellflächen, bei voller Belegung enge Zufahrten. Sandiger Untergrund.
Preise: Kostenlos, Frischwasser 1,00 €, Strom 1,00 € für 1,5 kWh. Abwasserentsorgung und Entleerung der Bordtoilette 1,00 €. Die Automaten funktionieren nur mit Wertmarken, die es in den Restaurants am Hafen zu kaufen gibt.
Ergänzender Hinweis: Wenige Meter hinter diesem Stellplatz gibt es weitere Stellflächen, die zu Schomakers Fischbude gehören. Fragen Sie im Lokal an, ob Sie dort stehen bleiben können, wenn der offizielle Platz belegt ist.
Zufahrt: Von Lembruch in Richtung Damme fahren und vor Dümmerlohausen links zum Olgahafen abbiegen.

Der See hat eine Fläche von 12,5 Quadratkilometern und eine maximale Wassertiefe von 1,5 Metern. Die Lage nah an der A1 macht ihn zu einem beliebten Ziel für den Wochenendurlaub oder auch nur für einen Tagesausflug. Die Osnabrücker brauchen höchstens eine dreiviertel Stunde um hierher zu kommen, aus Bremen hat man es in einer geschafft.

Der See entstand auf natürliche Weise am Ende der letzten Eiszeit. Er wird von der Hunte durchflossen und von mehreren Quellen gespeist. Die Senke, in dem der Dümmer liegt, wird im Westen durch die Dammer Berge begrenzt, im Südosten durch den Stemweder Berg. Die Hunte verlässt den See am Nordufer und durchfließt in ihrem weiteren Verlauf eine Niederung mit Moorlandschaften, mit der wir uns später auch noch beschäftigen werden.

Turm mit der Uhr in Lembruch.

Der Damm, der rings um den See führt, dient dem Hochwasserschutz. In früheren Jahren trat der See bei größeren Niederschlagsereignissen regelmäßig über die Ufer. Das wurde mit der Eindeichung, die 1953 ihren Abschluss fand, beendet. Der Dümmer dient damit heute auch als Hochwasserrückhaltebecken.

Das Ostufer des Sees ist ein Eldorado für "Wasserratten". Die flach abfallenden Strände sind sehr kinder- und familienfreundlich. Hinzu kommt, dass sie frei zugänglich sind. Jeder kann an den See, ohne vorher eine Kurabgabe leisten zu müssen, wie es an den Stränden der Nordsee meistens anzutreffen ist. Das flache Wasser wird durch die Sonne schnell erwärmt, sodass eine angenehme Badetemperatur früh erreicht wird.

Zwischen Lembruch und Hüde sind eine Reihe von Ferienhäusern zu sehen, kleine reetgedeckte und moderne Kästen im Bauhausstil. Im Südosten des Sees gibt es mehrere Campingplätze mit vielen Dauercampern, die wir uns allerdings nicht näher angeschaut haben. Am Ostufer sind Sportboothäfen vorhanden. Tretboot- und SUP-verleih sind auch vertreten und Bars und Restaurants sowieso. Einer der beliebtesten Treffpunkte am Ostufer ist der Bereich rund um den **Turm mit der Uhr** in Lembruch. Um es kurz zu machen: Am Ostufer geht es in den Sommermonaten sehr lebendig zu.

Was Sie auf dem Dümmer nicht dürfen, ist Kitesurfen. Surfen ist jedoch erlaubt. Die rasche Fahrt mit den Schirmen wurde aus naturschutzrechtlichen Gründen untersagt. Das Süd- und auch das Westufer sind Naturschutzgebiete, die von Bekassinen, Kiebitzen, Uferschnepfen, Brachvögeln und vielen anderen bevölkert werden. Diese Vögel sollen mit ihren Brut- und Ruheplätzen sowie ihren Flugrouten nicht durch die rasch wechselnden Positionen der Schirme gestört werden.

Von einem breiten Schilfgürtel ist das Süd- und das Westufer umgeben. Oft sehen Sie nicht, wo die Uferlinie verläuft. Wenn Sie mit dem Rad den See umrunden wollen, ist das kein Problem. Auf dem sehr gut ausgebauten Radweg lässt es sich sehr angenehm radeln, er ist anstrengungsfrei zu fahren. Sie kommen auf diesem Weg an mehreren Aussichtsplattformen vorbei, von denen Sie die genannten Vögel beobachten können. Dafür benötigen Sie allerdings etwas Geduld, denn in großen Kolonien oder in Vogelschwärmen sind sie nicht anzutreffen. Das ist mit den allgegenwärtigen Graugänsen dagegen anders, diesen werden Sie am Ufer immer wieder begegnen.

Der Rundweg ist 18 Kilometer lang. Er führt an beiden eingangs genannten Stellplätzen vorbei. Von welcher Stelle Sie starten ist nicht wichtig. An sonnigen Tagen ist es ein beliebter Radweg. Uns sind sehr viele Radler begegnet, Erwachsene

Badestrand am Ostufer des Dümmer Sees.

Die Hunte im Süden des Dümmers.

Der Radweg am Westufer des Dümmers.

Aussichtsturm auf dem Mordkuhlenberg.

und Familien, die ihre Kleinen an ihren Rädern drangehängt haben.

Im Bereich der Strände müssen Sie die Drahtesel allerdings schieben. Dann ist es durch die eingangs erwähnten Tages- und Wochenendtouristen einfach zu voll, um hier gefahrlos mit dem Rad zu fahren.

Wenn Sie gern mit dem Kanu unterwegs sind, so können Sie nicht nur auf dem Dümmer umherpaddeln, sondern auch die Hunte bis nach Hunteburg hinauffahren. Das sind immerhin rund sieben Kilometer. Flussabwärts geht es bis nach Barnstorf oder wenn Sie wollen, auch bis nach Oldenburg. Mehr dazu erfahren Sie auf dieser Seite www.hunte-natur.de und in Lembruch können Sie sich bei diesem Anbieter www.gruppenspass.de umschauen, ob er das passende Angebot für Sie bereithält. Zwischen Hunteburg und dem Dümmer kann der Fluss, der hier durch das NSG Ochsenmoor fließt, nur zwischen dem 1. Juli und dem 31. Oktober befahren werden.

Am Olgahafen, das sei der Vollständigkeit halber noch erwähnt, gibt es keinen Badestrand. Hier finden Sie nur Sportbootanlagen, den genannten Stellplatz und Fischlokale.

Wir verlassen den Dümmer und begeben uns in die Dammer Berge. Auf diesem Wanderparkplatz am **Mordkuhlenberg** [GPS: N52°33'14.5" E8°12'23.2"] halten wir an und machen uns auf den Weg zu einem Aussichtsturm.

Rund 100 Meter Höhenunterschied haben wir im Vergleich zum Niveau des Dümmer Sees schon erreicht, jetzt kommen noch einmal 20 Meter dazu, denn so hoch ist der Turm. Von oben haben wir einen schönen Blick auf den Dümmer See, die Niederung und sehen den Höhenzug des Stemweder Berges im Hintergrund. Mit einer schaurigen Geschichte von einem Räuberhauptmann, der mit seinen Kumpanen in den Dammer Bergen immer wieder Reisende überfiel und beraubte, es dann mit dem Raub eines Mädchens aber übertrieb, verabschieden wir uns auch von dem Mordkuhlenberg. Die Sage ist auf Tafeln entlang des Weges zum Turm in kurzen Zügen beschrieben. Verständlicher verfasst ist es hier http://dammerschweiz.de/sagen/inhalte/mordkuhlberg.html. Wenn Sie es gelesen haben, dann wissen Sie warum dieser Berg nun Mordkuhlenberg heißt.

Die nächste Station auf unserer Reise haben wir schnell abgehandelt. In **Steinfeld**, einer Stadt des Reitsports, halten wir uns allerdings nicht lange auf. Freunde historischer Kutschen werden das Museum in der Lohner Straße beim Reitsport- und Fahrgeschäft Trenkamp besuchen wollen www.kutschen-trenkamp.de. Hier sind über 100 Kutschen verschiedener Arten und aus unterschiedlichen Epochen zu sehen. Darüber hinaus sind Traktoren, Motorräder und landwirtschaftliche Geräte ausgestellt. Für eine ruhige und kostenlose Übernachtung bietet sich der Stellplatz am Freibad an, den Sie mit diesen Koordinaten **[196:** N52°34'58.4" E8°12'53.3"] erreichen.

Stellplatz am Freibad in Steinfeld.

Nächstes Etappenziel ist **Diepholz**, das nur wenige Kilometer von Lohne entfernt ist. Die Stadt mit rund 17.000 Einwohnern liegt in einer Moorniederung, die von der Hunte durchflossen wird. Hauptsehenswürdigkeit der Kreisstadt ist das Schloss, das sein heutiges Aussehen nach Brand und Zerstörung im 18. Jahrhundert erhielt. Seit dem 19. Jahrhundert wird es als Gerichtsgebäude genutzt. Hoch oben im Turm ist ein kleines Regionalmuseum untergebracht, das sich mit Werkzeugen und Geräten hauptsächlich den Mooren und Torfstechern dieser Region widmet. Es ist von April bis Oktober jeweils am 1. Samstag im Monat geöffnet. Wir haben es nicht besuchen können.

Schloss Diepholz.

Wer bislang noch die Gelegenheit hatte, einen der bereits in diesem Buch beschriebenen Moorerlebnispfade zu gehen, kann uns in das Diepholzer Moor begleiten. Vorher schauen wir uns aber noch den hiesigen Stellplatz an.

(197) Offizieller WOMO-Stellplatz:Diepholz

GPS: N52°36'48.9" E8°22'15.4"; Am Heldenhain, 49356 Diepholz.
Max. WOMOs: 20, maximale Länge 12 m, max. Aufenthalt 5 Tage.

Ausstattung: Frischwasserversorgung, Abwasserentsorgung mit Bodeneinlass, Kassettenentleerung, Stromanschlüsse, Behälter für die Müllentsorgung, WLAN, ganzjährig geöffnet.
Beschreibung: Große überwiegend schattige Rasenplätze 800 Meter vom Zentrum entfernt. Auch wenn offiziell 20 Stellplätze angegeben werden, finden sehr viel mehr Fahrzeuge auf diesem Areal einen Platz, müssen aber dann auf einen Stromanschluss verzichten. Die Ver- und Entsorgungsstation befindet sich im Eingangsbereich und lässt sich sehr gut erreichen und kann auch dann genutzt werden, wenn eine Übernachtung an diesem Ort nicht vorgesehen ist.
Preise: Kostenlos, Frischwasser 1,00 € und Strom 0,50 € pro kWh. Abwasserentsorgung und Entleerung der Bordtoilette ist kostenfrei.
Zufahrt: Von der B214 auf die B51 in Richtung Bremen fahren. In dem dann folgenden Kreisverkehr die erste Ausfahrt nehmen und nach 800 Metern ist der Stellplatz auf der rechten Seite erreicht.

Außer dem Schloss und dem Moorerlebnispfad werden Sie in Diepholz vergeblich nach besonderen Sehenswürdigkeiten Ausschau halten. Mit einer Reihe von Festen wusste die Stadt in Vorcorona-Zeiten zu glänzen und machte die Stadt für Besucher attraktiv. Wann diese wieder aufleben werden, steht in den Sternen.

Bleibt der Moorerlebnispfad, der rund drei Kilometer vom Stellplatz entfernt liegt und der sich am besten mit dem Fahrrad anfahren lässt, denn der Parkplatz am Rande dieses Moores ist sehr klein. Es ist ein Teil der Diepholzer Moorniederung, die sich über 15 Hochmoore und 24.000 Hektar Fläche erstreckt. Auf dieser Seite www.naturpark-duemmer.de finden Sie unter dem Stichwort "Juwelen im Naturpark" die Moore einzeln verzeichnet und beschrieben. Das können und wollen wir an dieser Stelle nicht alles darstellen. Auf der Tourenkarte zu Beginn des Kapitels sind sie aber teilweise abgebildet.

Im Diepholzer Moor.

Am Rande des 950 Hektar großen Diepholzer Moores ist ein zwei Kilometer langer Rundweg angelegt, der zehn Themenkreise anspricht. Sie sehen Moorbirken, wiedervernässtes Hochmoor mit abgestorbenen Birken, können auf einen Aussichtshügel krabbeln, der einen Blick über die Moorlandschaft erlaubt. Je nach Jahreszeit grünt und blüht es unterschiedlich. Die Schautafeln am Wegesrand erläutern die Pflanzen und Tiere die Sie mit etwas Glück im Gestrüpp oder am Rande der Wasserflächen entdecken können. Auch auf diesen Erlebnispfad wird auf die Entstehung und die ökologische Bedeutung der Moore hingewiesen, die wir in ähnlicher Form auf jedem anderen Moorlehrpfad in dieser Region auch schon gesehen haben.

Wir beenden den Besuch in Diepholz und fahren weiter nach Vechta. Auf dem Weg dorthin kommen wir durch Lohne und wollen Ihnen diesen Etappenplatz am **Lohneum** nicht vorenthalten, der sich für einen Stopover hervorragend eignet.

(198) Offizieller WOMO-Stellplatz: Lohne – Lohneum

GPS: N52°40'15.9" E8°14'06.2"; Vechtaer Str. 3, 49393 Lohne (Oldenburg).
Max. WOMOs: 4, maximale Länge 12 m, max. Aufenthalt 3 Tage.

Ausstattung: Frischwasserversorgung, Abwasserentsorgung mit Bodeneinlass, Kassettenentleerung, Stromanschlüsse, ganzjährig geöffnet.
Beschreibung: Schattige bis halbschattige Stellflächen auf Betonpflastersteinen hinter der Merkzweckhalle Lohneum. Die vorbeiführende Straße ist hörbar, aber nicht übermäßig laut. Ver- und Entsorgungsstation sehr gut anzufahren. Kann auch genutzt werden ohne zu übernachten.
Preise: Kostenlos, Frischwasser 1,00 € (100 Liter) und Strom 0,50 € pro kWh. Abwasserentsorgung und Entleerung der Bordtoilette ist kostenfrei.
Zufahrt: Den Hinweisen zum Lohneum folgen und über den Pkw-Parkplatz hinter das Gebäude fahren.

Mit der rund 33.000 Einwohner zählenden Pferdestadt **Vechta** haben wir nun den letzten Ort auf dieser Tour vor uns. Hier haben Sie zwei Möglichkeiten ihr Wohnmobil abzustellen. Für Kastenwagen gibt es nah an der Innenstadt diesen kostenlos Platz **[199:** N52°43'56.8" E8°17'16.9"] in der Oldenburger Straße 13, auf dem Sie bis zu drei Tagen stehen bleiben können. Für größere Fahrzeuge empfiehlt sich dieser Platz am Freibad.

(200) Offizieller WOMO-Stellplatz: Vechta – Hallenwellen- und Freibad

GPS: N52°44'24.7" E8°17'49.1"; Dornbusch 45, 49377 Vechta.

Max. WOMOs: 14, maximale Länge 14 m, max. Aufenthalt 3 Tage.
Ausstattung: Keine.
Beschreibung: Große sonnige bis halbschattige Stellflächen auf befestigtem Rasenuntergrund. Sehr ruhig. Bis in die Innenstadt und zum Zeughaus sind es rund zwei Kilometer. Ver- und Entsorgung kann an der Kläranlage am Bokerner Damm 40 erfolgen, GPS: N52°33'14.5" E8°12'23.2".
Preise: Kostenlos.
Zufahrt: Im Norden der Stadt in der Nähe des Stoppelmarktfestgeländes. Den Hinweisen zum Freibad folgen.

Sehenswert ist das Museum im Zeughaus, das Sie in der Zitadelle der Stadt finden. Mit dem Castrum Vechtense, dem Zitadellenpark und dem eigentlichen Museum wird vor allem das Mittelalter wieder lebendig. Im Castrum Vechtense wurde damit begonnen, eine mittelalterliche Drei-Insel-Burganlage neu entstehen zu lassen. Vor dem Hintergrund archäologischer Funde und historischer Forschungen soll diese Anlage entwickelt werden. Erste Gebäude stehen schon, doch in Zeiten der Pandemie wird die weitere Entwicklung behindert und wir konnten an Veranstaltungen nicht teilnehmen, weil sie schlicht und ergreifend abgesagt wurden.

Castrum Vechtense.

Aber auf dieser Seite www.museum-vechta.de gewinnen Sie einen ersten Einblick und es bleibt zu hoffen, das Sie bei Ihrer Reise in diese Stadt alles offen vorfinden.

Restaurant am Markt.

Mit der lebensgroßen Bronzestatue von **Warwick Rex,** dem Weltklassespringpferd des ehemaligen Springreiters Alwin Schockemöhle, der in den Siebzigerjahren des letzten Jahrhunderts mit diesem Pferd zahlreiche Erfolge feierte.

Von Vechta lohnt sich ein Ausritt mit dem Stahlross, den bis nach Cloppenburg mit seinem Museumsdorf sind es nur rund 24 Kilometer und bis zu den Hünengräbern, die wir in der nächsten Tour auf dem Programm haben nur etwa 20 Kilometer. Die Tour können Sie mit einem Besuch des Mühlencafés in Spreda bei Langförden als netten Zwischenstopp verbinden www.muehlencafe-borgerding.de.

Warwick Rex.

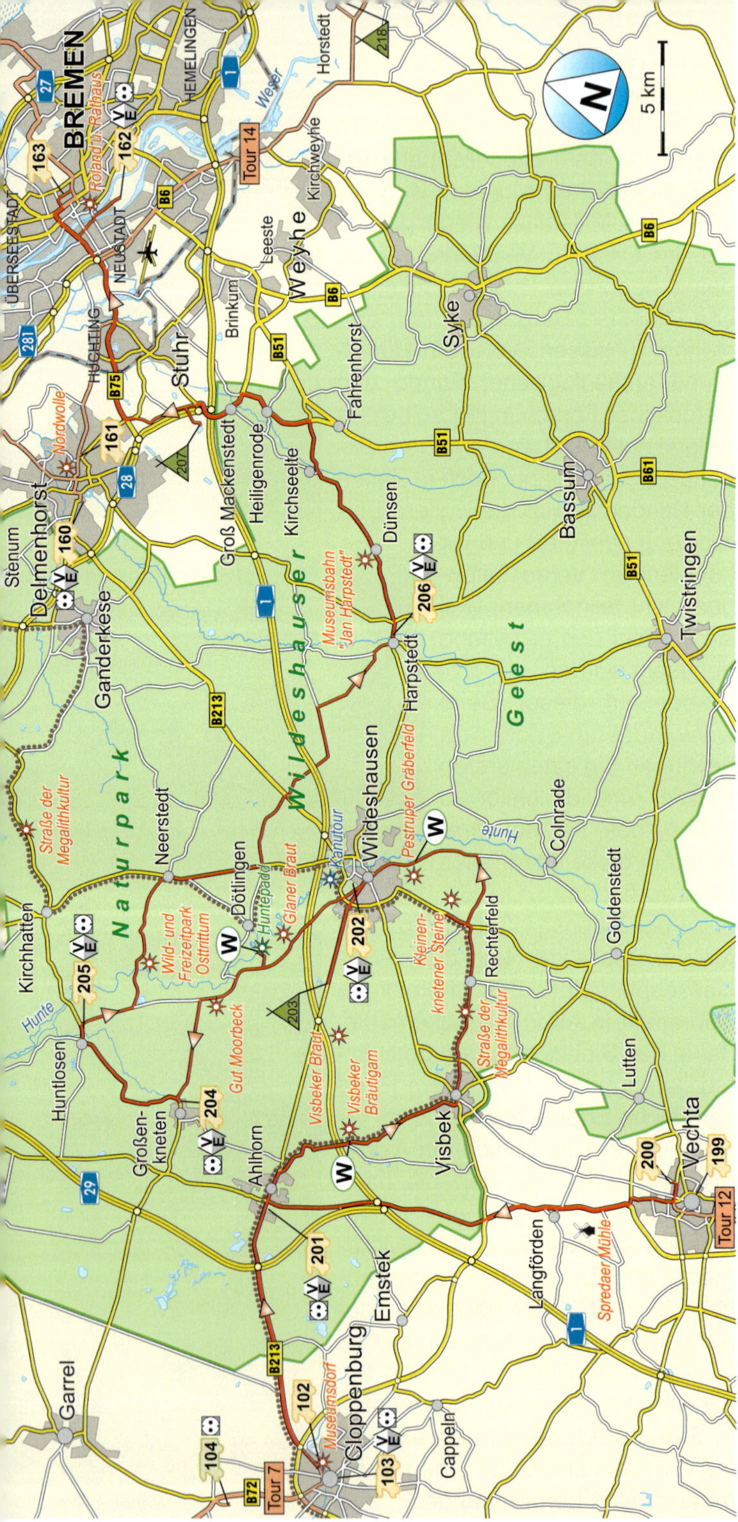

BREMEN
ÜBERSEESTADT
NEUSTADT
HEMELINGEN
Roland u. Rathaus
Weser
Horstedt
218
Tour 14
Kirchweyhe
Weyhe
Leeste
Brinkum
Stuhr
HUCHTING
Delmenhorst
Nordwolle
Stenum
Ganderkesee
Groß Mackenstedt
Heiligenrode
Kirchseelte
Fahrenhorst
Syke
Dünsen
Museumsbahn "Jan Harpstedt"
Harpstedt
Bassum
Twistringen
Naturpark Wildeshauser Geest
Wildeshausen
Pestruper Gräberfeld
Hunte
Colnrade
Goldenstedt
Kanutour
Glaner Braut
Huntepadd
Dötlingen
Neerstedt
Straße der Megalithkultur
Kirchhatten
Wild- und Freizeitpark Ostrittrum
Kleinenknetener Steine
Rechterfeld
Huntlosen
Großenkneten
Gut Moorbeck
Visbeker Braut
Visbeker Bräutigam
Ahlhorn
Visbek
Lutten
Vechta
Tour 12
Langförden
Spredaer Mühle
Emstek
Cloppenburg
Museumsdorf
Cappeln
Garrel
Tour 7
160
161
162
163
199
200
201
202
203
204
205
206
207
102
103
104
B6
B51
B61
B75
B213
B72
1
27
28
29
281
N
5 km

TOUR 13 (ca. 150 km)

Ahlhorn – Visbek – Wildeshausen – Dötlingen – Großenkneten – Huntlosen – Harpstedt – Heiligenrode – Stuhr – Bremen

Stellplätze:	Ahlhorn, Wildeshausen, Großenkneten, Huntlosen, Harpstedt, Bremen.
Campingplätze:	Wildeshausen, Stuhr.
Besichtigungen:	Wildeshausen (Alexanderkirche), Dötlingen (Wild- und Freizeitpark Ostrittrum), Heiligenrode (Klostermühle).
Wandern/Radtour:	Visbeker Bräutigam und Visbeker Braut, durch das Pestruper Gräberfeld, Huntepadd.
Baden/Wellness:	Wildeshausen (Krandelbad und Sport- und Wellness-Centers "Auszeit"), Harpstedt (Rosefreibad), Stuhr (Steller See).

Diese Reise führt uns durch die Wildeshauser Geest, durch eine leicht wellige Altmoränenlandschaft, die vor Einführung der modernen Landwirtschaft als wenig fruchtbar für die ackerbauliche Nutzung galt und deshalb lange Zeit weitgehend bewaldet blieb. Große Waldflächen sind auch heute noch rund um Wildeshausen anzutreffen.

Versteckt und nur mit dem Rad oder zu Fuß sind in den Wäldern die Zeugnisse aus der Vor- und Frühgeschichte zu entdecken. Es gibt eine Reihe von Großsteingräbern und eine Reihe von Grabhügeln zu besichtigen. Allein im Pestruper Gräberfeld südlich von Wildeshausen sind über 500 Anlagen aus der späten Bronze- und frühen Eisenzeit zu sehen. Wir besuchen damit die größte Anlage dieser Art im nördlichen Mitteleuropa. Es ist eine Station auf der Straße der Megalithkultur, die wir in groben Zügen bereits auf Seite 157 vorgestellt haben.

Neben dem Blick in die Vor- und Frühgeschichte gibt es aber auch eine ganze Reihe anderer Sehenswürdigkeiten zu besuchen. Kirchen und Mühlen gehören dazu und auch ein attraktiver Wild- und Freizeitpark.

Es gibt also viel zu sehen in dem 1.500 Quadratkilometern großen Naturpark Wildeshauser Geest, den wir in einer breiten Schleife durchfahren, bevor wir diese Tour in Bremen enden lassen.

Ganz gleich, ob Sie von Vechta (Tour 12) oder von Cloppenburg (Tour 6) kommen, die erste Station ist **Ahlhorn**. Hier finden wir am Bahnhof einen Stellplatz vor, den wir als eine gute Zwischenstation betrachten. Dort lassen sich alle Ver- und Entsorgungsaufgaben schnell erledigen.

(201) Offizieller WOMO-Stellplatz: Ahlhorn

GPS: N52°53'54.8" E8°12'32.4"; Am bhf 1, 26197 Großenkneten.

Max. WOMOs: 3, maximale Länge 10 m, max. Aufenthalt 3 Tage.
Ausstattung: Frischwasserversorgung, Abwasserentsorgung mit Bodeneinlass, Kassettenentleerung, Stromanschlüsse, Behälter für die Müllentsorgung, ganzjährig geöffnet.
Beschreibung: Schattenlose Stellflächen auf Betonpflastersteinen in der Nähe des Bahnhofsgebäudes. Die Bahnlinie ist nur durch eine Buschreihe vom Stellplatz getrennt.
Preise: Kostenlos, Frischwasser 1,00 € (ca. 80 Liter), Strom 1,00 € für 2 kWh. Abwasserentsorgung und Entleerung der Bordtoilette ist kostenfrei.
Zufahrt: In Ahlhorn den Schildern zum Bahnhof folgen.

Von Ahlhorn fahren wir weiter zum **Landgasthof Engelmannsbäke** [GPS: N52°52'31.2" E8°15'43.2"]. Hier lässt sich nicht nur ein Kaffee auf der Außenterrasse genießen, sondern auch ein Spaziergang zum Heidenopfertisch und zum Großsteingrab **Visbeker Bräutigam** unternehmen. Sie können ebenso eine kleine Radtour daraus machen und den Besuch der Visbeker Braut einschließen. Das Großsteingrab ist aber schon sechs Kilometer vom Landgasthof entfernt. Wegen der Fülle der Megalithgräber wird diese Region auch gern "Quadratmeile der Frühgeschichte" genannt.

Quadratmeile der Frühgeschichte

Der **Heidenopfertisch** ist ein Großsteingrab mit einer Grabkammer von 10 Metern Länge und einer Breite von 2,5 Metern. Von drei Decksteinen sind noch zwei erhalten. Einer davon ist sieben Meter lang und 1,2 Meter dick. Das Großsteingrab **"Visbeker Bräutigam"** ist eine Grabanlage der jungsteinzeitlichen **Trichterbecherkultur** (ca. 3400-2800 v. Chr.). Eine 104 Meter lange und fast 9 Meter breite Erdaufschüttung ist mit 130 Findlingen eingefasst (ursprünglich waren es 170) und enthält im Westteil eine Grabkammer von 10 Metern Länge. Es ist eine der größten Anlagen dieser Art in Norddeutschland. Vier weitere Megalithgräber befinden sich in unmittelbarer Nähe dieses herausragenden Hünenbettes.

Heidenopfertisch.

Visbeker Braut.

Visbeker Bräutigam.

Wer sich weiter gen Osten durch den Wald vorarbeitet, kommt zu den **Ahlhorner Kellersteinen**, zwei Grabanlagen, die kleiner sind als der Visbeker Bräutigam.

Bis zur **Visbeker Braut** führen mehrere Forst- und Wanderwege. Es ist das zweitgrößte Hünenbett der Wildeshauser Geest. Es misst 80 Meter in der Länge und 7 Meter in der Breite. Die Grabkammer ist 5,5 Meter lang und 1,5 Meter breit.

Der Sage nach handelt es sich bei der Visbeker Braut und dem Visbeker Bräutigam um versteinerte Hochzeitsgesellschaften. Eine junge Frau sollte gezwungen werden einen Mann zu heiraten, den sie nicht mochte und wünschte sich lieber in Stein zu erstarren als ihn zu ehelichen. Ihr Wunsch ging in Erfüllung noch bevor Sie mit dem Mann und seiner Gesellschaft zusammentraf, dem dasselbe Schicksal widerfuhr.

Nicht vollends geklärt ist, wie diese tonnenschweren Findlinge tatsächlich von unseren Vorfahren über längere Strecken bewegt, angehoben und aufgerichtet wurden. Vermutet wird eine Kombination, von Baumstämmen als Rollen, Ochsen als Zugtiere und sehr viel menschliche Muskelkraft.

Nach dem ersten Ausflug in die Megalithkultur in dieser Tour fahren wir, nachdem wir zum WOMO zurückgekehrt sind, weiter zum **Pestruper Gräberfeld**. Wir passieren dabei den Ort Visbek und stellen das WOMO auf dem großen Parkplatz am Rande des Gräberfeldes ab [GPS: N52°52'39.2" E8°27'06.5"].

Das Feld ist rund 35 Hektar groß und zählt 531 bronze- bis eisenzeitliche Grabhügel. Angelegt wurden sie zwischen 800 und 200 v. Chr. Sie waren ein wichtiges rituelles Zentrum. Weitere Grabhügel in den angrenzenden Waldgebieten

Pestruper Gräberfeld.

kommen hinzu, so wird in der Summe in dieser Region von mehr als 600 Begräbnisstätten ausgegangen. Die Feuerbestattungskultur dieser Zeit ist am Rande der Anlage in der Nähe des reetgedeckten Schafstalles auf Schautafeln erklärt.

Das Pestruper Gräberfeld ist nicht nur eine riesige Nekropole, sondern auch gleichzeitig eine große Heidelandschaft. Wenn diese ab Mitte August blüht, wird ein Spaziergang auf den sandigen Wegen noch um einiges attraktiver.

Alexanderkirche in Wildeshausen.

Nun aber genug der Grabanlagen. Widmen wir uns noch kurz der Stadt Wildeshausen. Für längere Aufenthalte bieten sich der Stell- und der Campingplatz an, die Sie auf der rechten Seite beschrieben finden.

Die Innenstadt ist von einer mittelalterlichen Befestigungsanlage eingefasst, von der die Wälle erhalten geblieben sind. Sie dienen heute als Grünanlage. Die Stadt präsentiert sich typisch norddeutsch mit vielen Backsteinhäusern und Ziegelpflaster.

Die größte Sehenswürdigkeit in der Altstadt ist die **Alexanderkirche**. Sie

(202) Offizieller WOMO-Stellplatz: Wildeshausen – Am Krandel

GPS: N52°54'00.7" E8°25'39.0"; Am Krandel 23, 27793 Wildeshausen.
Max. WOMOs: 30, maximale Länge 10 m, max. Aufenthalt 5 Tage.

Ausstattung: Frischwasserversorgung, Abwasserentsorgung mit Bodeneinlass, Kassettenentleerung, Stromanschlüsse, Behälter für die Müllentsorgung, Tischtennisplatte, Sitzgruppen, Feuerstelle, Spielgeräte. Der Platz ist ganzjährig geöffnet.
Beschreibung: Große überwiegend halbschattige Stellflächen in unmittelbarer Nähe des Krandelbades und des Sport- und Wellness-Centers "Auszeit" im Norden von Wildeshausen. Der Platz ist ruhig und idyllisch. Fußweg in die Innenstadt 15 Min. Der Platz ist durch eine Schranke zugangsbeschränkt, die sich nur mit einer Chipkarte öffnen lässt. Das Sport- und Wellness-Center offeriert in Verbindung mit dem Stellplatzticket ein Sonderangebot (Sauna, Frühstück). Alle Angebote können hier www.auszeit-wildeshausen.de nachgelesen werden.
Preise: 10,00 € für ein Fahrzeug, Frischwasser 0,50 € (100 Liter), Strom 0,50 € pro kWh. Abwasserentsorgung und Entleerung der Bordtoilette ist kostenfrei. Die Chipkarte (Pfand 5,00 €) gibt es am Kassenautomaten.
Zufahrt: Den Hinweisen zum Krandelbad folgen.

(203) WOMO-Campingplatz: Wildeshausen – AueCamp

GPS: N52°53'56.0" E8°21'18.3"; Aumühle 75, 27793 Wildeshausen.
Max. WOMOs: 22 vor der Schranke, maximale Länge 12 m.

Ausstattung: Frischwasserversorgung, Abwasserentsorgung mit Bodeneinlass, Kassettenentleerung, Stromanschlüsse, Behälter für die Müllentsorgung, WLAN, Brötchenservice, Imbiss. Im Servicegebäude gibt es Duschen, WCs, Waschmaschinen und Trockner. Der Platz ist ganzjährig geöffnet.
Beschreibung: Überwiegend schattenlose Stellflächen auf befestigten Schotterrasen mit einem Grünstreifen für jedes Fahrzeug vor dem eigentlichen Campingplatzgelände. Auf dem Campingplatz stehen weitere Stellplätze für einen längeren Aufenthalt zur Verfügung. Exklusiver 2000m² großer Badesee nur für Gäste des Platzes mit Badestrand und Liegewiese.
Preise: 12,00 € für ein Fahrzeug inkl. aller Personen, Strom 0,50 € pro kWh, Hund 2,00 €.
Zufahrt: Von Wildeshausen in Richtung Ahlhorn und Autobahn Münster/Dortmund fahren. Nach etwa drei Kilometern nach dem Ortsausgang ist der Platz auf der rechten Seiten erreicht.
Reservierung/Kontakt: Tel.: 04431/9919969
Whats-App : 0152 / 2290 5565
E-Mail: info@auecamp.de, Web: www.auecamp.de.

stammt in ihren Ursprüngen aus dem 11. Jahrhundert und wurde mehrfach umgebaut.

Wir machen uns nun mit dem WOMO auf den Weg nach dem etwas weiter nördlich gelegenen Ort **Dötlingen**. Dieser Ort lässt sich von Wildeshausen auch mit dem Kanu erreichen. Für die Strecke von rund zwölf Kilometern benötigen Sie auf der stark mäandrierenden, überwiegend gemächlich dahinfließenden Hunte vier bis fünf Stunden. Nähere Informationen dazu gibt es hier www.natur-erlebnis-kanutouren-hunte.de.

Wir fahren in Richtung Großenkneten, überqueren die Autobahn und biegen in Höhe eines großen Kieswerkes rechts ab und fahren diesen kleinen Wanderparkplatz am **Huntepadd** an [GPS: N52°55'47.6" E8°21'50.3"].

Der Huntepadd ist ein sechs Kilometer langer Rundwanderweg, der durch die Großsteingräber **Glaner Braut** I-III, danach über die Hunte nach Dötlingen geht und von dort über schmale Wege und Straßen zum Ausgangspunkt zurückführt.

In der Mitte Dötlingens steht eine über 1000 Jahre alte Eiche, die allerdings keine große Pracht mehr entfalten kann, denn sie musste ihrem Alter schon ordentlich Tribut zollen. Ein Kleinod ist die **Firminuskirche**, ein Gebäude das aus Feldsteinen in mehreren Abschnitten im romanischen und gotischen Stil errichtet wurde. Der Huntepadd ist ein leicht zu gehender, abwechslungsreicher Weg für den Sie maximal zwei Stunden benötigen.

Firminiuskirche in Dötlingen.

Steigender Beliebtheit erfreut sich die **Dötlinger GartenKultour**, ein Gemeinschaftswerk von Gärtnern, Gartenbegeisterten, Künstlern und Kunsthandwerkern, die gemeinsam mit der örtlichen Gastronomie dafür sorgen, dass dieses Dorf und seine Umgebung mit seinen schönsten Seiten in Szene gesetzt werden. Dies betrifft aber nicht nur das Dorf Dötlingen selbst, sondern auch alle Gemeindeteile. Mindes-

Großsteingräber Glaner Braut.

tens dreimal im Jahr finden diese Veranstaltungen statt. Was geboten wird, erfahren Sie auf dieser Seite www.doetlinger-gartenkultour.de.

Gut Moorbeck.

Der charmante, aufwendig restaurierte Gasthof in **Moorbeck** liegt nicht in dem Gemeindegebiet von Dötlingen, würde aber im genannten Gartenkulturprogramm ganz sicher eine gute Figur abgeben.

Für einen Zwischenstopp, um einen Kaffee zu trinken, einen Spaziergang um den großen Mühlenteich zu machen oder im Hofladen zu stöbern, lohnt es sich allemal, diesen Parkplatz [GPS: N52°56'31.3" E8°19'48.0"] anzufahren.

Da in der Tourismusbranche immer eine besondere Attraktion gesucht wird, die einen Ort unverwechselbar macht, hat man sich in **Großenkneten** etwas Besonderes einfallen lassen und es **"Großenkneter Schäferstündchen"** genannt. Dabei müssen einige Aufgaben erfüllt werden, wie zum Beispiel einen plattdeutschen Text lesen oder mit beladener Torfkarre einen Parcours bewältigen. Wer alle Aufgaben erfolgreich absolviert hat, bekommt eine Urkunde und darf sich fortan "Großenkneter Schäfchen" nennen. Wie das alles funktioniert, können Sie auf dieser Seite www.grossenkneten.de erfahren.

Ob Sie sich dem Wettbewerb stellen wollen, darüber können Sie ja auf einem der beiden kostenlosen Stellplätze in der Gemeinde nachdenken, die wir Ihnen jetzt vorstellen wollen, bevor wir die Reise fortsetzen. Beide befinden sich an Ortsrändern und von beiden sind die Wege zu den örtlichen Gastronomiebetrieben nicht weit.

(204) Offizieller WOMO-Stellplatz: Großenkneten – Wilhelm-Wellmann-Platz

GPS: N52°56'33.1" E8°15'25.5"; Markt 6, 26197 Großenkneten.
Max. WOMOs: 9, maximale Länge 12 m, max. Aufenthalt 5 Tage.

Ausstattung: Frischwasserversorgung, Abwasserentsorgung mit Schlauch möglich, Kassettenentleerung, Stromanschlüsse, Behälter für die Müllentsorgung, der Platz ist ganzjährig geöffnet.
Beschreibung: Überwiegend halbschattige Stellflächen auf Rasengittersteinen nah an der Mitte des Ortes. Offiziell sind drei Stellflächen ausgewiesen, der Platz bietet aber Raum für sehr viel mehr Fahrzeuge.
Preise: Kostenlos, Frischwasser 1,00 € (ca. 80 Liter), Strom 1,00 € für 2 kWh. Abwasserentsorgung und Entleerung der Bordtoilette ist kostenfrei.
Zufahrt: Aus Moorbek nach Großenkneten hineinfahren, bis Sie am Bürgerpark auf eine Querstraße treffen. Links abbiegen, nach 200 Metern erneut links abbiegen und die Straße bis zum Ende durchfahren.

(205) Offizieller WOMO-Stellplatz: Huntlosen – Dorfplatz

GPS: N52°59'30.3" E8°17'10.1"; Bahnhofstraße 84, 26197 Großenkneten.
Max. WOMOs: 3, maximale Länge 12 m, max. Aufenthalt 5 Tage.

Ausstattung: Frischwasserversorgung, Abwasserentsorgung mit Schlauch möglich, Kassettenentleerung, Stromanschlüsse, Behälter für die Müllentsorgung, der Platz ist ganzjährig geöffnet.
Beschreibung: Überwiegend halbschattige Stellflächen auf Rasengittersteinen nah an der Mitte des Ortes. Offiziell sind drei Flächen ausgewiesen, der Platz bietet aber Raum für sehr viel mehr Fahrzeuge.
Preise: Kostenlos, Frischwasser 1,00 € (ca. 80 Liter), Strom 1,00 € für 2 kWh. Abwasserentsorgung und Entleerung der Bordtoilette ist kostenfrei.
Zufahrt: Huntlosen in Richtung Kirchhatten/Ganderkese durchfahren und kurz vor dem Ortsausgang, wenige Meter nach Meyers Gasthaus rechts abbiegen.

Von Huntlosen ist es nicht weit bis zum **Wild- und Freizeitpark Ostrittrum**, dessen Parkplatz wir mit diesen Koordinaten [GPS: N52°58'27.5" E8°20'40.1"] im Rittrumer Kirchweg in Dötlingen erreichen.

Auf dem 18 Hektar großen Gelände wurde eine Mischung aus Märchenwald, Tierpark und Spielplätzen angelegt.

Ein breit angelegter Rundweg führt durch die Anlage. Zu sehen sind unter anderem Kängurus, Hirsche, Emus, Strauße, Luchse und Affen. Natürlich ist auch in dieser Anlage ein Streichelzoo integriert.

Die Märchenhütten sind neueren Datums. Sie sind sauber und schön angelegt und präsentieren bekannte Märchen überwiegend aus der Sammlung der Brüder Grimm. Darunter Hänsel und Gretel, Rapunzel, die tatsächlich ihr Haar herunterlässt und den Prinzen nach oben schweben lässt. Das Märchen müssen wir nicht nacherzählen, das kennen Sie. Ebenso die anderen wie Frau Holle, Rotkäppchen und die Bremer Stadtmusikanten, die wir uns auch bald in Bremen anschauen werden.

Im Märchenwald.

Emu im Wildpark Ostrittrum.

Für Kinder, die heutzutage schon sehr früh mit dem Smartphone hantieren, ist der Märchenwald sicher eine ganz andere Welt.

Zu den einzelnen Tierarten sind jeweils vor den Gehegen Tafeln aufgestellt, die über die Herkunft, das Verbreitungsgebiet, die Fressgewohnheiten und ihre Verhaltensweisen informieren. Hier können Sie mit Ihren Kindern gleich einen erweiterten Biologieunterricht durchführen.

Sikahirsch im Wildpark Ostrittrum.

Die Geschichte wird auch am Rande behandelt. So finden Sie auf einer Tafel mit bunten, eingängigen Grafiken erläutert, wie die Steine der Hünengräber transportiert wurden und wie die Steinzeitmenschen in der Lage waren, die Findlinge senkrecht zu stellen. Mit einem kleinen nachgebauten Thingplatz wird an die Glaubensvorstellungen und Lebensformen der Germanen erinnert.

Für die Kinder ist es jedoch interessanter, sich auf einem der beiden Spielplätze aufzuhalten, dort auszutoben oder eine Runde Tretboot auf dem kleinen See zu fahren.

Das gesamte Angebot des Wild- und Freizeitparks Ostrittrum mit Eintrittspreisen und Öffnungszeiten finden Sie hier www.freizeitpark-ostrittrum.de.

Lok2 der Museumsbahn "Jan Harpstedt".

Weiter geht die Fahrt mit dem WOMO nach **Harpstedt**. Von diesem Ort startet die historische Kleinbahn **"Jan Harpstedt"** mit Triebwagen und Dampfloks nach Delmenhorst-Süd. Die Bahn wird betrieben von dem Verein Delmenhorst-Harpstedter Eisenbahnfreunde e.V. der in mühevoller Tätigkeit die Fahrzeuge und die Schienen auf der 22 Kilometer langen Strecke hegt und pflegt.

Wann die Bahn mit welchen Loks und Waggons unterwegs ist, erfahren Sie auf dieser Seite www.jan-harpstedt.de.

Star des Fuhrparks ist die Lok2, eine Dampflok aus dem Jahre 1955 die lange Zeit auf zwei Zechen im Ruhrgebiet ihren Dienst versah. Wenn sie auf der Strecke unterwegs ist,

(206) Offizieller WOMO-Stellplatz: Harpstedt – Rosenfreibad

GPS: N52°54'27.9" E8°35'41.6"; Tielingskamp, 27243 Harpstedt.
Max. WOMOs: 4, maximale Länge 12 m.

Ausstattung: Frischwasserversorgung, Abwasserentsorgung mit Bodeneinlass, Kassettenentleerung, ganzjährig geöffnet.
Beschreibung: Schattige unparzellierte Stellflächen auf einem bewaldeten Rasengelände in unmittelbarer Nähe des Rosenfreibades. Restaurants und Einkaufsmöglichkeiten in fußläufiger Entfernung. Offiziell sind vier Stellflächen vorgesehen, der Platz bietet aber Raum für sehr viel mehr Fahrzeuge.
Preise: Kostenlos, Frischwasser 1,00 €. Abwasserentsorgung und Entleerung der Bordtoilette ist kostenfrei.
Zufahrt: Den Hinweisen zum Freibad folgen.

wird auch ein Gepäckwagen angehängt, in dem Fahrräder transportiert werden können. So lässt sich eine Kombination aus Nostalgiefahrt und Radtour einrichten.

Ihr WOMO können Sie für diese Zeit am Rosenfreibad abstellen. Sie finden die Beschreibung auf der linken Seite.

Heiligenrode der nächste Ort auf unserer Reise ist eine der Stationen auf der Fahrt mit der Museumsbahn. Sie könnten diesen Ort also auch mit der Bahn besuchen.

Wer, wie wir mit dem WOMO dorthin fahren möchte, der kann das Fahrzeug an der Klosterkirche parken, die Sie mit diesen Koordinaten [GPS: N52°58'59.7" E8°42'26.3"] finden.

Wassermühle und Mühlenteich in Heiligenrode.

Heiligenrode ist mit der gut erhaltenen **Klosterkirche**, der Klostermühle, dem Kloster- und dem Mühlenteich im Ortskern ein idyllischer Ort. Die Klostermühle ist ein technisches Kulturdenkmal ohne geregelte Öffnungszeiten. Virtuell kann sie über diese Seite www.muehle-heiligenrode.de besichtigt werden. Dort wird auch über die Technik der Wassermühle informiert. Das Gebäudeensemble aus Mühle, Wohnhaus, Scheune und Backhaus wirkt malerisch, was Ihnen bei der Einfahrt in den Ort sicher gleich auffallen wird.

Die Klosterkirche wurde Ende des 13. Jahrhunderts errichtet und in den folgenden Jahrhunderten teilweise umgebaut. Sie ist ein einschiffiger gotischer Backsteinbau und als einziges Gebäude der Klosteranlage stehen geblieben.

Zum Abschluss geht es zum Campingplatz am **Steller See**, den Sie mit diesen Angaben **[207:** N53°00'24.1" E8°41'33.6"] in **Stuhr** unweit von Delmenhorst finden. Er zeichnet sich durch einen großen Badesee aus. Er ist beliebt bei Dauercampern, die mehr als drei Viertel des Platzes belegen. Ob sich daran durch die neuen Betreiber etwas ändern wird, wissen wir nicht. Angaben über die Preise können wir deshalb nicht machen, da zum Zeitpunkt als dieses Buch verfasst wurde, noch nichts weiter bekannt war, außer das der Campingplatz bestehen bleibt.

Über die B75 fahren wir nach Bremen und beenden dort diese Tour. Die Hansestadt war auch die Endstation der Tour 10. Dort ist Bremen ab der Seite 239 beschrieben.

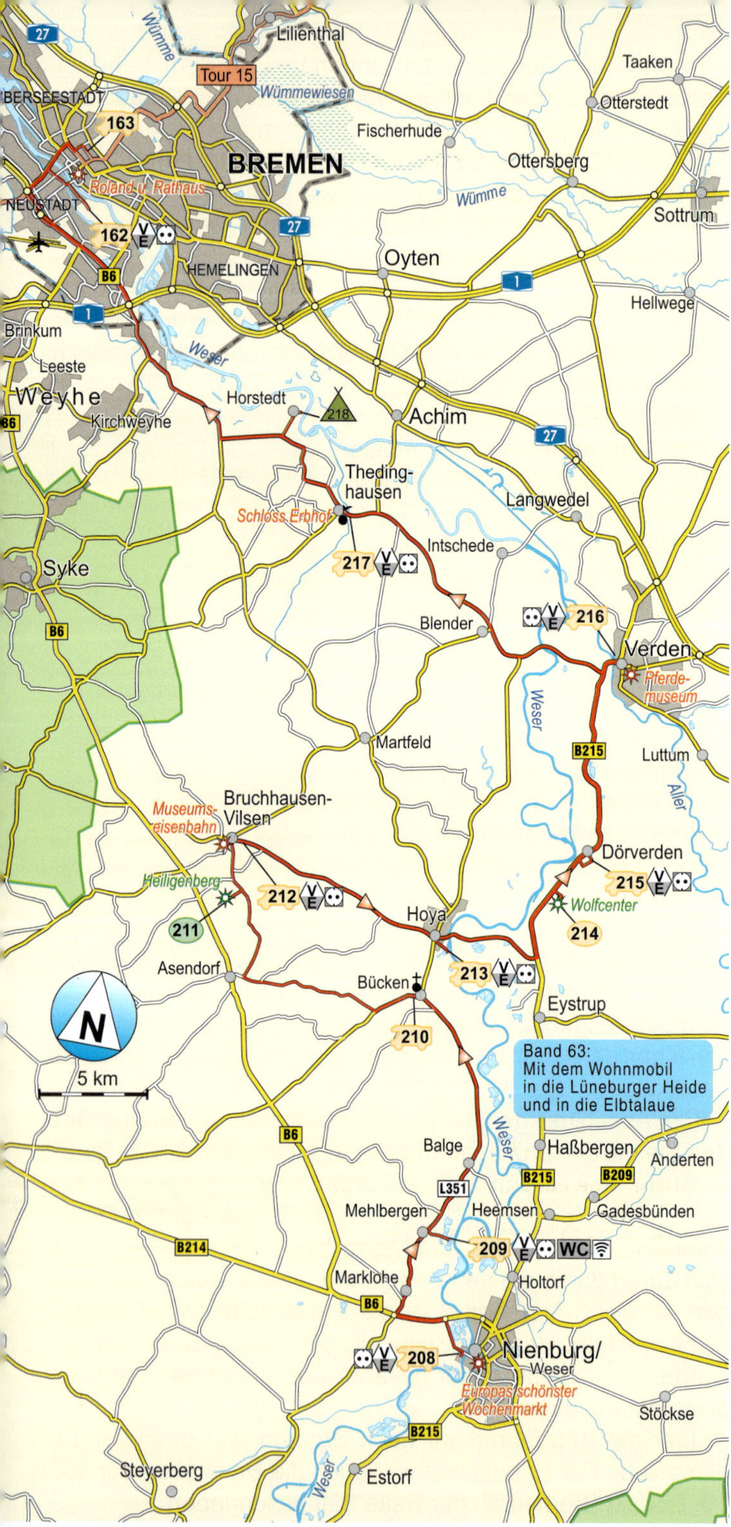
Tour 15
Lilienthal
Wümme
Wümmewiesen
Taaken
Otterstedt
BERSEESTADT
163
Fischerhude
BREMEN
Ottersberg
Roland u. Rathaus
Wümme
Sottrum
NEUSTADT
162
HEMELINGEN
Oyten
Hellwege
Brinkum
Weser
Leeste
Weyhe
Horstedt
218
Achim
Kirchweyhe
Theding-
hausen
Langwedel
Schloss Erbhof
Intschede
217
Syke
216
Blender
Verden
Pferde-
museum
Weser
Martfeld
Luttum
Aller
Bruchhausen-
Vilsen
Museums-
eisenbahn
Dörverden
Heiligenberg
212
215
Wolfcenter
Hoya
211
214
213
Asendorf
Bücken
Eystrup
210
5 km
Band 63:
Mit dem Wohnmobil
in die Lüneburger Heide
und in die Elbtalaue
Balge
Weser
Haßbergen
Anderten
Mehlbergen
Heemsen
Gadesbünden
209
WC
Marklohe
Holtorf
208
Nienburg/
Weser
Europas schönster
Wochenmarkt
Stöckse
Steyerberg
Estorf
Weser

TOUR 14 (ca. 125 km)

Nienburg – Bücken – Bruchhausen-Vilsen – Hoya – Dörverden – Verden – Thedinghausen – Bremen

Stellplätze:	Nienburg, Bücken, Bruchhausen-Vilsen, Hoya, Dörverden, Verden, Thedinghausen, Bremen.
Campingplätze:	Thedinghausen.
Besichtigungen:	Nienburg (Altstadt), Bücken (Dom), Bruchhausen-Vilsen (Museumseisenbahn), Dörverden (Wolfcenter, Kulturgut Ehmken Hoff), Verden (Altstadt, Pferdemuseum), Thedinghausen (Schloss Erbhof, Arboretum).
Wandern/Radtour:	Bruchhausen-Vilsen (Heiligenberg), Weserradweg.
Baden/Wellness:	Kleiner Weserstrand in Thedinghausen.

Wenn Sie aus dem süddeutschen Raum kommen und über die A7 gen Norden gefahren sind, so ist eine Option ab Hannover über die sehr gut ausgebaute B6 nach Nienburg/Weser zu fahren und sich von dort entlang der Weser nach Bremen und Ostfriesland vorzuarbeiten. Dieser Idee folgend, haben wir diese kurze Tour zusammengestellt.

Starten wir also in **Nienburg** und fahren dort zunächst diesen Stellplatz an der Weser an.

(208) Offizieller WOMO-Stellplatz: Nienburg/Weser

GPS: N52°38'32.3" E9°12'04.1"; Oyler Str. 9, 31582 Nienburg/Weser.
Max. WOMOs: 30, maximale Länge 8 m, max. Aufenthalt 5 Tage.
Ausstattung: Frischwasserversorgung, Abwasserentsorgung mit Bodeneinlass, Kassettenentleerung, Stromanschlüsse, Behälter für die Müllentsorgung, ganzjährig geöffnet.
Beschreibung: Eng beieinanderliegende Stellflächen. In der ersten Reihe hat man einen freien Blick auf die Weser. Nachts ruhig. Der Weg in die Innenstadt führt über eine Fußgängerbrücke. Auf Ausweichflächen wird hingewiesen, sollte der Platz belegt sein.

Preise: 5,00 € für ein Fahrzeug, Frischwasser 1,00 € und Strom 0,50 € pro kWh. Abwasserentsorgung und Entleerung der Bordtoilette ist kostenfrei.
Zufahrt: Nienburg auf den Bundesstraßen in Richtung Syke und Sulingen umfahren. Hinter der Weserbrücke die erste Abfahrt nehmen, der Straße in Richtung Nienburg folgen. Im ersten Kreisverkehr die zweite Ausfahrt wählen, links an einer Tankstelle vorbeifahren und der Straße bis zum Ende folgen, dann rechts abbiegen.

Altes Rathaus in Nienburg/Weser.

Hier haben wir in der Innenstadt mit seinen zahlreichen historischen Häusern eine große Auswahl an Restaurants. Prächtig ist das Rathaus, das im Stil der Weserrenaissance erbaut wurde. Es bildet mit den umliegenden Fachwerkhäusern ein malerisches Altstadtensemble.

Besonders stolz ist man in Nienburg auf den Titel **"Europas schönster Wochenmarkt"**, den sie 2008 von der Stiftung Lebendige Stadt verliehen bekommen hat. Er findet mittwochs und samstags vormittags statt. Um alle Sehenswürdigkeiten der Stadt zu besuchen, folgen Sie der Bärenspur. Einen Flyer, in dem alle 32 bedeutenden und weniger bedeutenden Stationen auf diesem 3,6 Kilometer langen Weg durch die historische Altstadt aufgelistet sind, bekommen Sie bei der Tourist-Information unweit des Rathauses. Er hängt auch am Stellplatz aus. Darüber hinaus können Sie

(209) Offizieller WOMO-Stellplatz: Bootshafen Marina Mehlbergen

GPS: N52°41'13.9" E9°10'38.3"; Werderstraße 31609 Balge.
Max. WOMOs: 20, maximale Länge 12 m, max. Aufenthalt 5 Tage.

Ausstattung: Frischwasserversorgung, Abwasserentsorgung ohne Bodeneinlass, Kassettenentleerung, Stromanschlüsse, Behälter für die Müllentsorgung, Badestrand an einem der Seen. Ein Snack-Point (Imbisswagen) dient der kulinarischen Versorgung mit einfachen Gerichten. Im Servicegebäude gibt es Duschen, WCs, Waschmaschine und einen Trockner. Der Platz ist von Mitte März bis Ende September geöffnet.

Beschreibung: Große sonnige Rasenplätze mit Blick auf das Hafenbecken.
Preise: 12,00 € für ein Fahrzeug, Frischwasser, Abwasserentsorgung und Entleerung der Bordtoilette ist im Preis enthalten. Strom 0,50 € pro kWh, Waschmaschine und Trockner jeweils 3,00 €.
Zufahrt: Mehlbergen auf der L351 durchfahren, am Ende des Ortes rechts abbiegen und der Beschilderung zur Marina folgen.

sich den Flyer von dieser Seite www.mittelweser-tourismus.de herunterladen und als PDF auf Ihr Smartphone oder Tablet speichern. Alle Stationen sind bebildert und mit einem kurzen erläuternden Text versehen. Das Rathaus ist eine Station auf der Bärenspur.

Der Stellplatz an der Marina in **Mehlbergen**, den Sie auf der linken Seite beschrieben finden, ist ein guter Standort für Radtouren auf dem Weserradweg. Bis nach Nienburg sind es nur rund neun Kilometer, bis zum Wolfspark in Dörverden etwas über 20 Kilometer. Den genauen Verlauf des Weserradweges können Sie hier www.weserradweg-info.de einsehen. Vor Ort ist er sehr gut ausgeschildert.

Mit rund 2000 Einwohnern ist der Flecken **Bücken** ein kleiner Ort. **Flecken?** Hört sich komisch an, ist aber die offizielle Bezeichnung des Ortes und hat nichts mit Schmutz zu tun. Flecken ist die norddeutsche Bezeichnung einer sogenannten Minderstadt, die mehr Rechte besaß als ein Dorf, zum Beispiel das Marktrecht, aber weniger Rechte als eine Stadt. Ein Zwischending also. In Niedersachsen gibt es noch 50 Orte, die den **"Flecken"** offiziell dem Ortsnamen vorangestellt haben. Und **Bücken**? Ja, der Ort heißt so und hat tatsächlich etwas mit der Körperhaltung zu tun. Der Legende nach haben sich die Mönche, die den Standort der Kirche bestimmen sollten, ein Zeichen Gottes erbeten. Dort, wo der mitgeführte Esel sich „bücken" und niederlassen würde, sollte das Gotteshaus errichtet werden. Eine Bronzeplastik des Bildhauers F. Müller-Belecke auf dem Marktplatz erinnert an diese Legende. In dem Flecken gibt es in der Bruchstraße einen sehr einfachen, sehr ruhigen und kostenlosen Übernachtungsplatz, den Sie mit diesen Koordinaten **[210:** N52°46'46.7" E9°07'38.5"] erreichen können.

Der Stellplatz in Bücken.

Im Volksmund wird die **Stiftskirche St. Materniani et St. Nicolai**, wie sie offiziell heißt, einfach nur **Bücker Dom** genannt. Für den kleinen Ort erscheint diese große Basilika, die im romanischen Stil gebaut wurde, doch sehr überdimensioniert. Das hat etwas mit der Gründungsgeschichte zu tun, die Sie bei einer Führung erläutert bekommen, für die eine Anmeldung erforderlich ist, die Sie über diese Seite https://stiftskirche-buecken.wir-e.de vornehmen können.

Der Bücker Dom.

Um sich die reiche Innengestaltung mit all ihren Kunstwerken anzuschauen, können Sie die Kirche in den Sommermonaten zwischen 09:00 und 18:00 Uhr betreten, in den Wintermonaten zwischen 10:00 und 16:00 Uhr. Als Eingang steht die Tür zur Verfügung, die Sie auf dem Foto sehen können.

Berühmtester Sohn des Fleckens ist Kapitän Carl Christian Koldewey. Er war der Leiter der ersten und zweiten Deutschen Nordpolar-Expedition, die 1868 und 1869 stattfanden. Die Vorstellung, in ein offenes Polarmeer vordringen zu können, scheiterten bei beiden Expeditionen an der Dichte des Packeises.

Bevor wir nach Hoya weiterfahren und dort die Weser überqueren, machen wir einen kleinen Umweg nach **Bruchhausen-Vilsen**. Am **Heiligenberg** gibt es ein ehemaliges Kloster, ein Forsthaus, eine Klostermühle und eine Ringwallanlage in einer waldreichen und hügeligen Landschaft auf dem Geestrücken, die in dieser ansonsten doch so topfebenen Umgebung besonderes auffällt. Hier lassen sich schöne Spaziergänge unternehmen und für die Kinder gibt es einen Waldspielplatz. Die Klostermühle wurde lange Zeit als Restaurant und Ausflugslokal genutzt, ist jetzt aber leider zu einem reinen Veranstaltungsort für Hochzeiten, Tagungen etc. umfunktioniert worden. Als Restaurant bietet am Heiligenberg nun nur noch das sehr feine Forsthaus seine Dienste an. Parken können Sie hier **[211:** N52°48'10.0" E8°59'23.9"]. Der Ringwall stammt vermutlich aus karolingischer Zeit. Archäologische Funden deuten darauf hin.

Freunde der Museumseisenbahnen werden Bruchhausen-Vilsen zumindest dem Namen nach schon einmal gehört haben, schließlich fährt hier die erste Museumseisenbahn Deutschlands. Seit 1966 verkehrt die Schmalspurbahn zwischen den Bahnhöfen in Bruchhausen und Asendorf auf einer acht Kilometer langen Strecke mit mehreren Haltepunkten. Unter anderem auch in Heiligenberg. Mit sechs Dampflokomotiven, sechs Triebwagen, vier Diesellokomotiven und mehr als 70 Personen-, Güter- und Bahndienstwagen unterschiedlicher Bauart verfügt der Verein über einen sehr großen Fuhrpark. Betrieben wird die Bahn von dem **Deutschen Eisenbahn-Verein**. Zahlreiche Veranstaltungen und Fahrten werden im Laufe eines Jahres durchgeführt. Die Fahrpläne können Sie dieser Seite www.museumseisenbahn.de entnehmen. Dort finden Sie auch sehr viel mehr Informationen über die Bahn, ein umfangreiches Fachliteraturangebot und Zugang zu einigen Videoclips.

Lok der Museumsbahn in Bruchhausen-Vilsen.

Für einen längeren Aufenthalt in diesem Ort bietet sich folgender Stellplatz an.

(212) Offizieller WOMO-Stellplatz: Bruchhausen-Vilsen

GPS: N52°49'35.7" E8°59'43.1"; Bollenstr. 41, 27305 Bruchhausen-Vilsen.
Max. WOMOs: 40, maximale Länge 12 m.
Ausstattung: Frischwasserversorgung, Abwasserentsorgung mit Bodeneinlass, Kassettenentleerung, Stromanschlüsse, Behälter für die Müllentsorgung, WLAN. Im Servicecontainer gibt es Duschen und WCs. Der Platz ist ganzjährig geöffnet.
Beschreibung: Zentrumsnah und trotzdem ruhig. Große sonnige Rasenplätze im hinteren, ebene Schotterplätze im vorderen Bereich. Nah am Bahnhof der Museumseisenbahn. Großer sehr gepflegter Wassererlebnisspielplatz nebenan.
Preise: 8,00 € für ein Fahrzeug, Frischwasser 1,00 € und Strom 0,50 € pro kWh, Dusche 1,00 €. Abwasserentsorgung und Entleerung der Bordtoilette ist kostenfrei. Die Parkgebühren werden am Abend zwischen 18:00 und 20:00 Uhr am Fahrzeug kassiert.
Zufahrt: Die Beschilderung zu diesem Stellplatz ist ausgezeichnet. Er ist dadurch leicht zu finden.

Der historische Ortskern ist rund 800 Meter vom Stellplatz entfernt. Es sind einige alte Fachwerkhäuser zu sehen. Im Zentrum steht die St. Cyriakus-Kirche und rundherum befindet sich eine abwechslungsreiche Gastronomie mit Bistros, Kneipen und Cafés.

Nächster Ort auf unserer Reise ist **Hoya.** Dort steuern wir den folgenden Stellplatz an.

(213) Offizieller WOMO-Stellplatz: Hoya – Weserblick

GPS: N52°47'59.4" E9°08'44.1"; Stettiner Str. 39, 27318 Hoya.
Max. WOMOs: 12, maximale Länge 10 m.

Ausstattung: Frischwasserversorgung, Abwasserentsorgung mit Bodeneinlass, Kassettenentleerung, Behälter für die Müllentsorgung, ganzjährig geöffnet.
Beschreibung: Sonnige Plätze, teilweise mit freiem Blick auf die Weser. Den meisten WOMO-Besatzungen bleibt jedoch der Blick auf den Fluss durch den Deich verwehrt. Die Ver- und Entsorgungsstation befindet sich an der Zufahrt zum eigentlichen Stellplatz. Sie ist ausgezeichnet anfahrbar, auch dann, wenn Sie den Stellplatz gar nicht nutzen wollen. Bis in die Innenstadt mit einigen kleinen Restaurants und Einkaufsmöglichkeiten sind es nur 700 Meter.
Preise: 5,00 € für ein Fahrzeug, Frischwasser 1,00 €.
Zufahrt: In Hoya vor dem ersten Kreisverkehr auf Höhe des Hagebaumarktes nach rechts abbiegen in die Stettiner Straße und bis zur Weser fahren.

Wegweisung am Stellplatz in Hoya.

Hoya ist wieder eine dieser klassischen norddeutschen Städte mit vielen Klinkerhäusern. Aufregende Sehenswürdigkeiten gibt es hier in der geographischen Mitte Niedersachsens nicht zu verzeichnen. Es ist ein weiterer Start- und Zielort, der für Touren auf dem Weserradweg und anderen ausgewiesenen Strecken genutzt werden kann. Die Radfahrmöglichkeiten sind fast unbegrenzt.

Auch das Wolfcenter können Sie mit dem Rad von Hoya erreichen, es sind nur rund acht Kilometer. Sie können aber auch direkt mit dem WOMO vorfahren, der Parkplatz an diesem alten Kasernengelände in der Kasernenstraße ist groß genug. Wenn Sie diese Koordinaten **[214:** N52°49'34.3" E9°12'51.0"] verwenden, kommen Sie genau dort hin.

Wolfcenter Dörverden

Diesen Wildpark, der sich schwerpunktmäßig dem Wolf widmet, gibt es seit 2010. Er wurde in einem Teilbereich einer aufgegebenen Kaserne eingerichtet und hat eine Fläche von etwas mehr als fünf Hektar.

Es gibt fünf Wolfs- und ein Präriehundgehege sowie eine Alpakafarm. Wenn Sie mit einem Hund unterwegs sind, so kann er in diesen Wildpark nicht mitgenommen werden. Die nachvollziehbare Begründung dazu können Sie auf der Webseite des Wolfcenters nachlesen.

Bevor es zu den Tiergehegen geht, können Sie sich die Ausstellungen im Eingangsbereich betrachten oder im Filmraum einen Dokumentationsfilm über Wölfe anschauen.

Ein sehr aufmerksamer Beobachter.

Einfach knuffig, dieses Alpaka.

Innerhalb des Wildparks können Sie sich frei auf den Wegen bewegen. Von einem der beiden Aussichtstürme lassen sich die Wölfe in den Gehegen beobachten. Sie verkriechen sich gern, liegen schläfrig versteckt unter Bäumen oder im Gebüsch und wollen sich dem Besucher gar nicht zeigen. Sie werden einfach ignoriert.

Spannend sind die Fütterungen. Jetzt sind sie hellwach. Jede Bewegung des Herrn oder der Dame mit dem Futtereimer wird aufmerksam beobachtet, die Ohren sind gespitzt und sie sind ganz auf den nächsten Happen fokussiert.

Die Fleischbrocken werden nicht einfach nur ins Gehege geworfen und die Fütterung ist abgeschlossen, sondern mit begleitenden Kommentaren versehen, die die Reaktionen und Verhaltensweise der Wölfe eingehend und kurzweilig erklären. Wer aufmerksam zuhört, wird eine Menge über diese Tiere lernen können und die Geschichte vom "Bösen Wolf", eine Urangst, die durch Märchen wohl bei fast jedem schon in Kindertagen angelegt wird, zu einer rationaleren Betrachtung des Themas "Wolf" führen. Die Ansiedlung oder besser Wiederansiedlung des Wolfes in unseren Wäldern wird ja zuweilen recht emotional geführt.

Blauäugig geht man mit der Diskussion im Wolfcenter nicht um, wie die aufgeführten Dokumentationen auf deren Webseite zeigen.

Neben den Wölfen werden noch etliche Alpakas in einer kleinen Farm präsentiert, die knuffig wie überdimensionale Stofftiere wirken. Eine weitere Attraktion sind die Greifvogelshows. Natürlich gibt es auch ein gutes Restaurant, in dem Sie sich nach einem längeren Aufenthalt in diesem Gelände stärken können, bevor die Reise weitergeht.

Das gesamte Programm, Öffnungszeiten und Eintrittspreise können Sie hier nachlesen www.wolfcenter.de.

Vom Wolfcenter setzen wir die Reise weiter fort und sind nach drei Kilometern schon an unserem nächsten Ziel in Dörverden, am **Kulturgut Ehmken Hoff**.

Niederdeutsches Hallenhaus Ehmken Hoff.

(215) Offizieller WOMO-Stellplatz: Dörverden

GPS: N52°50'43.5" E9°13'35.3"; In der Worth, 27313 Dörverden.

Max. WOMOs: 6, maximale Länge 8 m, max. Aufenthalt 5 Tage.
Ausstattung: Frischwasserversorgung, Abwasserentsorgung mit Bodeneinlass, Kassettenentleerung, Stromanschlüsse, Behälter für die Müllentsorgung, ganzjährig geöffnet.
Beschreibung: Kleiner Platz hinter dem Feuerwehrgebäude. Ver- und Entsorgung neben dem Ehmken Hoff. Einkaufsmöglichkeiten in fußläufiger Entfernung (Edeka, Aldi).
Preise: Kostenlos, Frischwasser 1,00 € und Strom 1,00 € für 6 Stunden. Die Entsorgung ist kostenfrei.
Zufahrt: In Dörverden 350 Meter hinter der Classic-Tankstelle rechts abbiegen, 70 Meter danach links abbiegen und noch 100 Meter bis zum Stellplatz fahren.

Bei diesem Kulturgut handelt es sich im Wesentlichen um zwei dislozierte Bauernhäuser mit ihren Nebengebäuden, die vor dem Verfall gerettet und in vorbildlicher Weise restauriert wurden. Umgeben sind die Bauernhäuser von einer Obstbaumwiese. Der Stellplatz liegt in Sichtweite.

Die Häuser und das Areal werden in erster Linie für Veranstaltungen genutzt. Außerdem finden hier Kunstausstellungen statt und es dient als Café. Über das Programm informiert diese Seite www.ehmken-hoff.de.

Kommen wir nun zu einer Stadt, die mit dem Pferdesport untrennbar verbunden ist: **Verden** an der Aller.

Eine Furt an der Aller gab der Stadt ihren Namen, denn Verden lässt sich aus der altsächsischen Sprache für diesen Flussübergang ableiten. An dieser Furt sammelten sich Händler, wurden Waren getauscht und bildeten letztlich die Keimzelle der Stadt. Genauer gesagt zweier Städte, denn Verden ist aus zwei Siedlungen hervorgegangen. Rund um das heutige Rathaus und der Johanniskirche war der Handelsplatz rund um Dom und dem angrenzenden Fischerviertel das geistige Zentrum. Beide Siedlungen hatten jeweils ihren eigenen Herrschaftsbereich und lebten keineswegs in einer guten Nachbarschaft zusammen. Beide wurden erst durch die Schweden, die hier nach dem Ende des Dreißigjährigen Krieges das Sagen hatten, unter Zwang miteinander vereinigt.

(216) Offizieller WOMO-Stellplatz: Verden (Aller)

GPS: N52°55'32.8" E 9°13'36.8"; Conrad-Wode-Str. 27283 Verden (Aller).
Max. WOMOs: 15, maximale Länge 12 m, max. Aufenthalt 24 Stunden.
Ausstattung: Frischwasserversorgung, Abwasserentsorgung mit Bodeneinlass, Kassettenentleerung, Stromanschlüsse, keine Behälter für die Müllentsorgung, ganzjährig geöffnet.

Beschreibung: Schattenlose Stellflächen zwischen einem Friedhof und einem Elektronikmarkt. Die Ver- und Entsorgungsstelle ist optimal gelöst. Innenstadtnah, bis zum Marktplatz sind es rund 600 Meter, bis zum Dom 1,3 Kilometer.
Preise: Parkgebühr für jede angefangene Stunde 1,00 €, für 24 Stunden 6,00 €, Frischwasser 1,00 € (ca. 90 Liter), Strom 1,00 € für 8 Stunden. Abwasserentsorgung und Entleerung der Bordtoilette ist kostenfrei.
Zufahrt: In Verden über die Allerbrücke fahren, danach im Kreisverkehr die dritte Ausfahrt nehmen, dann in die nächste Straße links abbiegen.

Nachdem wir das WOMO auf dem einfach zu findenden Stellplatz abgestellt haben, machen wir uns auch gleich ans Werk, die Stadt zu erkunden. Parallel zur Aller, in einem Abstand von rund 200 Metern verläuft die Große Straße, die Verden von Nord nach Süd, vom Kreisverkehr an der B215 bis zum Dom über eine Länge von etwa 800 Metern mit einer Fußgängerzone durchquert. Es ist die Flaniermeile der Stadt, die Hauptgeschäftsstraße, der wir jetzt folgen.

Die Johanniskirche und das Rathaus sind schnell erreicht. Beim Rathaus fällt der Stilmix zwischen Fassade und Turm ins

Eine Bronzepferd als "Hundehalter".

Der Dom in Verden an der Aller.

Das Rathaus in Verden.

Auge. Auf Schritt und Tritt sind Pferde als Skulpturen oder als Silhouetten in der Stadt zu sehen und können auch schon mal dazu dienen, einen Hund anzuleinen. Die Pferdeleidenschaft der Einwohner führt auch bei den Chocolatiers und Konditoren dieser Stadt zu kreativen Ideen. So können Sie zum Beispiel in der Konditorei Erasmie **"Verdener Pferdeäpfel"** probieren. Eine Schokoladenkreation, die ähnlich aussieht wie echte Pferdeäpfel. Sie finden diese Konditorei unweit des Domes.

Etwas abseits der Großen Straße befindet sich im **Domherrenhaus** das Historische Museum, das dem geschichtsinteressierten Besucher die Entwicklung des Raumes zwischen Aller und Weser von der Altsteinzeit bis in die Gegenwart präsentiert. Hier sind auch die Fehden dokumentiert, die die beiden ursprünglichen Stadtgebiete miteinander ausgefochten haben.

Hinter dem Domherrenhaus befindet sich das Fischerviertel und auf dem Weg von diesem Viertel zum Dom kommt man an dem sicherlich schönsten Fachwerkhaus in Verden vorbei.

Das **Ackerbürgerhaus** wurde im 16. Jahrhundert errichtet und besticht durch die aufwendig geschnitzte und bunt bemalte Fassade.

Das Ackerbürgerhaus in der Nähe des Domes.

Der **Dom** wirkt ein wenig unförmig. Der romanische Turm passt architektonisch nicht zu dem wuchtigen gotischen Kirchenschiff. Für einen zweiten Turm haben die Mittel des Bistums in der Bauphase zwischen 1290 und 1490 offensichtlich nicht gereicht. Mit der Reformation wurde die Kirche lutherisch.

Reiterstadt Verden

In den vier Pferdegangarten Schritt, Trab, Galopp und Renngalopp führt der Weg von der Fußgängerzone über die Herrlichkeit und Ostertorstraße zum Holzmarkt. Die Gangarten erkennen Sie an den 500 in den Straßenbelag eingelegten Hufeisen, die jeweils den Namen der Spender tragen, die sich an diesem "Hufeisenprojekt" beteiligt haben. Darunter eine ganze Reihe prominenter Persönlichkeiten aus dem Reitsport. Der Weg führt zu dem Deutschen Pferdemuseum, das in einem Flügel einer ehemaligen Kavalleriekaserne untergebracht ist.

Deutsches Pferdemuseum.

Auf einer Ausstellungsfläche von 1600 Quadratmetern wird die Entwicklung vom Urpferd bis in unsere Zeit veranschaulicht. Dabei steht fast immer die Beziehung des Menschen zu dem Huftier im Vordergrund, der es als Arbeitstier für Streitwagen, für mittelalterliche Ritterturniere, für die Repräsentation, für den Galopp- und Turniersport, der Dressur oder für den Zirkus sowie für viele andere Dinge mehr eingesetzt hat oder immer noch einsetzt.

Dabei erfahren Sie auch sehr viel über die Anatomie des Pferdes und Sie lernen die Berufe kennen, die mit Pferden zu tun haben. Das sind nicht nur die Sattler und Hufschmiede. Spannend und erlebnisreich wird es, wenn Sie noch nie auf einem Pferderücken gesessen oder eine Kutsche gelenkt haben. Hier stehen Simulatoren zur Verfügung, mit denen Sie Ihr Talent, mit Pferden umzugehen, einmal ausprobieren können.

Über die Öffnungszeiten und Eintrittspreise informiert diese Seite www.dpm-verden.info.

Nachdem wir nun zu Pferdekennern geworden sind, setzen wir unsere Reise fort und fahren nach **Thedinghausen**.

(217) Offizieller WOMO-Stellplatz: Thedinghausen – Schloss Erbhof

GPS: N52°57'40.4" E9°01'53.5";
Braunschweiger Straße 1, 27321 Thedinghausen.
Max. WOMOs: 8, maximale Länge 8 m, max. Aufenthalt 5 Tage.

Ausstattung: Frischwasserversorgung, Abwasserentsorgung mit Bodeneinlass, Kassettenentleerung, Stromanschlüsse, Behälter für die Müllentsorgung, WLAN, WC. Der Platz ist ganzjährig geöffnet.
Beschreibung: Sonnige Stellflächen auf befestigtem Rasenuntergrund zwischen dem Schloss und dem Baumpark.
Preise: 5,00 € für ein Fahrzeug, Frischwasser 1,00 € (ca. 100 Liter), Strom 1,00 € für 6 Stunden. Abwasserentsorgung und Entleerung der Bordtoilette ist kostenfrei. Die Stellplatzgebühr ist in der Tourist-Information im Schloss zu zahlen. Falls das Büro nicht besetzt ist, wird darum gebeten das Geld unter Angabe des Kfz-Kennzeichens und des Ankunfts- und Abreisedatums in einem Umschlag zu legen und in den weißen Briefkasten zu werfen.
Zufahrt: Am Ortseingang von Thedinghausen auf der linken Seite.

Der Platz zwischen dem **Arboretum** und dem Schloss Erbhof liegt zentral, um mit einem kleinen Spaziergang die Sehenswürdigkeiten des Ortes anzuschauen. Praktischerweise hat die Gemeinde einen drei Kilometer langen Rundweg dazu angelegt, der am Schloss Erbhof beginnt und endet. Wenn Sie die Stellplatzgebühr entrichten, können Sie sich gleich einen Flyer für den Rundweg mitnehmen.

Schloss Erbhof.

Am Stellplatz finden Sie dazu auch eine große Orientierungstafel und wenn Sie noch in der Reisevorbereitung sind, dann können Sie sich die Infos dazu von dieser Seite www.thedinghausen.de herunterladen.

Schloss Erbhof, eigentlich kein Schloss, sondern ein Herrensitz im Stil der Weserrenaissance, der im frühen 17. Jahrhundert gebaut wurde hat eine lange und wechselvolle Geschichte. Die Innenräume können nur jeden zweiten Sonntag im Monat besichtigt werden www.schloss-erbhof.de.

Packhaus und Taubenturm in Thedinghausen.

Im Arboretum neben dem Erbhof sind 450 Baumarten auf einer Fläche von elf Hektar zu sehen. Der Baumpark ist zu jeder Zeit eintrittsfrei zugänglich. Mit einem Scan der QR-Codes auf den Artenetiketten an den Bäumen können mit einem Smartphone die spezifischen Merkmale jedes Baumes aufgerufen werden.

Im Zentrum des Ortes bilden das Rathaus mit dem Packhaus und dem Taubenturm ein malerisches Gebäudeensemble. Im Flyer bekommen Sie die Funktion und die Geschichte des Packhauses erklärt. Wir machen nun zum Abschluss noch eine kleine Pause auf dem folgenden Campingplatz an der Weser, bevor es in die Hansestadt Bremen geht, die Sie ab der Seite 239 beschrieben finden.

(218) WOMO-Campingplatz: Thedinghausen – Fährhaus

GPS: N52°59'58.3" E8°59'12.1"; Fährstrasse 11c, 27321 Thedinghausen
Max. WOMOs: >20, maximale Länge 12 m.
Ausstattung: Frischwasserversorgung, Abwasserentsorgung mit Bodeneinlass, Kassettenentleerung, Stromanschlüsse, Behälter für die Müllentsorgung. Im Servicegebäude gibt es Duschen, WCs, Waschmaschinen und Trockner. Der Platz ist vom 1. April bis 31. Oktober geöffnet.
Beschreibung: Große sonnige Rasenplätze am Weserufer, außerorts, sehr ruhig, direkt am Weserradweg. Toller Platz um die Seele baumeln zu lassen. Bademöglichkeit in der Weser.
Preise: Personen ab 16 Jahren 3,00 €, Kinder 4-15 Jahre 2,00 €, Hund 1,00 €, Wohnmobil 9,00 € für den Basis-Platz oder 19,00 € für einen Platz am Weserufer, Strom pauschal 2,00 € pro Tag, Dusche 1,00 €, Waschmaschine und Trockner jeweils 3,50 pro Nutzung.
Zufahrt: Vom Schloss Erbhof in Richtung Bremen fahren und nach etwas mehr als fünf Kilometern rechts abbiegen nach Horstedt.
Reservierung/Kontakt: Tel.: 0176 90781010
E-Mail: campingplatz-faehrhaus@web.de,
Web: https://campingplatz-faehrhaus.eu.

Wremen
Dorumer Moor
Flögeln
Vorgeschichtspfad Flögeln
Sievern
Geestland
Bederkesaer See
Tour 16
Bad Bederkesa
Hadelner Kanal
Spaden
Spadener See
BREMER-HAVEN
Volkers
Geestemünde
Sellstedt
Wehdel
Geestenseth
Tour 9
Nordenham
Bexhövede
Loxstedt
Nesse
Dedesdorf
Stotel
Lunestedt
Beverstedt
Weser
Wittstedt
Stubben
Bokel
Bramstedt
Sandstedt
Hagen im Bremischen
Brake
Hambergen
Hamberger Moor
Hüttenbusch
Moorkate und Heimathaus
Moorlehrpfad
Teufelsmoor
Neuenkirchen
Bunker Valentin
Schwanewede
Osterholz-Scharmbeck
Worpswede
Hamme
Berne
BLUMENTHAL
VEGESACK
BURGLESUM
Lemwerder
Lilienthal
Wümme
Wümmewiesen
Tour 10
Stedingsehre
Bookholzberg
Stenum
Delmenhorst
ÜBERSEESTADT
BREMEN
Roland u. Rathaus
NEUSTADT
N
5 km

TOUR 15 (ca. 180 km)

Worpswede – Hambergen – Vegesack – Farge – Stotel – Bremerhaven – Wremen

Stellplätze:	Worpswede, Hambergen, Vegesack, Farge, Stotel, Bremerhaven, Wremen.
Campingplätze:	Worpswede, Osterholz-Scharmbeck.
Besichtigungen:	Worpswede (Künstlerdorf), Hambergen (Moorkate und Heimathaus), Vegesack (Alter Hafen und Overbeck-Museum), Farge (Bunker Valentin), Bremerhaven (Havenwelten, Fischereihafen).
Wandern/Radtour:	Moorlehrpfad im Teufelsmoor.
Baden/Wellness:	Worpswede (Badestrand an der Hamme), Stotel (Stoteler See), Wremen (Nordseestrand).

Auf dem Weg von Bremen nach Bremerhaven machen wir einen Umweg durch das **Teufelsmoor**. Den besonderen Reizen der Moorlandschaft werden uns gleich im ersten Teil dieser Tour widmen, bevor wir in den Norden Bremens fahren, um uns einmal mehr mit der jüngeren deutschen Geschichte zu beschäftigen. Danach geht es auf schnellem Wege nach Bremerhaven an die Wesermündung, wo die Havenwelten im Zentrum unserer Betrachtung stehen werden. Beginnen wir mit **Worpswede** im Teufelsmoor.

(219) Offizieller WOMO-Stellplatz: Hammehafen Worpswede

GPS: N53°13'40.6" E8°53'21.2"; Hammeweg, 27726 Worpswede.
Max. WOMOs: 30, maximale Länge 12 m, max. Aufenthalt 5 Tage.

Ausstattung: Frischwasserversorgung, Abwasserentsorgung mit Bodeneinlass, Kassettenentleerung, Stromanschlüsse, Behälter für die Müllentsorgung, Brötchenservice, Bistro. Im Sanitärgebäude gibt es Duschen, WCs, Waschmaschinen und Trockner. Der Platz ist von April bis Oktober geöffnet.
Beschreibung: Sonnige Stellflächen neben dem Hafen an der Hamme, Kanuverleih, Badestrand.
Preise: 12,00 € für ein Fahrzeug, Personen ab 13 Jahren 5,00 €, Kinder 3-12 Jahre 3,00 €, Hund 1,00 €, Strom 3,50 € pro Tag, Dusche 1,00 €, Frischwasser, Ver- und Entsorgung ist im Preis enthalten.
Zufahrt: Am Ortseingang vor der Jugendherberge links abbiegen.
Reservierung/Kontakt: Tel.: 04792/509 oder 0151 12783007
E-Mail: info@hammehafen.de, Web: https://hammehafen.de.

Mit diesem Stellplatz, der von der Ortsmitte rund drei Kilometer entfernt liegt, haben Sie einen guten Standort für den Besuch des Ortes, für Rad- und Wandertouren in die Umgebung und für Kanutouren auf der Hamme und in die mit ihr in Verbindung stehenden angrenzenden Entwässerungskanäle.

Eine Alternative ist das **Land of Green Naturresort**, das Sie hier [**220:** N53°12'31.8" E8°52'39.4"] finden. Allerdings ist dieser Platz für große und schwere Fahrzeuge wegen des weichen Bodens nicht geeignet. Diese Seite www.landofgreen.de vermittelt einen Eindruck und gibt nähere Hinweise. Wenn Sie mit einem Kastenwagen unterwegs sind, können Sie für einen Kurzbesuch in Worpswede auch in der Mitte des Ortes parken [**221:** N53°13'16.1" E8°55'41.0"].

Kaffee trinken und dabei den vorbeiziehenden Kanufahrern zuschauen. Idyllisches Plätzchen am Hammehafen.

Worpswede ist als Künstlerdorf über die Grenzen Deutschlands hinaus bekannt. Beeindruckt von der Weite der Landschaft dem Licht und der Mystik des Moores ließen sich hier vor mehr als 100 Jahren mehrere Künstler nieder. Die Liste der Maler, Bildhauer, Grafiker, Architekten und Schriftsteller die sich in diesem Ort niedergelassen haben ist lang. Fritz Mackensen, Otto Modersohn, Heinrich Vogeler und Paula Modersohn-Becker zählen sicher zu den bekanntesten und trugen ihren Teil zum Renommee des Ortes bei.

Museen und Galerien prägen heute diesen Ort. Im **Barkenhoff** wird das Gesamtwerk Heinrich Vogelers gezeigt. Es ist ein sehr authentischer Ort, denn es ist das Wohn- und Atelierhaus des 1942 verstorbenen Mitbegründers der Worpsweder Künstlerkolonie.

Große Kunstschau.

In der **Großen Kunstschau** werden bedeutende Werke der Worpsweder Gründergeneration (u. a. Heinrich Vogeler, Fritz Mackensen, Paula Modersohn-Becker, Otto Modersohn und Hans am Ende) gezeigt. Die Gebäude mit ihrer eigenwilligen Architektur sind eine Schöpfung Bernhard Hoetgers, der einige Jahre in Worpswede lebte.

Im **Haus im Schluh** einem Ensemble aus Fachwerkhäusern werden weitere Werke von Heinrich Vogeler präsentiert. Es ist das Haus seiner ersten Frau Martha. Das idyllische Anwesen mit Handweberei, Museumsladen und Ferienwohnungen wird bis heute von der Familie persönlich betreut.

Haus im Schluh.

Als viertes Museum präsentiert die **Worpsweder Kunsthalle** Werke der Künstler die der zweiten und dritten Generation dieser Künstlerkolonie angehören.

Dann gibt es noch das **Museum am Modersohn-Haus**, das sich in besonderer Weise den Werken Paula Modersohn-Beckers widmet.

Szenen und Landschaftsausschnitte des Teufelsmoores sind in den Werken der hier versammelten Künstler häufig zu finden. Kein anderes Moor das wir in diesem Buch beschrieben haben, dürfte so häufig als Vorlage für Gemälde, Zeichnungen oder andere künstlerische Werke gedient haben wie das Teufelsmoor.

Galerie Cohrs-Zirus.

Blick in die Bergstraße.

Restaurant in der Findorffstraße.

Neben den Museen gibt es noch etliche Galerien und Kunstgewerbeläden in Worpswede, die in der Bergstraße, der Kunst- und Kulturmeile dieses Ortes hauptsächlich anzutreffen sind.

Neben alldem, was mit Kunst zu tun hat, gibt es natürlich auch eine Reihe von Restaurants und Cafés, in denen sich die kunstverständigen Besucher treffen.

Es ist schon erstaunlich, was aus dieser Region, die im 18. Jahrhundert noch weitgehend unpassierbar war, und diesem Ort, der auf dem Weyerberg das Teufelsmoor leicht überragt, geworden ist.

Weitere und vor allem tagesaktuelle Informationen über das Künstlerdorf bekommen Sie hier https://worpswede.de.

Mit der Kolonisation des Teufelsmoores wurde 1751 begonnen. Auftraggeber war der Kurfürst von Hannover, der **Jürgen Christian Findorff** als Moorkolonisator die Aufgabe übertrug, die Moorlandschaft zwischen Wümme und Hamme zu vermessen, das Teufelsmoor zu entwässern und damit für Kolonisten nutzbar zu machen. Ein intelligent angelegtes Netz von Gräben, Entwässerungskanälen, Schleusen und Sperrwerken wurde angelegt, um dieser Aufgabe gerecht zu werden. Die Kanäle dienten gleichzeitig als Verkehrswege, denn Straßen gab es nicht. Die Erschließung dieses Raumes verlief in ähnlicher Weise wie die Fehnkolonisation in Ostfriesland. Die Wasserwege die einst der Torfschifffahrt und dem Transport von Baumaterialien für die Kolonisten dienten, werden heute von den Kanuten und Paddlern für ihre Touren genutzt. Es gibt zahlreiche Einstiegsstellen. Die beiden eingangs genannten Stellplätze an der Hamme und dem Land of Green Naturresort sind zwei davon. Hier können Sie sich auch Kanus für Ihre Paddeltour leihen.

Paddeltour auf der Hamme.

Die 1838 erbaute Windmühle in Worpswede diente nicht der Entwässerung. Es war und ist eine reine Kornmühle, die über Jahrzehnte immer wieder modernisiert wurde, wie an den Flügeln und der Windrose erkennbar ist. Heute ist die voll funktionsfähige Mühle außer Dienst gestellt und kann in den Sommermonaten an Sonn- und Feiertagen besichtigt werden.

Die Mühle wurde von den Worpsweder Künstlern in zahlreichen Bildern verewigt.

Windmühle in Worpswede.

Neben den Paddeltouren auf der Hamme und den Seitenkanälen bieten sich Radtouren in dieser Region an. Das Radwegenetz ist sehr gut ausgebaut und ausgeschildert. Sie werden eine Fülle an Möglichkeiten finden Ihre eigene Tour zu planen und abzuradeln. Dabei können Sie den **Moorexpress** in Ihrer Tourplanung mit einbeziehen. Es handelt sich dabei um einen historischen Schienenbus, der einen Gepäckwagen für den Fahrradtransport mitführt. Die Strecke reicht von Stade bis zum Bremer Hauptbahnhof. Zwischen diesen beiden Bahnhöfen gibt auf dieser Strecke 19 Haltepunkte. Einer davon ist der Bahnhof in Worpswede, der von dem bereits mehrfach genannten Künstler Heinrich Vogeler gestaltet wurde. An allen Stationen können Sie Ihre Räder ein- und ausladen. Den Fahrplan des Moorexpresses finden Sie auf dieser Seite https://moorexpress.info. Dort finden Sie auch eine interaktive Karte, die Ihnen zu den meisten Haltepunkten Informationen liefert oder mögliche Radtouren vorschlägt. Dazu müssen Sie nur auf das Fahrradsymbol klicken. Sie sehen, die Möglichkeiten sind vielfältig, ganz abgesehen von klassischen Radfahrkarten und den großen Hinweistafeln an Wanderparkplätzen, die es natürlich auch noch gibt.

Auch von dem Campingplatz an der Hamme können Sie Ihre Radtour starten. Ein Haltepunkt des Moorexpress ist

(222) WOMO-Campingplatz: Meyer

GPS: N53°16'00.7" E8°55'12.4";
Schleusenweg 1, 27711 Osterholz-Scharmbeck.
Max. WOMOs: >20, maximale Länge 12 m.
Ausstattung: Frischwasserversorgung, Abwasserentsorgung mit Bodeneinlass, Kassettenentleerung, Stromanschlüsse, Behälter für die Müllentsorgung, WLAN, Restaurant. Im Servicegebäude gibt es Duschen, WCs, Waschmaschinen und Trockner. Der Platz ist ganzjährig geöffnet.
Beschreibung: Sonnige Stellflächen am Rand des Campingplatzes neben der Hamme.
Preise: Erwachsene 3,50 €, Kinder 2,00 €, Wohnmobil bis 7,50 m 9,00 €, ab 7,50 m 11,00 €, Strom 2,50 € pro Tag.
Zufahrt: Von Worpswede in Richtung Hüttenbusch fahren, vor dem Ort nach links in die Teufelsmoorstraße abbiegen und dieser Straße bis zur Brücke über die Hamme folgen.
Reservierung/Kontakt: Tel.: 04796/265
E-Mail: info@campingplatz-meyer.de, Web: https://campingplatz-meyer.de.

Die Hamme in der Nähe des Campingplatzes Meyer.

nicht weit entfernt und an der Rezeption des Campingplatzes bekommen Sie den einen oder anderen Tipp für eine Tour.

Der **Moorlehrpfad** unweit des Campingplatzes ist allerdings für Radfahrer nicht zugelassen. Den können Sie nur zu Fuß begehen. Wenn Sie sich nicht auf dem Campingplatz einquartieren wollen, können Sie den Wanderparkplatz am Lehrpfad auch direkt anfahren. Sie erreichen ihn mit diesen Koordinaten [**223:** N53°15'59.4" E8°54'13.6"].

Auf dem Wanderparkplatz werden Sie vom Teufel höchstpersönlich begrüßt.

In der Nacht ist es absolut ruhig hier. Leider ist der Weg nicht als Rundweg konzipiert, so bleibt nichts anderes übrig, als denselben Weg zurückzugehen. Lohnt sich der Weg? Für ruheliebende Moorwanderer sicherlich. Sie werden nicht vielen Menschen auf diesem Weg begegnen. Begehen können Sie den Weg nur zwischen dem 16. Juni und dem 30. September. Den Rest des Jahres ist er zum Schutz rastender Kraniche und anderer Vögel gesperrt.

Der Lehrpfad am Teufelsmoor.

Der Weg der offiziell unter dem Namen **Verbindungsweg Teufelsmoor-Verlüßmoor** geführt wird, reicht von dem ehemaligen Torfwerk in Teufelsmoor bis zur Kläranlage in Verlüßmoor. Er ist etwas mehr als drei Kilometer lang und bietet den Besuchern einen guten Blick auf die wiedervernässten Flächen des dort zuvor betriebenen Torfabbaus. Ein kleiner Torfstich und sowie vier Informationstafeln informieren über die Verkehrswege im Moor, den Torfabbau und die ökologische Bedeutung des Moores auf die Klimaentwicklung.

Nach dieser kleinen Wanderung auf dem Moorlehrpfad starten wir nun mal wieder eine kleine Radtour. Dazu fahren wir diesen Stellplatz an.

(224) Offizieller WOMO-Stellplatz: Hambergen – Festplatz

GPS: N53°18'38.6" E8°49'25.8"; Kirchweg, 27729 Hambergen.
Max. WOMOs: 6, maximale Länge 12 m.

Ausstattung: Frischwasserversorgung, Abwasserentsorgung mit Bodeneinlass, Kassettenentleerung, Stromanschlüsse, Behälter für die Müllentsorgung. Der Platz ist ganzjährig geöffnet.
Beschreibung: Große Stellflächen auf Betonpflastersteinen. Nur am Rand schattig. Nah an der Ortsmitte mit Bäcker und Restaurant.
Preise: 3,50 € für ein Fahrzeug. Gegen ein Pfand in Höhe von 25,00 € lässt sich ein Schlüssel im "Kiosk Boxenshop" (Öffnungszeiten 7:00 bis 21:00 Uhr) holen, mit der ein Zugang zur Stromversorgung sowie zur Frischwasserversorgung gewährleistet wird. Eine kostenlose Entsorgung ist zu jeder Zeit möglich.
Zufahrt: In der Ortsmitte von Hambergen im Kreisverkehr die zweite Ausfahrt nehmen, danach gleich links abbiegen.

Wir kreuzen mit dem Rad durch das Hamberger Moor. Sand - und Asphaltwege wechseln sich ab. Zwischen einigen landwirtschaftlichen Nutzflächen sind immer wieder bewaldete Areale und wiedervernässte Moorflächen und Seen zu entdecken. Ruhig ist es auch hier, sehr ruhig.

Moorkate, Museumsanlage des Heimatvereins Ströhe/Spreddig.

See im Hamberger Moor.

Wir verbinden die Radtour mit einem Besuch der **Moorkate**, einer kleinen Museumsanlage mit insgesamt neun Gebäuden des Heimatvereins Ströhe/Spreddig. Sie widmet sich dem beschwerlichen Leben im Moor vergangener Tage. Die Anlage ist frei zugänglich, die Gebäude und die Gerätschaften können von außen zu jeder Zeit betrachtet werden. Spannender ist es, wenn Veranstaltungen stattfinden, in der alte Handwerkstechniken gezeigt, Führungen durch die Anlage angeboten und Brote gebacken werden. Auch geführte Moorwanderungen hat der Verein im Angebot. Hier finden Sie die Termine www.heimatverein-stroehe-spreddig.de.

Vom Moor geht es nun zurück an die Weser und wir fahren in den Norden Bremens nach Vegesack.

(225) Offizieller WOMO-Stellplatz: Bremen-Vegesack

GPS: N53°10'22.8" E8°36'32.7"; Schulkenstraße 2, 28755 Bremen.
Max. WOMOs: 6, maximale Länge 12 m.
Ausstattung: Frischwasserversorgung, Abwasserentsorgung mit Bodeneinlass, Kassettenentleerung, Stromanschlüsse, Behälter für die Müllentsorgung, ganzjährig geöffnet.

Beschreibung: Asphaltplatz mit Hinterhofcharakter, der auch als Abstellfläche für Anhänger und andere Fahrzeuge genutzt wird. Bis zum Freizeitbad sind es 500 Meter, bis zum Hafen Vegesack und der Weserfähre etwas mehr als 1000 Meter.
Preise: Kostenlos, Frischwasser 1,00 € und Strom 0,50 € pro kWh. Abwasserentsorgung und Entleerung der Bordtoilette ist kostenfrei.
Zufahrt: Auf der A270 die Abfahrt Bremen-Vegesack-Mitte nutzen, dann zum Freizeitbad Vegesack fahren und von dort weiter an die Weser.

Alter Hafen in Vegesack.

Eine Augenweide ist der Stellplatz nicht, aber für den Besuch des Alten Hafens in Vegesack ideal gelegen, der sich über die Weserpromenade und den Vegesacker Stadtgarten bequem erreichen lässt. Er ist nur etwas mehr als einen Kilometer entfernt. Hier befindet sich auch das **Overbeck-Museum**, in dem Werke des Worpsweder Malerpaares Fritz und Hermine Overbeck gezeigt werden. Mehr dazu erfahren Sie hier https://overbeck-museum.de.

Vor den Toren des Museums befindet sich der Anleger für die Fähre nach Lemwerder. Den Ort haben wir in der Tour 10 ab Seite 235 beschrieben.

Ein Museum ganz anderer Art haben wir mit unserem nächsten Etappenziel auf unserem Programmzettel. Sie erreichen den Parkplatz am **Bunker Valentin** mit diesen Koordinaten [**226:** N53°13'08.3" E8°30'02.4"].

In dem Bunker sollten neu entwickelte U-Boote gebaut werden. In Bremerhaven ist eines dieses neuen Typs zu sehen. Mitte 1943 wird mit dem Bau begonnen. Bis zu 10.000 Zwangsarbeiter wurden unter unmenschlichen Bedingungen für den Bau dieser Anlage rekrutiert. Viele von ihnen überlebten die harte und körperlich anstrengende Arbeit bei miserablen Versorgungsbedingungen und vollkommen unzureichenden hygienischen Verhältnissen nicht. Geschätzt wird, dass 1.600 Zwangsarbeiter ums Leben kamen.

Ruine des Bunkers Valentin.

Ein Rundweg mit 25 Stationen führt durch die Anlage und beleuchtet die Geschichte des Bunkers. Über die Öffnungszeiten und Eintrittspreise informiert diese Seite www.denkort-bunker-valentin.de.

Wenden wir uns freundlicheren Themen zu. Mit einer Fahrt auf der Autobahn geht es nach **Stotel**. Hier erwartet uns ein kostenloser Stellplatz [**227:** N53°26'26.3" E8°35'36.8"] am Stoteler See. Direkt neben diesem Stellplatz gibt es ein schönes Restaurant mit Außenterrasse und freiem Blick auf den See www.hotel-haus-am-see-stotel.net.

Stellplatz am Stoteler See.

Der See steht zu einem Teil unter Naturschutz. Auf einem drei Kilometer langen Weg kann der 30 Hektar große und bis zu 14 Meter tiefe See umrundet werden. Nur im südlichen Bereich gibt es einen Badestrand. Wenn Sie in die Fluten springen möchten, dann müssen Sie den See zur Hälfte umrunden. Entstanden ist der See bei dem Bau der Autobahn.

Nordufer des Stoteler Sees.

Von diesem See fahren wir weiter nach **Bremerhaven**, der vorletzten Station dieser Tour. Es ist eine kreisfreie Stadt, die als Exklave zum Land Freie Hansestadt Bremen gehört. Die Seestadt zählt über 100.000 Einwohner und bietet für den Wohnmobiltouristen mehrere Stellplätze an.

(228) Offizieller WOMO-Stellplatz: Bremerhaven – Fischkai

GPS: N53°31'34.7" E8°34'34.2"; Hoebelstraße 52, 27572 Bremerhaven.
Max. WOMOs: 47, maximale Länge 12 m.

Ausstattung: Frischwasserversorgung, Abwasserentsorgung mit Bodeneinlass, Kassettenentleerung, Stromanschlüsse, Behälter für die Müllentsorgung, WLAN, Brötchenservice. Im Servicegebäude gibt es Duschen und WCs. Der Platz ist von März bis Oktober geöffnet.
Beschreibung: Schattenlose Asphaltstellflächen am Ende des Kais. Von Schiffsverkehr umgeben. Vier Kilometer bis zu den Havenwelten.
Preise: 12,00 € für ein Fahrzeug, Frischwasser 1,00 € (ca. 80 Liter), Strom 0,50 € pro kWh, Dusche 0,50 €. Abwasserentsorgung und Entleerung der Bordtoilette ist kostenfrei.
Zufahrt: Von der B6 in Geestemünde hinter der Araltankstelle links in die Hoebelstraße abbiegen. Auf dem nebenstehenden Stadtplan finden Sie den Stellplatz verzeichnet.

(229) Offizieller WOMO-Stellplatz: Bremerhaven – Doppelschleuse

GPS: N53°31'54.6" E8°34'32.4";
An der Neuen Schleuse 15, 27570 Bremerhaven.
Max. WOMOs: 63, maximale Länge 9 m.

Ausstattung: Frischwasserversorgung, Abwasserentsorgung mit Bodeneinlass, Kassettenentleerung, Stromanschlüsse, Behälter für die Müllentsorgung, WLAN, Brötchenservice. Im Servicegebäude gibt es Duschen und WCs. Der Platz ist ganzjährig geöffnet.
Beschreibung: Schattenlose Stellflächen hinter dem Weserdeich. Zwei Kilometer bis zu den Havenwelten, 900 Meter bis zum Fähranleger nach Nordenham.
Preise: 15,00 € für ein Fahrzeug, Frischwasser 1,00 € (ca. 80 Liter), Strom 0,50 € pro kWh, Dusche 0,50 €. Abwasserentsorgung und Entleerung der Bordtoilette ist kostenfrei.
Zufahrt: Im Süden von Bremerhaven von der B6 an der Kreuzung mit der B71 links abbiegen. Schnell erkennbar am IKEA-Kaufhaus auf der rechten Seite und dem Hornbach-Baumarkt auf der linken Seite. An die Weser fahren und entlang des Weserdeiches bis zum Stellplatz vorfahren. Auf dem nebenstehenden Stadtplan finden Sie den Stellplatz verzeichnet.

In diversen Foren wird gern auf die kostenlosen Freisteher-Plätze in der Herwigstraße des Fischereihafengeländes hingewiesen. Lange Zeit war es auch möglich, am Ende der Straße über Nacht zu verbleiben, doch die Zahl der Wohnmo-

Schulschiff Deutschland
B212
Simon-Loschen-Leuchtturm
Zoo am Meer
Deutsches Auswandererhaus
Neuer Hafen
Bürgermeister-Smidt-Straße
Deichstraße
Geeste
Marine-operationsschule
Columbusstr.
Bgm.-Smidt-Gedächtniskirche
Willy-Brandt-Platz
Klimahaus
Alter Hafen
Sail City
Glasröhrenbrücke
Columbuscenter
Fähranleger Helgoland
U-Boot Wilhelm Bauer
Outlet & Shoppingcenter
Theodor-Heuss-Platz
Elbestraße
Havenwelten
Deutsches Schifffahrtsmuseum
Ludwigstr.
Historisches Museum
Kompassrose
Weserstrandbad
Alter Vorhafen
B6
Weser
Geeste Nord-mohlenfeuer
Fähranleger nach Nordenham
Holzhafen
Berliner Platz
Elbinger Platz
Bismarckstr.
Bussestr.
Geeste Süd-mohlenfeuer
Vorhafen
Hauptkanal
229
Doppelschleuse
Georgstraße
Handelshafen
K.-Adenauer-Platz
Wochenmarkt Geestemünde
Am Seedeich
Schleusen-hafen
Hervigstraße
Werfthafen
228
Oststraße
Fischereihafen Eins
Fischkai
Hoebelstraße
Fischereihafen Zwei
Herwigstraße
Ostrampe
N
Museumsschiff FMS "GERA"
200 Meter
Fischlokale und Schaufenster Fischereihafen
Museumsbahn - Bremerhaven-Bederkesa

bile hat an dieser Stelle so stark zugenommen, das dies nun nicht mehr geduldet wird. Die Behinderungen im Hafenverkehr wurden einfach zu groß.

Einen weiteren Stellplatz gibt es noch im Norden der Stadt, der auf dem Stadtplan nicht mehr abgebildet ist.

(230) Offizieller WOMO-Stellplatz: Bremerhaven – Havencamp

GPS: N53°33'37.2" E8°34'02.6"; Rickmersstraße 125, 27568 Bremerhaven.
Max. WOMOs: 20, maximale Länge 10 m, max. Aufenthalt 5 Tage.
Ausstattung: Frischwasserversorgung, Abwasserentsorgung, Kassettenentleerung, WC, Stromanschlüsse, Behälter für die Müllentsorgung, WLAN, Brötchenservice, ganzjährig geöffnet.
Beschreibung: Einfach strukturierter Platz mit schattenlosen Stellflächen auf Asphalt und Rasen.
Preise: 15,00 € für ein Fahrzeug mit 2 Personen inkl. Frischwasser sowie Ver- und Entsorgung.
Zufahrt: Auf der Bürgermeister-Smidt-Straße in Richtung Überseehäfen bis zum Havenhostel fahren, das mit seiner Außenwerbung gut auffällt. Gleich dahinter rechts abbiegen.

Für die Fortbewegung in der Stadt ist das Fahrrad die erste Wahl. Es gibt ein gut ausgebautes Radwegenetz mit zum Teil sehr breiten Wegen, die den Radverkehr sehr erleichtern.

Größte Sehenswürdigkeit Bremerhavens sind die Havenwelten, die rund um den Alten und den Neuen Hafen gleich eine ganze Reihe maritim geprägter Museen, Einrichtungen und Schiffe aufzuweisen hat, die wir uns nun näher ansehen wollen, wir lassen aber den in den letzten Jahren stark umgestalteten Fischereihafen auch nicht außer Acht.

Havenwelten und Fischereihafen

Wir beginnen mit dem **Historischen Museum**, das sich am Ostufer der Geeste befindet. Es liegt den beiden Stellplätzen im Hafengelände am nächsten. Neben wechselnden Ausstellungen widmet es sich der Geschichte Bremerhavens, der Hochseefischerei und der Fischwirtschaft und zeigt dabei eine funktionstüchtige Kälte- und Dampfmaschine für die Eisproduktion, die notwendig waren, um den Fisch nicht gleich verderben zu lassen. In einem historischen Fischladen werden Sie zurückversetzt in die Zeit, als noch nicht zu jeder Zeit das Pangasiusfilet, den Lachs und den Kabeljau tiefgefroren in jedem Supermarkt zu kaufen gab. Weitere Abteilungen widmen sich den Überseehäfen und der Hafenarbeit, beleuchten die Werften, den Schiffbau und beschäftigen sich mit der Volkskunde im Elbe-Weser-Dreieck, einer Region, dessen nördlichen Teil wir in der letzten Tour durchfahren werden. Das ganze Programm des Museums mit Öffnungszeiten und Eintrittspreisen finden Sie hier www.historisches-museum-bremerhaven.de. Das Museum verfügt über ein Fischereimotorschiff (FMS), das allerdings nicht in den Havenwelten liegt, sondern am Fischkai im Fischereihafen. Im Stadtplan ist er am unteren Rand verzeichnet. Die MS Gera ist ein schwimmendes Hochseefischerei-Museum, das anschaulich die Arbeit auf einem Fischtrawler darstellt. Direkt daneben finden Sie einige Restaurants in denen Sie die Ergebnisse des

Fangs verkosten können. Mit dem Umbau der ehemaligen Fischhalle IV wurde ein **"Schaufenster Fischereihafen"** geschaffen mit Seefischkochstudio und anderem mehr. An diesem Ort bekommen Sie wertvolle Tipps, welche Möglichkeiten Sie in der heimischen Küche haben, frischen Fisch zuzubereiten. Eine Übersicht zu dem Fischereihafen gibt es hier www.schaufenster-fischereihafen.de und einen virtuellen Blick in die spannende Geschichte der MS Gera können Sie auf dieser Seite werfen www.museumsschiff-gera.de.

Die MS Gera im Fischereihafen.

Und wenn wir schon am Fischereihafen sind, dann sei an dieser Stelle auch noch auf die Museumsbahn - Bremerhaven-Bederkesa hingewiesen, dessen Bahnhof sich unweit des Hafenbeckens befindet. Die Lage des Gebäudes finden Sie auf dem Stadtplan verzeichnet. Über die Museumsbahn informiert diese Seite www.museumsbahn-bremerhaven-bederkesa.de.

Atlantic Hotel "Sail City" mit Aussichtsplattform.

Gehen wir vom Historischen Museum weiter in den Havenwelten. Dazu überqueren wir die Brücke über die Geeste und schnell haben Sie einen Panoramablick auf die Havenwelten vor sich, wie Sie ihn auf den nächsten beiden Seiten sehen.

In den beiden Becken des Alten und des Neuen Hafens liegen eine Reihe ausgemusterter Schiffe vor Anker.

Am Kai an der Columbusstraße liegt das **U-Boot "Wilhelm Bauer"**, ein Unterwasserfahrzeug, das nie im Kriegseinsatz war. Es wurde gegen Ende des Zweiten Weltkrieges in der Flensburger Förde von der eigenen Mannschaft versenkt, wurde später geborgen und instandgesetzt, diente dann lange Zeit als Ausbildungsschiff, bevor es 1984 in den Havenwelten seinen Dienst als Museumsschiff aufnahm. Dieser Bootstyp sollte übrigens in großer Serie in dem Bunker Valentin (siehe Seite 326) gebaut werden, wozu es nicht mehr kam. Ein Blick in dieses U-Boot können Sie auf dieser Seite werfen www.u-boot-wilhelm-bauer.de.

Der Hafenschlepper Stier.

Auf diesem Foto sehen Sie die "Wilhelm Bauer" am rechten unteren Bildrand im Wasser liegen. Um das Boot zu betreten ist Eintritt zu entrichten. Die Preise dazu finden Sie auf der angegebenen Webseite.

Es sind einige weitere Schiffe im Hafengelände zu besichtigen, die wir nicht einzeln aufführen wollen. Auch liegen einige Schiffe auf der Promenade, wie der Hafenschlepper Stier, den Sie auch nach Entrichtung einer Eintrittsgebühr von innen besichtigen können.

Spannend ist ein Besuch des **Deutschen Schifffahrtsmuseums**. Die Reste der **Bremer Kogge** zu besichtigen, wie sie in seetüchtiger Form zu den Hochzeiten der Hanse auf den Meeren unterwegs war, ist für sich genommen schon ein Grund, das Museum aufzusuchen. Das Schiff oder besser gesagt die Überreste davon stammen aus dem späten 14. Jahrhundert. Noch interessanter wird der Besuch des Museums durch die Ausstellung Polarstern 360°. Mit Virtual-Reality Brillen geht es auf große Fahrt, Sie dürfen aktiv an Bord sein und bekommen damit einen ganz anderen Zugang zu der Arbeit und zu dem Leben an Bord des Forschungsschiffes. Bei unserem Besuch in 2021 befand sich das Museum in einer großen Umbauphase, ob diese 2022 abgeschlossen sein wird, wissen wir nicht. Auf dieser Seite www.dsm.museum wird darüber informiert. Hier finden Sie auch die Öffnungszeiten und die Eintrittspreise.

Wieder draußen geht es mit einem Spaziergang weiter zur Kompassrose, in der mit Pflastersteinen und Kilometerangaben auf die Hafenstädte in aller Welt hingewiesen wird, mit denen Bremerhaven eine besondere Beziehung hat. Wenn Sie danach weiter an die Weser gehen, kommen Sie zu dem Weserstrand und erreichen die Mündung der Geeste mit dem 15 Meter hohen Nordmohlenfeuer.

Auf der Rückseite des Schifffahrtsmuseums geht es nun weiter zum Atlantic Hotel **"Sail City"**. Es ist mit 140 Metern das höchste Gebäude der Stadt. In seiner Architektur erinnert es an ein aufgeblähtes Segel. Auf 86 Metern Höhe befindet sich eine Aussichtsplattform, zu der Sie mit dem Fahrstuhl hochfahren können, auch wenn Sie kein Hotelgast sind. Der Fahrstuhl fährt bis zur 20. Etage. Um auf die separaten Aussichtsplattformen in der 21. Etage zu gelangen, müssen Sie noch einige

Treppenstufen überwinden. Mit Hunden dürfen Sie hier allerdings nicht hinauf. Um den Besucherandrang nicht zu groß werden zu lassen, ist die Aufenthaltsdauer auf 30 Minuten begrenzt. Es ist ein Eintritt in Höhe von 4,00 € für den Erwachsenen zu entrichten.

Zu Füßen des Hotels liegt ein großes **Shoppingcenter**, das mit der Glasröhrenbrücke mit dem **Columbus-Center** verbunden ist. In diesem Center gibt es neben vielen Wohnungen noch zwei weitere Etagen mit 75 Geschäften, Restaurants und Imbissbetrieben.

Wie ein plattgetretener überdimensionaler Fußball sieht das Gebäude des **Klimahauses 8°Ost** aus. Oder wie eine Wolke? Wie auch immer Sie die Architektur dieses Hauses betrachten extravagant ist sie mit ihren 4700 individuell geformten Glasscheiben ohne Frage. Nur mit neuesten Berechnungsmethoden und Techniken konnte dieses Gebäude realisiert werden. 125 Meter ist es lang, 82 Meter breit und rund 30 Meter hoch.

Ein außergewöhnliches Konzept liegt diesem Haus zugrunde, denn auf dem Längengrad 8° 34' Ost, auf dem das Gebäude steht, geht es einmal um die ganze Welt, durch alle Klimazonen. Der aufmerksame Leser wird gleich sagen 8° Ost gibt es nur auf der einen Seite der Erde, so müssen wir dem natürlich recht geben. Das wird aber auch im Klimahaus berücksichtigt, deshalb geht es auf der anderen Seite der Weltkugel durch den Pazifik bei fast 172° West weiter. Sie kennen sich mit den Geographischen Koordinaten auf der Erde nicht so gut aus? Macht nichts, im Klimahaus werden Sie damit vertraut gemacht und Sie lernen die Landschaften und Lebensweisen der Menschen kennen, die in den unterschiedlichen Klimazonen wohnen. In der gängigen Definition werden fünf Klimazonen unterschieden. Die Tropen liegen entlang des Äquators. Im Süden und Norden dieser Zone schließen sich die Subtropen an, die auch die Wüstengürtel der Erde beinhalten, dann folgen die gemäßigten Zonen, die es auf der Süd- wie auf der Nordhalbkugel gibt, in der wir leben. Dann folgen die subpolaren Zonen und zum Schluss die Polare Zone, die ständig vereist ist. Ausführlich werden Sie durch diese Zonen geleitet. Hier www.klimahaus-bremerhaven.de bekommen Sie einen tieferen Blick für das, was Sie beim Besuch erwartet.

Panoramablick in die Havenwelten.

Simon-Loschen-Leuchtturm an der Schleuse zum Neuen Hafen.

Nicht weit entfernt vom Klimahaus ist der **Zoo am Meer**. Auch dieses Gebäude kann mit einer außergewöhnlichen Architektur aufwarten.

So wie Sie im Klimahaus durch die ganze Welt gewandert sind, so treffen Sie in diesem Zoo auf die Tierwelt der verschiedenen Kontinente. Wir können Sie hier nicht alle aufzählen. Verschaffen Sie sich auf dieser Seite https://zoo-am-meer-bremerhaven.de einen Überblick und erfassen Sie damit auch gleichzeitig die Öffnungszeiten und Eintrittspreise.

Vorbei an dem immer noch in Betrieb befindlichen ältesten Leuchtturm an der norddeutschen Festlandsküste geht es nun weiter zum **Deutschen Auswandererhaus**.

Über 7 Millionen Menschen betraten im 19. Jahrhundert in Bremerhaven ein Schiff, um in Übersee bessere Lebensbedingungen zu suchen. Ganze Familiengeschichten werden dazu multimedial erzählt. Aber nicht nur die Auswanderung ist ein Thema dieses Museums, sondern auch die Einwanderung nach Deutschland wird historisch aufgearbeitet.

In dieser Abteilung geht es um die Einwanderung der Hugenotten, der Gastarbeiter und um die Migrationsproblematik unserer Zeit. Auf dieser Seite https://dah-bremerhaven.de erfahren Sie dazu mehr.

Kommen wir zu unserer letzten Station in den Havenwelten dem **Schulschiff Deutschland**. Auch dieses Schiff hat eine lange Geschichte. Bevor es nach Bremerhaven kam, lag es im Hafen Vegesack, den wir bereits besucht haben und diente dort als Internat für junge Menschen, die in Bremen eine Ausbildung zum Schiffsmechaniker gemacht haben.

Die Schlafgemächer dieses Schiffes werden auch heute noch genutzt, nur nicht mit Hängematten. Wenn Sie wollen können Sie sich einquartieren. 30 Außenkammern

Das Klimahaus mit der "Sail City" im Hintergrund.

Das Deutsche Auswandererhaus.

mit echten Kojen stehen zur Verfügung. Sie können aber auch die Kapitäns-Suite mieten, die ist natürlich komfortabler. Eine einfache Besichtigung des Schiffes auf eigene Faust ist möglich. Preise, Öffnungszeiten und Buchungsmöglichkeiten finden Sie auf dieser Seite https://schulschiff-deutschland.de.

Zum Abschluss dieser Tour fahren wir nach Wremen an die Wurster Nordseeküste. Dort steuern wir diesen Stellplatz vor dem Deich an und genießen den freien Blick auf die Nordsee.

(231) Offizieller WOMO-Badeplatz: Wremer Tief am Nordseestrand

GPS: N53°38'38.1" E8°29'45.8"; Strandstraße, 27639 Wurster Nordseeküste.
Max. WOMOs: 120, maximale Länge 12 m.
Ausstattung: Frischwasserversorgung, Abwasserentsorgung mit Bodeneinlass, Kassettenentleerung, Stromanschlüsse, Behälter für die Müllentsorgung. Geöffnet von Mitte April bis Mitte September.

Beschreibung: Schattenlose Stellflächen auf Schotterrasen vor dem Deich mit freiem Blick auf die Wesermündung.
Preise: 18,00 € für ein Fahrzeug mit 2 Personen. Anmeldung und Bezahlung erfolgt am Rezeptionscontainer. Die Nutzung der Sanitäranlagen (warme Duschen und Toiletten), die Ver- und Entsorgung und der Müll sind im Preis enthalten. Strom 0,60 € pro kWh, Gästebeitrag pro Person 2,00 €.
Zufahrt: In der Ortsmitte von Wremen links zum Kutterhafen abbiegen. Der Campingplatzbeschilderung folgen.

Auf die Nutzung des Strandturmes mit der Wasserrutsche, die sich neben dem Stellplatz befindet, müssen wir allerdings verzichten. Sie ist stillgelegt, wie es mit diesem Gebäude weitergeht, ist zurzeit offen.

Wattspaziergang am Wremer Tief.

Bleiben Spaziergänge durch das Watt oder an der Küste entlang zum Leuchtturm Kleiner Preuße, der nicht weit entfernt ist. Eine zwölf Kilometer lange Radtour entlang des Deiches bis zum Leuchtturmdenkmal Obereversand, den Sie auf der Seite 344 sehen können, ist leicht zu fahren. Bevor wir mit dem WOMO zu dem Turm kommen, fahren wir in der nächsten Tour erst nach **Bad Bederkesa**.

Band 4: Mit dem Wohnmobil nach Schleswig-Holstein und Hamburg
Brunsbüttel
Brokdorf
Glückstadt
Stör
Elbe
B431
B5
Schleusen
Neufeld
Elberadweg
Krummendeich
Freiburg (Elbe)
Wischhafen
Krautsand
Drochtersen
Kehdingen
B495
Balje
Natureum
Neuhaus (Oste)
Cadenberge
Oberndorf
Bentwisch
Oste
Osten
Schwebefähre
Hemmoor
B73
Kreidesee
Althemmoor
Wingst
Mittelstenahe
Lamstedt
Balksee
Stinstedt
Hadelner Kanal
Hadeln
Otterndorf
Otterndorfer Schleuse
Neuenkirchen
Ihlienworth
Moorinformationszentrum
Moorerlebnispfad
Flögelner See
Bederkesaer See
Bad Bederkesa
Wanna
Dahlemer See
Aussichtsturm
Halemer See
Flögeln
Vorgeschichtspfad Flögeln
Geestland
Neuenwalde
Cuxhaven
Kugelbake
Altenbruch
Lüdingworth
Altenwalde
Franzenburg
Duhnen
Sahlenburg
Cuxhavener Küstenheiden
Oxstedt
Nordholz
Aeronauticum
Dorum
Dorumer Moor
Sievern
Wremen
Wurster Nordseeküste
Spieka-Neufeld
Cappel-Neufeld
Dorum-Neufeld
Neuwerk
Wattwanderung
Tour 15
5 km
N
27

TOUR 16 (ca. 195 km)

Bad Bederkesa – Flögeln – Wanna – Dorum-Neufeld – Cappel-Neufeld – Spieka-Neufeld – Sahlenburg – Cuxhaven – Otterndorf – Neuhaus (Oste) – Hemmoor – Oberndorf – Krummendeich – Freiburg (Elbe) – Wischhafen

Stellplätze:	Bad Bederkesa, Wanna, Dorum-Neufeld, Cuxhavener Küstenheide, Cuxhaven, Otterndorf, Neuhaus (Oste), Hemmoor, Oberndorf, Krummendeich, Freiburg (Elbe), Wischhafen.
Campingplätze:	Bad Bederkesa, Flögeln, Dorum-Neufeld, Cappel-Neufeld, Spieka-Neufeld, Sahlenburg, Otterndorf, Hemmoor.
Besichtigungen:	Bad Bederkesa (Schloss), Wanna (Moorinformationszentrum), Nordholz (Aeronauticum), Cuxhaven (Kugelbake), Neuhaus (Natureum Niederelbe), Osten (Schwebebrücke, St. Petri Kirche), Wischhafen (Kehdinger Küstenschifffahrts-Museum).
Wandern/Radtour:	Bad Bederkesa (Seewanderweg), Flögel (Moorerlebnispfad), Wanna (Moorlehrpfad), Cuxhavener Küstenheiden, Duner Heide, Ausflug nach Neuwerk, Elberadweg.
Baden/Wellness:	Dorum-Neufeld (Nordseestrand), Cappel-Neufeld (Nordseestrand), Spieka-Neufeld (Nordseestrand), Sahlenburg (Nordseestrand), Cuxhaven (Nordseestrand), Otterndorf (Nordseestrand, Nordsee, Sole-Therme), Hemmoor (Kreidesee), Krummendeich (Naturfreibad).

Eine sehr abwechslungsreiche Tour steht uns in dem nördlichen Elbe-Weser-Dreieck bevor. Zunächst geht es in die Moorseenlandschaft rund um Bad Bederkesa. Danach suchen wir die Küstenlandschaft der Außenweser auf, die nicht nur mit Badestränden und vielen Campingplätzen zu glänzen weiß, sondern auch mit außergewöhnlichen Heidelandschaften. Cuxhaven ist die größte Stadt auf dieser Reise. Dort stehen für einen längeren Aufenthalt mehrere Plätze zur Verfügung, die wir im Einzelnen beschreiben. Die Hafenstadt ist auch ein idealer Standort, um Ausflüge nach Helgoland oder auf die Insel Neuwerk zu machen. Von wo das möglich ist, zeigen wir Ihnen. Mit Otterndorf haben wir einen fantastischen Badeort im Programm und in Hemmoor gehen wir einmal tauchen. Danach wird es sehr viel ruhiger. Im nördlichen Kehdingen können Sie Ruhe und Entspannung finden, bevor es mit der Fähre nach Glückstadt in Schleswig-Holstein geht.

Geestland heißt eine der flächengrößten Gemeinden Deutschlands, die von der Außenweser nördlich von Bremerhaven bis weit in die Geestlandschaft um **Bad Bederkesa** reicht. Die Stadt besteht aus 16 Ortsteilen und hat insgesamt etwa 30.000 Einwohner wovon in Bad Bederkesa fast 6.000 Leben.

In **Beers**, wie die Einheimischen ihren Ort nennen steht uns für den Besuch der Stadt nur ein kleiner Stellplatz zur Verfügung. Ein größerer, komfortabel eingerichteter und privat betriebener Platz am Museumsbahnhof musste leider geschlossen werden. Für einen längeren Aufenthalt bietet sich der Campingplatz an. Wir stellen beide kurz vor.

(232) Offizieller WOMO-Stellplatz: Bad Bederkesa

GPS: N53°37'37.7" E8°50'31.6"; Amtsstraße 19, 27624 Geestland.
Max. WOMOs: 3 für die Übernachtung und einige mehr für einen Tagesaufenthalt. Maximale Länge 8 m, max. Aufenthalt 24 h.

Ausstattung: Frischwasserversorgung, Abwasserentsorgung mit Bodeneinlass, Kassettenentleerung, Behälter für die Müllentsorgung, WLAN, ganzjährig geöffnet. WC und Dusche in der Therme.
Beschreibung: Zentral gelegen. Halbschattige Stellflächen auf Betonpflastersteinen auf einem Parkplatz zwischen der Moor-Therme und der Burg.
Preise: Kostenlos, Frischwasser 1,00 € (ca. 100 Liter). Abwasserentsorgung und Entleerung der Bordtoilette ist kostenfrei. Gästebeitrag in Höhe von 2,00 € pro Person ist in der Touristinformation in der Moor-Therme zu entrichten.
Zufahrt: In Bad Bederkesa den Hinweisen zu Therme folgen.

(233) WOMO-Campingplatz: Regenbogen Bad Bederkesa

GPS: N53°37'14.6" E8°50'56.1"; Ankeloher Str. 14, 27624 Geestland.
Max. WOMOs: >20, maximale Länge 12 m.
Ausstattung: Frischwasserversorgung, Abwasserentsorgung mit Bodeneinlass, Kassettenentleerung, Stromanschlüsse, Behälter für die Müllentsorgung, WLAN, Restaurant. In den Servicegebäuden gibt es Duschen, WCs, Waschmaschinen und Trockner. Der Platz ist ganzjährig geöffnet.
Beschreibung: Große überwiegend sonnige Stellflächen auf befestigtem Rasenuntergrund.
Preise: Ab 36,00 € für ein Fahrzeug mit bis zu 6 Personen. Der genaue Preis ist über das Buchungsformular auf der Webseite zu ermitteln.
Zufahrt: Von der Stadtmitte in Richtung Beverstedt fahren, nach etwa einem Kilometer links in Richtung Ankeloh abbiegen.
Reservierung/Kontakt: Tel.: 04745/7820192
E-Mail: badbederkesa@regenbogen.ag, Web: www.regenbogen.ag.

Der **Bederkesaer See** ist ein Moorsee. Er hat eine Fläche von rund 215 Hektar und ist kaum mehr als einen Meter tief.

Burg Bederkesa.

Baden können Sie in diesem See nicht. Er steht weitgehend unter Naturschutz. Auf einem sieben Kilometer langen Wanderweg rund um den See erfahren Sie über mehrere Schautafeln alles über die Flora und Fauna sowie die Entstehungsgeschichte des Sees.

Hauptsehenswürdigkeit ist die **Burg**, deren Geschichte bis in das 11. Jahrhundert zurückreicht. Sie steht in zentraler Lage unweit des Sees und unweit des kleinen Stellplatzes. In der Burg ist ein **archäologisches Museum** untergebracht, das sich in erster Linie der vor- und frühgeschichtliche Besiedlung in dieser Region widmet. Über die Themen des Museums, die Veranstaltungen, Öffnungszeiten und Eintrittspreise gibt diese Seite www.burg-bederkesa.de Auskunft.

Bederkesaer Roland im Burghof.

Interessant sind auch die Erläuterungen zur Landschaftsgenese von Geest, Moor und Marsch, die wir hier durchfahren, ohne uns allzu viele Gedanken darüber zu machen, wie das alles zusammenhängt. Kurzum: Ein lohnenswerter Besuch.

Eine weitere Sehenswürdigkeit des Luftkurortes und Moorheilbades ist die **Kornwindmühle** auf dem Mühlenberg.

Eine besondere Attraktion ist die **Moor Therme** mit Moorbad, Solebecken, Whirlpool, Rutsche sowie einer abwechs-

Hadelner Kanal in Bad Bederkesa.

lungsreichen und vielfältigen Saunalandschaft. Die Therme ist nur wenige Meter vom Stellplatz entfernt.

Wer vom Stellplatz zum See geht, überquert den Hadelner Kanal, der als Schifffahrtsweg Otterndorf im Norden mit Bremerhaven verbindet. Er hat heute nur noch Bedeutung für die Sportschifffahrt und für Kanuten.

Am See gibt es ein schönes Restaurant, das klassische Norddeutsche Gerichte auf der Karte hat, die mit dem freien Blick von der Außenterrasse auf den See gleich noch besser schmecken. Hier erfahren Sie mehr www.dobbendeel.de.

Bevor wir Bad Bederkesa wieder verlassen, wollen wir auch an dieser Stelle auf die Museumsbahn hinweisen, die "Beers" mit dem Fischereihafen in Bremerhaven verbindet. Sie wird vom Verein **Museumsbahn Bremerhaven-Bederkesa e.V.** betrieben. Gefahren wird mit Dieselloks aus den 40er und 50er-Jahren. Über die Fahrtage informiert diese Seite www.museumsbahn-bremerhaven-bederkesa.de.

Nächstes Ziel auf unserer Reise ist der 155 Hektar große **Flögelner See**. Es ist ein weiterer flacher Moorsee, an dessen Nordufer sich ein Campingplatz befindet.

Am Südufer des Flögelner Sees.

Auch diesen See können Sie umrunden, doch gibt es nur wenigen Stellen, wo Sie einen freien Blick auf ihn haben. Wer gern mit dem Rad unterwegs ist, der kann auch noch zum **Dahlemer** und **Halemer See** radeln und den zwei Kilometer langen

(234) WOMO-Campingplatz: "Flögeln am See"

GPS: N53°40'38.2" E8°48'41.0"; Hinterm See 86, 27624 Flögeln .
Max. WOMOs: 10, maximale Länge 12 m.
Ausstattung: Stromanschlüsse, Behälter für die Müllentsorgung. Im Servicegebäude gibt es Duschen und WCs.
Beschreibung: Einfachst strukturierter Platz neben einem Campingplatz mit Dauercampern.
Preise: 7,00 € für ein Fahrzeug ohne und 9,00 € inkl. Stromanschluss.
Zufahrt: Flögeln in Richtung Cuxhaven/Otterndorf durchfahren und der Beschilderung folgen.
Reservierung/Kontakt: Tel.: 04745/201
E-Mail: clbensen@aol.com, Web: www.floegeln.de/camping.html.

Vorgeschichtspfad Flögeln aufsuchen, auf dem es zahlreiche Gräber aus der Jungsteinzeit sowie aus der Bronze- und Eisenzeit zu sehen gibt. Einige Gräber sind mit Tafeln erläutert. Auch beim Dahlemer und Halemer See gibt es keine Wege entlang der Uferzonen, sondern nur punktuelle Zugänge mit kleinen Aussichtsplattformen.

Dann ist noch der **Moorerlebnispfad** am Campingplatz zu erwähnen, der aber in die Jahre gekommen ist. Tafeln und Weg sind nicht im allerbesten Zustand.

Das ist bei dem drei Kilometer langen **Moorpad** am **MoorInformations-Zentrum** im Ahlenmoor wesentlich besser. Es ist nur wenige Kilometer entfernt und hat am Rande des Pkw-Parkplatzes Stellflächen für Wohnmobile ausgewiesen, die auch mit großen Fahrzeugen befahren werden können **[235:** N53°42'07.3" E8°47'49.3"] . Neben dem Pfad sind einige Maschinen ausgestellt, die wir auch schon in anderen Moormuseen wie in Wiesmoor (siehe Seite 140) oder Elisabethfehn (siehe Seite 178) gesehen haben.

MoorInformationsZentrum Ahlenmoor.

Für das Informationszentrum wurde ein ehemaliges Torfwerk umfunktioniert. Hier bekommen Sie Informationen zu weiteren Erlebniswegen, die rund um das Informationszentrum angelegt wurden

Stellplatz am MoorInformationsZentrum.

(236) WOMO-Campingplatz: Grube

GPS: N53°44'11.5" E8°31'19.8"; Kajediek 1, 27639 Wurster Nordseeküste.
Max. WOMOs: >20, maximale Länge 12 m.
Ausstattung: Frischwasserversorgung, Abwasserentsorgung mit Bodeneinlass, Kassettenentleerung, Stromanschlüsse, Behälter für die Müllentsorgung, WLAN, Brötchenservice. Im Servicegebäude gibt es Duschen, WCs, Waschmaschinen und Trockner. Der Platz ist ganzjährig geöffnet.
Beschreibung: Große Rasenstellflächen, 800 Meter bis zum Strand. Zwei Sanitärgebäude mit Duschen und WCs, ein Servicegebäude mit Waschmaschinen und Trockner. Spielplatz, Volleyballfeld und Fußballplatz für stehen für die sportliche Betätigung zur Verfügung.
Preise: 30,50 € für ein Fahrzeug mit 2 Personen inkl. Ver- und Entsorgung in der Hochsaison 24,00 € in der Nebensaison, Strom 0,55 € pro kWh. Kurtaxe pro Person und Tag 3,40 € (Kinder 1,80 €). Für längere Aufenthalte gibt es Sonderangebote.
Zufahrt: Dorum-Neufeld bis zur Mitte durchfahren und auf die Beschilderung zum Campingplatz auf der rechten Seite achten. Vor dem Eiscafé al Cappuccino rechts abbiegen.
Reservierung/Kontakt: Tel.: 04741/3131
E-Mail: info@campingplatz-grube.de, Web: www.campingplatz-grube.de.

(237) Offizieller WOMO-Badeplatz: Dorum-Neufeld – Wohnmobilhafen Grube

GPS: N53°44'16.6" E8°31'08.0"; Am Neuen Deich 2, 27639 Wurster Nordseeküste. **Max. WOMOs:** 20, maximale Länge 12 m.

Ausstattung: Frischwasserversorgung, Abwasserentsorgung mit Bodeneinlass, Kassettenentleerung, Stromanschlüsse, Behälter für die Müllentsorgung, WLAN, ganzjährig geöffnet.
Beschreibung: Große sonnige Stellflächen auf festem geschotterten Untergrund, 500 Meter bis zum Strand.
Preise: 15,00 € für ein Fahrzeug mit 2 Personen. Anmeldung und Bezahlung erfolgt im Deichhotel Grube. Entsorgung, Frischwasser und Strom ist im Preis enthalten. Kurtaxe pro Person und Tag 3,40 € (Kinder 1,80 €). Dafür gibt es freien Eintritt zum Strand und in das Schwimmbad "Watt'n Bad".
Zufahrt: Dorum-Neufeld bis zum Ende durchfahren und vor dem Deich rechts abbiegen.

(238) WOMO-Campingplatz: KNAUS Campingpark Dorum

GPS: N53°44'21.3" E8°31'00.4"; Am Kutterhafen 1, 27639 Wurster Nordseeküste. **Max. WOMOs:** >20, maximale Länge 12 m.
Ausstattung: Frischwasserversorgung, Abwasserentsorgung mit Bodeneinlass, Kassettenentleerung, Stromanschlüsse, Behälter für die Müllentsorgung, WLAN. In Sanitärcontainern gibt es Duschen, WCs, Waschmaschinen und Trockner. Der Platz ist vom 1. April bis zum 30. September geöffnet.
Beschreibung: Große schattenlose Plätze vor dem Deich, teilweise mit direktem Blick auf das Meer und auf das Leuchtturmdenkmal Obereversand. Nur wenige Meter vom Kutterhafen, vom Strand und vom Schwimmbad "Watt'n Bad" entfernt. Mehrere Restaurants in fußläufiger Entfernung.

Preise: Personen ab 16 Jahren 9,50 €, Kinder zwischen 6 und 15 Jahren 4,70 €, Hund 3,80 €, Kurtaxe pro Person und Tag 3,40 € (Kinder 1,80 €), Wohnmobil zwischen 15,00 € und 23,80 € je nach Saison und Lage. Ver- und Entsorgung sowie die Stromversorgung ist im Stellplatzpreis enthalten.
Zufahrt: Dorum-Neufeld bis zum Ende durchfahren und den Deich überqueren.
Reservierung/Kontakt: Tel.: 04741/5020
E-Mail: dorum@knauscamp.de, Web: www.knauscamp.de.

und dort startet auch die Moorbahn, die Sie auf einer etwa zweistündigen Fahrt durch das Ahlenmoor führt.

Von dieser feuchten Moorlandschaft machen wir nun einen großen Satz über den trockenen Geestrücken in die feuchte Marschlandschaft an die **Wurster Nordseeküste**.

Deichbauer-Denkmal in Dorum-Neufeld.

Wurster Nordseeküste ist der Ortsname, auf den sich die acht ehemals selbstständigen Gemeinden Cappel, Dorum, Midlum, Misselwarden, Mulsum, Padingbüttel, Wremen und Nordholz geeinigt haben.

Dorum-Neufeld ist ein Küstenort, der mit Badestränden, Kutterhafen und vielen Restaurants hinter dem Deich der größte und beliebteste Badeort an der Wurster Nordseeküste darstellt. Den Stell- und die Campingplätze des Ortes finden Sie auf der linken Seite beschrieben.

Bei Flut ist der Strand für die Badegäste ein beliebter Ort, bei Ebbe ist das Wellenfreibad **Wattn'Bad** gleich neben dem Kutterhafen eine gern aufgesuchte Alternative, in dem auf den Wellenschlag nicht verzichtet werden muss. Mit einem Innenbecken bietet es auch an kühleren Tagen Badespaß.

Neben dem Badevergnügen locken die Radwege auf und entlang des Deiches zu ausgedehnten Ausflügen. Bis nach Wremen, dem Ausgangsort dieser Tour, sind es nur elf Kilometer, bis Cappel-Neufeld sind es nur vier bis Spieka-Neufeld nur sieben Kilometer. Da können Sie mit dem Rad schon eine Vorerkundung machen, ob sich ein Standortwechsel zu den

Leuchtturmdenkmal Obereversand.

Radfahrparadies Wurster Nordseeküste.

dortigen Stell- und Campingplätzen für Sie lohnt. Auch Ausflüge nach Bremerhaven (25 km) oder in die reizvolle Cuxhavener Küstenheide (17 km) sind von hier aus möglich.

Wer mit vierbeiniger Begleitung reist, wird sich darüber freuen, dass in Dorum-Neufeld für die Schnüffelnasen ein eigener Strandabschnitt reserviert ist, an dem sie ungestört mit ihren Artgenossen Kontakt aufnehmen können, was nicht immer ungetrübt funktioniert, wie wir beobachten konnten.

Nicht versäumen sollten Sie den Besuch des **Leuchtturmdenkmals Obereversand**, den Sie im Wattenmeer vor dem Knaus Campingpark finden.

Über einen Steg ist dieses 37,40 Meter hohe ehemalige Leuchtfeuer zu erreichen. Es wurde Ende des 19. Jahrhunderts errichtet und sollte der Sicherung der Schifffahrt dienen. Doch diese Funktion war nur von kurzer Dauer, denn die Verlagerung der Tiefwasserrinnen des Weser- Hauptfahrwassers gen Westen machten diesen Leuchtturm schon zu Beginn des 20. Jahrhunderts überflüssig. Das Eversand-Oberfeuer bekam die Funktion einer "Zufluchtstelle für Schiffbrüchige" und wurde nur deshalb instandgehalten und entging damit einem Abriss oder dem Verfall. Die Inneneinrichtung der Wohn- und Diensträume blieb unangetastet, die Leuchtfeuertechnik ebenso. Über ein Treppenturm mit 84 Stufen ist die erste

Galerie des Turmes zu erreichen. Die Innenräume sind begehbar. Über die Öffnungszeiten informiert diese Seite www.obereversand.de.

Von unserem nächsten Standort haben wir den Turm erneut im Blick.

(239) WOMO-Campingplatz: Außendeich Cappel-Neufeld

GPS: N53°45'58.1" E8°32'02.6"; Deichweg, 27639 Wurster Nordseeküste.
Max. WOMOs: >20, maximale Länge 12 m.
Ausstattung: Frischwasserversorgung, Abwasserentsorgung mit Bodeneinlass, Kassettenentleerung, Stromanschlüsse, Behälter für die Müllentsorgung, WLAN, Brötchenservice. Im Sanitärcontainer gibt es Duschen und WCs, im Küchencontainer eine Waschmaschine und einen Trockner. Der Platz ist vom 1. Mai bis 15. September geöffnet.

Beschreibung: Schattenlose Stellflächen auf einem Wiesengelände vor dem Deich, nur wenige Meter vom Wattenmeer entfernt.
Preise: Personen ab 18 Jahren 7,10 €, Kinder zwischen 3 und 17 Jahren 3,00 €, Hund kostenlos, Gästebeitrag Erwachsene 2,00 €, Kinder 1,10 €, Wohnmobil 14,10 €, Strom 0,60 € pro kWh. Für einen Stellplatz auf der Wurt neben dem Campingplatz, wo auch diese Aufnahme entstanden ist zahlen Sie 18,00 € inkl. 2 Personen plus Gästebeitrag. Eine Stromversorgung gibt es hier nicht.
Zufahrt: In Spieka-Neufeld über den Deich fahren.
Reservierung/Kontakt: Tel.: 04705/660-3615
E-Mail: info@camping-freizeit-gmbh.de,
Web: www.camping-freizeit-gmbh.de.

Küste in Cappel-Neufeld mit dem Leuchtturmdenkmal Obereversand im Hintergrund.

Kutterhafen in Spieka Neufeld.

(240) WOMO-Campingplatz:
KNAUS Campingpark Spieka

GPS: N53°47'21.4" E8°32'59.5";
Am Kutterhafen, 27639 Wurster Nordseeküste.
Max. WOMOs: 30 auf dem Hafen-Stellplatz, 43 auf dem Küsten-Stellplatz, maximale Länge 10 m.
Ausstattung: Frischwasserversorgung, Abwasserentsorgung mit Bodeneinlass, Kassettenentleerung, Stromanschlüsse, Behälter für die Müllentsorgung, WLAN, WC. Der Platz ist vom 1.4. bis 30.9. geöffnet.
Beschreibung: Schattenlose Stellflächen auf dem Hafen-Stellplatz auf feinem Schotter, auf dem Küsten-Stellplatz auf einer Wiese.
Preise: 15,00 € für ein Fahrzeug inkl. aller Personen am Hafen, 20,00 € auf dem Küsten-Stellplatz. Strom 0,70 € pro kWh, Frischwasser 1,00 € (ca. 80 Liter).
Zufahrt: In Spieka Neufeld den Deich überqueren und zum Kutterhafen fahren.
Reservierung/Kontakt: Tel.: 04741/5020
E-Mail: spieka@knauscamp.de,
Web: www.knauscamp.de/spieka-wattenmeer.

In **Cappel-Neufeld** und in **Spieka-Neufeld** wiederholen sich die Freizeitmöglichkeiten, die wir für Dorum-Neufeld bereits beschrieben haben, nur ist hier alles drei bis vier Nummern kleiner und damit auch sehr viel ruhiger. Es sind Orte, um die Seele baumeln zu lassen. Hier können Sie abschalten und Ruhe genießen, bei Flut dem leichten Wellenschlag lauschen und den Möwen bei der Futtersuche zuschauen.

Wesentlich unruhiger geht es im **Aeronauticum** zu, einem militärhistorischem Museum, das sich der Luftschifffahrt sowie der See- und Marinefliegerei widmet. Sie finden dieses Museum in **Nordholz** am Peter-Strasser-Platz 3 mit diesen Koordinaten [GPS: N53°46'32.3" E8°38'18.2"].

In dem 36.000 Quadratmeter umfassenden Außengelände sind 18 große Fluggeräte zu sehen. Vom Jagdflieger über Transportmaschinen bis zu Hubschraubern ist dabei alles

Wesentliche dabei, was in der Marinefliegerei in der Luft war. Einige Exponate sind auch von innen zu besichtigen.

Percival Pembroke C.MK.54 im Außengelände des Aeronauticums.

In den Ausstellungsräumen werden die Technik und Geschichte der Luftschiffe, sowie die See- und Marineflieger mit zahlreichen Schaustücken, Modellen und Dioramen illustriert. Über die Öffnungszeiten und Eintrittspreise informiert diese Seite https://aeronauticum.de.

Das Museum befindet sich in der Nachbarschaft des Fliegerhorst Nordholz, Deutschlands einzigem Marineflugplatz, dessen Gründung auf die Kaiserzeit des Deutschen Reiches zurückgeht. Genaueres erfahren Sie im Museum.

Militärisch genutzt wurden auch die **Cuxhavener Küstenheiden**, die sich zwischen Nordholz und Cuxhaven befinden.

Schon zu Kaisers Zeiten war die Heidelandschaft ein beliebtes Übungsgelände für das Militär und diente als Marineartillerie-Schießplatz. Großkalibrige Schiffsmunition wurde hier getestet.

Im Zweiten Weltkrieg wurden an diese Stelle Flak-Stellungen eingerichtet. Als nach dem Ende des Krieges die Briten

In der Cuxhavener Küstenheide.

Stellplatz in der Cuxhavener Küstenheide.

den Platz übernahmen, wurde in diesem Gelände Wehrmachtsmunition mit Sprengungen vernichtet und mit der "Operation Backfire" die V2 getestet, nachdem sie gegen Ende des Krieges erobert worden waren.

Eine militärische Nutzung fand bis 2003 statt. Inzwischen ist alles geräumt, gesäubert und nur mit genauem Blick sind noch Gräben oder Geländeformen erkennbar, die nicht natürlichen Ursprungs sind.

Heute erfreuen die ausgedehnten Heidelandschaften aus Krähenbeere, Besenheide, Sandmagerrasen, Heidemooren und Krattwäldern die Besucher. Ein größeres zusammenhängendes Heidegebiet an der deutschen Nordseeküste gibt es nicht.

Um die Heide zu erkunden und einen ausgiebigen Spaziergang oder eine Wanderung zu unternehmen, können Sie Ihr WOMO an dieser Stelle [**241:** N53°50'24.7" E8°37'13.5"] parken. An dem Parkplatz finden Sie große Tafeln, die Ihnen die Orientierung erleichtern. Ein weitverzweigtes Wegenetz durchzieht die Heidelandschaft, in der Heckrinder, Koniks und Wisente für die Landschaftspflege eingesetzt werden. Diese leben hinter Zäunen.

Der **Wernerwald** grenzt an die Heidefläche und so ist es nicht mehr weit bis zu diesem schattigen Campingplatz, den wir nun anfahren.

(242) WOMO-Campingplatz: Wernerwald

GPS: N53°51'31.8" E8°35'31.9";
Wernerwaldstraße 6, 27476 Cuxhaven - Sahlenburg.
Max. WOMOs: 65, maximale Länge 12 m.
Ausstattung: Frischwasserversorgung, Abwasserentsorgung mit Bodeneinlass, Kassettenentleerung, Stromanschlüsse, Behälter für die Müllentsorgung, WLAN, Brötchenservice. In den 3 Sanitärgebäuden gibt es Duschen, WCs, Waschmaschinen und Trockner. Der Platz ist ganzjährig geöffnet.
Beschreibung: Schattige Stellflächen in einem Wald in unmittelbarer Nähe des Strandes. Der Platz ist überwiegend mit Dauercamper belegt. Hunde müssen leider draußen bleiben.
Preise: 16,50 € für ein Fahrzeug inkl. 2 Personen und Strom, Waschmaschine und Trockner jeweils 3,50 € pro Nutzung, Dusche 0,70 €.
Zufahrt: In Sahlenburg über die Oskar-von-Brock-Straße bis zum Strand vorfahren, dort im Kreisverkehr die dritte Ausfahrt nehmen.
Reservierung/Kontakt: Tel.: 04721/404330
E-Mail: cpw@tourismus.cuxhaven.de,
Web: www.nordseeheilbad-cuxhaven.de.

Strand vor dem Campingplatz Finck.

Nördlich vom Wernerwald befindet sich dieser Campingplatz, der mit seinen WOMO-Stellplätzen einen direkten Blick auf das Meer bietet.

(243) WOMO-Campingplatz: Finck

GPS: N53°51'35.0" E8°35'32.4";
Am Sahlenburger Strand 25, 27476 Cuxhaven - Sahlenburg.
Max. WOMOs: 20, maximale Länge 12 m, Mindestaufenthalt 2 Nächte.
Ausstattung: Frischwasserversorgung, Abwasserentsorgung mit Bodeneinlass, Kassettenentleerung, Stromanschlüsse, Behälter für die Müllentsorgung, WLAN, Brötchenservice. Im Servicegebäude gibt es Duschen, WCs, Waschmaschinen und Trockner. Der Platz ist vom 15. März bis 31. Oktober geöffnet.
Beschreibung: Eng beieinanderliegende schattenlose Stellflächen zum großen Teil mit freier Sicht auf die See.

Preise: Je nach Saison zwischen 19,00 € und 20,50 € für ein Fahrzeug inkl. 2 Personen, Hund 3,00 € bis 4,00 €, Kurtaxe (nur Erwachsene) 3,20 € oder 2,20 €, Strom 0,70 € pro kWh, Dusche 1,00 €, WLAN 1,00 €.
Zufahrt: In Sahlenburg über die Oskar-von-Brock-Straße bis zum Strand vorfahren, dort im Kreisverkehr die erste Ausfahrt nehmen.
Reservierung/Kontakt: Tel.: 04721/399930
Web: www.camping-finck.de.

Beide Plätze haben ihre Vor- und Nachteile, je nach Sichtweise. Der eine ist schattig, der andere sonnig. Von beiden können Sie bequem in die Cuxhavener Küstenheide radeln, wenn Sie es nicht schon gemacht haben und vor allem können Sie die ausgedehnte Strandlandschaft nutzen. Sie ist über einen Kilometer lang und durch Buhnen in mehrere Abschnitte geteilt.

Lachmöwe am Strand von Sahlenburg.

Wer noch ein wenig mehr über das UNESCO-Weltnaturerbe Wattenmeer erfahren möchte, das ja in Flyern, Plakaten und Infotafeln in dieser Region allgegenwärtig ist, der sollte das hiesige **Besucherzentrum** aufsuchen, es ist nur 600 Meter vom Campingplatz Finck entfernt.

Gehen Sie dazu entlang der Düne auf dem Weg in nördliche Richtung und Sie werden bald das Wattenmeer-Besucherzentrum auf der rechten Seite entdecken. Es ist eine Konstruktion aus Holz und Glas in einer modernen, zeitgemäßen Architektur. Der Eintritt ist frei.

In der Dauerausstellung mit Seewasseraquarien, Modellen und interaktiven Objekten erfahren Sie alles über die Zusammenhänge von Ebbe und Flut, über die Entstehung des Wattenmeeres und seine ökologische Bedeutung und über die Vogelwelt. Die Aufzählung ist keineswegs vollständig. Viele Details werden erläutert, z. B. die Unterschiede zwischen den Möwenarten, die Sie ständig umkreisen. Sie haben sich längst an den Menschen gewöhnt und haben keine Scheu, relativ nah zu kommen.

In dem Besucherzentrum können Sie auch eine Wattwanderung buchen. Das scheint sehr beliebt zu sein, denn wir

Duhner Heide.

haben bei unserer Reise entlang der Küste von den Deichen immer wieder sehr viele Gruppen durch das Watt gehen sehen. Um mehr über das Besucherzentrum zu erfahren, müssen Sie auf diese Seite www.cuxhaven.de gehen und sich zum Besucherzentrum durchklicken.

Wenn Sie schon in diesen Ausstellungsräumen sind, dann setzen Sie doch Ihren Spaziergang noch etwas in nördliche Richtung fort und gehen bis zur **Duhner Heide**. Wir denken, Sie werden den kleinen Umweg nicht bereuen, denn der Blick über die leicht wellige Heidelandschaft mit dem Wattenmeer im Hintergrund ist einmalig.

Wir wechseln jetzt den Standort und fahren weiter zum Strandparkplatz in **Duhnen** und steuern dort diesen Stellplatz an.

(244) Offizieller WOMO-Badeplatz: Cuxhaven – Strandparkplatz Duhnen

GPS: N53°53'03.5" E8°38'51.2"; Duhner Allee 2, 27476 Cuxhaven.
Max. WOMOs: 60, maximale Länge 12 m.

Ausstattung: Frischwasserversorgung, Abwasserentsorgung mit Bodeneinlass, Kassettenentleerung, Stromanschlüsse, Behälter für die Müllentsorgung, ganzjährig geöffnet.
Beschreibung: Sonnige bis halbschattige eng beieinanderliegende Stellflächen auf Betonpflastersteinen 300 Meter vom Strand entfernt, 3 km bis Kugelbake.
Preise: 2,00 € für eine Stunde, Tagessatz maximal 13,00 €. Entsorgung kostenlos, Strom pauschal 3,00 € pro Tag. An- und Abklemmzeiten 9:00 bis 10:00 Uhr und 17:00 bis 18:00 Uhr.
Zufahrt: Im Stadtteil Duhnen in Richtung Strand fahren, gut ausgeschildert.

Hier haben wir vom Stellplatz keinen Blickkontakt zum Wattenmeer, sondern stehen neben vielen anderen dicht gedrängt auf einem Platz abseits des Meeres. Gleichwohl scheint er sehr beliebt zu sein, denn bei unserer Ankunft war er nahezu vollständig belegt.

Bis zum Strand ist es nicht weit. Es ist auch ein guter Standort, um die Umgebung zu Fuß oder mit dem Fahrrad zu erkunden.

Uferpromenade in Duhnen.

Strand in Duhnen.

Bis zur Kugelbake sind es drei Kilometer, bis zur Duhner Heide etwa vier und bis zu der bereits beschriebenen Cuxhavener Küstenheide auch nur sieben Kilometer. Mit dem Rad ist das bei den gut ausgeschilderten Wegen kein Problem und leicht zu bewältigen.

Wem der Strand nicht gefällt, kann zum nächsten an der Kugelbake wechseln. Hier ist der Weg zum Wasser kürzer.

Mit diesem Ort haben wir auch gleichzeitig den nördlichsten Punkt unseres Reisegebietes erreicht.

(245) Offizieller WOMO-Badeplatz: Cuxhaven – Kugelbake

GPS: N53°53'25.6" E8°40'37.6"; Nordfeldstraße, 27476 Cuxhaven.
Max. WOMOs: 75, maximale Länge 12 m.

Ausstattung: Frischwasserversorgung, Abwasserentsorgung mit Bodeneinlass, Kassettenentleerung, Stromanschlüsse, Behälter für die Müllentsorgung, ganzjährig geöffnet.
Beschreibung: Schattenlose Stellflächen auf Betonpflastersteinen nur wenige Meter vom Strand entfernt.
Preise: 9,00 € für ein Fahrzeug mit 2 Personen, plus Kurtaxe 3,20 p. P. Frischwasser 1,00 €, Strom 1,00 € pro kWh.
Zufahrt: Den Hinweisschildern in Richtung Kugelbake/Zoo/Kurpark folgen.

Die Kugelbake ist das Wahrzeichen Cuxhavens. Die Konstruktion aus Holz mit der Kugel auf der Spitze misst etwas mehr als 28 Meter in der Höhe. Eine frühere Konstruktion diente noch als Leuchtturm, heute hat sie diese Funktion nicht mehr. Sie ist eine geographische Wegmarke. An dieser Stelle endet die Elbe und die Nordsee beginnt. Über einen

Damm kann sie trockenen Fußes erreicht werden. Wer mit entsprechendem Equipment ausgestattet ist, kann von hier die dicken Pötte, die auf dem Weg nach Brunsbüttel oder Hamburg sind, fotografieren.

Die Kugelbake in Cuxhaven.

An dieser exponierten Stelle befindet sich auch die einzige noch erhaltene Marine-Festung, das **Fort Kugelbake**. Geduckt hinter einem Deich wurde es um die Jahre der deutschen Reichsgründung 1870/71 errichtet, um feindlichen Schiffen den Zugang zur Elbe zu verwehren. Die gesamte fünfeckig angelegte Festung wurde in ziegelbauweise gemauert und wurde bis kurz nach dem Zweiten Weltkrieg militärisch genutzt. Eine zivile Nutzung des Geländes hatte lange Zeit keinen großen Erfolg. Nach langem Hin und Her ist die Stadt nun dabei, das Fort als Veranstaltungsort und als Museum zu ertüchtigen. Führungen durch

Die Marine-Festung Kugelbake.

Der Strand an der Kugelbake.

die Anlage werden von der Tourist-Info angeboten. Unter der Rufnummer 04721/404444 können Sie die Führungstermine erfragen und buchen.

In Cuxhaven gibt es in den Hafenanlagen noch zwei weitere Stellplätze, die wir Ihnen nicht vorenthalten wollen. Von beiden Plätzen sind Sie nah an den Fähren, die nach Helgoland führen. Je nachdem, welches Schiff Sie wählen, sind sie zwischen 150 und 75 Minuten (Katamaran) unterwegs. Eine

(246) Offizieller WOMO-Stellplatz: Cuxhaven – Alter Fähranleger

GPS: N53°52'30.5" E8°42'11.6"; Am Jachthafen, 27472 Cuxhaven.
Max. WOMOs: 100, maximale Länge 12 m, max. Aufenthalt 5 Tage.

Ausstattung: Frischwasserversorgung, Abwasserentsorgung mit Bodeneinlass, Kassettenentleerung, Stromanschlüsse, Behälter für die Müllentsorgung, Brötchenservice, Gasflaschentausch. Der Platz ist ganzjährig geöffnet.
Beschreibung: Schattenlose Stellflächen auf Betonpflastersteinen. Windstärke 10 - Wrack- und Fischereimuseum 2 km entfernt, Kugelbake 3 km, Duhnen Strand 5,5 km.
Preise: 17,00 € für ein Fahrzeug zwischen März und Oktober, 12,00 € zwischen November und Februar, Frischwasser 1,00 € (80 Liter) und Strom 1,00 € pro kWh. Abwasserentsorgung und Entleerung der Bordtoilette ist kostenfrei. Im Stellplatzpreis ist die Kurtaxe für 2 Personen enthalten.
Zufahrt: Den Hinweisen zum Alten Fähranleger folgen.

(247) Offizieller WOMO-Stellplatz: Cuxhaven – Zur Schleuse

GPS: N53°52'00.1" E8°42'35.9";
Präsident-Herwig-Straße 21, 27472 Cuxhaven.
Max. WOMOs: 25, maximale Länge 8 m.

Ausstattung: Frischwasserversorgung, Abwasserentsorgung mit Bodeneinlass, Kassettenentleerung, Stromanschlüsse, Behälter für die Müllentsorgung, ganzjährig geöffnet.
Beschreibung: Schattenlose Stellflächen auf Betonpflastersteinen im Hafengelände. Mehrere Restaurants in der Nähe, Windstärke 10 - Wrack- und Fischereimuseum 600 Meter entfernt, Fähranleger nach Brunsbüttel 650 Meter, Kugelbake 5 km.
Preise: 20,00 € für ein Fahrzeug mit 2 Personen, jede weitere Person 5,00 €, Frischwasser, Strom, Entsorgung und Frischwasser ist im Preis enthalten, Kurtaxe 1,70 € pro Person.
Zufahrt: Den Hinweisen zur Fähre Brunsbüttel folgen.

Feuerschiff Elbe 1 an der "Alten Liebe".

Hin- und Rückfahrt an einem Tag ist problemlos möglich. Anbieter sind die FRS Helgoline www.frs-helgoline.de und die Reederei Cassen Eils www.cassen-eils.de.

Darüber hinaus sind Sie nah an der **"Alten Liebe"**, einem ehemaligen Schiffspier, der zu einer Aussichtsplattform umgebaut wurde. Hier liegt auch das Feuerschiff Elbe 1, das nicht nur besichtigt werden kann, sondern auch zu Ausfahrten zur Verfügung steht. Über die Termine informiert diese Seite www.elbe-1.de.

Ausflugsschiff zu den Seehundbänken.

Im Hafengelände an der Alten Liebe legen auch die Schiffe ab, die zu den Seehundsbänken und zur Insel **Neuwerk** führen. Die rund zehn Kilometer entfernte Insel kann auch in einer Kombination aus Schifffahrt und Wattwanderung beziehungsweise mit der Nutzung eines von Pferden gezogenen Wattwagens gebucht werden. Schauen Sie dazu bitte auch auf die Seite der Reederei Cassen Eils.

Mit dem Wattwagen zur Insel Neuwerk.

Zum Abschluss unseres Besuches in Cuxhaven möchten wir noch auf **Windstärke 10** hinweisen. Es ist ein Wrack- und

Fischereimuseum, das nur 600 Meter vom Stellplatz an der Schleuse entfernt liegt. In den zwei historischen Fischpackhallen erfahren Sie alles über den harten und zum Teil lebensbedrohlichen Alltag in der Hochseefischerei und bekommen eine Ahnung davon, wie es sich anfühlt, wenn ein Schiff zum Spielball der Naturgewalten wird.

Schiffsuntergänge in der "Mordsee", wie die Nordsee auch gern genannt wird, waren vielfach in den vergangenen Jahrhunderten mit vielen Opfern zu beklagen. Es wird erläutert, wie es dazu kommen konnte und welche technischen Einrichtungen es heute gibt, um diese Katastrophen zu verhindern. Und wie immer die Adresse zu den Öffnungszeiten und Eintrittspreisen www.windstaerke10.net.

Wir machen uns nun auf den Weg in das **Nordseebad Otterndorf**, einem kleinen charmanten Städtchen mit rund 7.500 Einwohnern. Bevor wir uns dem Ort und vor allem seinen Freizeiteinrichtungen widmen, schauen wir uns zunächst die Plätze an, die für eine Übernachtung zur Verfügung stehen.

(248) Offizieller WOMO-Stellplatz: Otterndorf

GPS: N53°48'15.4" E8°52'57.8"; Fritz-Pahlke-Straße 7, 21762 Otterndorf.
Max. WOMOs: 3, maximale Länge 10 m, max. Aufenthalt 2 Tage.
Ausstattung: Frischwasserversorgung, Abwasserentsorgung mit Bodeneinlass, Kassettenentleerung, Stromanschlüsse, ganzjährig geöffnet.
Beschreibung: Halbschattige Stellflächen in einem Gewerbegebiet am Ortsrand von Otterndorf, rund 4 km vom Strand entfernt.
Preise: 10,00 € für ein Fahrzeug, Strom 2,00 € pro Tag. Abwasserentsorgung und Entleerung der Bordtoilette ist kostenfrei.
Zufahrt: Am Ortseingang von Otterndorf gleich die erste Straße rechts abbiegen und die nächste links.

(249) WOMO-Campingplatz: Otterndorf – See Achtern Diek

GPS: N53°49'30.5" E8°52'34.3"; Am Campingplatz 3, 21762 Otterndorf.
Max. WOMOs: >20, maximale Länge 12 m.
Ausstattung: Frischwasserversorgung, Abwasserentsorgung mit Bodeneinlass, Kassettenentleerung, Stromanschlüsse, Behälter für die Müllentsorgung, WLAN, Brötchenservice. In den Sanitärgebäuden gibt es Duschen, WCs, Waschmaschinen und Trockner. Der Platz ist vom 1. April bis zum 31. Oktober geöffnet.
Beschreibung: Komfortable Anlage mit parzellierten und unparzellierten Stellflächen auf Rasenuntergrund in unterschiedlichen Größen und Preisen. Nah am Nordsee (Badesee) und nah am grünen Nordseestrand.
Preise: Personen ab 15 Jahren 7,00 €, Kinder zwischen 4 und 14 Jahren, 5,00 €, Hund 5,00 €, Kurtaxe (nur Erwachsene) 2,50 €, Wohnmobil je Größe des Platzes und Saison zwischen 10,00 € und 14,00 €, Strom 3,50 € pro Tag, Mietbad (Mindestaufenthalt 5 Tage) 10,00 € pro Tag.
Zufahrt: In den Ort hineinfahren. Am Aldi-Markt links in den Sophienweg abbiegen, der Straße bis zu einem Getränkemarkt auf der linken Seite folgen, dort links in die Große Ortsstraße abbiegen und am Krankenhaus vorbeifahren und der Beschilderung zum Campingplatz folgen.
Reservierung/Kontakt: Tel.: 04751/2933
E-Mail: campingplatz@otterndorf.de, Web: www.otterndorf.de.

(250) Offizieller WOMO-Gasthof-Stellplatz: Otterndorf – Seglertreff

GPS: N53°49'22.9" E8°53'40.9"; Deichstraße, 21762 Otterndorf.
Max. WOMOs: 12, maximale Länge 8 m.

Ausstattung: Frischwasserversorgung, CamperClean-WC-entleerung, Stromanschlüsse, Behälter für die Müllentsorgung, Brötchenservice. Im Servicegebäude gibt es Duschen und WCs. Um die Räume zu betreten gibt es bei der Anmeldung einen Code, der den Zugang gewährt. Der Platz ist nicht ganzjährig geöffnet, eine Grauwasserentsorgung nicht möglich.
Beschreibung: Sehr eng beieinanderliegende schattige Stellflächen hinter dem Deich neben einem Schöpfwerk. In den Sommermonaten schnell überbelegt. Im Kiosk werden nur einfache Schnellgerichte, wie Currywurst mit Pommes und Ähnliches angeboten, die auf der überdachten Außenterrasse verzehrt werden können. Beim Weizenbier treffen sich die Camper beim Klönschnack. Wer kulinarische Leckerbissen genießen will, geht kurz über den Deich. Dort befindet sich eines der Restaurants des bekannten Fernsehkochs Steffen Henssler.
Preise: 12,00 € für ein Fahrzeug mit 2 Personen. Toilettenentsorgung 2,00 €, Strom 0,50 € pro kWh. Gästebeitrag 2,50 € pro Person.
Zufahrt: Zunächst der Wegweisung zum Freizeitgelände Achtern Diek folgen, an dem Gelände vorbeifahren und vor dem Deich rechts abbiegen.
Reservierung/Kontakt: Tel.: 0177 2556656.

Der Nordsee mit dem Campingplatz im Hintergrund.

Das Freizeitgelände in Otterndorf ist eine außerordentliche Anlage. Um mehrere miteinander verbundenen Seen wurden zahlreiche Ferienhäuser gebaut und der Campingplatz angelegt. Nordsee heißt der größere See, um den sich der

Grüner Strand im Nordseebad Otterndorf.

Campingplatz schmiegt. Südsee wird der etwas kleinere See genannt, der sich südlich anschließt und in einem weiten Bogen schließt sich eine Kanal- und Seenlandschaft an, an der die Ferienhäuser liegen. Hier können Sie im ruhigen Wasser von einem See in den nächsten Paddeln.

Am Nordsee ist darüber hinaus ein Badestrand angelegt und im Wasser finden sich allerlei schwimmende Spielgeräte, auf dem die Kleinen toben können.

Malerische Gasse in Otterndorf.

Natürlich gibt es auch eine Wakeboardanlage, Sie können Surfen, SUP-Bretter leihen, Tretboot fahren und am Rande der Seen sich mit allerhand verköstigen. Von simplen Pommes an der Frittenbude bis zum noblen Restaurant reicht die Palette.

Wenn es Ihnen an den Seen auf dem Wasser zu ruhig ist, dann gehen Sie kurz über den Deich und lassen sich vom Wind mit einmal ordentlich durchpusten oder kiten am Ufer hin und her und haben dabei immer die vorbeiziehenden dicken Pötte im Blick. Sicher können Sie auch hier in die Fluten steigen und baden gehen.

Wenn Ihnen das alles nicht reicht, dann gibt es auch noch die Sole-Therme mit sechs verschiedenen Schwimmbecken und einer Saunalandschaft.

Nobel essen gehen können Sie im Ahoi-Restaurant von Steffen und Peter Henssler. Sie finden es in der Nähe des Seglertreffs. Im Restaurant gibt es "leckeres" Essen mit freiem Blick auf die vorbeiziehenden Ozeandampfer. Schauen Sie hier hinein www.ahoisteffenhenssler.de, um Näheres zu erfahren.

Otterbrunnen vor dem Rathaus.

Das Otterndorf tatsächlich etwas mit diesen unter Naturschutz stehenden Tieren zu tun hat, legt der Brunnen vor dem historischen Rathaus nahe. Vermutet wird die Namensherkunft mit großen Otterpopulationen an der Medemmündung an der dieser Ort liegt. Belegt ist das aber nicht.

Alte Lateinschule in Otterndorf.

Den Stadtrundgang in Otterndorf können Sie mit modernen Hilfsmittel durchführen. An allen sehenswerten Gebäuden sind Hinweistafeln angebracht, die mit einem QR-Code versehen sind. Scannen Sie diese mit Ihrem Smartphone ab, dann können Sie sich die Geschichte zu diesem Objekt anhören. Diese "Hörerlebnisse" lassen sich auch schon vorab von dieser Seite herunterladen www.otterndorf.de und dann wissen Sie auch schon gleich, was es mit der **Alten Lateinschule** auf sich hat und warum das dritte Stockwerk des Gebäudes etwas anders aussieht, als die beiden unteren.

Über die genannte Webseite können Sie auch Medemfahrten und Wattwanderungen buchen. Bei den Medemfahrten haben Sie die Wahl ob es mit einer der Barkassen flussabwärts bis zur Schleuse geht oder flussaufwärts bis nach Ihlienworth.

Damit wollen wir unseren Besuch in diesem liebenswerten Städtchen beenden und fahren weiter zum **Natureum Niederelbe**, das sich nördlich von Neuhaus, an der Mündung der Oste in die Elbe befindet.

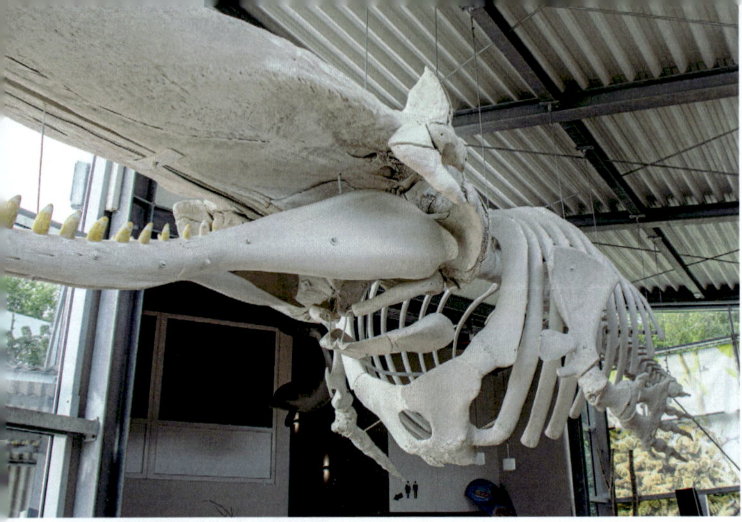

Skelett eines 13 Meter langen Pottwales, der 1997 in Cuxhaven strandete.

Die Zufahrt dorthin ist recht gut ausgeschildert und an dieser Stelle **[251:** N53°49'08.7" E9°02'16.7"] können bis zu sechs Wohnmobile kostenlos parken.

Stellplatz am Natureum Niederelbe.

Das Natureum Niederelbe wurde 1990 als Naturkundemuseum gegründet. Es ist in vier Bereiche gegliedert, der KüstenWelle, dem KüstenMuseum, dem Elbe-Küsten-Park und dem KüstenZoo.

In der **KüstenWelle** befindet sich der Eingang, der von dem Skelett eines Pottwalbullens dominiert wird. Rund um das Skelett wird die Geschichte der Strandung des Pottwales und sein Weg in das Natureum erzählt. Im **KüstenMuseum**, das sich im hinteren Bereich der großen Anlage befindet, geht es um die Tier- und Pflanzenwelt in der Elbmündung und um Bernstein. Der Weg dorthin führt durch den 100 Hektar großen **Elbe-Küsten-Park**, in dem viele Aktionszonen für Kinder eingerichtet worden sind, die das Verständnis für die Tier- und Pflanzenwelt auf spielerische Art fördern.

Das Küstenmuseum im Natureum.

Bleibt schließlich noch der **KüstenZoo**, in dem typische Tiere der Marsch, Moor und Geest zu sehen sind sowie Nutz- und Streicheltiere leben. Es sind aber auch Küstenbewohner aus anderen Teilen der Welt zu sehen.

Wenn Sie mögen, können Sie Tierpfleger für einen Tag werden. Genauere Information dazu, wie zu den Öffnungszeiten und Eintrittspreisen bekommen Sie hier www.natureum-niederelbe.de.

Vom Natureum bis zum sehr ruhig gelegenen Stellplatz in **Neuhaus (Oste)** ist es in der Luftlinie nur ein Katzensprung, doch um dorthin zu fahren, sollten Sie kurz die Beschreibung über die Zufahrt lesen, bevor Sie einfach Ihrem Navi die Wegführung überlassen.

(252) Offizieller WOMO-Stellplatz: Neuhaus (Oste) – Yachthafen

GPS: N53°48'09.4" E9°02'25.0"; Am Yachthafen, 21785 Neuhaus (Oste).
Max. WOMOs: 13, maximale Länge 8 m.

Ausstattung: Frischwasserversorgung, Abwasserentsorgung mit Bodeneinlass, Kassettenentleerung, Stromanschlüsse, Behälter für die Müllentsorgung. Im Servicegebäude gibt es Duschen, WCs, Waschmaschinen und Trockner. Geöffnet von Anfang März bis Anfang Oktober.
Beschreibung: Schattenlose Stellflächen mit Blick auf den Schilfbewuchs an der Oste in unmittelbarer Nähe des Yachthafens. Dort befindet sich auch das Sanitärgebäude mit Duschen und WCs. Die Ver- und Entsorgung befindet sich im Einfahrtsbereich bei der Gärtnerei Heller.
Preise: 10,50 € für ein Fahrzeug mit 2 Personen ohne Strom, 12,50 mit Strom. Ver- und Entsorgung ist im Preis enthalten. Dusche 2,00 €, Waschmaschine/Trockner 7,50 €.
Zufahrt: Biegen Sie von der B73 auf die L111 (Richtung Wischhafen) und fahren damit aus östlicher Richtung nach Neuhaus. Damit vermeiden Sie die engen Straßen im historischen Ortskern und kommen aus der richtigen Richtung zur Deichüberfahrt. Sollten Sie doch durch den Ortskern fahren, so fahren Sie am Hinweisschild zum Wohnmobilstellplatz an der Straße "Am Yachthafen" vorbei bis zur Gärtnerei Heller und wenden dort. Damit kommen Sie aus der "richtigen" Richtung, um den spitzen Winkel auf die schmale Deichauffahrt zu meistern.
Reservierung/Kontakt: Tel.: 0151/16734021
E-Mail: wohnmobil@neuhaus-tourismus.de,
Web: www.tourismus-gewerbe-neuhaus.de.

Auf dem Weg dorthin kommen wir noch an einem Abzweig zu einer Wakeboardanlage vorbei, die Sie hier beschrieben finden https://wasserski-neuhaus.de.

Neuhaus zeichnet sich vor allem durch seine Ruhe aus. Der Stellplatz liegt in einer Sackgasse, an dessen Ende der kleine Yachthafen liegt. Viel Verkehr müssen Sie nicht fürchten. Das lauteste, was Sie hier hören, ist das Rauschen des Schilfes und die Schreie der Möwen. Ein schöner Ort für diejenigen, die einfach mit dem Wohnmobil Ruhe suchen. Es empfiehlt sich, die Vorratskammern des WOMOs zu füllen, bevor Sie den Platz ansteuern, denn außer "Wiebkes Klönstuv" und dem Brauhaus, in dem Sie erstklassig gebrannten Schnaps kaufen können, gibt es in dem Ort nichts.

Wer gern mit dem Drahtesel unterwegs ist, findet hier eine Reihe lohnenswerter Ziele nicht nur auf dem Elberadweg.

Wir machen uns nun auf den Weg nach **Hemmoor** und fahren dafür auf die B73 in südliche Richtung, durchqueren Cadenberge und kommen an dem bewaldeten Höhenrücken der **Wingst** vorbei. Den Zoo und den Aussichtsturm in diesem Gebiet haben wir nicht besucht, das werden wir für die nächste Auflage nachholen.

Kurz hinter Althemmoor befindet sich der **Kreidesee** an dessen Ufer dieser Campingplatz liegt.

(253) WOMO-Campingplatz: Hemmoor – Kreidesee

GPS: N53°42'03.7" E9°07'38.4"; Cuxhavener Straße 1, 21745 Hemmoor.
Max. WOMOs: >20, maximale Länge 12 m.
Ausstattung: Frischwasserversorgung, Abwasserentsorgung mit Bodeneinlass, Kassettenentleerung, Stromanschlüsse, Behälter für die Müllentsorgung, WLAN, Brötchenservice. Im Servicegebäude gibt es Duschen, WCs, Waschmaschinen und Trockner. Der Platz ist ganzjährig geöffnet.
Beschreibung: Überwiegend schattenlose Stellflächen in Ufernähe. Freie Platzwahl. Sie stellen sich dorthin, wo es Ihnen am besten gefällt.
Preise: Personen 2-99 Jahre 4,00 €, Hund 1,50 €, Wohnmobil 9,00 €, Strom 3,00 € pro Tag, Waschmaschine und Trockner jeweils 2,90 € pro Nutzung. U-Boot 295,00 €.
Zufahrt: Althemmoor durchfahren, kurz hinter dem Ortsende rechts zum Kreidesee abbiegen.
Reservierung/Kontakt: Tel.: 04771/7921
Web: www.kreideseetaucher.de.

Der Kreidesee ist kein Moorsee und er ist auch nicht auf natürliche Weise entstanden. Er ist das Relikt eines Tagebaus, in dem nicht wie an anderen Orten in Deutschland Braunkohle abgebaut wurde, sondern Schreibkreide. Mitte des 19. Jahrhunderts ging es los mit dem Abbau und eine der weltweit größten Zementfabriken entstand an diesem Ort. Die für den Produktionsprozess notwendige Kohle kam über den Seeweg aus Übersee und wurden über die Oste in das

Flugzeugwrack im Kreidesee.

Zementwerk transportiert. Ton, ein ebenfalls für die Produktion von Zement notwendiger Grundstoff, kam aus Lamstedt im Süden von Hemmoor.

Bootswrack im Kreidesee.

In der letzten Ausbaustufe zu Beginn der 80er-Jahre war die Kreidegrube fast 120 Meter tief und es kam das wirtschaftliche Aus, weil ein Abbau zu kostspielig wurde. Die Produktion wurde eingestellt, die Grube teilweise wieder mit dem Abraum verfüllt und dann sich selbst überlassen. Sechs Jahre dauerte es bis die Grube sich mit Wasser gefüllt hatte. Der See hat eine Fläche von 33 Hektar und ist bis zu 60 Meter tief.

Rasch entdeckten Taucher diesen See für ihren Sport und aus einer anfänglich unkoordinierten Anlage wurde eine solide Tauchbasis mit Campingplatz, Ferienhäusern und vor allem mit der Bereitstellung der technischen Einrichtungen für den Tauchsport.

Um die Tauchgänge attraktiver zu gestalten, wurden einige Fahrzeuge, ein Flugzeug, Boote und einiges andere mehr in dem See versenkt. Die ganze Liste können Sie in allen Einzelheiten auf dieser Seite www.kreideseetaucher.de nachlesen. Es sind spannende Geschichten darunter.

Der Clou: Auch wenn Sie noch nie getaucht sind, können Sie mit einem kleinen U-Boot in die Unterwasserwelt abtauchen. Wie das funktioniert können Sie auch auf der angegebenen Webseite nachlesen.

Von Hemmoor geht es weiter nach **Osten**. Hier stellen wir das WOMO auf einem gebührenpflichtigen Platz an der Gartenstraße ab **[254:** N53°41'46.2" E9°11'17.7"]. Acht Euro Parkgebühren sind dafür im Möbelhaus Toborg schräg gegenüber zu den üblichen Geschäftszeiten zu zahlen. In der Ecke des Platzes befindet sich ein Gully, in dem immerhin das WC entleert werden kann. Das war es dann aber auch schon mit den Serviceeinrichtungen.

Stellplatz in Osten.

In Osten sind zwei Sehenswürdigkeiten besonders bemerkenswert. Zum einen ist es die **Schwebefähre** über die Oste, zum anderen die **Petrikirche**.

Die Schwebefähre wurde 1909 eingeweiht und ist die älteste dieser Art in Deutschland. Die Gondel der Fähre gleitet an einem 38 Meter hohen Traggerüst über den Fluss. Die Fähre wurde so hoch gebaut, damit Segelschiffe mit hohen Masten ungehindert darunter hindurch fahren konnten. Rund 290 Tonnen Stahl wurden für die 90 Meter lange Gitterkonstruktion benötigt.

Nachdem 1974 die neue Brücke über die Oste fertiggestellt war, wurde der Fährbetrieb eingestellt. Ein Abriss wurde geplant, konnte aber verhindert werden. Als Touristenattraktion ist sie heute in Betrieb und mit dem Rad können Sie sich für

Schwebefähre über die Oste.

Kanzelaltar und Priechen in St. Petri.

ein kleines Entgelt auf die andere Seite der Oste "hinüberschweben" lassen.

St. Petri in Osten.

Hunderte von Weißtannenpfählen aus Sachsen und Böhmen tragen die Fundamente der Petrikirche, ein Backsteinbau, der 1750 fertiggestellt wurde. Baumeister war Johann Leonhard Prey, der auch die Planung und Bauleitung für den "Michel" in Hamburg innehatte.

Das Ensemble von Kanzelaltar, Priechen und Emporen ist in dieser Konstellation und baulichen Ausgewogenheit einzigartig in Norddeutschland. Es spiegelt gleichzeitig die Rangordnung der Gesellschaft wieder. Der Adel erhielt Priechen auf Höhe der Emporen und überragten damit den Prediger auf der Kanzel. Sie hatten ihren eigenen Eingang hinter dem Altar. Wer es sich von der großbäuerlichen Oberschicht leisten konnte, kaufte eine der übrigen 22 Priechen. Sie trugen damit die Hauptlast der Baukosten von über 40.000 Reichstalern. Das gemeine Volk fand in den einfachen Kirchenbänken Platz.

Alle Details bekommen Sie in einer Kirchenführung erläutert. Am Eingang finden Sie eine Telefonnummer, die Sie anrufen können, um durch die Kirche geführt zu werden. Sie können das Gebäude aber auch ohne Führung betreten. Es ist von April bis Oktober täglich von 9:00 bis 18:00 Uhr geöffnet.

Wenn Ihnen der Stellplatz in Osten nicht gefällt, so ist dieser in elf Kilometern Entfernung mit Hecken parzellierte Stellflächen eine gute Alternative.

(255) Offizieller WOMO-Stellplatz: Oberndorf – Bentwisch

GPS: N53°45'14.1" E9°09'00.6"; Bentwisch 56, 21787 Oberndorf.
Max. WOMOs: 5, maximale Länge 12 m.

Ausstattung: Frischwasserversorgung, Abwasserentsorgung mit Schlauch möglich, Kassettenentleerung, Stromanschlüsse, Behälter für die Müllentsorgung. Im Servicegebäude gibt es Duschen und WCs, ganzjährig geöffnet.
Beschreibung: Breite überwiegend schattige Stellflächen mit Hecken voneinander getrennt. Nah an der Straße aber nicht übermäßig laut. Auf der gegenüberliegenden Seite bei der Feuerwache befindet sich die Ver- und Entsorgungsstation sowie die Duschen und die WCs.
Preise: 10,00 € für ein Fahrzeug, Frischwasser 1,00 € und Strom 0,50 € pro kWh. Abwasserentsorgung und Entleerung der Bordtoilette ist kostenfrei. Gebühr muss in bereitliegende Umschläge gesteckt und mit Kennzeichen versehen in einem Briefkasten in der Fährstraße 2 geworfen werden. Beschreibung des Weges ist vor Ort zu finden.
Zufahrt: Vor der Brücke über die Oste nach Oberndorf auf der rechten Seite.

Der Ostekieker ist ein Restaurantschiff auf der Oste in Oberndorf.

Hier haben Sie mit dem "Ostekieker" auch gleich noch ein kleines Restaurant, das sich in dem festvertäuten Schiff auf der Oste befindet. In Osten gibt es kein Restaurant mehr, nur ein Café. Die Speisekarte finden Sie hier www.ostekieker.de.

Das Schiff liegt nur wenige Meter vom Stellplatz entfernt auf der anderen Seite der Oste, die Sie über die Brücke leicht überqueren können.

Stiller und ruhiger ist es in diesem Landstrich, im Norden Kehdingens. Kein Vergleich mit dem Trubel in Cuxhaven oder in Otterndorf. Das Naturbad in **Krummendeich** ist im Vergleich zu dem Nordsee in Otterndorf sehr bescheiden ausgestattet. In dieser Region liegt aber auch eine Stärke für die Wohnmobilisten die einfach ihre Ruhe haben wollen oder auf dem Weg nach Schleswig-Holstein die günstigen Übernachtungsmöglichkeiten zu schätzen wissen, wie in Krummendeich.

Naturfreibad in Krummendeich.

(256) Offizieller WOMO-Stellplatz: Krummendeich – Naturfreibad

GPS: N53°49'51.8" E9°12'07.9"; Osterwechtern 99, 21732 Krummendeich.
Max. WOMOs: 10, maximale Länge 12 m.
Ausstattung: Behälter für die Müllentsorgung, ganzjährig geöffnet.
Beschreibung: Große sonnige und sehr ruhig gelegene Stellflächen auf einem Wiesengelände in unmittelbarer Nähe des Naturfreibades. Nächste Entsorgungsstation ist in Freiburg/ Elbe. Idealer Ort für Radtouren ins Kehdinger Land. Touren- und Ausflugstipps sind auf einer Übersichtskarte am Stellplatz ausgehängt.

Preise: Kostenlos. Um eine Spende in Höhe von 5,00 € wird gebeten.
Zufahrt: Den Hinweisen zum Naturfreibad folgen.

Flaches Marschland in Nordkehdingen bei Krummendeich.

Auch wenn wir uns mit den Radtouren ständig wiederholen. Dieser Stellplatz ist mal wieder ein idealer Ort dafür, um auf dem Elberadweg oder entlang der Oste die eine oder andere Ausfahrt zu machen. Das das Wetter nicht immer mitspielt und auch mit heftigem Regen gerechnet werden muss, zeigt das Foto auf der vorangegangenen Seite, als wir auf dem Deich an der Unterelbe waren. Auf der einen Seite hatten wir die weite topfebene Marschlandschaft auf der anderen Seite Brunsbüttel mit seinen Hafenanlagen im Blick.

Noch zweimal wechseln wir den Standort, bevor diese Tour beendet wird. Nächster Programmpunkt ist **Freiburg (Elbe)**.

(257) Offizieller WOMO-Stellplatz: Freiburg (Elbe) – Freizeitzentrum

GPS: N53°49'23.0" E9°17'34.5"; Am Bassin, 21729 Freiburg (Elbe).
Max. WOMOs: 20, maximale Länge 12 m.

Ausstattung: Frischwasserversorgung, Abwasserentsorgung mit Bodeneinlass, Kassettenentleerung, Stromanschlüsse, Behälter für die Müllentsorgung. Duschen und WCs im Sportheim. Der Platz ist ganzjährig geöffnet.
Beschreibung: Sonnige bis halbschattige ebene Stellflächen zwischen einem Sportplatz und einem Reitstall. Sehr ruhig. Nah am Ortszentrum.
Preise: 11,00 € für ein Fahrzeug, inkl. Frischwasser, Entsorgung und Strom. Der Betrag wird am Fahrzeug kassiert. Wer nur die Ver- und Entsorgung nutzen möchte zahlt dafür 2,00 €.
Zufahrt: Den Hinweisen zum Freizeitzentrum folgen.

Großartige Attraktionen, die unbedingt gesehen werden sollten, gibt es auch hier nicht. Es ist ein weiterer Etappenplatz. Der historische Kornspeicher, der von dem Ort beworben wird, wird als Veranstaltungsstätte genutzt. Über das Programm informiert diese Seite www.kornspeicher-freiburg.de.

Schiffe im Wischhafener Moorkanal.

Ansonsten ist es sehr ruhig an diesem Ort und auf Radtouren müssen wir nicht mehr hinweisen.

Lebendiger ist es auch auf dem nächsten Stellplatz in **Wischhafen** nicht. Aber immerhin gibt es das **Kehdinger Küstenschifffahrts-Museum**, das einige Exponate aus der Schifffahrtsgeschich-

(258) Offizieller WOMO-Stellplatz: Wischhafen – Am Hafen

GPS: N53°46'22.4" E9°19'20.6"; Hafenstraße 5-8, 21737 Wischhafen.
Max. WOMOs: 12, maximale Länge 8 m.
Ausstattung: Stromanschlüsse, Behälter für die Müllentsorgung, ganzjährig geöffnet.
Beschreibung: Geschotterte Plätze und Wiesengelände in einer Sackgasse am Ortsrand, nah am Hafenbecken, sehr ruhig. Zu Fuß 250 Meter bis zum sehenswerten Kehdinger Küstenschiffahrts-Museum.

Preise: Es wird um eine Spende gebeten. Strom 1,00 € für 2 kWh.
Zufahrt: In Wischhafen von der B495 den Hinweisen zum Hafen folgen.
Ver- und Entsorgung: In 1,5 Kilometer Entfernung in Richtung Drochtersen. Ziegelstraße 6, 21737 Wischhafen. **GPS:** N53°45'52.1" E9°19'17.1". Abwasserentsorgung (mit Bodeneinlass), Frischwasser und Entleerung der Bordtoilette kostenlos. Auch an dieser Stelle wird um eine Spende gebeten.

te dieser Region ausgestellt hat. Es ist nicht weit vom Stellplatz entfernt, der sich direkt neben dem alten denkmalgeschützten Hafen befindet. Ein Schiff des Museums liegt dort vor Anker. Über die Öffnungszeiten und die Ausstellungen des Museums informiert diese Seite www.kuestenschiffahrts-museum.de.

Weiter geht die Fahrt Richtung **Elbfähre**. Eine letzte Übernachtungsmöglichkeit auf der linken Elbseite bietet dieser Platz **[259:** N53°47'10.2" E9°20'25.7"] bevor es auf die Fähre nach **Glückstadt** geht. Der Fährbetrieb läuft in den Sommermonaten zwischen 4:30 Uhr und 22.30 Uhr. Wichtig: Die Überfahrt kann nur mit Bargeld bezahlt werden. Es sind vier Schiffe die mehr oder minder pausenlos hin und her fahren und ca. 25 Minuten für die Überfahrt auf der hier drei Kilometer breiten Elbe benötigen. Bis Sie auf die Fähre auffahren können, kann je nach Verkehrslage schon sehr viel Zeit vergehen. Unsere Spitzenwartezeit liegt bei zwei Stunden. Wovor Sie übrigens keine Angst haben müssen ist der Auffahrwinkel. Auch wenn Ihr WOMO einen langen Hintern hat, wird es ganz sicher nicht bei der Auf- und Abfahrt über den Boden kratzen.

Wenn Sie unser Buch über Schleswig-Holstein und Hamburg (Band 4 der WOMO-Reihe) haben, dann werden Sie wie in diesem Band interessante Einblicke in Natur und Landschaft bekommen. Wenn Sie weiter in das "Alte Land" reisen möchten, so finden Sie auch das in dem Band beschrieben.

Tipps und Infos – alphabetisch sortiert

Baden/Wellness

Die Nordsee sowie die vielen Binnenseen bieten eine Fülle an Bademöglichkeiten. Es gibt darüber hinaus eine große Summe an Frei- und Hallenbädern, auf die wir immer wieder hingewiesen haben.

Ein großes Thema sind in den letzten Jahren die Kurbäder geworden, die ihre Angebote auch auf das Thema Wellness ausgerichtet haben. Viele haben einen Wohnmobilstellplatz in unmittelbarer Nähe. Es sind allerdings nicht so viele, wie wir dies aus Süddeutschland kennen.

Campingplätze

Die Zahl der Campingplätze ist sehr groß in Ostfriesland und umzu. Wir haben nicht alle aufgenommen, sondern sehen sie als Alternative zu nicht vorhandenen Stellplätzen. Wir wählen einen Campingplatz aber auch dann, wenn er besonders schön an einem Fluss, einem See oder in Meeresnähe liegt und klassische Wohnmobilstellplätze nicht in ausreichender Zahl zur Verfügung stehen. Im Vergleich zu unseren anderen Büchern haben wir für dieses Buch sehr viele Campingplätze ausgewählt, auch in der Überzeugung, dass am Meer längere Aufenthalte gewählt werden.

Freies Campen/Freies Übernachten

Nicht jeder traut sich auf einem Waldparkplatz oder an einem still verschwiegenen See ohne eine Menschenseele um sich herum sein Womo abzustellen und zu übernachten. Uns stört es nicht, wenn des Nachts der Waldkauz ruft oder es im Gebüsch auch einmal knackt.

Wichtig ist natürlich – und darum bitten wir auch Sie, liebe Leser – nichts anderes zu hinterlassen als ein paar Reifenspuren. Wir hatten bislang mit dieser Vorgehensweise nirgendwo ein Problem. Bedauerlich ist nur, dass es an der Küste dafür nur wenige Möglichkeiten gibt.

Gasversorgung

Graue Campinggasflaschen werden in fast allen Baumärkten zu den üblichen Ladenöffnungszeiten zum Tausch angeboten. Dort, wo ein Gasflaschentausch auch auf Camping- oder Stellplätzen angeboten wird, haben wir in den Stellplatzbeschreibungen darauf hingewiesen.

Gaststätten und Spezialitäten

Die Norddeutschen lieben die bodenständige, klassische Küche. Dabei spielen Fisch und Meeresfrüchte naturgemäß eine besondere Rolle.

Im Oldenburger Münsterland und anderen Regionen im Hinterland der Küste kommen deftige Fleischgerichte auf den Tisch. Nicht alle Restaurants fühlen sich der traditionellen Küche verpflichtet.

GPS/Navigation

Ohne ein Navigationsgerät ist heute kaum noch jemand unterwegs. Die Geräte sind äußerst nützlich, nur blind vertrauen sollte man ihnen nicht. Hinter jeder Programmierung und Datenerfassung steht ein Mensch und der macht nun einmal Fehler, falsche Wegweisung ist deshalb nicht ausgeschlossen. Navigationsgeräte führen zwar zielgenau zu den eingegebenen Koordinaten, eine Übersicht bieten sie jedoch nicht. Nehmen Sie ergänzend zu Ihrem Navi eine gute Landkarte zur Hand, damit Sie ein Gefühl dafür bekommen, in welcher Lage sich die einzelnen Städte oder Sehenswürdigkeiten zueinander befinden.

Grenzen

Wir befinden uns hier im Grenzgebiet zu den Niederlanden. Die Grenze zu überschreiten ist problemlos möglich. Ausweispapiere sollte man aber immer dabei haben.

Kartenmaterial und Literatur

Ergänzend zu Ihrem Navi sollten Sie gutes Kartenmaterial mit sich führen. Schauen Sie dazu bitte in den Shop des WOMO-Verlages. Dort werden Sie die passenden Karten zu diesem Reisegebiet finden.

Kleingeld/Münzen

Die Parkautomaten, die Münzautomaten an den Stromsäulen und an den Sanitärstationen verlangen nach Kleingeld. Achten Sie darauf, immer einen Vorrat an 50 Cent und 1-Euro-Münzen mitzuführen. Wir haben uns dazu eine kleine Schachtel in das Handschuhfach gelegt, die immer wieder mit dem Wechselgeld nach Einkäufen gefüttert wird.

Kurtaxe

An allen größeren Badeorten wird eine Kurtaxe erhoben, oftmals nur für den Strandbereich. Häufig wird mit der Entrichtung der Stellplatz oder Campinggebühren diese Gästeabgabe mit berechnet.

Toiletten/Toilettenentsorgung

Auf unseren Touren haben wir darauf geachtet, eine Vielzahl von Plätzen zu finden, die sachgerechte Ver- und Entsorgungseinrichtungen haben. Die Entsorgung ist kein Kostenfaktor und es sind genügend Stationen in diesem Buch genannt. Es gibt also wirklich keinen Grund, den Inhalt der Bordtoilette hinter irgendeinem Busch zu entleeren. Die Stationen sind in den Tourenkarten gut erkennbar. Vielleicht müssen Sie mal auf eine Station aus einer Nachbartour ausweichen, auch diese Möglichkeit ist in den Tourenkarten gut ablesbar.

Für den Notfall haben wir uns eine zweite Kassette zugelegt, die bei Bedarf gegen die volle getauscht wird. Ansonsten gilt: Vorausschauend Ver- und Entsorgen und nicht bis auf den letzten Drücker warten, zumal auch immer damit zu rechnen ist, dass eine Station durch einen Defekt nicht genutzt werden kann.

Trinkwasserversorgung/Grauwasserentsorgung

Hier gilt das Gleiche wie für die Toilettenver- und entsorgung. Erfahrungsgemäß ist die Toilette schneller voll als der Abwassertank. Wir arbeiten die Frischwasseraufnahme, Grauwasser- und Toilettenentsorgung immer an einer Service-Station nacheinander ab, egal wie dringend notwendig das eine oder andere gerade auch ist.

Wandern und Radwandern

Die gesamte Region ist zum Wandern und Radeln ideal. Wir haben uns bemüht, einige der interessantesten Routen im Buch zu berücksichtigen. Es gibt jedoch noch wesentlich mehr Wege, die entdeckt, durchschritten bzw. durchfahren werden wollen. Radfahren nach dem Knotenpunktsystem ist einfach, wir haben darauf hingewiesen. Nehmen Sie auch das Ladegerät für Ihr e-bike mit, es gibt mittlerweile sehr viele "Stromtankstellen", an denen Sie kostenlos nachladen können.

Wassersport

Wir selbst sind keine Wassersportler. Surfen, Kitesurfing und Kanutouren sind nicht unsere Welt. Dennoch weisen wir in diesem Buch immer wieder darauf hin, wo es geeignete Strände und Windverhältnisse zum Surfen gibt und wo Sie sich bei Bedarf an Seen und Kanälen ein Kanu mieten können.

Zum Schluss: Die große Wohnmobilfahrerfamilie

Urlaub mit dem Wohnmobil ist etwas ganz Besonderes. Man kann die Freiheit genießen, ist ungebunden, dennoch immer zu Hause und lebt mitten in der Natur. Seit mehr als 25 Jahren geben wir Ihnen mit unseren Reiseführern eine Anleitung für diese Art Urlaub mit auf den Weg. Außer den umfangreich recherchierten Touren haben wir viele Tipps allgemeiner Art zusammengetragen, unter ihnen auch solche, die für einen Womo-Urlauber eigentlich selbstverständlich sein sollten. Weil wir als Wohnmobiler die Natur in ihrer ganzen Schönheit und Vielfalt zu schätzen wissen, haben wir auch eine besondere Verantwortung ihr gegenüber, die wir nicht einfach auf andere abwälzen dürfen.

Jährliche erhalten wir viele Zuschriften, Grüße von Lesern, die mit unseren Reiseführern einen schönen Urlaub verbracht haben und sich herzlich bei uns bedanken. Wir erhalten Hinweise über Veränderungen an den beschriebenen Touren, die von uns bei der Aktualisierung der Reiseführer helfen.

Aber: Wir erhalten auch Zuschriften über das Verhalten von Wohnmobilfahrern, die sich egoistisch, rücksichts- und verantwortungslos der Natur und ihren Mitmenschen – Urlaubern und Einheimischen – gegenüber verhalten. In diesen Briefen geht es um die Themen Müllbeseitigung, Abwasser- und Toilettenentsorgung. Es soll immer noch Wohnmobilurlauber geben, die ihre Campingtoilette nicht benutzen, dafür lieber den nächsten Busch mit Häufchen und Toilettenpapier „dekorieren"; die den Abwassertank nicht als Tank nutzen, sondern das Abwasser einfach durchfließen lassen, die ihren Müll neben dem Wohnmobil „vergessen" und sich davon machen.

Liebe Leser!

Wir möchten Sie im Namen der gesamten Womo-Familie bitten: Helfen Sie aktiv mit, diese Schweinereien zu unterbinden! Jeder Wohnmobilurlauber trägt eine große Verantwortung und sein Verhalten muss dieser Verantwortung auch gerecht werden. Bestimmt hat mancher, dem Sie auf Ihrer Tour begegnen und sich unwürdig verhält, das gleiche Büchlein in der Hand wie Sie. Er weiß zumindest jetzt, worum es geht. Sprechen Sie ihn an und weisen Sie ihn auf sein Fehlverhalten hin.

Der Nächste freut sich, wenn er den Stellplatz sauber vorfindet, denn auch er hat sich seinen Urlaub verdient!

Vor allem aber: Wir erhöhen damit die Chance, dass uns unsere über alles geliebte Wohnmobil-Freiheit noch lange erhalten bleibt.

Helfen Sie mit, den guten Ruf unserer Womo-Familie zu wahren! Tragen Sie dazu bei, dass einzelne ihn nicht in den Schmutz ziehen!

Wir danken Ihnen im Namen aller Womo-Freunde – Ihr WOMO-Verlag

Stichwortverzeichnis

D

E

I

J

K

L

M

N

O

P

Q

R

S

T

U

V

W

Bildnachweis:

Alle Fotos stammen von den Autoren mit Ausnahme folgender Aufnahmen: Luftaufnahme Campinganlage Dreiländersee Seite 18 ©Campingplatz Gronau; Transrapid Seite 50 ©Állatka, Wikimedia.com; Insel-Camping-Borkum Seite 78 ©Rolf Fischer; Campingplatz Tünnbak Seite 93 ©Reiterhof Harms; Edo-Wiemken-Grabmal Seite 137 ©Uwe Karwath, Wilhelmshaven; Campingplatz Timmeler Meer Seite 151 ©Campingplatz Timmel; Wasserturm Augustfehn Seite 190 ©Frank Vincentz; Blütenpracht im Rhododendronpark Hobbie Seite 195/196 ©Rhododendronpark Hobbie; Fintlandsmoor Seite 198 ©Monika Hackert; Yellowstone Company und Erdmännchen Seite 212 ©Jaderpark; Großsteingrab in der Kunkenvenne Seite 252 ©Frank Vincentz; Dom St. Petrus Seite 271 ©Ramsch, wikimedia.org; Aussichtsturm Friedenshöhe Seite 278 ©Calandra-stock.adobe.com; SoleArena Seite 279 ©Janet Worg-stock.adobe.com; Kirchplatz Bad Essen Seite 279 ©Janet Worg Gemeind Bad Essen; Castrum Vechtense Seite 289 ©Corradox, wikimedia.com; Alexanderkirche Wildeshausen Seite 294 ©ggfoto-stock.adobe.com; Museumsbahn "Jan Harpstedt" Seite 300 ©Herb-stock.adobe.com; Museumsbahn Bruchhausen Seite 307 ©juerginho-stock.adobe.com; Schloss Erbhof Seite 314 ©C. Loeser, wikimedia.com; Packhaus und Taubenturm Seite 315 ©clousunbilder-stock.adobe.com; Haus im Schluh Seite 319 ©Kara-stock.adobe.com; Kanutour auf der Hamme Seite <?> ©jag-stock.adobe.com; Leuchtturmdenkmal Obereversand Seite 344 ©Fotolyse-stock.adobe.com; Percival Pembroke Seite 347 ©ReNeGa-stock.adobe.com; Duhner Heide Seite 350 ©Gabriele Rohde-stock.adobe.com; Wattwagen zur Insel Neuwerk Seite 355 ©zwehren-stock.adobe.com; Bootswrack im Kreidesee Seite 363 ©Marta Smaga-stock.adobe.com; Flugzeugwrack im Kreidesee Seite 363 ©Marta Smaga-stock.adobe.com; Schwebefähre über die Oste Seite 364 © 2015 Oliver Hoffmann.

Karten:

Alle Karten wurde erstellt von Heiner Newe. Die Stadtpläne unter Verwendung der Daten von © **OpenStreetMap contributors**.

Unser WOMO-Online-Service

Passend zu unseren Reiseführern bieten wir
in unserem Shop unter **www.womo.de** an:

- Die **GPS-Koordinaten** zu allen Stell- und Campingplätzen unserer WOMO-Reiseführer.
- Die besten **Autokarten**, die garantiert die komplette Reiseroute abdecken.
- Von jedem Reiseland mindestens einen Rother-**Wanderführer** über die schönsten Wanderregionen.

WOMO-Verlag
An der Liethe 4
36452 Kaltennordheim
OT Mittelsdorf
verlag@womo.de
www.womo.de
036946/20691

Der WOMO-Knackerschreck

- ist die universelle und sofort sichtbare Einbruchssperre.
- Wird einfach in die beiden Türarmlehnen eingehängt, zusammengeschoben und abgeschlossen.
- Passend für Ducato, Peugeot, Renault Master, MB Sprinter bis 2018 und VW (alle Typen).
- Krallen aus 10 mm massivem, einbrennlackiertem Stahl, d. h. nahezu unverwüstlich.

Nur **59,90 €** – und nur bei **www.womo.de**

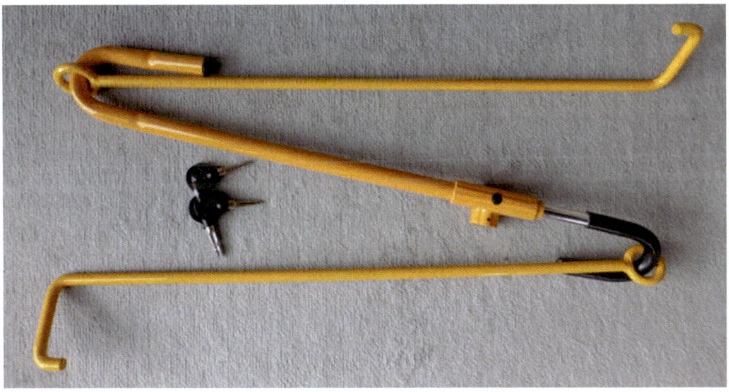

Alle WOMO-Reiseführer auf einen Blick

Wohnmobilhandbuch	Reinhard Schulz
Wohnmobilkochbuch	Waltraud Roth-Schulz
Albanien	Ulrike und Frank Staub
Allgäu	Heiner Newe und Heiderose Thomsen-Newe
Andalusien	Christian und Christina Winkler
Auvergne	Esther Vergenz
Baden-Württemberg	Heiner Newe und Heiderose Thomsen-Newe
Baltikum	Stefanie Holtkamp und Andrea Bergmann
Bayern Nordosten	Heiner Newe und Heiderose Thomsen-Newe
Bayern Nordwesten	Heiner Newe und Heiderose Thomsen-Newe
Bayern Südosten	Christian und Christina Winkler
Belgien/Luxemburg	Ulrike und Frank Staub
Bretagne	Anette Scharla-Dey und Franz Peter Tschauner
Burgund	Ralf Gréus
Dänemark	Anke Globi
Elsass	Ralf Gréus
England Norden	Christian und Christina Winkler
England Süden	Christian und Christina Winkler
Finnland	Uwe und Annegret Rohland
Französische Alpen	Heiner Newe und Heiderose Thomsen-Newe
Französische Atlantikküste Nord	Esther Vergenz
Französischer Jura	Heiner Newe und Heiderose Thomsen-Newe
Griechenland	Reinhard Schulz und Waltraud Roth-Schulz
Harz	Heiner Newe und Heiderose Thomsen-Newe
Heitere Wohnmobil Geschichten	Peter Simm und Silvia Sussmann
Hessen Teil 1	Anette Scharla-Dey und Franz Peter Tschauner
Hessen Teil 2	Anette Scharla-Dey und Franz Peter Tschauner
Hunsrück/Mosel/Eifel	Anette Scharla-Dey und Franz Peter Tschauner
Irland	Uwe und Annegret Rohland
Island	Alexander und Jutta Ramin
Korsika	Reinhard Schulz und Waltraud Roth-Schulz
Kroatien/Montenegro	Peter Simm und Silvia Sussmann
Languedoc/Roussillon	Ralf Gréus
Lothringen	Friedrich Riehl und Toshiko Riehl-Takada
Ligurien	Ralf Gréus
Lüneburger Heide	Heiner Newe und Heiderose Thomsen-Newe
Marokko	Ulrike und Frank Staub
Mecklenburg-Vorpommern Teil 1	Stefanie Holtkamp und Andrea Bergmann
Mecklenburg-Vorpommern Teil 2	Stefanie Holtkamp und Andrea Bergmann
Mittelitalien	F. Riehl und T. Riehl-Takada, Klaus Huber
Münsterland	Regina Stockmann
Namibia	Frank Linke und Ute Nast-Linke
Neuseeland Nordinsel	Dieter Giesen und Andrea Lossen
Neuseeland Südinsel	Dieter Giesen und Andrea Lossen
Niederlande	Friedrich Riehl

Weitere Informationen in unserem Buchshop unter www.womo.de

Nord-Frankreich	Esther Vergenz
Nord-Spanien	Reinhard Schulz und Waltraud Roth-Schulz
Normandie	Anette Scharla-Dey und Franz Peter Tschauner
Norwegen Norden	Reinhard Schulz und Waltraud Roth-Schulz
Norwegen Süden	Reinhard Schulz und Waltraud Roth-Schulz
Ostfriesland	Heiner Newe und Heiderose Thomsen-Newe
Ost-Spanien	Reinhard Schulz und Waltraud Roth-Schulz
Österreich Osten	Christian und Christina Winkler
Österreich Westen	Christian und Christina Winkler
Peloponnes	Reinhard Schulz und Waltraud Roth-Schulz
Pfalz	Ralf Gréus
Piemont/Aostatal	Ralf Gréus
Polen Norden	Nicola Kluftinger
Polen Süden	Helmut und Angelika Breidenbach
Portugal Norden	Stephanie Seufert
Portugal Süden	Stephanie Seufert
Provence Osten/ Côte d'Azur	Ralf Gréus
Provence Westen/ Côte d'Azur	Ralf Gréus
Pyrenäen	Andrea Bergmann und Stefanie Holtkamp
Rumänien	Christian und Christina Winkler,
Sachsen	Anette Scharla-Dey und Franz Peter Tschauner
Sardinien	Reinhard Schulz und Waltraud Roth-Schulz
Schleswig-Holstein	Heiner Newe und Heiderose Thomsen-Newe
Schottland	Uwe und Annegret Rohland
Schwarzwald/Bodensee	Ralf Gréus
Schweden Norden	Uwe und Annegret Rohland
Schweden Süden	Reinhard Schulz und Waltraud Roth-Schulz
Schweiz Osten	Andrea Bergmann und Stefanie Holtkamp
Schweiz Westen	Andrea Bergmann und Stefanie Holtkamp
Sizilien	Christian und Christina Winkler
Slowakei	Ulrike und Frank Staub
Slowenien	Peter Simm und Silvia Sussmann
Südafrika	Frank Linke und Ute Nast-Linke
Süditalien Osten	Reinhard Schulz und Waltraud Roth-Schulz
Süditalien Westen	Reinhard Schulz und Waltraud Roth-Schulz
Südtirol	Reinhard Schulz und Waltraud Roth-Schulz
Südwest-Frankreich	Stefanie Holtkamp und Andrea Bergmann
Thüringen	Katja Eisenschmidt
Toskana/Elba	Ralf Gréus
Trentino/Gardasee	Peter Simm und Silvia Sussmann
Tschechien	Steffen und Eva Peuker
Umbrien/Marken	Ralf Gréus
Ungarn	Peter Simm und Silvia Sussmann
Venetien/Friaul	Christian und Christina Winkler
Wales	Christian und Christina Winkler

Info-Blatt aus dem WOMO-Buch: Ostfriesland '22

Lokalität Seite Datum
(Stellplatz, Campingplatz, Wandertour, Gaststätte, usw.)
unverändert gesperrt/geschlossen folgende Änderungen:

Lokalität Seite Datum
(Stellplatz, Campingplatz, Wandertour, Gaststätte, usw.)
unverändert gesperrt/geschlossen folgende Änderungen:

Lokalität Seite Datum
(Stellplatz, Campingplatz, Wandertour, Gaststätte, usw.)
unverändert gesperrt/geschlossen folgende Änderungen:

Lokalität Seite Datum
(Stellplatz, Campingplatz, Wandertour, Gaststätte, usw.)
unverändert gesperrt/geschlossen folgende Änderungen:

Lokalität Seite Datum
(Stellplatz, Campingplatz, Wandertour, Gaststätte, usw.)
unverändert gesperrt/geschlossen folgende Änderungen:

Lokalität Seite Datum
(Stellplatz, Campingplatz, Wandertour, Gaststätte, usw.)
unverändert gesperrt/geschlossen folgende Änderungen:

Meine E-Mail:

Rückmeldung bitte per Post oder an die Autoren-E-Mail:
Autoren-E-Mail: **newe@womo.de**